ANALECTA BIBLICA
INVESTIGATIONES SCIENTIFICAE IN RES BIBLICAS
47

Die neue Gemeinde: Gott sammelt Ausgestossene und Arme

(Jesaia 56 - 66)

ROMAE
E PONTIFICIO INSTITUTO BIBLICO
1971

KARL PAURITSCH

Die neue Gemeinde: Gott sammelt Ausgestossene und Arme

(Jesaia 56 - 66)

Die Botschaft des Tritojesaia-Buches literar-, form-, gattungskritisch und redaktionsgeschichtlich untersucht

ROM
BIBLICAL INSTITUTE PRESS
1971

TYPIS PONTIFICIAE UNIVERSITATIS GREGORIANAE — ROMAE

Vorwort

Seit dem Jahre 1892 gibt es in der alttestamentlichen Exegese das ‚Tritojesaia'-Problem. B. DUHM hatte in seinem Jesaia-Kommentar den dritten Teil des Buches (Kap. 56–66) dem nachexilischen Verfasser ‚Tritojesaia' zugeschrieben. In vielen literarkritischen Studien wurde seitdem auf die Fragen der Einheitlichkeit, Verfasserschaft, Intention und Entstehungsgeschichte dieser Schrift eine zufriedenstellende Antwort zu geben versucht. Was jedoch seit langem, auch noch zum Zeitpunkt der Themenstellung der vorliegenden Arbeit, als ausständig empfunden wurde, war eine formgeschichtliche Untersuchung dieses Überlieferungskomplexes. Im Kommentar zu Jes 40 – 66 von Cl. WESTERMANN wurde dieser Schritt getan, an den H. J. KRAUS die Erwartung geknüpft hatte, er „würde ganz gewiß zu der wichtigen Feststellung" führen, „daß die meisten, wenn nicht sogar alle prophetischen Reden in Jes 56 – 66, im Gottesdienst der nachexilischen Gemeinde ihren ‚Sitz im Leben' haben" (‚Die ausgeblieben Endtheophanie', S. 318). Nun hat aber diese Vermutung durch Cl. WESTERMANN auch dort keine Bestätigung erfahren, wo er ausdrücklich auf den Sitz im Leben eines Stückes eingeht.

Das Trjes-Problem ist im wesentlichen jedoch immer noch ungeklärt. Wie weit die Vorstellungen divergieren, zeigt die Überzeugung der obengenannten Exegeten. H. J. KRAUS hält sich an die Einheitshypothese von K. ELLIGER, wonach in Trjes eine frühnachexilische Prophetie vorliegt, Cl. WESTERMANN aber setzt einen größeren Zeitraum für die Entstehung und mehrere Verfasser voraus.

Ohne die anschließende ‚Einleitung' mit dem Überblick über die bisherige Trjes-Forschung im Urteil der Autoren vorwegnehmen zu wollen, sei die Buntheit der Meinungen durch eine dritte Stimme angedeutet, die sich kürzlich ebenfalls Gehör und Anerkennung zu verschaffen versuchte. Es ist Fr. MAASS mit seiner Darlegung ‚Tritojesaja?'. Seiner Meinung nach konnte nur Deuterojesaia selbst, nach einem Standortwechsel von Babylon nach Jerusalem, den Großteil von Kap. 56 – 66 verfaßt haben; ebenfalls ein bereits oftmals bzw. ehemals vertretener Standpunkt. Doch kann man immerhin daran die Frage knüpfen, ob sich auf Grund desselben Autors nicht so etwas wie ein roter Faden in theologischer Hinsicht entdecken lassen müßte. Kommt dann wiederum nur den Einzelstücken und ihrem speziellen ‚ Sitz in der Rede ' eine besondere Bedeutung zu, oder steht auch hinter der Niederschrift des Trjes-Buches ein bestimmter, zwingender Anlaß ? Wie sind diese Einzelstücke im Kontext abzugrenzen, welche grammatikalisch-syntaktische Form weisen sie auf, ist darum neuerdings in einer literar- und formkritischen Analyse zu fragen. Welche Gattung und welcher ‚ Sitz im Leben ' sind auszumachen ? Stehen die Sprüche im Kontext in einem bestimmten Verhältnis zueinander und interpretieren sie sich so gegenseitig ? Diese Fragen sind in einer eingehenden Gesamtanalyse zu klären, will man eine zutreffende Antwort darauf bekommen, ob die heutige Kapitelanordnung und die Niederschrift des Trjes-Buches einem Zufall oder einem bestimmten Konzept verpflichtet sind. Allerdings mußte die Frage nach dem Verhältnis Trjes zu Dtjes ausgeklammert werden, um den Umfang der Arbeit nicht zu überlasten.

Im Vordergrund der Untersuchungen stand jeweils die scharfe grammatikalische Erfassung der Texte und die möglichst präzis gestellte Frage nach der jeweiligen Situation und dem theologischen Horizont des Textes. Erst in einem zweiten Arbeitsgang war zu klären, ob die Sprüche, die ursprünglich einen bestimmten Zweck zu erfüllen hatten, im heutigen Kontext und in der jetzigen Anordnung auf eine bestimmte Abzweckung und Funktion des Buches schließen lassen. Was läßt sich bezüglich der Einheitlichkeit, einer übergreifenden Komposition und dem Anlaß seiner Abfassung sagen ? Sind die Hörer der Sprüche mit den Adressaten des Buches identisch ? Was waren ihre Anliegen und Schwierigkeiten ? Bekommen heutige Gemeindeprobleme und Fragen von Glaubenden von ihrer Situation her ein klärendes und deutendes Wort ? Derartige Sachfragen im Blick auf die Hörer und im Hinblick auf den (oder die) Verfasser der Sprüche und des Buches (hatte der Redaktor eine theologische Konzeption u.a.) waren also an den Text heranzutragen.

Die vorliegende Arbeit wurde 1968 als Dissertation an der Theologischen Fakultät der Karl-Franzens-Universität Graz eingereicht. Zum Anlaß der Drucklegung wurde die inzwischen erschienene Literatur nachgetragen. Für die Aufnahme der Studie in die Reihe der ‚ Analecta Biblica ' bin ich dem Rektor des Päpstlichen Bibelinstitutes, Herrn Pater C. M. Martini S. J., dem Dekan der Biblischen Fakultät, Herrn Pater A. Vanhoye S. J., und vor allem Herrn Pater I. Swetnam S. J. für die Betreuung der Drucklegung zum Dank verpflichtet. Dankenswerterweise hat mir das Amt der Steiermärkischen Landesregierung unter Landeshauptmannstellvertreter Univ. Prof. Dr. Hans Koren einen für die Drucklegung erforderlichen Kostenzuschuß zur Verfügung gestellt.

Besonderen Dank sage ich Herrn Univ. Prof. DDr. G. J. Botterweck, Bonn, für die Anregung zur Behandlung dieses Themas und für seine weiteren Bemühungen. Für die stets wohlwollende Förderung beim Fortgang der Arbeit danke ich Herrn Univ. Prof. DDr. F. Sauer, Graz, ebenso Herrn Univ. Doz. Dr. W. Richter für seine grammatikalisch-syntaktischen Hinweise. Nicht zuletzt gilt mein Dank Herrn Univ. Prof. Dr. Cl. Westermann, Heidelberg, für seine kritischen Anregungen und ermutigenden Worte, diese Arbeit zu veröffentlichen.

Graz, im Juli 1970 KARL PAURITSCH

Inhaltsverzeichnis

TEIL II

Abkürzungsverzeichnis

Biblische Bücher

Gn	Genesis	Hg	Haggai
Ex	Exodus	Sa	Sacharia
Lv	Leviticus	Ma	Maleachi
Nu	Numeri	Ps	Psalm
Dt	Deuteronomium	Hi	Hiob
Jos	Josua	Pr	Proverbia
Ri	Richter	Ru	Ruth
1 S	1 Samuel	Ct	Canticum canticorum
2 S	2 Samuel	Ko	Kohelet
1Kg	1 Könige	Th	Threni
2Kg	2 Könige	Est	Esther
Jes	Jesaia	Da	Daniel
Jr	Jeremia	Esr	Esra
Ez	Ezechiel	Neh	Nehemia (Esra 11-23)
Hos	Hosea	1 C	1 Chronik
Jo	Joel	2 C	2 Chronik
Am	Amos	Bar	Baruch
Ob	Obadia	Tob	Tobias
Jon	Jona	Jud	Judith
Mi	Micha	1Makk	1 Makkabäer
Na	Nahum	2Makk	2 Makkabäer
Ha	Habakuk	Wsh	Weisheit Salomos
Ze	Zephania	Sir	Jesus Sirach

Sonstige Abkürzungen

abs.	absolutus	Dtjes	Deuterojesaia
AT	Altes Testament	dtjes	deuterojesaianisch
atl.	alttestamentlich	Dtnom	Deuteronomist
Art.	Artikel	G	Septuaginta, Rahlfs
Aufl.	Auflage	hsgg.	herausgegeben
bes.	besonders	jes	jesaianisch
BH	Biblia Hebraica, Kittel	Jh.	Jahrhundert
bzw.	beziehungsweise	Kap.	Kapitel
d.h.	das heißt	MT	Masoretischer Text

NF	Neue Folge	Trjes	Tritojesaia
NS	Nominalsatz	trjes	tritojesaianisch
NT	Neues Testament	u.a.	und andere
P	Priesterschrift	u.ö.	und öfter
Präfixkonj.	Präfixkonjugation(en)	usf.	und so fort
Red.	Redaktor(enstab)	V.	Vers(e)
red.	redaktionell	vgl.	vergleiche
S.	Seite	Vlg.	Verlag
sog.	sogenannt	Vulg.	Vulgata
Sp.	Spalte	z.St.	zur Stelle
Suffixkonj.	Suffixkonjugation(en)	z.T.	zum Teil
synd.	syndetisch		

Zeitschriften, Reihen und Sammelwerke

AcOr	Acta Orientalia, Kopenhagen
AltA	Alttestamentliche Abhandlungen, Münster
AnBib	Analecta Biblica, Rom
Ant	Antonianum, Rom
AO	Der Alte Orient, Leipzig
AssSeign	Assemblées du Seigneur, Bruges
ASS	Acta Sanctae Sedis, Città del Vaticano
ASTI	Annual of the Swedish Theological Institute (in Jerusalem), Leiden
ATANT	Abhandlungen zur Theologie des Alten und Neuen Testaments
ATD	Das Alte Testament Deutsch, Göttingen
BBB	Bonner Biblische Beiträge, Bonn
BenM	Benediktinische Monatsschrift
BethM	Beth Mikra, Jerusalem
BHTh	Beiträge zur historischen Theologie, Tübingen
Bib	Biblica, Rom
BiKi	Bibel und Kirche, Stuttgart
BiLe	Bibel und Leben, Düsseldorf
BiblOr	Bibliotheca Orientalis, Leiden
BieOr	Bibbia e Oriente, (Milano), Genova
BiTrans	The Bible Translator, London
BiViChr	Bible et vie chrétienne, Maredsous
BK	Biblischer Kommentar, Neukirchen
BL	Bibel-Lexikon, hsgg. Haag, Einsiedeln/Zürich
BotAT	Die Botschaft des Alten Testaments, Stuttgart
BS	Bibliotheca Sacra, Dallas (Texas)
BThW	Bibeltheologisches Wörterbuch, hsgg. von J. B. Bauer, Graz/Wien/Köln, 1959
BWA(N)T	Beiträge zur Wissenschaft vom Alten (und Neuen) Testament, (Leipzig) Stuttgart
BZ	Biblische Zeitschrift, (Freiburg) Paderborn
BZfr	Biblische Zeitfragen, Münster i.W.

CBQ	The Catholic Biblical Quarterly, Washington (D.C.)
Conc	Concilium, Einsiedeln/Zürich/Mainz
CV	Communio Viatorum, Prag
DissAbstr	Dissertations Abstracts
DTC	Dictionnaire de théologie catholique, Tables, Paris
EvLuthKiZ	Evangelisch lutherische Kirchenzeitung
EvTh(Beitr)	Evangelische Theologie, (Beiträge zur), München
ExegHAT	Exegetisches Handbuch zum Alten Testament, Münster
ExpT	The Expository Times, Edinburgh
FrancLA	Studii Biblici Franciscani. Liber Annuus, Jerusalem
FRLANT	Forschungen zur Religion und Literatur des Alten und Neuen Testamentes, Göttingen
HAT	Handkommentar zum Alten Testament, Göttingen
HUCA	The Hebrew Union College Annual, Cincinnati (Ohio)
IB	The Interpreter's Bible, New York, Nashville
JAOS	The Journal of the American Oriental Society, Boston (Mass.) New Haven (Conn.)
JerusB	La Sainte Bible traduite en français sous la direction de l'École Biblique de Jérusalem, Paris
JBL	Journal of Biblical Literature, Philadelphia
JQR	Jewish Quarterly Review, Philadelphia (Pa.)
JSS	Journal of Semitic Studies, Manchester
JThSt	Journal of Theological Studies, Oxford
KAT	Kommentar zum Alten Testament, Leipzig, Gütersloh
KuD(Beih)	Kerygma und Dogma, (Beihefte), Göttingen
LeDiv	Lectio Divina
LThK	Lexikon für Theologie und Kirche, Freiburg i.Br.
LuthW	Lutheran World, Geneva
MüTZ	Münchener Theologische Zeitschrift, München
NKZ	Neue Kirchliche Zeitschrift, Erlangen, Leipzig
NRTh	Nouvelle revue théologique, Paris
NTS	New Testament Studies, Cambridge
NTT	Norsk teologisk Tidsskrift
OTSt	Oudtestamentische Studien, Leiden
PalCl	Palestra del Clero, Rovigo
ParLi	Paroisse et Liturgie, Bruges
PBL	Praktisches Bibellexikon, hsgg. v. Grabner-Haider, Herder, Freiburg i. Br.
QuaestDisp	Quaestiones Disputatae, Freiburg/Basel/Wien
RBibIt	Rivista Biblica, Rom
REJ	Revue des Études Juives, Paris
RevBib	Revue biblique, Paris
RevQ	Revue de Qumrân, Paris
RGG	Die Religion in Geschichte und Gegenwart, Tübingen
RHPR	Revue d'histoire et de philosophie religieuse, Strasbourg, Paris
RScPhilT	Revue des sciences philosophiques et théologiques
SBS	Stuttgarter Bibelstudien, Kath. Bibelwerk, Stuttgart
SchwThU	Schweizerische Theologische Umschau, Bern

StudGen	Studium Generale, Heidelberg
SWJT	Southwestern Journal of Theology, Fort Worth (Texas)
TAik	Teologinen Aikakauskirja, Helsinki
TheolBü	Theologische Bücherei zum AT, München
ThLBl	Theologisches Literaturblatt, Leipzig
ThLZ	Theologische Literaturzeitung, Leipzig, Berlin
ThPQ	Theologisch-praktische Quartalschrift, Linz
ThR	Theologische Rundschau, Tübingen
ThStKr	Theologische Studien und Kritiken, Berlin
ThT	Theologisch Tijdschrift, Leiden
ThWNT	Theolog. Wörterbuch zum NT, Kittel, Stuttgart
ThZ	Theologische Zeitschrift, Basel
TViat	Theologia Viatorum, Berlin
UUA	Uppsala Universitets Arsskrift
VT(Suppl)	Vetus Testamentum, (Supplementum), Leiden
WMANT	Wissenschaftliche Monographien zum Alten und Neuen Testament
WTJ	Westminster Theological Journal, Philadelphia
WZ	Wissenschaftliche Zeitschrift der Martin-Luther-Universität, Halle-Wittenberg
ZAW(Beih)	Zeitschrift für die Alttestamentliche Wissenschaft, (Beihefte zur), (Gießen) Berlin
ZCPh	Zeitschrift für celtische Philologie, Tübingen
ZDMG	Zeitschrift der Deutschen Morgenländischen Gesellschaft, (Leipzig) Wiesbaden
ZDPV	Zeitschrift des Deutschen Palästina-Vereins, (Leipzig, Stuttgart) Wiesbaden
ZThK	Zeitschrift für Theologie und Kirche (Freiburg i. Br., Leipzig) Tübingen

Einführung

I. Fragestellung, Anliegen und Aufgabe

Bis zum Ende des 18. Jahrhunderts war die Einheit des Jesaiabuches nie ernstlich in Frage gestellt [1]. Für die jesaianische Verfasserschaft hatte man Sir 48,24f als kanonischen Garanten [2]. Im Jahre 1782 sprach sich EICHHORN als erster für eine Zäsur nach Kap. 39 und für den sog. ‚Deutero-jesaia' (Dtjes) als Autor von Kap. 40 – 66 aus [3]. Die Wichtigkeit dieser Theorie sofort erkannt und unterstützt zu haben, ist DOEDERLEIN als Verdienst anzurechnen [4].

---

[1] Die ersten Zweifel in bezug auf die Autorschaft des Propheten Jesaia bezüglich Kap. 40 – 66 meldete Ibn Ezra an (gest. 1167). Man vgl. dazu etwa : M. FRIEDLAENDER, The Commentary of Ibn Ezra on Isaiah. With Notes and Glossary, London, 1877. — A. GEIGER, Wissenschaftliche Zeitschrift für Jüdische Theologie 2 (1836) 553-557.

[2] Vgl. J. SCHILDENBERGER, Die Bedeutung von Sir 48,24f. für die Verfasserfrage von Is 40 – 66, in : Alttest. Studien, Fr. Nötscher zum 60. Geb., dargebracht von H. Junker und J. Botterweck, BBB 1 (1950) 188-204. Er meint, daß „ die Sirachstelle nicht notwending im Sinn der Einheit des Verfassers des Is-Buches verstanden werden muß ", 202.

[3] J. G. EICHHORN, Einleitung in das Alte Testament, Leipzig, 1780-1783, 83-97 ; in 4. Auflage, Göttingen, 1823/25.

[4] J. CHR. DOEDERLEIN, Esaias. Ex recensione textus hebraei ad fidem codd. quorundam mss. et versionum antiquarum latine vertit notasque varii argumenti subiecit, Altdorf, 1775 ; 3. Aufl., Nürnberg und Altdorf, 1789. Das oftmals gerühmte Verdienst Doederleins als Urheber des dtjes Gedankens hat G. B. CLOSEN anläßlich einer Rezension zu J. COPPENS, L'Histoire Critique de l'Ancien Test., I, Tournai–Paris, 193, mit Recht bestritten. Was Doederlein in der ersten Auflage seines Jesaia-Kommentares sage, beziehe sich nicht auf die Zeit der Abfassung dieses Buches, sondern auf die Zeit, für die es bestimmt war. Wenn er in der 3. Aufl. seines Kommentares S. xv die These eines Dtjes vertrete, stehe er bereits sieben Jahre nach Eichhorn, auf den sich Doederlein jetzt auch ausdrücklich berufe. Vgl. Bib 21 (1940) 330. Tatsächlich heißt der Text bei Doederlein, 1775 : „ populum seu antequam ducatur in captivitatem, seu ubi captivus detineretur, consolatur", 168. 1789 schrieb er : „ ... consentaneum videtur ... librum posteriorem a capite XL. ad serius, Esaia, aevum referre, atque sub finem exilii ad anonymo quodam, vel homonymo antiquo vate, compositum profiteri ", XV.

Das Jahr 1892 wurde zum zweiten Markstein in der Geschichte der Jesaiakritik. DUHM erklärte in seinem Kommentar die Kap. 56 – 66 zur selbständigen Schrift. Der Verfasser ‚Tritojesaia' (Trjes) habe vor Esra und Nehemia in Jerusalem gewirkt. Seine Prophetie sei als Seitenstück zum Buche Maleachi und als Vorläufer des Priesterkodex zu werten [5]. Ihm lag vor allem daran, Dtjes von Trjes abzusetzen [6].

Bei der von Duhm ausgelösten Diskussion ging es fast ausschließlich um die Frage der Einheitlichkeit und Zeitansetzung der trjes Prophetie [7]. Bald legte man sich auf zwei entgegengesetzte Standpunkte fest. Die Arbeiten von ZILLESSEN [8] und BUDDE [9] aus dem Jahre 1906 geben je eine Richtung wieder. Zillessen hielt aus literarischen Gründen an einer einheitlichen, nachexilischen Schrift fest, Budde spaltete die Kapitel radikal auf. Stil und Inhalt verrieten, daß Jes. 56 – 66 auch nicht das Produkt einer dtjes Schule, wie CHEYNE [10] u.a. es vertreten hatten, sondern aus völlig verschiedenen und von einander unabhängigen Sprüchen zusammengesetzt sei [11]. Deren Verfasser lebten zwischen dem 7. und 3. Jh. v. Chr.

In der zweiten Periode, um 1930, verlagerte sich das Interesse der Exegeten. ELLIGER und andere Vertreter der Einheitshypothese betrachteten unsere Schrift vornehmlich unter dem Blickwinkel einer Vergleichsmöglichkeit mit der dtjes Prophetie [12]. Wie in der ersten Phase des Gespräches waren auch jetzt wiederum viele bestrebt, Argumente gegen die Einheitlichkeit und Abhängigkeit von Dtjes vorzubringen und in Trjes eine Kompilation aus mehreren Jahrhunderten aufzuzeigen. Man sehe diesbezüglich besonders die Arbeiten von

---

[5] B. DUHM, Das Buch Jesaja, HAT III, 1892 ; in 5. Aufl., 1967.

[6] Die von Duhm eingeführte Bezeichnung „ Tritojesaia ", abgekürzt Trjes, wird im folgenden als Umschreibung für Jes 56 – 66 beibehalten, ohne daß damit etwas über die Einheitlichkeit oder Verfasserschaft dieser Kapitel ausgesagt werden will.

[7] Vgl. zur damaligen Diskussion K. CRAMER im Anhang seiner Monographie : Der geschichtliche Hintergrund der c. 56 – 66 im Buche Jesaja, Dorpat, 1905.

[8] A. ZILLESSEN, „ Tritojesaja " und Deuterojesaja. Eine literarkritische Untersuchung zu Jes 56 – 66, ZAW 26 (1906) 231-276.

[9] K. BUDDE, Geschichte des althebräischen Literatur, Leipzig, 1906, 176-183.

[10] T. K. CHEYNE, Einleitung in das Buch Jesaia, engl. 1894, deutsche Übersetzung von J. Böhmer, Gießen, 1897.

[11] Bei F. FELDMANN, Das Buch Isaias, Exeg. HAT Bd. 14, Teilbd. 2, 1926, 194, bringt er die Argumente Buddes gegen Duhm.

[12] K. ELLIGER, Die Einheit des Tritojesaja, BWANT 45, 3. F., H. 9 (1928) 126 S. ; ders., Der Prophet Tritojesaja, ZAW 49 (1931) 112-141 ; ders., Deuterojesaja in seinem Verhältnis zu Tritojesaja, BWANT, 4. F., H. 1 (1933) 307 S.

BUDDE, der seine These von 1906 erneuerte, MARTY, ABRAMOWSKI, van der FLIER und VOLZ ein [13].

Derzeit verläuft das Gespräch um unsere Schrift in ruhigeren Bahnen. Das trjes Problem ist etwas hinter dem der Ebed-Jahwe-Lieder zurückgetreten [14]. Allerdings sind in den letzten Jahren mehrere Kommentare und ausführlichere Arbeiten zu Jes 40 – 66 erschienen, davon auffallend viele im englischen Sprachraum [15]. Unter diesen versucht im deutschsprachigen Bereich eigentlich nur KESSLER, die Verfassereinheit von Jes 56 – 66 zu halten [16]. Wie die neueren Ein-

[13] K. BUDDE, Das Buch Jesaja, in Kautzsch–Bertholet, Die Heilige Schrift des Alten Testaments, Bd. I, Tübingen, 1922, 4. Aufl., 693-720 ; — J. MARTY, Les chapitres 56 – 66 du livre d'Esaïe, étude critique, Paris, 1924 ; — R. ABRAMOWSKI, Zum literarischen Problem des Tritojesaja, ThStKr 96/97 (1925) 90-143 ; — A. VAN DER FLIER, Texte und Untersuchungen zur Geschichte der altchristlichen Literatur, Leipzig, Berlin, II, 1926 ; — P. VOLZ, Jesaja II, KAT, Leipzig, 1932.

[14] Vgl. dazu den Diskussionsbeitrag von S. MOWINCKEL, He that cometh, Übers. ins Engl. von G. W. Anderson, Oxford, 1956, worin er für die Ebed-Jahwe-Lieder die trjes Verfasserschaft in Erwägung zieht und damit einen ehemals sehr beliebten Gedanken neu formuliert.

[15] G. FOHRER, Das Buch Jesaja, 3. Bd. Kapitel 40 – 66, Zürcher Bibelkommentare, Zürich/Stuttgart, 1964 ; — Cl. WESTERMANN, Das Buch Jesaja, Kap. 40 – 66, ATD 19, 1966 ; — J. D. SMART, History and Theology in Second Isaiah. A Commentary on Isaiah 35,40-66, Philadelphia, 1965 (vgl. ZAW 78 (1966) 392) ; — C. STUHLMUELLER, The Book of Isaiah, Chapt. 40 – 66, OT Reading, Guide 20, 1965 ; — G. E. WRIGHT, Isaiah, Layman's Bibl. Com. 11, 1965 ; — P. TREMBELAS, Ὑπόμνημα εἰς τῆν προφήτην Ἡσαΐαν, Athen, 1968, 75s. — N. H. SNAITH, Isaiah 40–66, A Study of the Teaching of the Second Isaiah and its Consequences, VTSuppl 14, London, 1964 ; — M. HARAN, Between Rishonot and Ḥadashot, Is 40 – 66, JBL 84 (1965) 88ff ; — W. C. HOFHEINZ, An Analysis of the Usage and Influence of Isaiah Ch. 40 – 66 in the NT. Diss. Columbia Univ. 1964, 677 S. (vgl. Diss. Abstr. 26, 1 (1965) 513f) ; — D. H. ODENDAAL, The Eschatological Expectation of Is 40 – 66 with Special Reference to Israel and the Nations. Diss. Westminster Theol. Sem. 1966, 331 S. vgl. Diss. Abstr. 28 (1967f) 1514-A ; — W. HILL, Book of Isaiah, New Cath. Enc. 7 (1967) 666-671 ; — F. B. HUEY, Jr, Great Themes in Is 40 – 66, SWJT 11 (1968) 45-58 ; — J. C. HURST, Guidelines for Interpreting OT Prophecy Applied to Isaiah 40 – 66, SWJT 11 (1968) 29-44 ; — I. R. JENSEN, Studies in Isaiah and Jeremiah : Bible Self-Study Series (Ch. 1969, Moody), 112 S. ; — vgl. auch C. STUHLMUELLER, Deutero-Isaiah, JerusB 1 (1968) 366-386 ; — C. WESTERMANN, Isaiah 40 – 66 : A Commentary, Philadelphia, 1969, Westminster, 499 S. Homiletischem Zweck zugedacht ist R. BOHREN, Prophet in dürftiger Zeit. Auslegung von Jesaia 56 – 66. Bibliothek der Lesepredigten, Bd. 2, Neukirchen-Vluyn, 1969, 196 S.

[16] W. KESSLER, Gott geht es um das Ganze. Jesaja 56 – 66 und Jesaja 24 – 27, BotAT, Bd. 19, 1960.

leitungswerke in das AT[17] bestätigen, tendiert heute die Mehrzahl der Exegeten zur Auffassung, das Buch Trjes gehe auf mehrere, vornehmlich nachexilische Verfasser zurück; und dies, wie die Arbeiten von Chary[18], Robert–Feuillet[19] und Schreiner[20] informieren, im katholischen wie im nichtkatholischen Bereich.

Mit der Untersuchung „Tritojesaja?" von Maass[21] ist unser Problem in ein neues Stadium getreten. In einer Linie mit Torrey, Smart, Morgenstern und Banwell[22] vertritt er, daß Jes 40 – 66 als einheitliche Schrift zu betrachten sei. Die Andersartigkeit der Kap. 56 – 66 erkläre sich daraus, daß sich der Standort des Propheten geändert und er jetzt in Palästina gewirkt habe. Doch scheint die Sache nicht so einfach zu liegen. Westermann erklärt zwar in seinem Kommentar: „Das Problem Deuterojesajas ist auch das Tritojesajas"[23], aber trotzdem hält er an zwei verschiedenen Traditionskomplexen fest. Zimmerli[24] ist in seiner Abhandlung ‚Zur Sprache Tritojesajas' der Frage nachgegangen, ob es bei der Übernahme von dtjes Sprach- und Formelgut in die trjes Prophetie nicht zu einer Um-

---

[17] R. H. Pfeiffer, Introduction to the Old Testament, New York, 1948, 2. Aufl.; — A. Bentzen, Introduction to the Old Testament, Copenhagen, 1948/49; 1952, 2. Aufl.; — C. Kuhl, Die Entstehung des Alten Testaments, Sammlung Dalp 26, Bern und München, 1953; 2. Aufl. von G. Fohrer, 1960; — A. Robert – A. Feuillet, Introduction à la Bible, Tome I, Tournai, 1957: A. Gelin, Les Livres prophétiques postérieurs S. 566-569. In deutscher Übersetzung: Einleitung in die Heilige Schrift, Bd. 1, Wien/Freiburg/Basel, 1963; — O. Eissfeldt, Einleitung in das Alte Testament, Tübingen, 1964, 3. neubearbeitete Aufl.; — E. Sellin – G. Fohrer, Einleitung in das Alte Testament, Heidelberg, 1965, 10. Aufl.; A. Weiser, Einleitung ins Alte Testament, Göttingen, 1966, 6. Aufl.

[18] Th. Chary, Les Prophètes et le Culte. A partir de l'Exil, in: Bibliothèque de Théologie, Série III. Théologie Biblique, hsgg. von L. Cerfaux – A. Gelin – H. Cazelles, Vol. III. Tournai, 1955.

[19] 560 ff.

[20] J. Schreiner, Das Buch jesajanischer Schule, in: Wort und Botschaft, hsgg. von J. Schreiner, Würzburg, 1967, 143-162.

[21] F. Maass, „Tritojesaja"? in: Das ferne und nahe Wort, Festschrift für L. Rost, ZAWBeih 105 (1967) 153-163.

[22] C. C. Torrey, The Second Isaiah, A New Interpretation, Edinburgh, 1928; — J. D. Smart, vgl. Anm. 15; — J. Morgenstern, „Isaiah 49 – 55", HUCA 36 (1965) 1-35; — B. O. Banwell, A suggested Analysis of Isaiah XL.-LXVI., Exp. T. 76 (1964/65) S. 166. — Gegen Torrey vgl. D. F. Payne, Characteristic Word-play in „Second-Isaiah": A Reappraisal, JSS 12 (1967) 207-229.

[23] 246.

[24] W. Zimmerli, Zur Sprache Tritojesajas, in: Festschrift für L. Köhler, 1950, 62-74; Neudruck in Theol. Bü 19 (1963) 217-233.

deutung ins Geistige und Religiöse gekommen sei und bejaht und belegt sie.

Man fragt sich allerdings ernstlich um den Wert der Mühewaltung für derartige qualifizierte, wissenschaftlicher Untersuchungen, wenn man das 1968 in den SBS erschienene Büchlein ‚Isaias — der Prophet und sein Buch ' von J. BECKER liest. Die Vorträge von M. HARAN und E. AUERBACH auf dem Bibliker-Kongreß in Bonn 1962 scheinen bei ihm einen langanhaltenden Eindruck hinterlassen zu haben [25]. Wie M. HARAN dort die Verfassereinheit von Jes 40 – 66 vertreten hatte, verficht J. BECKER die Idee von der einheitlichen Redaktion des gesamten Jesaia-Buches. Demnach sind die red. Einschübe in Jes 1 – 39 zusammen mit Kap. 40 – 55 und 56 – 66 ‚zur selben Zeit ', d.h. kurz nach 539 entstanden. Seine Darlegungen sind jedoch meist so stark vereinfachend, und die Behandlung trjes Stellen ist so bruchstückhaft und sie berücksichtigt so wenig die Eigenarten des ‚Trjes ', daß dieses Bändchen für unsere Fragestellung als kein wesentlich neuer Diskussionsbeitrag anzusehen ist.

Gibt es nun eine Thematik, welche man durch das gesamte Buch Trjes verfolgen kann ? Meist nennt man folgende zwei Themenkreise : „Strittige Fragen in der Regelung des Gemeindelebens " und „die Fragwürdigkeit der eschatologischen Naherwartung " [26].

Was CASPARI an der üblichen Methode seiner Zeit kritisiert hat, ist jetzt großteils überwunden : „Solange man nicht ... die Natur der einzelnen Abschnitte mit einem verschiedenen Grade von Sicherheit wiederbestimmt, ... sind Wortzählungen, die einer Tendenz wie der Herstellung einer persönlichen Einheit in Tritojesaja dienen sollen,

---

[25] J. BECKER, Isaias — der Prophet und sein Buch, SBS 30, Stuttgart 1968, 81. S; — M. HARAN, The Literary Structure and the Chronological Framework of the Prophecies in Is. XL-XLVIII, VTSuppl 9 (Congress Volume Bonn 1962), Leiden 1963, 127-155 ; — E. AUERBACH, Der Aufstieg der Priesterschaft zur Macht im Alten Israel, VTSuppl 9, Leiden 1963, 236-249, bes. 243ff. Er denkt an eine offizielle und geplante ‚große Überarbeitung der biblischen Bücher ' in der Exilszeit und danach durch einen Redaktionsstab. Nach J. BECKER hat man bei der Red. bestimmte Themen und Motive durch die gesamten red. Teile des Jes durchgezogen. Aber was ist etwa mit dem Thema ‚Schöpfung ' oder ‚Königsherrschaft Jahwes ' bei Trjes ? Letzteres verdiene ‚besondere Beachtung', 42. S. 44 resümiert er : „Die redaktionellen Partien des Isaiasbuches wollen in ihrer Aussage nicht für sich stehen ; sie affizieren und interpretieren vielmehr die echten Isaiasworte ". Nicht bloß Trjes, auch Dtjes kommt ganz schlecht weg. Er sei anonym, weil „eine künstlich geschaffene Prophetengestalt ' und ‚nur ' Red. (vgl. 38).

[26] G. FOHRER, Jesaja, 14.

verschwendet und ist die Ansicht — die jetzt wieder Elliger 1928 vorgetragen hat — die Herleitung von einem einzelnen Verfasser sei durch die Überlieferung näher belegt und sei einfacher, nichts als πρωτον ψευδος. Es gibt gar keine Überlieferung über einen Tritojesaja " [27]. Zur ehemals einzig maßgeblichen literarkritischen Methode ist heute die Form- und Gattungskritik getreten. Allerdings hat man auch hier manchmal den Eindruck, daß manche auch aus der Formgeschichte eine historische Methode zu konstruieren versuchen. Welches Ziel mit diesen Arbeitsmethoden angepeilt werden soll, gibt EISSFELDT an. Er legt nahe, man solle bei Jes 56 – 66 „ wie auch sonst öfter auf das sachliche Verständnis den Hauptnachdruck legen, hinsichtlich der Ansetzung aber sich an Möglichkeiten genügen lassen " [28]. Nicht alle haben diese Grenzen und Chancen gewahrt, wohl aber WESTERMANN in seinem oben zitierten Kommentar. Unter besonderer Berücksichtigung des form- und gattungsgeschichtlichen Blickwinkels versucht er, dem Anspruch und Aussagewert des Textes gerecht zu werden. Die Kap. 60 – 62 ; 57,14-20 ; 65,16b-25 und 66,6-16 bestimmt er als den Grundstock der trjes Botschaft. Der Verfasser, ein Dtjes-Schüler, habe sicher zwischen 537 und 455 v. Chr., näherhin wohl während der Jahre 537 bis 621 gewirkt, wenn seine Tätigkeit überhaupt länger als ein Jahr (um 530) gedauert hatte. Die übrige Sammlung sei aus drei weiteren Schichten angewachsen. Somit lag Trjes „ im wesentlichen vor der Zeit der Apokalyptik abgeschlossen " vor. Er nimmt an, daß die Kap. 56 – 58 und 60 (oder 59) – 66 „ einmal gesonderte Sammlungen " waren. Die Bedeutung von Trjes liege „ nicht so sehr in dem, was er verkündigt hat, als in der Tatsache, daß er in der Zeit, die dem Exil folgte, einer Zeit tiefster Enttäuschung und äußerster Armut, an gemeinsamen Zielen und Konzeptionen die Heilsverheißung erneuert hat " [29].

Welchen Beitrag soll nun die vorliegende Arbeit leisten ? Nach welcher Arbeitsmethode soll vorgegangen werden, um das angestrebte Ziel zu erreichen ?

Die vorliegende Untersuchung zu Jes 56 – 66 gliedert sich in zwei Abschnitte. Dazu soll einführend der fragmenthafte Überblick über den Werdegang des trjes Problems durch einige wesentliche Aspekte aus der Geschichte der Trjes-Kritik ergänzt werden. Soweit

[27] W. CASPARI, Der Geist des Herrn ist über mir (Jes 61,1), NKZ 40 (1929) 747.

[28] 464.

[29] 245f.

es die umständliche Literaturbeschaffung gestattete, wurde den Erörterungen der letzten Jahrzehnte nachgegangen. Es soll gezeigt werden, daß zu früh an den Text herangebrachte oder verfehlte Fragestellungen die widersprechendsten Ergebnisse zeitigten. Andererseits soll bezweckt werden, darzulegen, auf welchen Erkenntnissen man zurückgreifend weiterbauen kann. Um den Einstieg in den Text zu erleichtern, wird, wo es dringlich erscheint, noch kurz der Stand der Frage erörtert werden.

Teil I, die eigentliche Arbeit am Text hält sich an die übliche Methode. Die Ergebnisse der Textkritik werden nicht gesondert vermerkt, sondern im literarkritischen Teil an den einzelnen Stellen aufgeführt. Der Arbeitstitel ‚ Literarkritik ' ist methodisch noch durch einen zweiten Umstand unpräzise und belastet, als darunter auch häufig Einzelexegesen an jenen Stellen subsumiert werden, wo es für das Verständnis des Textes notwendig erscheint. Unter Ausscheidung von Dubletten und Glossen und im Vorgang der Abhebung einzelner Überlieferungsschichten muß erneut nach dem ursprünglichen Wortbestand jedes Kapitels, nach Aufbau und Gliederung, dem Verhältnis der Teile zueinander und nach der Gesamtaussage des Textes gefragt werden. Die so abgegrenzten Einheiten sind anschließend auf ihre Formen und Gattungen hin zu bestimmen ; besonders berücksichtigt wird deren grammatikalisch-syntaktische Form. Es wird versucht zu klären, welche Funktion die verwendeten Redeformen haben, ob sie bloßes Stilmittel oder selbst schon ‚ Kerygma ' sind, ob also Form und Inhalt miteinander übereinstimmen und einen festen Bezugspunkt, einen bestimmten ‚ Sitz im Leben ' des Spruches erkennen lassen. Die Verbindung mit bestimmten Lebensvorgängen und Situationen, mit konkreten ‚ Plätzen ' im Leben der Zuhörer wird dann vorsichtige Rückschlüsse auf Ort und Zeitverhältnisse erlauben. Dabei setzen wir die unangefochtene Überzeugung der Exegeten voraus, daß zumindest der Großteil von Trjes zunächst nicht als literarisches Produkt konzipiert, sondern aus dem Verkündigungsvorgang erwachsen ist.

In einem II. Teil sollen die Einzel- und Zwischenergebnisse im Hinblick auf die Gesamtkomposition zum Tragen kommen. Immer noch tappt man bei den redaktionsgeschichtlichen Erwägungen im dunkeln. Darf man in Jes 56 – 66 lediglich nach Stichwort und ähnlicher Thematik aneinandergereihte Blöcke erwarten, oder wurde bei der Redaktion von vorfindlichen kleineren Sammlungen und bei der Auswahl der selbständig umlaufenden Überlieferungsstücke nach einem bestimmten (theologischen oder zeitkritischen) Konzept vorgegangen ? Lassen sich im gesamten des trjes Verkündigungskomplexes gewisse bevorzugte Traditionen und theologische Anschauungen aufzeigen ? Kann man mit einem tragfähigen Maß an Wahrscheinlichkeit Hinweise erbringen, wonach der Redaktor bzw. Redaktorenstab (Red.) entsprechend einer bewußten Motivführung und Intention, nach einem roten Faden, die kleinen Einheiten so aufbaute, daß sie innerhalb des Kontextes eigene Funktionen erfüllten ? Zeigen Bruchstellen und Verkürzungen im Text bzw. rahmende Teile eine spätere redaktionelle Hand ? Verrät die vorgenommene Auswahl und Zielsetzung der Sprüche, ein durch den Einbau neu gewonnener Horizont, etwas über die Lebensfragen und die Situation vom Red. und seinem Hörerkreis ? Was hat die Entstehnng des Buches veranlaßt, und welche Bedeutung kommt ihm zu, wenn, wie zu erwarten, dieser Hörerkreis breiter strukturiert ist und möglicherweise in einem anderen Selbstbewußtsein und in einer anderen Gottesbeziehung steht als der ursprüngliche ? [30]. Zu solchen und ähnlichen Fragen soll ein Diskussionsbeitrag geliefert werden.

II. Die bisherige Tritojesaia-Forschung

1. Die Kritik an der Einheitlichkeit und Authentizität

Es geht um die Klärung der Frage, ob Stil und Inhalt, die literarische Gestaltung und Fertigkeit bei der Darlegung bestimmter Themenkreise und zeitgeschichtlich gebundener Hintergründe einen oder mehrere Urheber nahelegen [31].

Wie im obigen Überblick bereits dargelegt wurde, war die Diskussion um Jes 56 – 66 von Duhm ausgegangen, der die Einheit einer selbständigen Schrift auf Grund der einheitlichen trjes Verfasserschaft postuliert hatte. Auch in der katholischen Exegese war seine Anre-

[30] Man vgl. zur Fragestellung Kl. Koch, Was ist Formgeschichte ? Neue Wege der Bibelexegese. Neukirchen-Vluyn, 1964, 242ff.

[31] Verschiedentlich versuchte man, im Bereich des Sprachlichen Auswahlkriterien zu gewinnen. Besonders H. Gressmann, Über die Jesaja 56 – 66 vorausgesetzten zeitgeschichtlichen Verhältnisse, 1898, 31-36 ; — R. Abramowski – K. Elliger, Einheit, 43ff ; — W. Zimmerli ; — G. R. Driver, Linguistic and Textual Problems : Isaiah XL-LXVI, JThSt 36 (1935) 396-406 ; — H. Odeberg, Trito-Isaiah (Isaiah 56 – 66). A Literary and Linguistic Analysis, UUA Theologi 1 (1931) 1-285 ; — L. J. Liebreich, The Compilation of the Book of Isaiah, JQR XLVI (1955/56) 259ff ; JQR XLVII/2 (1956/57) 114-138. Er dachte sich das Jes-Buch als Einheit geplant : Der Red. ordnete Kap 1 – 39 in 4 Abschnitte ein und stellte Kap. 40 – 66 diesen als kompositorische Einheit gegenüber.

gung nicht ohne Reaktion geblieben. Mehrere Autoren befürworteten eine Aufteilung des Jesaiabuches in Kap 1 – 39 und 40 - 66, bzw. 40 – 55 und 56 – 66. Tastende Versuche machten SCHOLZ, VETTER und FELDMANN [32]. CONDAMIN erachtete in seinem Kommentar einen einheitlichen Trjes als nicht von vorneherein ausgeschlossen, wenngleich er die Kap. 60 - 62 ausklammern zu müssen glaubte [33]. Diese erfreulichen Ansatzpunkte schien jedoch bald der Entscheid der Bibelkommission vom 28. Juni 1908 radikal zu unterbinden [34]. Viele katholische Forscher wagten sich denn auch fortan nur mehr mit größter Zurückhaltung an diese Frage heran. Die alttestamentlichen Einleitungen von KAULEN [35] und HÖPFL [36] zeigen die gekünstelten Versuche, Argumente für die jesaianische Authentizität auch dieser Kapitel beizubringen [37]. Erst allmählich wurde man sich der Möglichkeit bewußt, den Kommissionsentscheid dahin zu interpretieren, er habe sagen wollen, der gegenwärtige Stand der wissenschaftlichen Erkenntnisse reiche nicht aus, die von der Tradition gelehrte Einheit des Jesaiabuches mit Sicherheit aufgeben zu können [38]. Unverständlicherweise finden auch heute noch einige diese Gewißheit als noch nicht für erbracht. Wie GOZZO und MARIANI verficht auch VACCARI die Einheit von Jes 1 – 66 [39]. Letzterer nimmt IQIs^a und IQIs^b,

---

[32] Vgl. dazu J. GOETTSBERGER, Einleitung ins Alte Testament, 1928, 292.

[33] A. CONDAMIN, Le livre d'Isaïe, Études Bibliques IX, Paris, 1905.

[34] De libri Isaiae indole et auctore, ASS 41 (1908) 613f; H. Denzinger, Enchiridion Symbolorum Definitionum et Declarationum, Freiburg i. Br., 1911, Nr. 2115-2119.

[35] F. KAULEN, Einleitung ins Alte Testament und Neue Testament, 2. Teil, Freiburg i. Br., 1899; neubearbeitet von G. Hoberg, 1913, 5. Aufl., bes. 217f.

[36] H. HÖPFL, Introductionis in sacros utriusque Testamenti libros compendium, Vol. II, Rom, 1931, 291f.

[37] J. COPPENS, 183, Anm. 1, berichtet von Knabenbauer, man habe in seinem Nachlaß ein im Jänner 1908 an die Bibelkommission adressiertes Schreiben gefunden, worin er der Behauptung, Dtjes sei dem Jes des 8. Jh.s zuzuschreiben, entgegenstellte: ‚non posse attribui'. Offiziell aber beugte er sich dem Entscheid.

[38] Vgl. A. FEUILLET, Isaïe, in: Dictionnaire de la Bible, Supplément, T. IVe, Paris, 1949, Sp. 647-729, bes. Sp. 696-698; — J. SCHILDENBERGER, 202.

[39] S. GOZZO, De catholicorum sententia circa authenticitatem Is 40 - 66 inde ab anno 1908, Ant 32 (1957) 369-410; — Ders.: La dottrina theologica del libro di Isaia. Studio critico-exegetico, Rom, 1962; — P. B. MARIANI, Introductio in libros Sacros Vet. Test., Rom, 1958; man vgl. dazu die Besprechung von J. Ziegler in BZ NF 4 (1960) 137-154; — P. VACCARI, I profeti, I, La sacra Bibbia VI, 1953, 18f; — Stichhaltige Gegenargumente gegen eine heute noch verfochtene Einheitlichkeit von Jes 1 – 66 finden sich über-

G und Sir 48,23f als Zeugen für sich in Anspruch, daß die Tradition darüber bis ins 5. Jh v. Chr. zurückverfolgbar sei.

Die zuletzt besprochenen Proteste gegen die fortgeschrittene Jesaiakritik sind deshalb ohne Gewicht, weil es seit 1908 immer weniger gelungen ist, aus dem Text selbst einen stichhältigen Beitrag zur jesaianischen Authentizitätslehre zu liefern [40]. Vorläufig ging man daran, die Einheitlichkeit von Jes 40 – 66 auf Grund der Abfassung durch eine exilische Verfasserpersönlichkeit, welcher im Geist des ersten Jesaia redete, zu untermauern. Unter den katholischen Exegeten FELDMANN [41], FISCHER [42], KISSANE [43], SAUER [44], PORÙBČAN [45] und PENNA [46] bekannte sich nur Fischer freimütig dazu, daß ab Kap. 56 eine frühnachexilische Gemeinde in Jerusalem angesprochen sei. Doch war die Tatsache, daß ab Kap. 56 die klare Rede von einer bevorstehenden Heimkehr aus dem Babylonischen Exil plötzlich aussetzt, ein nicht mehr hinwegleugbares Argument. Der Weg für die Annahme einer eigenen trjes Schrift war geebnet. Die einheitliche literarische Abfassung wurde fortan verschiedentlich überzeugt vertreten. FEUILLET [47], CHARY [48] und ZIEGLER [49] setzen einen Autor voraus, SCHILDEN-

---

sichtlich besprochen bei A. LODS, Histoire de la littérature hébraique et juive des origines à la ruine de l'état juif, Paris, 1950.

[40] Siehe J. COPPENS, Ephemerides theologicae Lovanienses, Nov. 1937, 672. — Von entsprechenden positiven Konsequenzen in der katholischen Forschung berichtet R. T. MURPHY, Second Isaias : The Literary Problem, CBQ 9 (1947) 170-178.

[41] Vgl. Anm. 11.

[42] J. FISCHER, Das Buch Isaias, Die Heilige Schrift des Alten Testaments, Bd. VII, Teilbd. II, Bonn, 1939.

[43] E. J. KISSANE, The Book of Isaiah, Vol. II, Dublin, 1943.

[44] HUDAL–ZIEGLER, Kurze Einleitung in die Heiligen Bücher des Alten Testamentes, Neubearbeitung von F. SAUER, Graz–Wien, 1948, 6. Aufl. Darin konstatierte er, Jes 40 – 66 sei „eine geschlossene Abhandlung, die mündlich nicht vorgetragen wurde", 217.

[45] St. PORÙBČAN, Il patto nuovo in Is 40 – 66, AnBib 8, Rom, 1958, 199.

[46] A. PENNA, Isaia, La sacra Bibbia, Vecchio Testamento, hsgg. von P. G. Rinaldi CRS, Turin–Rom, 1958. Er legt den Kapiteln 56,9 – 66,24 die Jahre 538-520 zugrunde, läßt sie jedoch zusammen mit Kap. 40ff noch als Werk eines Schülers des 1. Jesaia verfaßt sein, der 560-540 in Babylonien und nach seiner Rückkehr in Palästina gewirkt habe. Vgl. bes. 394 und 538ff. Unter diese Richtung sind auch zu zählen : L. DENNEFELD, Isaïe, La sainte Bible, Bd. VII, hsgg. von L. Pirot und A. Clamer, Paris, 1946 ; — J. BUDA, Evanjelium Starého Zákona, Trnara, 1942.

[47] Sp. 698ff.

[48] Vgl. Anm. 18.

[49] J. ZIEGLER, Isaias, Das Alte Testament, Echter Bibel hsgg. von F. Nötscher, Würzburg, 1954, 9.

BERGER [50], AUVRAY–STEINMANN [51] und GELIN in der Einleitung von Robert–Fenillet [52] ziehen ins Kalkül, daß unsere Prophetie nichts von ihrem Charakter einbüßt, wenn vom Verständnis der jesaianischen Authentizität und von der Einheitlichkeit der Kapitel abgegangen wird. Vor kurzem hat dies SCHREINER in seinem Sammelwerk ‚ Wort und Botschaft ‘ klar formuliert. Sprache und Inhalt drängen zur Überzeugung, daß die Kap. 56 – 66 „ Einzelstücke sind und keinen gemeinsamen Verfasser haben “ [53].

Ein Exempel, wie man heute nicht mehr argumentieren sollte, statuiert MÖLLER [54]. In der konservativ-orthodoxen Linie des evangelischen Forschers YOUNG [55] verficht er die Einheitlichkeit von Jes 1 – 66. Neben unkritisch vereinfachender Leichtfertigkeit verblüfft er durch sein Vorurteil, der eigentliche „ Hauptgrund für die Abtrennung von Jes 40ff “ sei letztlich „ dogmatischer Natur “, so folgere man, „ über ihn also nicht zu streiten “ Dieser Hypothese zuliebe habe man auch protojes Stellen später angesetzt usf. Man brauche nur die einzelnen Exegeten gegeneinander auszuspielen, um gerne wieder zur altüberkommenen Lehre zurückzukehren. Er schreibt wörtlich, es seien allen Erklärungsversuchen, „ soweit sie von der Bibel abweichen..., von vorneherein höchstes Mißtrauen “ entgegenzubringen [56].

Während nun nach Duhm nur eine kleine Anzahl nichtkatholischer Exegeten für ein einheitliches Jesaiabuch plädierte [57], freundeten sich

---

[50] 190ff.

[51] P. AUVRAY – J. STEINMANN, Isaïe, La Sainte Bible, hsgg. von der Ecole Biblique de Jérusalem, Paris, 1957, 2. Aufl. ; Die erste Aufl. 1951 hatte 40 – 66 Jesaia-Schülern zugesprochen. — J. STEINMANN, Le livre de la consolation d'Israel et les prophètes du retour de l'exil, LeDiv No 28 (1960) 7-312. Für unseren Zusammenhang vgl. den 3. Teil.

[52] 560f.

[53] 146.

[54] W. MÖLLER, Grundriß für eine Alttestamentliche Einleitung, Berlin, 1958. Vgl. vom selben : Die Einheit des Jesajabuches, in : Nach dem Zeugnis und Gesetz XXXV (1935-1936) 206-217.

[55] E. J. YOUNG, An introduction to the Old Testament, Grand Rapids, 1949 ; — Ders. : Studies in Isaiah, 1954 ; — Ders. : Isaiah 34 and its Position in the Prophecy, WTJ 27 (1964/1965) S. 93-114 ; Ähnlich im Art. „ Jesaja “, Lexikon zur Bibel, Sp. 685-689, hsgg. von F. RIENECKER, Wuppertal, 1960. — O. T. ALLIS, The Unity of Isaiah, Philadelphia, 1950, ihm zur Seite R. MARGALIOTH, The Indivisible Isaiah, 1964.

[56] 177 und 185-187.

[57] W. C. COBB, On Integrating the Book of Isaiah, JBL 20 (1901) 77f, 92ff ; — HERZOG, Zum Verständnis des Propheten Jesaja, Schweiz. Kirchenzeitung, 1915, 136-138 ; — J. J. LIAS, The Unity of Isaiah, BS 72 (1915) 560 bis

relativ viele mit dem Gedanken der Einheitlichkeit von Kap. 40 – 66 an [58]. In der Einschätzung des zeitlichen Hintergrundes zeigen sie allerdings beträchtliche Divergenzen. Duhm's Einheitshypothese übernahmen als Arbeitsprinzip : SMEND [59], WELLHAUSEN [60], LITTMANN [61], MARTI [62], SELLIN [63], ZILLESSEN [64], BOX [65], HALLER [66], ELLIGER [67], SEL-

---

591 ; 75 (1918) 267-274 ; — A. KAMINKA, Le développement des idées du prophète Isaïe et l'unité de son livre, REJ 80 (1925) 42-59, 131-169 ; 81 (1925) 27-48. — Auch die beiden konservativen holländischen Reformierten J. RIDDERBOS, Het godswoord der profeten, II : Jesaja, Kampen, 1932, und J. SCHELHAAS, De lijdende Knecht des Heeren, Groningen, 1933, sahen für Kap. 40 – 66 Jesaia als Verfasser an. Unter Hinweis auf das NT und Sir (vgl. dagegen Schildenberger) findet sich später auch P. P. SAYDON, The Authorship of the Book of Isaiah, Scr 3 (1952) 55 – 59, als Verfechter einer einheitlichen jes. Verfasserschaft.

[58] E. SELLIN, Studien zur Entstehungsgeschichte der jüdischen Gemeinde nach dem babylonischen Exil, Bd. II, Leipzig, 1901 ; — Ders. : „ Tritojesaija, Deuterojesaja und das Gottesknechtsproblem ", NKZ 41 (1930) 73-93, 141-173 ; — E. KÖNIG, Das Buch Jesaja, Gütersloh, 1926 ; — Hieherzurechnen sind C. C. TORREY und jene von ihm abhängigen Exegeten, von denen oben in der Einführung bereits die Rede war. Seinem Einfluß erlagen außerdem G. DAHL, JBL 48 (1929) 362-377, sowie G. A. BARTON, The Haverford Symposium on Archaeology and the Bible, 61, 76f, Anm. 53, hsgg. von E. Grant, New Haven, 1938 ; — L. GLAHN, Hjemkomst Profeten, Endheden af Jesajabogens Kp. 40 – 66, Diss. Kopenhagen, 1929 ; — Ders. : Quelques remarques sur la question du Trito-Isaie en son état actuel, RHPR (1932) 34-46 ; — Ders. : Der Prophet der Heimkehr, Bd. I, Gießen, 1934 ; — W. A. L. ELMSLIE, How Came Our Faith, Cambridge, 1948. — Kap. 40 – 66 seien ein durchkomponiertes Werk in 3 Abschnitten zu je 3 Kap. ist das Urteil von F. X. PEIRCE, The problem of the Servant in Is. 40 – 66, Eccl. R (1935) 83-95.

[59] R. SMEND, Alttesamentliche Religionsgeschichte, 1893, 260, 339 Anm. 2.

[60] J. WELLHAUSEN sprach noch im Dezember 1893 von „ dem Verfasser von Jes. 40 – 66 " — so in : „ Das babylonische Exil " in New World II, S. 601-611 —, im Oktober 1894 schien ihm der spätere Ursprung von Jes 56ff bereits als erwiesen. Vgl. Israelitische und jüdische Geschichte, 151 Anm. 1.

[61] E. LITTMANN, Über die Abfassungszeit des Tritojesaja, Freiburg i. Br., 1899. Er meint, es lege sich für Jes 63,7-64,11 ein frühnachexilischer Verfasser nahe.

[62] K. MARTI, Das Buch Jesaja, Tübingen, 1900, bes. 362. Seine Zustimmung zur These Duhm's gab er allerdings bereits in seiner revidierten Ausgabe von A. Kayser, Theologie des Alten Testaments, 1894, 2. Aufl., 116, 191, 202.

[63] 150 bemerkt er, Kap. 40 – 55 und 56 – 66 könnten möglicherweise denselben Verfasser haben.

[64] 231ff.

[65] G. E. BOX, The Book of Isaiah, 1908.

[66] M. HALLER, Das Judentum, in : Die Schriften des Alten Testaments, II. Abt., 3. Bd., Göttingen, 1914, 127-154 ; 1925, 2. Aufl.

[67] „ Die 13 Stücke von c. 56 – 66 stammen alle aus der Schaffenszeit eines Mannes ", Einheit, 76.

LIN [68] und ODEBERG [69]. Der literarkritische und zeitgeschichtliche Befund veranlasse dazu. ZIMMERLI [70] konstatiert auf Grund sprachlicher Vergleiche für Jes 57,14 – 63,6 die Verfassereinheit, den restlichen Stücken seien verschiedene Grade der Sicherheit zuzuerkennen. BENTZEN [71] und KESSLER [72] sind die letzten vereinzelten Stimmen, welche die Einheitlichkeit von Trjes bejahen. Letzterer argumentiert von der Art der Sprüche her. Man müsse bedenken, nicht Dichtung, sondern Zeugnisse „ geistlicher Führung " vor sich zu haben. Hier sind nicht „ private, literarische Äußerungen " vereinigt. „ Die Texte sind in ihrem Charakter als ‚ predigende ' Verkündigung ernst zu nehmen " [73]. Diesem Urteil ist m.E. für späterhin insofern großes Gewicht beizulegen, als es den Ernst der Beschäftigung und die Ehrfurcht vor jenem Wortgut bestimmt, mit dem wir uns abzugeben haben, und zugleich vor Enttäuschungen bewahrt, die sich unweigerlich einstellen, wenn mit falschen Voraussetzungen an den Text herangegangen wird.

Mit Condamin und Feuillet wurden bereits Namen genannt, bei denen man eine Parallelentwicklung unserer Fragestellung ersehen konnte [74]. Beide hatten im Blick auf den Kontext Kap. 60 – 62 ausgeklammert und einem anderen Autor zugeschrieben. Andere Alternativen wiesen STADE [75], welcher bloß in Kap. 60 – 62 ; 65 ; 66 und in anderen kleineren Einheiten diesselbe literarische Art angewandt fand, und BROWN [76]. Diesem gilt die Einheitlichkeit von Jes 58,1 bis 63,6 als evident. HÖLSCHER [77] spricht allgemein davon, die wesentlichen Stücke seien auf eine Hand zurückzuführen, die Einleitung von

---

[68] Trjes, 1930.

[69] 29ff.

[70] 62ff.

[71] AA. BENTZEN, Inleding til det Gamle Testamente, 3 Bde, 1941 ; englisch London, 1953, 3. Aufl.

[72] W. KESSLER, Zur Auslegung von Jesaja 56 – 66, ThLZ 81 (1956) Sp. 335-338 ; — Ders. : Studie zur religiösen Situation im ersten nachexilischen Jahrhundert und zur Auslegung von Jesaja 56 – 66, WZ 6 (1956/57) 41-73 ; — Ders. : Gott geht es um das Ganze, siehe oben.

[73] 14.

[74] A. FEUILLET, Sp. 716-717.

[75] B. STADE, Biblische Theologie des Alten Testaments, I, Tübingen, 1905, 338.

[76] L. E. BROWNE, Early Judaism, Cambridge, 1920.

[77] G. HÖLSCHER, Die Profeten, Untersuchungen zur Religionsgeschichte Israels, Leipzig, 1914, 374.

Oesterley–Robinson [78] detailliert: Außer für die Stellen Jes 59; 63,7 - 64,11(12); 66,5.17-24, welche späteren Datums sind, stehe ein Verfasser, nämlich Trjes, für die Einheitlichkeit der Schrift ein.

In der einführenden Übersicht wurde von Westermann berichtet, welcher den Grundstock unserer 11 Kapitel auf die Verkündigung eines frühnachexilischen Propheten, des dtjes Schülers Trjes, zurückführt. Hatten wir im obigen Abschnitt noch mehr solcher Gelehrten vorgestellt, welche zur Überzeugung gelangten, aus der trjes Sammlung einen einheitlichen Kern herausarbeiten zu können, so ist gleich anschließend eine andere Richtung anzuführen, welche einen Schritt weiterging. An einem einheitlichen Zeithintergrund wird festgehalten, die literarische Einheit des Buches aber zugunsten der Verfasserschaft durch eine von Dtjes beeinflußte Prophetenschule aufgegeben. Es war die Idee von Cheyne [79] und sie wurde über Kosters [80], Kittel [81], Gressmann [82] bis herauf zu Kaiser [83] öfter aufgegriffen.

Die literarische Abhängigkeit unserer Kapitel von diversen Verfassern war lange vor Duhm bereits Gegenstand der alttestamentlichen Exegeten [84]. Mit der historischkritischen Methode hatte man aus dem Jesaiabuch eine Fragmentensammlung gemacht. Nach Duhm war man vornehmlich bestrebt, die Argumente für die Einheitlichkeit gerade der von ihm abgegrenzten Kapitel zu erschüttern. Mit den oben

---

[78] W. O. E. Oesterley – Th. H. Robinson, An Introduction to the Books of the Old Testament, London, 1958, 9. Aufl., 277-287.

[79] T. K. Cheyne, Introduction to Isaiah, Jewish Religions Life after the Exil, 1894; Deutsch von J. Böhmer, Gießen, 1897; New York und London, 1901.

[80] W. H. A. Kosters, Deutero- en Trito-jezaja, ThT 30 (1896) 577-623.

[81] R. Kittel, Der Prophet Jesaja, Kurzgef. exeget. Handbuch, 5. Bd., erkl. von Aug. Dillmann; in 6. Aufl. von R. Kittel, Leipzig, 1898, 473.

[82] 1898.

[83] O. Kaiser, Artikel „Jesajabuch", RGG 1959, 3. Aufl., Sp. 601-611.

[84] Vgl. bes. J. G. Eichhorn, Die hebr. Propheten, 3 Bde, 1816-1819. Im RGG, Artikel „Isaias" betrachtete er Kap. 56 – 66 als eine Sammlung ungenannter teils exilischer, teils nachexilischer Prophetien; — H. Ewald, Die Propheten des Alten Bundes, III, 1868, 2. Aufl.; — F. Bleek, Einleitung ins Alte Testament, 1878, 4. Aufl.; — A. Kuenen, Hist. krit. Ouderzoek, 1885-1889, 2. Aufl.; deutsch 1892; — C. Bredenkamp, Der Prophet Jesaja, 1887; — Weiters B. Stade, T. K. Cheyne, C. H. Cornill und I. Loeb, La Littérature des pauvres, 1892. Letzterer nahm an, die Kapitel 52,13-66 enthielten das Werk verschiedener Autoren aus der Periode des zweiten Tempels — „eine künstliche Sammlung, in der die Kapitel sich mehr oder weniger von selber geordnet haben, und ein wenig hat hierbei auch der Zufall geholfen".

Genannten gewannen Bedeutung: WILDEBOER [85], v. BAUDISSIN [86], CRAMER [87], KENNETT [88], BUDDE [89], SKINNER [90], MARTY [91], ABRAMOWSKI [92], HEMPEL [93], und VOLZ [94]. Letzterer kommt selbst auf 17 bzw. 18 in verschiedenen Jahrhunderten verfaßte Abschnitte. In neuerer Zeit scheint es endgültig problematisch geworden zu sein, von Einheitlichkeit und trjes Authentizität zu reden. FOHRER hat die Mehrheit der Exegeten auf seiner Seite, wenn er Trjes in selbständige Sprüche und Abschnitte aufteilt. In seinem Kommentar und in der Neuausgabe der Einleitung von Sellin zählt er deren vierzehn [95].

2. Die anonyme Verfasserschaft

Wer einen Text analysiert, stellt sich gezwungenermaßen die Frage: Wer redet, welche Persönlichkeit spricht sich hier aus? Spricht er aus eigenem Ermessen, oder im Auftrag einer Gemeinschaft oder

---

[85] G. WILDEBOER, De litterkunde d. O. V., 1893, deutsch von Risch, 1895.

[86] W. W. Graf von BAUDISSIN, Einleitung in die Bücher des Alten Testaments, Leipzig, 1901, 387-412.

[87] Vgl. Anm. 7.

[88] R. H. KENNETT, The Composition of the Book of Isaiah in the Light of History and Archaeology, The Schweich Lectures, 1909; London, 1910.

[89] 1906.

[90] J. SKINNER, The Book of the Prophet Isaiah, Cambridge, 1908; 1917, 2. Aufl.; 1954, 8. Aufl.

[91] 1924.

[92] 1925.

[93] J. HEMPEL, Die althebräische Literatur und ihr hellenistisch-jüdisches Nachleben, Potsdam–Wildpark, 1930-1934; 1930, bes. 173.

[94] bes. 198ff: Von Elligers stilistischen Einheitsmerkmalen (S. 43-57) „scheinen mir nur ganz wenige einigermaßen von Belang zu sein. Ich nenne וְהָיָה כָזֶה, das nach Elliger nur in 56,12; 58,5 im AT vorkommt; es ist aber beidemal sachlich ein wenig anders gebraucht und auch sprachlich beidemal nicht ganz gleich. Weiters sei עָלָה mit מִנְחָה = opfern nur 57,6; 66,3 im AT gebraucht; es steht aber das erstemal vom Opfer im allgemeinen, das zweitemal vom Speiseopfer, also wiederum nicht völlig gleich. Endlich sei צִיר = Bote 57,9; 63,9 (vorausgesetzt, daß in 63,9 צִיר = Bote zu lesen ist) nur ganz selten im AT; immerhin kommt es noch fünfmal außerdem vor. — Das Verhältnis von 63,1-6 zu 59,15ff ist ebenso schwierig bei der Annahme wie bei der Nichtannahme der Einheit der Kapitel." S. 198, Anm. 1. „Gewisse sprachliche Eigenheiten wie die ‚zerschlagenen Herzen' 57,15; 61,2; 66,2 oder die ‚uralten Trümmer' 58,12; 61,4 lassen sich leicht als Termini der synagogalen Sprache erklären, die sich von Generation zu Generation forterbten." 199.

[95] 421ff.

Institution, oder spricht er kraft seines Sendungsbewußtseins als Bote Gottes ? Wenn der Name des oder der Verfasser hinter die Botschaft zurücktritt, kommt darin ein eigenes Selbstverständnis der Redenden zutage, oder war man im Kreise derer, welche die überkommenen Sprüche tradierten und sammelten, nur interessiert am objektiven Aussagewert der Worte ?

Kissane hatte die Hypothese aufgestellt, ein exilischer Herausgeber von Jes 1 – 39 habe die Kap. 40 – 66 niedergeschrieben. SCHILDENBERGER brachte dahingehend eine Variation an, daß „ ein anderer oder andere inspirierte Autoren ... in gleicher Weise noch die Kapitel 56 – 66 hinzugefügt haben " mußten [96]. Die Anonymität der Schrift läßt auf die Geisteshaltung der Verfasser Rückschlüsse zu : „ Diese inspirierten Männer hatten sozusagen keine , selbständigen ' Propheten zu sein. Sie sollten und wollten nur den alten Isaias für die Zeitgenossen zum Sprechen bringen. Allerdings erhielt wenigstens der Verfasser von Is 40 – 55 auch selber große Offenbarungen ; aber diese lagen in der Richtung der isaianischen und bauen diese weiter aus " [97]. Sein Verständnis von einem engen Schülerverhältnis zu Dtjes ist weniger außergewöhnlich als der zitierte Diskussionsbeitrag. Wie aktuell er auch jetzt noch ist, beweist die ähnlich gebaute Argumentation von EISSFELDT zur Frage, wie unser Verkündigungskomplex im Jesaiabuch Aufnahme gefunden haben mag. Er meint, es lasse „ sich die der sachlichen Verwandtschaft von c. 40 – 55 mit 1 – 35(39) und 56 – 66 mit 40 – 55 entsprechende Erklärungsmöglichkeit auch zu der Annahme verdichten, daß c. 40 – 66 aus prophetischen Kreisen herrühren, die sich im besonderen Sinne als Jünger Jesajas fühlten und zu Hütern und Mehrern seines Erbes berufen wußten " [98]. Nicht immer wurden diese Gemeinsamkeiten so positiv bewertet. Man brachte Trjes in den Verdacht bewußten Epigonentums. HÖLSCHER nennt Trjes die , direkten Nachahmungen ' von Dtjes durch einen palästinensischen oder ägyptischen Diasporajuden [99]. Einen , simplen Nachahmer ' nennt ihn HEMPEL. In seiner „ sprachlichen Armut und geringen stilistischen Lebendigkeit " sei er weit hinter dem , geistigen Höhenflug ' seines

---

[96] 192.

[97] 199.

[98] 466. Die gedankliche Einheit des Jes.-Buches auf Grund der Verfasserschaft von 56 – 66 durch Jes. — Schüler betont J. H. EATON, Commentaries on the Book of Isaiah, Theology 60 (1957) 451-455 ; The Origin of the Book of Isaiah, VT 9 (1959) 138-157.

[99] 373ff.

Meisters zurückgeblieben. Um wie viel materieller schildere er doch die Zukunftserwartungen und das Glück der Heilszukunft [100]. Um mit einem positiven Urteil abzurunden, sei noch auf HALLER zurückverwiesen [101]. Trjes verliere zwar an Phantasie und Schwungkraft gegenüber seinem Meister, doch habe den Stil der Trostrede keiner so gut getroffen wie er in Kap. 60 – 62 und 57,14-21.

Es hat bislang den Anschein gehabt, als habe allein die dtjes Botschaft auf Trjes Einfluß genommen. Daß dem nicht so ist, hat bereits DUHM mit allen Mitteln herauszustreichen versucht, schon allein aus dem Bemühen, seine Neuentdeckung ‚Tritojesaia' möglichst überzeugend gegen Dtjes abzuheben : „ Als Schriftsteller unterscheidet sich Tritojesaia von Deuterojesaia so stark wie möglich " [102]. Argumentiert er auf dieser Ebene mit literarischen Fakten, so unterstützt er seinen Beweisgang durch das Aufzeigen von Querverbindungen zur ezechielischen Prophetie : Trjes „ lebt in der Zeit Esras und hat denselben Geist wie der von ihm benutzte Hesekiel, obwohl nicht dessen Gemütskälte und Neigung zur Konstruktion ; seine Situation ist diejenige, aus der Nehemia die Tempelgemeinde erlöst hat " [103]. Wenn man nun näher wissen möchte, unter welchen Aspekten und Voraussetzungen Ezechiel ‚benutzt' wurde, erhält man nur sehr vage Auskünfte. Manche konstatieren eine Parallelentwicklung im prophetischen Selbstbewußtsein, andere sehen seine Prophetie von ihm her gespeist. In der Einleitung von Robert-Feuillet wird die Ansicht von CHARY angeführt. Demnach hat Trjes „ dem Erbe Ezechiels durch den Geist des Deutero-Isaias neues Leben eingehaucht " [104]. ODEBERG zieht bloß ein Abhängigkeitsverhältnis in bezug auf die redaktionelle Form des Buches in Betracht. Auch von einer dtjes Schule hält er nicht viel. Man solle mehr auf die Querverbindungen zu Hosea, Amos, Micha und die Zitationen aus Protojesaia sein Augenmerk richten [105]. Man hat in diesem Zusammenhang gerne damit argumentiert, daß im Gegensatz zu Dtjes, worin ein starker Einfluß vom Buche Hiob spürbar sei, der Geist anderer alttestamentlicher Bücher in Trjes viel stärker eingear-

---

[100] 1930, 173. Bei Greßmann, findet sich das Urteil : „ Tritojesaja schreibt mühsam und unbeholfen ", 28.

[101] 1925.

[102] 1922, 419.

[103] 19.

[104] 563.

[105] Vgl. 28. Dazu noch D. R. JONES, Isaiah 56 – 66 and Joel, Torch Bible Com., London, 1964.

beitet sei als der von Hiob [106]. Wiederum haben BUDDE und LODS sich die Mühe genommen, die Einflüsse anderer Prophetien auf Jes 56 – 66 genauer zu lokalisieren. Jes 56,1-8 überschreibt Budde mit ‚ Gelegenheitsbescheid ‘. Eine Nähe zur ezechielischen Schule eruiert er bei 56,9 – 57,13 ; 57,14-21 und 60 – 62 sind im Ton von Dtjes gehalten ; 58 und 59 tragen den ‚ schlichten Ton ‘ von Haggai und Maleachi ; 63,1-6 lasse sich kaum und 63,7 – 64,11 nur in exilische Verhältnisse einordnen ; 65 stehe zwischen Sacharia und Maleachi ; 66 sei endlich eine komplexe Größe [107]. Lods ordnet 56,1-8 ; 57,14-19 ; 60 – 62 und 66,6-16 der dtjes Schule zu ; 58 und 59 Vers 1-15a zeigten die Schule von Sacharia und 56,9-12 ; 57,1-13 ; 65 und 66,3-4 die von Ezechiel ; in 59,15b-20 und 63,1-6 sei apokalyptisches Gut zusammengetragen [108].

Alle diese Beobachtungen bringen wohl der Einleitungswissenschaft Nutzen, wenig aber dem, der den Text dahingehend befragt, wieweit der Sprecher selbst engagiert war, mit seiner Erfahrung und der Härte seines Schicksals. Wo einer in prophetischer Redeweise als Bote Gottes zu Wort kommt, werden mit dem göttlichen Anspruch und Zuspruch die persönliche Haltung und Erfahrung und auch die Fragen, Nöte und Sehnsüchte der Hörerschaft zum Klingen kommen. Wir waren davon ausgegangen, daß uns in Trjes nur Sprüche, aber keinerlei Berichte und Erzählungen vorliegen. Läßt sich daraus, wie einer über eine bestimmte Sache spricht, etwas über die Problematik, Motivführung und Intention derer folgern, welche die vorliegenden Texte ursprünglich zu Gehör gebracht haben ?

3. Motivführung und Intention von Trjes

Es verfehlt ein solcher den Einstieg in das Verständnis der dtjes Botschaft, der nicht weiß, daß der Prophet angesichts der kurz bevorstehenden Heimkehr aus dem Exil redet. War auch für unsere Botschaft ein bestimmtes Ereignis die auslösende Ursache ? Oder sollte zu konkreten Zeitproblemen und Gemeindeverhältnissen ein klärendes und weisendes Wort gegeben werden ?

---

[106] Auf weitere theologische Differenzen verweist PFEIFFER, 480f.

[107] 177ff.

[108] 515. — Vom weitgehenden Übereinstimmen im Bildgebrauch bei Jes 40 – 66 (von einem Verfasser, vielleicht Verfasserin ?) und Jer handelt M. DUBSHANI, Die Bilder von Frau und Kindern in den Büchern Jesaja und Jeremia, BethM 12 (1966/67) 83-93.

HEMPEL interpretiert Trjes von der Kyros-Enttäuschung her. Sie habe sich in Stellen wie 59,16, wo vom „ Verzicht auf die Nennung jeden Heilsmittlers neben Jahwes Arm " gesprochen wird, niedergeschlagen[109]. MARTI sieht das Problem von einer anderen Sicht aus : „ ... es läßt sich doch als der Hauptgedanke des Verfassers die Absicht heraus erkennen, den Glauben an das Kommen des Heiles den Jahwetreuen zu befestigen, sie in der kritischen Lage zu trösten. Dem Verfasser bleibt es fest : Der Name Israels geht nicht unter, darum ist am Glauben festzuhalten, die Feinde, die Widersacher, trifft das Gericht und für die Frommen kommt das Heil mit der wunderbaren Verherrlichung Jerusalems "[110]. Der Wiederaufbau der nachexilischen Gemeinde hinsichtlich ihrer sozialen und religiösen Struktur war angesichts der Enttäuschung über die Nichteinlösung der Heilsverheißungen durch den Bundesgott Jahwe zu bewältigen. Welche Funktion ist den Sprechern der uns überkommenen Botschaft zuzuweisen ?

Nach VOLZ rage der trjes Sprecher „ nicht mehr wie Deuterojesaja als Bote Gottes weit über Volk und Gemeinde hinaus, er ist mehr Prediger, Seelsorger, Führer der Synagoge, frommer Psalmist ". Während er nun folgert, es sei ausgeschlossen, daß derselbe Jahwe als bluttriefenden Keltertreter und zugleich als den in der Höhe Thronenden und bei den Demütigen Wohnenden gemalt habe[111], gibt von seiner Einsicht her MOWINCKEL zu bedenken, hier bahne sich der Übergang zu einem neuen Prophetenideal an, nämlich zum Selbstverständnis von „ not the diviner, but the missionary preacher of true religion "[112]. Trjes sei „ in viel höherem Maße als die alten Propheten, ähnlich Ezechiel, Seelsorger und Lehrer (61,1ff). Und doch ist er auch Visionär (63,1-6) ", so HALLER[113]. In eigenwilliger Formulierung nennt ihn DUHM einen ‚ Theokratiker vom reinsten Wasser ', welcher „ den Tempel, das Opfer, das Gesetz, den Sabbat usw. für die höchsten Dinge " hielt[114]. Aus Textzusammenstellungen kontruierte endlich BEWER vier nachexilische Prophetentypen. Jes 60 – 62 ; 59,15b-21 ; 63,1-6 ; 65,17-25 ; 66,1-16.18-24 verteilte er auf einen Propheten der Hoffnung und

---

[109] 1930, 173.

[110] 362. Zu den theologischen Traditionen vgl. C. ZALALIS, L'idea di Dio nel libro di Isaia. Diss. Pont. Ist. Biblico, Rom 1956 ; — S. H. BLANK, Prophetic Faith in Isaiah, Detroit, 1967, Wayne State Univ. Pr., 241 S.

[111] 197 und 199.

[112] Vgl. Anm. 14, S. 218.

[113] 1925, 118.

[114] 1902, 380.

des Trostes, 66,1-5 ; 57,3-13 ; 65,1-16 ; 56,9 – 57,2.14-21 ; 58,1-12 und 59,1-15a auf einen Warner und Tadler. Hinter 56,1-8 stehe ein Tora-Lehrer, und 63,7 – 64,11 enthülle einen heiligen Beter [115].

Die einzige zukunftsweisende Anregnng findet sich m.E. allerdings bei KRAUS. Er gibt zu bedenken : „ Es müßte einmal untersucht werden, inwieweit auch , Tritojesaja ' in der Gemeinde der Heimgekehrten bemüht ist, als , eschatologischer Bundesmittler ' den endzeitlichen Bund zu verwirklichen. Wenn der Verkündiger der Kapitel Jes 56 – 66 sich selbst gesandt weiß, das eschatologische Freijahr Gottes auszurufen (Jes 61,2), so nimmt diese Aussage doch Bezug auf eine Funktion, die , alle sieben Jahre ' der Bundesmittler versah ... Man wird dem unbekannten Propheten der nachexilischen Zeit, ganz anders als es bisher geschehen ist, einen Platz im zentralen kultischen Handeln der nachexilischen Gemeinde einräumen müssen " [116]. Von seinem Vorverständnis her scheint ihm noch ein zweiter Vorschlag gelegen zu sein. Wer nun allerdings bedenkt, wie umstritten und wenig geklärt das Problem des Ablaufs alttestamentlicher Liturgien ist, wie konzeptlos andererseits die Anordnung der trjes Sprüche zu sein scheint, wird sich nur mit Zögern der angebotenen Aufgabe unterziehen. Kraus meint : „ Es wäre eine lohnende Aufgabe, die Elemente eines im Bundesfest verankerten gottesdienstlichen Ablaufes in Jes 56 – 66 herauszuarbeiten. Hier würde sich zeigen, daß , Trjes ' um eine endzeitliche Lebensordnung bemüht ist, die in den Vorstellungen und Formulierungen des alten Bundesfestes fixiert ist. Denn wie man einst die kultische Theophanie im Gottesdienst erwartete, so sieht , Trjes ' einer endzeitlichen Theophanie entgegen " [117].

4. Ort und Entstehungszeit

Wie KÖNIG projizierte eine ganze Reihe Autoren die Kap. 40 – 66 auf exilischen Hintergrund. Jes 59,11b-20 ; 65,9b. Vers 20 und 66,13 sollten die noch ausstehende Heimkehr belegen. SELLIN [118], GLAHN, EERDMANS [119], PENNA u.a. sahen in Kap. 56 – 66 den Niederschlag

---

[115] 242-250.

[116] H. J. KRAUS, Gottesdienst in Israel, EvThBeitrBd. 19, 1954, 110ff.

[117] 121f.

[118] Sellin erwägt als wahrscheinlichste Lösung des trjes Problems, „ daß diese Kapitel nach der Rückkehr zu Jerusalem von Dtjes. " geschrieben worden sind. So in seiner atl. Einleitung, 1914, 85.

[119] B. D. EERDMANS, The Religion of Israel, Leiden, 1947.

einer in Palästina fortgesetzten Periode nachexilischer dtjes Wirksamkeit. Eine Sonderstellung beziehen sowohl COBB, wenn er Jes 40 bis 66 zur Gänze in Palästina verfaßt sein läßt [120], als auch EWALD und später HÖLSCHER, wenn für Trjes ernstlich ägyptischer Ursprung erwogen wird. Wenigstens darin sind sich die Vertreter wie Gegner der trjes Authentizitätshypothese einig, Palästina bzw. die Jerusalemer Gemeinde als Schauplatz und Hintergrund der trjes Prophetie anzugeben.

Sind die Hinweise in Trjes auf die zerstörten bzw. bereits wieder instand gesetzten Mauern von Jerusalem und des Tempels, sowie auf die den Hörern vorgehaltenen abwegigen religiösen Praktiken so gewichtig, daß man aus ihnen für das gesamte Buch eine relativ stichhältige Zeitschablone anfertigen kann ? Man hat es ständig neu versucht und ist daran gescheitert, daß man die Andeutungen überbewertete und etwa für Raum und Zeit, wo die angeprangerten Götzenkulte aktuell waren, eine zu kleine Spanne berechnete.

Diejenigen Autoren, welche für die Authentizität der Kap. 1 – 66 sind und für alle Hinweise, welche auf nachjesaianische Ereignisse anspielen, den Weissagungsbeweis zur Hand haben, stehen hier außer Diskussion [121]. Außerdem wird erst am Schluß auf solche eingegangen, welche mehrere Jahrhunderte als erwägbare Entstehungszeit aussparen.

Eine Ausnahmestellung bezieht MCCULLOUGH [122]. Kap. 56 – 66 seien vor Dtjes entstanden und zwar in den Jahren 587-562. Einige Male wurde bereits von jenen Exegeten gesprochen, welche Kap. 40 – 66 auf Dtjes zurückführen, der in der zweiten Hälfte des Exils, bzw. in einer zweiten Periode, auch noch kurze Zeit in Palästina gewirkt haben soll. Mehrere Variationsmöglichkeiten wurden aufgezeigt. So dachte sich KÖNIG Kap. 63 – 66 wohl noch in Babylonien, jedoch nach dem Kyrosedikt (538 v. Chr.) verfaßt. HARAN entwickelte eine andere Spekulation : Kap. 40 – 46 + 48 seien aus der Zeit zwischen dem Befreiungsedikt und der ersten Phase der Heimkehr heraus zu verstehen. Dtjes sei unter die ersten Ankömmlinge in Jerusalem zu zählen

---

[120] H. W. COBB, Where was Isaiah XL-LXVI Written ? JBL 27 (1908) 48-64. — Eine andere Version findet sich bereits bei SEINECKE, Der Evangelist des Alten Testaments, Erklärung der Weissagung Jesaias c. 40 – 66, Leipzig, 1870. Ihm galt als gesichert, daß der Autor diese Kapitel zur selben Zeit in Palästina geschrieben hat, da seine Landsleute in Babylon im Exil lebten.

[121] Ein jüngster Versuch findet sich bei J. BARTON PAYNE, Eighth Century Israelitish Background of Isaiah 40 – 66, WTJ XXIX/2 (1967) 179-190 ; (1967f) 50-58, 185-203.

[122] W. S. MCCULLOUGH, A Re-examination of Isaiah 56 – 66, JBL 67 (1948) 27-36.

und Kap. 49 – 66 der anschließenden Wirkungsperiode zuzurechnen [123]. FLEMING bestand im Anschluß an ALBRIGHT auf die Abfassungsspanne 540-522 [124]. Dieser frühnachexilische Zeithintergrund für Kap. 56 – 66 gilt heute als der wahrscheinlichste.

Wenn Duhm's Zeitschema, wonach parallel zu Maleachi die erste Hälfte des 5. Jh. s in Betracht käme, den Hintergrund für Trjes erhellen wollte, dann mußte es belegen, welche Problematik die religiösen Gemüter jener Zeit bewegt hat. Es war, wie das Buch Maleachi enthüllt, die Mischehenfrage, welche die Reinheit des Volksbestandes und der Religion Israels gefährdete. Aber gerade davon wird in Trjes nie gesprochen. In Konsequenz dazu spricht man immer zuversichtlicher davon, die trjes Prophetensprüche müßten im letzten Drittel des 6. Jh.s verkündet worden sein. Über Sellin (537-520), Abramowski, Elliger (538-515), Glahn (um 530), Fischer (536-530 bzw. 520), Ziegler, Chary (530-510), Eissfeldt, Kaiser und Schreiner (nach 515) hat sich dieses Zeitmodell Anerkennung verschafft.

Mittels einer Synthese hielten sich andere für eine größere Bewegungsfreiheit offen. Haller datierte die Jahre 516-444, ähnlich Hölscher (515 als terminus a quo), sowie Hempel (520-450) und ROWLEY [125]. KESSLER, der auf die Untersuchung von GALLING hin nicht das Jahr 537 sondern 521 als jenes ansetzte, welches die erste Heimkehr brachte, entschied sich für die Jahre 515-475 [126]. Hieher gehört das Ergebnis von MORGENSTERN [127]. Seiner Ansicht nach seien bloß die Kap. 40 – 48 dem Dtjes zu belassen, 49 – 55 mit dem Verfasser von 56 – 66 in Verbindung zu bringen, der aus einer furchtbaren Katastrophe heraus, welche 485 v. Chr. über das Judentum hereingebrochen sei, das Wort ergriffen habe.

---

[123] Vgl. Anm. 25.

[124] W. F. ALBRIGHT, The Archaeology of Palestine and the Bible, New York, 1932, 218 ; — J. FLEMING, Personalities of Old Testament, New York, 1939, 363.

[125] H. H. ROWLEY, The Growth of the Old Testament, London, 1958, 4. Aufl., 99f.

[126] 13. — K. GALLING, Von Naboned zu Darius, ZDPV 69 (1953) 42-64 ; 70 (1954) 4-32, bes. 26ff ; — Ders. : Die Auslegung von Esra Kap. 1 – 6, ATD, Bd. 12, 1954.

[127] J. MORGENSTERN, Two Prophecies from the Fourth Century B.C. and the Evolution of Yom Kippur, HUCA 24 (1952/53), 1-74 ; vgl. 27 (1956) 101-179 ; 28 (1957) 15-47 ; 31 (1960) 1-29 ; bes. ‚ Isaiah 49 – 55 ‘, HUCA 36 (1965) 1-35. — Vgl. auch Anm. 476. So setzte er z.B. 60,1-3.5-7 am Neujahrsfest 516 v. Chr., 66,7-14 (ähnlich Ps 106) um 460 v. Chr. an.

Duhm's Abfassungszeit haben trotz der oben geäußerten Bedenken recht viele übernommen. Daß der bzw. die Verfasser von Trjes unmittelbare Vorläufer von Esra und Nehemia gewesen sein mußten erweise die Tatsache, daß der Wiederaufbau der Jerusalemer Mauern noch bevorstehe (vgl. 59,16 ; 60, 10). Wir finden das Zeitschema öfters mit einigen Ausweitungen versehen bei CHEYNE [128], Kosters, KITTEL [129], GRESSMANN [130], LITTMANN [131], MARTI [132], Cramer, Zillessen, Condamin, Cornill und MEINHOLD [133].

Die übrigen Zeitspekulationen lassen sich kaum in ein System fassen. MOWINCKEL sieht in Trjes Anspielungen auf Zeitverhältnisse zwischen 500 und 400 [134], PFEIFFER nennt die Jahre 450 – 350 [135] und ODEBERG die Zeit um 400 [136]. Ähnlich Odeberg urteilen TORREY [137], JEFFERSON [138] und ELMSLIE [139]. Eine ziemlich ausgefallene Hypothese bietet KENNETT. Jes 49 – 55 und 56 – 66 seien Fragmente aus dem 2. Jh v. Chr. [140].

---

[128] 1894 ; — Ders. : Jewish Religious Life after the Exile, 1898. Auf. S. XVI liest man : „ LVI-LXVI belong to different parts of the age of Nehemia and Esra, and LXIII.7 til LXIV,12/11 is of still later age ".

[129] 473. Jes 63,1ff und 63,7 – 64,11 seien sogar noch jüngeren Datums als die Zeit Esras.

[130] Er enthielt sich zwar großteils einer präziseren zeitlichen Zuordnung dieser „ meist zusammenhanglosen Stücke " (S. 26), vermerkt aber zu 66,1-6, am ehesten kämen dafür die Jahre 538-520 in Betracht, ebenso wohl auch bei 63,7 – 64,11 ; 63,1-6 könnte aus dem 2. Jh. v. Chr. stammen.

[131] E. LITTMANN, Über die Abfassungszeit des Tritojesaja, Freiburg i.Br., 1899: Ein Autor zwischen 457 und 445. 63,7 – 64,11 seien allerdings nur aus den Jahren 538-520 her verständlich. Vgl. 51f.

[132] 365. Bloß 64,9-11 (und die Zusätze 59,5-8 ; 66,23f) seien in die makkabäische Zeit zu verlegen.

[133] J. MEINHOLD, Einführung in das Alte Testament, Gießen, 1919, 253f. Nur 63,7 – 64,11 seien vor dem Bau des zweiten Tempels verfaßt.

[134] S. MOWINCKEL, Neuere Forschungen zu Deuterojesaja, Tritojesaja und das Gottesknechtsproblem, AcOr 16 (1937) 1-40.

[135] 458f.

[136] 29f.

[137] In JBL 57 (1938) 126ff zählt er Jes 34f als Beginn des dtjes Werkes.

[138] G. H. JEFFERSON, Notes on the Autorship of Is 65 and 66, JBL 68 (1949) 225-230. Aus sprachlichen Besonderheiten löst er die beiden Kap. von 40-64 ab und geht mit ihrer Entstehungszeit bis um bzw. nach 400 hinab.

[139] G. R. BERRY, The Apocalyptic Literature of the Old Testament, JBL 62 (1943) 9-16, postuliert ebenfalls Zusätze aus der Zeit um 400, weil er von Jes 40 – 66 als einheitlicher Schrift nicht abgehen, sie jedoch gleichzeitig auch als nachexilische Schrift in ihrer Gesamtheit belassen sehen wollte.

[140] Vgl. Anm. 88.

Die Diskussion der Dreißigerjahre erhielt ihre Note von drei besonders exponierten Gegnern der Duhm'schen Einheits- und Zeithypothese. Die Abfassungszeit sei über mehrere Jahrhunderte hin anzuberaumen. In BUDDE's Zeitplan scheinen Stücke aus dem 7. bis 4. Jh v. Chr. auf. Jes 56,1-8 und 57, 14-20 seien um 500-460, 60 – 62 und 66,6-16 vor 500, 57,7-13 in vorexilischer Zeit, 63,7 – 64,11 ; 65,1 bis 25 und 66,1-4 im Exil entstanden. Unsicher ist er sich bei 57,1-6, dann bei 56,9-12 (um 450 ?), 59,15b-20 und 63,1-6 (um 400 ?) ; 58,1-12 beträfen wohl nachexilische Verhältnisse, 59,1-15 die von 500-460, 66,5 und 66,17-24 die hellenstische Zeit [141]. Der zweite ist ABRAMOWSKI. Er kommt auf die Jahre 700-400 [142]. Zuletzt spricht VOLZ vom Zeitabschnitt 7. bis 3. Jh [143].

Wenn man heute nach derartigen Versuchen fragt, wird einem gleichfalls dahingehend Antwort gegeben, daß der Gedanke an größere zeitgeschichtliche Spielräume seine Bestätigung durch den Text erfahre. So deuten etwa KUHL und FOHRER die Kap. 63,7 – 64,11 aus exilischen Zeitumständen, andere Teile als frühnachexilisch bzw. um 450 entstanden, während Kap. 65 und 66 in die Anfänge der Apokalyptik versetzt werden [144].

5. Die Hörer der trjes Botschaft

Sind die in Trjes gesammelten Sprüche ursprünglich gegen Israel, oder Gruppen im Volk, oder gegen Fremdvölker, bzw. für die Gerechten im Volk, verkündet worden ?

Die heute noch von KUHL vertretene , Samariterhypothese ' nahm ihren Ausgang von DUHM [145]. Häretische , Bastarde ', die , Samarier ', seien betroffen, gewesen, wenn der Prophet seine Angriffsreden gegen

---

[141] Vgl. im einzelnen z. St.

[142] Im einzelnen versetzt er Jes 56,2-7 in die Entstehungszeit des zweiten Tempels ; bei 56,9 – 57,13 ist er sich unschlüssig ; 57,14 – 62,12 seien nachexilisch (um 520) 63,1-6 sei mit Littmann um 480 anzusetzen ; 63,7 – 64,11 gehörten in die Zeit des Exils (um 550), hingegen Kap. 65 in die von Maleachi ; 66,1-4 seien vermutlich nachexilisch, 66,6-16 hingegen offen für den Zeitraum von 538-432 ; bei 66,18-21 endlich „ ist eine Zeitangabe unmöglich ", 129ff.

[143] 200.

[144] Ähnlich auch in der oben genannten Einleitung von Eissfeldt, 464ff.

[145] Vgl. bei Feldmann, 271f, die Argumente für und wider Duhm's Hypothese. An die Seite Duhm's stellten sich Kittel, Littmann, Cornill, Zillessen, STEUERNAGEL in seinem Lehrbuch der Einleitung..., Tübingen, 1912, 526f, weiters Sellin, Skinner und eine Reihe anderer Forscher bis herauf zu Kuhl, 197.

Misch- und Götzenkulte und gegen den Bau eines Tempels formuliert habe. CHEYNE verstand die Polemik gegen Samariter und Halbjuden,[146] MARTI gegen die Schismatiker im Land, befreundet mit den Samaritern, gerichtet[147]. LODS nennt halbheidnische Vorfahren der Samaritaner[148]. Da aber Esr 4,1-5 auf ein enges Zusammenarbeiten mit den Samaritern schließen lasse, seien, meint GLAHN, gegen Duhm's Vorschlag Bedenken anzumelden. Unter den Nachkommen der 587 im Land gebliebenen Israeliten seien Fromme, aber auch Spötter und Abgefallene. Diesen die Aufnahme in das wahre Judentum (die Heimkehrer) zu gewähren oder zu verweigern, sei die Thematik unserer Kapitel[149].

Ley, Sellin, Elliger und KESSLER kommen zur Überzeugung, Trjes habe seine Botschaft sowohl an die Gola, die Gemeinde der Heimkehrer aus dem Exil, nun ‚ Kern der Tempelgemeinde ‘, als auch an die ‚ Altjudäer ‘, den im Land verbliebenen konservativen Stamm, ausgerichtet[150]. Die Furcht vor dem Einfluß der im früheren Nordreich ansässigen samaritanischen Mischbevölkerung, welche sicherlich am Tempelgottesdienst in Jerusalem interessiert war, mag, so vermutet Keßler, bestimmend gewesen sein, daß bei Trjes das Wort ‚ Israel ‘ so auffallend vermieden wird. Nach SELLIN habe der Prophet, soziologisch gesehen, e i n jüdisches Volk vor sich gehabt, das jedoch in sich in die ‘ Knechte Jahwes ’ und die ‚ abtrünnigen Brüder ‘ gespalten gewesen sei[151]. Die trjes Botschaft trennt Israel von Israel. In Trjes geht es um interne Gemeindeprobleme. Dies hat sich seit VOLZ immer mehr durchgesetzt[152].

---

[146] 376.

[147] Wie die meisten versteht er 56,9 – 57,13 und Kap. 65 – 66 als jene Texte, in denen die betreffende Gegnerschaft des Propheten zutage tritt.

[148] bes. 311.

[149] Glahn versteht die „ unreine, heimatjüdische Landesbevölkerung “ als Feinde Jahwes, jene „ Frommen “ aus Kap. 65 als seine Knechte. Jes 65f seien nur auf die ‚ Palästinenser ‘, nicht aber auch auf die Gola zu beziehen. Vgl. 95ff.

[150] J. LEY, Historische Erklärung des zweiten Teils des Jesaia, Cp. 40 bis Cp. 66, nach den Ergebnissen aus den babylonischen Keilinschriften..., Marburg, 1893, 133-156. Er vertritt, in Kap. 40 – 66 habe sich die Wirkungsperiode (ca. 30 Jahre) eines nachexilischen Propheten niedergeschlagen. — KESSLER, 15ff.

[151] Vgl. bes. seine Arbeit von 1930, 78.

[152] 279ff. Eine andere Version sei noch angemerkt : In seiner Arbeit ‚ Die Gemeinde des Tritojesajabuches, eine traditionsgeschichtliche Untersuchung ‘, 1957, vertritt G. WALLIS die Ansicht, Jes 56 - 66 sei aus dem Leben einer Art jüdischer Sekte hervorgegangen.

WESTERMANN analysiert in seinem Kommentar eine Schicht von Sprüchen heraus, welche eindeutig als , Gerichtsworte gegen die Völker ' zu bestimmen sind. Diese Gruppe umfaßt Jes 60,12 ; 63,1-6 ; 66,6.15f und 66,20-24 [153].

6. Beobachtungen über die trjes Redaktion und die Kombination von Jes 56 – 66 mit Jes 1 – 55.

Wir sind bereits mehrmals auf die Frage verwiesen worden, ob bei der Niederschrift von Jes 56 – 66 ein bestimmtes theologisches Konzept zur Anwendung gekommen ist, oder ob nach Stichworten und sachlichen Gesichtspunkten irgendwann einmal das vorgefundene Traditionsgut in die heutige Reihenfolge gebracht worden ist. Ein weiteres Problem war der Vorgang der Anfügung an das übrige Jesaiabuch. Daß man heute die jes Authentizität für Kap. 1 – 66 und auch die dtjes Verfasserschaft für Kap. 40 – 66 nicht mehr halten kann, ist stichhaltig erwiesen. Bezüglich Kap. 56 – 66 steht nun Aussage gegen Aussage. GRESSMANN vertritt die Ansicht, daß „ die Kapitel Jes 56 – 66 von vorneherein als Fortsetzung von c. 40 – 55 geschrieben sind " [154]. WEISER nennt Trjes eine „ Sammlung von Anhängen an das Jesajabuch aus verschiedenen Händen und Zeiten ".[155] KUHL pflichtet ihm bei : „ In Wirklichkeit haben wir es mit einer bunt zusammengestellten S a m m l u n g aus verschiedenen Jahrhunderten zu tun, von der nicht einmal mit Sicherheit gesagt werden kann, ob ihre Stücke einzeln in das Jesajabuch angefügt wurden oder ob das Ganze als eine komplette Sammlung zum Buch Jesaja hinzugekommen ist " [156].

Üblicherweise stellt man sich heute zu einer der beiden Versionen. Überläßt man die Redaktion der trjes Botschaft dem Zufall, dann vernachlässigt man die Bedeutung der Berührungen „ in Worten, Ausdrücken, Bildern und Gedanken " mit dem übrigen Jes-Buch [157]. Das Argument von SELLIN befriedigt am allerwenigsten, wonach der Verfasser von Kap. 40-66 sein Buch an Jes 1 – 39 angeschlossen

---

[153] 243f.

[154] 31. Ähnlich später Zillessen, 275.

[155] Damit versucht er, der stilistischen Unausgeglichenheit gerecht zu werden. Über den Vorgang des Sammelns der Sprüche und ein etwaiges Konzept gibt er keinen Lösungsvorschlag. Man vgl. seine Einleitung..., 1957, 169.

[156] 1960, 191.

[157] Vgl. SCHILDENBERGER, 199.

habe, um seinen Weissagungen den Anschein hohen Alters zu geben [158]. EISSFELDT vertritt die zweite Gruppe: „Größere Wahrscheinlichkeit hat aber wohl die andere Möglichkeit, die Annahme, daß c. 40 – 55 mit 1 – 35 (39) und 56 – 66 mit 40 – 55 bzw. 1 – 55 darum vereint worden sind, weil stilistische und sachliche Ähnlichkeiten die Herleitung von demselben Verfasser nahelegten" [159].

Wer aber hat Jes 56 – 66 an Dtjes angehängt? War es „der Redaktor selbst oder wieder jemand anders", fragt ELLIGER [160]. Eine beachtenswerte Antwort erwägt SCHILDENBERGER: „Sollte das Buch Isaias seine jetzige Gestalt einem exilischen oder etwa noch anderen nachexilischen inspirierten Männern zu verdanken haben — zum Anlaß der jeweiligen Neuherausgabe dieser Prophetie —, dann würde seine Einreihung an 3. Stelle, nach Jer und Ez und vor den Kleinen Propheten (von denen Agg, Zach und Mal sicher, und Joel, Abd und Jon sehr wahrscheinlich nachexilisch sind), der Zeit seiner Herausgabe in der jetzigen Form entsprechen" [161].

Ein Beitrag, der einer umfassenderen Beschäftigung wert wäre, weil er von der wesentlichen Seite her an unsere Fragestellung herangeht, wurde von SCHREINER geliefert. Er geht den theologischen Traditionen im Buch Jesaia nach und kommt zum Ergebnis: „Die Prophetenschriften und Sprüche des Jesajabuches haben nicht zufällig zueinandergefunden. Durchlaufende theologische Leitgedanken, die von Jesaja ausgingen und von Späteren aufgegriffen, aktualisiert und entwickelt wurden, zeigen, daß das Buch das Werk einer prophetischen Richtung jesajanischen Geistes ist" [162]. Was im Anschluß daran gezeigt werden müßte, ist, daß und inwiefern diese Theologoumena nicht am grünen, theoretisierenden Theologentisch, sondern in Auseinandersetzung mit den bedrängenden Fragen der Umwelt weiterentwickelt und verkündet worden sind. Die Dringlichkeit der Stunde und nicht das Bedürfnis, eine Lehre systematisch darzulegen, hat zur Verlaut-

---

[158] E. SELLIN, Der alttestamentliche Prophetismus, Drei Studien, Leipzig, 1912, 81.

[159] 466.

[160] Einheit, 125f.

[161] Vgl. Punkt 3, 198ff. Diese Folgerung fußt auf der Reihenfolge der Prophetenbücher im babylonischen Talmud (baba batra 14 b) aus dem 2. Jh. n. Chr. Damit erhellt sich auch das Problem der Anonymität: „Diese inspirierten Männer hatten sozusagen keine ‚selbständigen' Propheten zu sein. Sie sollten und wollten nur den alten Jesaia für ihre Zeitgenossen zum Sprechen bringen", bzw. die Offenbarung des Jesaia weiter ausbauen.

[162] 162.

barung der Sprüche geführt. Wenn MARTI und TORREY behaupten, die vorliegende Anordnung der Sprüche entspräche der Reihenfolge ihrer Entstehung [163], ist uns ebensowenig weitergeholfen wie mit der Spekulation von KÖNIG : „ Also es war psychologisch ganz erklärlich, daß zuerst wesentlich von der politischen Befreiung (Kap. 40 – 48), dann wesentlich von der geistlichen Erlösung (Kap. 49 – 55) des Jahwevolkes gesprochen, und endlich der Hauptakzent auf die Dankbarkeit gelegt wurde, die der Erlöser Israels von seinem Volk erwarten durfte " [164].

Interessant wird es, wenn man darangeht, am vorliegenden Spruchgut die Eingriffe, Interpolationen und Überleitungen des Redaktors anzustreichen. Man ist sich einig, daß etwa Kap. 60 – 62 dem Red. als kleine Sammlung bereits vorlag. Nach BUDDE habe nun der Red. diese Sammlung zwischen die beiden ursprünglich benachbarten Stücke 59,15bff und 63,1ff und im selben Verfahren 66,6-16 zwischen 66,5 und 66,17 eingeschoben [165]. Die Stellen 57,6.14 und 59,14 gingen, so meint er, ebenfalls auf sein Konto. SELLIN findet es gut möglich, daß ein „ Mann aus der Zeit Maleachis einen Abschnitt deuterojesajanischer Eschatologie (60 – 62) mit der Schrift eines jerusalemischen Propheten aus der Zeit zwischen 586 und 520, nämlich 56,9 – 57,13 und 63,7 – 66,5, verbunden und mit einigen Zutaten (56,1-8 ; 57,14 – 59,21 ; 63,1-6 und 66,6-24) versehen " habe [166]. Aus den oftmals sich gegenseitig variierenden Theorien seien nur noch einige vermerkt. ELLIGER weist 57,13c.20f ; 58,13f und 59,21 wegen , Stil und Inhalt ' dem Red. zu [167]. Sein Vorschlag, auch Jes 56,1-8 und 66,16-24 derselben Hand zuzuschreiben, wurde neuerdings wegen der univer-

[163] MARTI, 362. — C. C. TORREY, 53.

[164] 539. M. HALLER, 1925, dachte sich die Stücke in folgender Reihung entstanden : 63,1-6 ; 56,9 – 57,13 ; 65,1-12 ; 66,1-4 ; 58,1 – 59,8 ; 63,7 – 64,11 ; 56,1-8 ; 61,1-62,3 ; 57,14-19 ; 60,1-3.19-22 ; 66,6-16. Vgl. S. 127ff. Man vgl. dazu die oben besprochenen Studien von MORGENSTERN, HARAN, BANWEL, SMART und BECKER. KISSANE, der in seinem Kommentar ebenfalls die Einheit von Kap. 40 – 66 vertritt, wirkt mit seiner Stropheneinteilung doch ein wenig zu gekünstelt und geistreich. Wie alt derartige Überlegungen sind, die ein Ordnungsprinzip für Jes 40 – 66 daraus ablesen, daß sie den Verfasser dieser Kapitel in ein Schülerverhältnis zu Jesaia versetzen, zeigt bereits das eine Beispiel : P. SCHEGG, Der Prophet Isaias, München, 1850, vertrat damals schon die Ansicht, ein Schüler des ersten Jesaia, selbst Prophet, habe Kapitel 40ff aus den Reden seines Meisters zusammengestellt.

[165] 1922, 708.

[166] 1914, S. 85.

[167] Einheit, 125.

salistischen und kultisch-nomistischen Tendenz dieser Verse von KESSLER übernommen [168]. DUHM war von einer anderen Überlegung aus zu einer ähnlichen Überzeugung gekommen. Ihm scheinen die Kap. 61 bis 66 und 56 – 60 erst durch einen Red. in die heutige Reihung gebracht worden zu sein. In 56,1-8 sei die Absicht unverkennbar, an Dtjes anzuknüpfen ; somit seien diese acht Verse ,einer dritten Hand' zuzuweisen [169].

Für WESTERMANN geht die Redaktion des trjes Buches zu Lasten eines ganzen Kreises von Leuten. „Der Teil 56,9 bis 58,12 wurde in einem Traditionskreis aufbewahrt und weitergegeben, für den ebenso die missionarische Offenheit der nachexilischen Gemeinde (56,3-8) wie das Einhalten des Sabbat besonders wichtig war" [170]. Hier sind außerdem die Stellen 56,1f ; 58,13f und 66,18.19.21 heranzuziehen. Aufs Ganze gesehen folgert er : „Wir können dann annehmen, daß das Tritojesajabuch die uns überlieferte Gestalt (ohne 66,20.22-24 und 59,21) in diesem Kreis erhielt, in dem der Universalismus Deuterojesajas neu erweckt wurde und der insofern das Erbe Tritojesajas weiterzugeben besonders geeignet war" [171].

An redaktionellen Glossen oder nachträglichen Hinzufügungen wurden meistens noch folgende Texte genannt : 57,5.13c.20f ; 58,13 ; 58,14 ; 59,1-4.5-8.21 ; 60,12.17b ; 61,10 ; 64,9-11 ; 65,20 und Vers 25 ; 66,17.18-22.23f [172].

Am Schluß sei noch auf die Frage eingegangen, mit welchem Zeitpunkt die Endredaktion vorgenommen worden sein könnte. Einen späten Termin geben DUHM und CHEYNE an [173]. Ersterer sieht diesen Vorgang um 70 v. Chr., Cheyne im 3. vorchristlichen Jahrhundert abgeschlossen. SCHARBERT vertritt die Ansicht, unser Traditionskomplex müsse bereits einige Jahrzehnte nach dem Exil abgeschlossen vorgelegen haben [174]. Heute ist man eher geneigt, näher an die letztgenannte Zeitgrenze heranzugehen, als eine so extrem späte Zeit für die Endredaktion zu veranschlagen, wie Duhm es noch gemacht hatte.

---

[168] 17.

[169] 1922, 15 und 419.

[170] 244.

[171] 244.

[172] Man vgl. im einzelnen die Belege an den betreffenden Textstellen.

[173] B. DUHM, 1922, 15. — T. K. CHEYNE, 314.

[174] J. SCHARBERT, Das Entstehen der prophetischen Bücher, in : Bibel und zeitgemäßer Glaube, Bd. 1, Altes Testament, hsgg. von K. SCHUBERT, Klosterneuburg, 1965, 191-237, bes. 205.

Womit sich die vorliegende Arbeit erneut beschäftigen muß, ist die Frage, ob mit Elliger den Abschnitten 56,1 ff und 66,16ff tatsächlich der Charakter einer red. Klammer nachgesagt werden kann; wenn ja, ob daraus nicht eine Weichenstellung für die trjes Gedankenführung und ein Filter für den Horizont und das Ziel der Sprüche erhoben werden kann.

Teil I.

Literar-, form- und gattungskritische Analyse der Kap. 56 - 66 und deren , Sitz im Leben '

Jesaia 56,1-8

1. Literarkritik.

Der Abschnitt gilt den meisten Erklärern als Kompilatorium mit sekundären Einschüben. König zieht V. 9 zur Exegese unseres Spruches heran. Er vermag jedoch ebensowenig die Spannungen bezüglich Stil und Inhalt zu glätten, welche viele Gelehrte veranlaßten, die Verse 2 (bzw. 3) bis 7 (bzw. 8) als spätere Glosse zu streichen [175]. Auch Keßler betrachtet lediglich V. 1 und 8 als „ zwei ursprüngliche Prophetenworte des Dritten Jesaja, die seine Verkündigung zusammenfassen " [176]. Volz hingegen läßt bloß die V. 3 bis 8 als „ eine Art Brief an die jüdischen Gemeinden " gelten. V. 1 macht ihm „ einen formelhaften Eindruck ", während V. 2 im auffallenden Stil der Weisheitsschule — möglicherweise als Randvers — den Inhalt dieses Briefes zusammenfassen sollte [177]. Nach Westermann werden hier zwei eigenständige Worte, V. 1-2 und 3-8, zu unterscheiden sein [178].

Die Botenspruchformel כה אמר יהוה in V. 1, gedacht als Buchüberschrift, und in V. 4 sowie die Bekräftigungsformel (Zwischenformel) נאם אדני יהוה in V. 8 markieren die Neueinsätze der Rede. V. 3 trägt kein Schlußgepräge, sondern steht der Jahwerede V. 4ff als Situationsangabe voraus. Affirmatives כי leitet in V. 7c als Höhepunkt des mittleren Spruches ein Tempelwort ein, welches die

---

[175] Vgl. etwa C. C. Torrey und G. Fohrer z. St. — K. Budde hinwiederum verbindet unmittelbar die Verse 1 und 3, da sich V. 2 „ schon durch seine beschauliche Fassung fremdartig " abhebt.

[176] 25f.

[177] Vgl. z. St. A. Lods schreibt : „ Cette tôrâ du ch. 56 a pu être prononcée en Babylonie pour déterminer des prosélytes et des mutilés hésitant à se joindre à quelque convoi d'émigrants qui se préparait à rentrer en Palestine, alors que le Temple était déjà reconstruit (56,5.7) ", 512.

[178] 247ff.

Bekräftigungsformel נאם יהוה als Endformel erwerten ließe. Offensichtlich wurde sie bei der Komposition als störend gegenüber V. 8a fallengelassen, bzw. in diesem Vers zu einer Zwischenformel ausgebaut und zu einer für Trjes auffallend breiten Jahweprädikation zerdehnt.

Der Abschnitt scheint in drei ursprünglich getrennten Jahweworten ebensoviele Höhepunkte zu haben, die je verschiedene Erscheinungsweisen und Auswirkungen des Heilshandelns Jahwes explizieren. V. 1b hat die drängende Nähe von Jahwes Heil und Gerechtigkeit im Blick. V. 7c schaut auf die daraus resultierende universale Bedeutung des Tempels, und V. 8b auf die Ausweitung der Jahwegemeinde. Die weltweite Blickrichtung verbindet die V. 1f und 8 zu einer rhetorischen Einheit und gibt den Rahmen für das Mittelstück V. 3-7 ab. In V. 3 wird je ein Vertreter der ‚Fremden' und ‚Eunuchen' angesprochen und ihnen ab V. 4, nach je einer dreistufigen Apposition, in chiastischer Reihenfolge ein Jahwebescheid gegeben. Die Einengung des Hörerkreises von V. 1 zu V. 3 geschieht mittels eines Makarismus (V. 2), welcher, den allgemeinen Ton der Mahnung V. 1a verlassend, sich im Hinblick auf die Jahwegemeinde äußert. Durch Wiederholungen erreicht der Verfasser, daß die Hörer gleich von Anfang an auf bestimmte Schwerpunkte jahwetreuen Verhaltens verwiesen werden. Er hebt daher Wendungen, die ihm allgemein gültig erscheinen, nochmals hervor: V. 2ba steht wörtlich in V. 6c, in V. 4a im Plural. Die Phrase in V. 2bß entspricht sachlich V. 4b und der ersten Hälfte der Apposition zu den ‚Fremdlingen' in V. 6a. ‚Wahrt das Recht' kehrt über ‚die an meinem Bund festhalten' V. 6c mit V. 4bß als Parallele wieder.

Literarisch gesehen hat man das Stück wegen seiner stilistischen und inhaltlichen Anklänge an Dtjes auch dessen Schule zugeschrieben [179]. Es ist anzunehmen, daß der Verfasser in V. 1b, wo er die Verheißung aus Jes 46,13 aktualisierend aufnimmt, die Klammer zu Dtjes setzt. Andererseits schlägt er mit dem Begriff קבץ (vgl. Jes. 40, 11; 60,4) das Grundmotiv an, welches er in der Schlußrede 66,18ff wieder aufnehmen wird.

Rhythmisch gesehen nähert sich das Mittelstück V. 3-7 der Prosa, in V. 1a folgt auf die Botenspruchformel ein Doppel-Zweier, in V. 1b-2b scheint der Rhythmus 3 + 2 auf, in V. 8 3 + 3 bzw. ein Vierer [180].

[179] A. Lods, 511f. — D. Michel, Zur Eigenart Tritojesajas, TViat 10 (1966) 213-230. Ebenso wie bei Jes 58,1-12 und 62,1-9 handle es sich bei 56,1-7 um eine Auslegung eines überlieferten und zitierten Jahwewortes durch „Tritojes".

[180] Im metrischen Belangen halte ich mich, insofern die Textkritik nicht

Zum Verständnis des Textes wären noch folgende Einzelaspekte zu beachten : Der erste Impt. שמרו findet sich nur noch Hos 12,7 und da nur im Sing. Eher hätte man wie in Jr 22,3.15 ; 23,5 u.ö. עשה an der Stelle von שמר, einem Lieblingswort des Dtnom (vgl. Lv 25,18) und bei Ez (11,20 ; 18,9 ; 20,9.18.21), erwartet. Die zweigliedrige Mahnung hat eine Entsprechung im nachexilischen Ps 106,3, wo eine Seligpreisung als part. NS wiederkehrt[181]. Wenn derselbe Inhalt einmal in die Form eines Glückwunsches an den , Gerechten ' gekleidet und einmal als Mahnung (56,1) vermittelt werden kann, so nur, weil die Form zu dieser Zeit bereits weniger an den Inhalt gebunden erscheint, sondern eher als Stilmittel betrachtet wird. Es ist das Stadium, in dem auch Ps 1 entstanden ist und wo nach Zimmerli an die Stelle des alten Mahnwortes in der Weisheitsdichtung Ausruf und Feststellung getreten sind[182]. Die Verwendung der älteren Form in Jes 56,1a ist bedingt durch den Buchanfang, wozu sich eine Mahnung besser eignet[183].

Es war also dem Verfasser gut möglich, in V. 2 in die Form der Seligpreisung überzuwechseln, und bei den Hörern die gleiche Wirkung zu erzielen. Geht es doch um die Grundbedingung für die Aufnahme in die Jahwegemeinde und den Einlaß ins Heiligtum. Unsere Stelle steht im Traditionszusammenhang mit Ps 15,2, wo dasselbe Anliegen mit פעל צדק wiedergegeben wird. In Jahwes Heiligtum eintreten darf nur der , Gerechte ', einer, der Gerechtigkeit übt und die Bundesordnung bewahrt[184]. V. 2 definiert weiterhin drei aus V. 4-6 gewonnene Kriterien der Jahwezugehörigkeit, davon zwei explizit : Den Sabbat vor Entweihung und seine Hand vor bösem, unsozialem Handeln zu bewahren[185]. Die Formulierung שמר שבת

---

ein anderes Urteil fordert, an die Untersuchung von L. Köhler, Das Buch Jesaja Kap. 56 – 66 textkritisch und metrisch behandelt, 2. Bd. zu L. Glahn, Der Prophet der Heimkehr, Gießen, 1934.

[181] Vgl. H. J. Kraus, Psalmen, BK, Bd. XV, Neukirchen Kreis Moers, 1961, 728.

[182] H. J. Kraus, Psalmen I, „ Früher rief das mahnende Wort der Weisheitslehrer erst zum Gehorsam auf, jetzt wird das Ereignis des wahrhaft glücklichen Lebens im Machtbereich der Thorah Gegenstand der preisenden, gratulierenden Feststellung ", 3.

[183] Auffällig ist die Parallelität zur Imperativreihe im Prolog Jes 40,1ff.

[184] Literaturhinweise vgl. bei F. Nötscher, Art. „ Gerechtigkeit ", in : BThW 1959, 283-291 ; — A. Dunner, Die Gerechtigkeit nach dem AT, Bonn, 1963. Zu „ Gerechtigkeit " als menschliche Verhaltensweise vgl. Jes 57,12 ; 58,2 ; 59,14 ; 60,17 ; 64,5.

[185] Im Plural erscheint die Formulierung , Entweihung ' Ez 20,16.21.24 ; 23,35. Unsere Stelle zeigt eine gewisse Affinität zu Neh (vgl. 13,17.18) und Ez.

findet sich nur hier; in Ex 31,14.16 und Dt 5,12 steht determiniert שמר השבת. Man beachte, der Spruch schärft die Heiligung des Sabbats nicht mit dem Terminus der ersten Sabbatgebotsfassung זכור ‚gedenke' (Ex 20,8) ein, sondern mit dem späteren und strengeren Begriff שמר ‚hüte, beobachte' (Dt 5,12). Elliger versteht אנוש und בן־אדם eingeengt auf den israelitischen ‚Volksgenossen'. Angesichts der universalen Tendenz dieser Eingangsverse wird man ihm nicht beipflichten.

Im Exil war der Sabbat in den Mittelpunkt der noch durchführbaren Bestimmungen der alten Gesetze gerückt und zu einem Bekenntniszeichen geworden. Es würde nun verwundern, wenn mit dem Halten des Sabbats wohl auf eine wichtige Einzelforderung, nicht aber auf das Festhalten am Gesetz schlechthin gedrängt würde. Dieses dritte, noch ausständige allgemeinverpflichtende Kennzeichen der Jahwezugehörigkeit wird aus dem Wort vom ‚Bund' V. 4b und 6 zu erheben sein. Jes 64,6 bezieht sich חזק auf Jahwe, Hi 2,3.9 auf die menschliche ‚Frömmigkeit', Hi 27,6 auf die ‚Gerechtigkeit'[186]. Nun sind gegen Ehrlich, Volz u.a. die Pronomina und Suffixe זאת und בה nicht auf V. 2b, sondern mit Bredenkamp, Marti auf V. 1a zu beziehen. In chiastischer Reihung nimmt dabei ‚der solches tut' (V. 2aα) auf die Mahnung ‚übt Gerechtigkeit' und ‚der daran festhält' (V. 2aß) auf ‚wahret Recht' Bezug.

‚Die an meinem Bund festhalten' V. 4bß hat somit im abs. Sing. משפט — im Festhalten an der Rechts- und Bundessatzung — als drittem Kriterium seinen Ausdruck gefunden. Es sind משפט und צדקה (vgl. Am 5,24) inhaltlich genausowenig als Synonyma gedacht, wie der auffällig doppelsinnige Gebrauch von צדקה in V. 1a und 1b. Diese Gerechtigkeit ist vom Menschen nur verwirklichbar, weil der Bundesgott Jahwe selbst daran ist, seine צדקה als ‚Heil' zu offenbaren[187]. Darüberhinaus kommt diesem Stichwort im Zusammenhang ein besonderes Gewicht zu, insofern die nächsten Abschnitte davon

---

[186] Den religiösen Sinn, den Trjes dem Begriff ‚festhalten' beilegt, vermißt man bei den dtjes Belegstellen: 41,6.9.13; 42,6; 51,1.18; 54,2.

[187] Dieses Heil kommt ohne menschliches Zutun. Will der Mensch daran Anteil haben, muß er sein Verhalten dementsprechend ausrichten. Marti belastet den Aussagewert der Stelle, wenn er bei צדקתי an den Zustand denkt, „wo dem Gesetz gemäß Kultus geübt wird, weil alle Gottlosen gestraft sind die Juden die Stellung der Priester allen Menschen als den Laien gegenüber einnehmen und zugleich als die Herren alle Welt beherrschen". Elliger denkt bei unserem Begriffspaar an Jes 59,17: ‚die Rechtshilfe, die Jahwe seinem Volk zuteil werden läßt'; derzeit fehle diese Rechtshilfe noch (59,15b; 61,8).

reden werden, daß durch Gottes Eingreifen das brüchige und ungesetzliche Verhalten gewisser Gruppen, auf deren Seite das Gesetz scheinbar steht, aufgedeckt werden wird.

Volz hat am Makarismus V. 2 Bedenken angemeldet. Der als Weisheitsspruch stilisierte Vers könne kaum für sich beanspruchen, in Fortsetzung zu V. 1b eine Jahwerede zu sein. Jes 56,2 wäre „ die einzige Stelle, in der ein Jahwewort in der Form eines Segensspruches gekleidet ist. Auch beginnt אשרי gerne etwas Neues", bekräftigt Elliger[188]. Die Pl. cstr. אשרי gibt der Formel, die אנוש als Appellativum bei sich hat, einen nominalen Charakter[189]. Mit בן־אדם zusammen findet sich אנוש noch Hi 25,6 ; Ps 8,5. Die Wendung drückt aus, daß einer sich jetzt bereits im Heilzustand befindet, der die in V. 2b gestellten Notae und Bedingungen aufweist[190]. In negativer Entsprechung zu V. 4ba steht die Phrase V. 2bß, eine späte, stehende Wendung ähnlichen Inhalts wie Jes 66,3.4 für soziales und moralisches,[191] aber auch kultisches Verhalten (2 C 33,9), wodurch der Mensch sich zum Feind Gottes macht. Im Zusammenhang mit צדקה in V. 1a entspricht רע dem Begriffspaar צדיק und רשע in der Weisheitsrede von Ps 1. Dort ist רשע — der sich durch sein Handeln als böse erweist — jener, der „ vor der Thorah Gottes als schuldig Befundene, der durch Priesterspruch vom Heiligtum ausgeschlossen ist" [191].

In V. 3 leitet nun die Kopula ו zu einer konkreten Situation über. Zwei Personen, Vertreter von ‚ Fremden ' und ‚ Entmannten ', treten ins Blickfeld[192]. Ihnen wird gesagt, daß die ausdrücklich zitierten und überhaupt jegliche Verzweiflungschreie (לאמר), welche aus dem Erlebnis hoffnungsloser Gottferne heraus ausgestoßen werden, angesichts des nun zu verkündigenden Gottesbescheides für alle Zukunft

---

[188] Einheit, 8.

[189] Vgl. Hi 5,17 ; 1 Kg 10,8.

[190] Vgl. Kl. Koch : „ Der weisheitliche Segensspruch des Menschen gilt dem, der verständig lebt gemäß den von Gott geschaffenen und von den Weisen aufgewiesenen Ordnungen des Lebens", 8. Im Gegensatz zum apokalyptischen Makarismus geht es dem weisheitlichen Segensspruch mehr um das diesseitige Wohlergehen des Menschen. Für unseren Zusammenhang ist die Beobachtung aufschlußreich, daß der Makarismus, mit seinem Sitz im Leben der Weisheit Israels, in der Chokma eine hymnisch gesteigerte Zwischenform zwischen dem Aussagewort und Mahnwort darstellt. Zur ‚ Gratulationsformel ' in Ps 1 vgl. H. J. Kraus, 2f.

[191] Vgl. Ma 2,17 ; Pr 2,14 ; Ko 4,17 ; 8,11 ; Neh 9,28. H. J. Kraus, 4.

[192] Vgl. 61,5 ; 62,8. In Determination steht בן־הנכר nur hier.

fehl am Platze sind. Die zitierten Klagen zeugen gleichzeitig vom Motiv der Zuwendung Gottes zu den Betroffenen. Die Wendung V. 3aß steht wie in V. 6a in Partizipialkonstruktion. Duhm, Marti u.a. streichen V. 3aß als Glosse. Ob zugleich mit הנלוה (Part.), entsprechend V. 6a על־יהוה statt אל־ als ursprüngliche Lesart anzusehen ist, bleibt offen. Der Nifal regiert sowohl אל (Jr 50,5 ; Sa 2,15 ; vgl. auch Gn 29,34) als auch על (außer Jes 56,6 noch Nu 18,2.4 ; Est 9,27 ; Da 11,34).

In V. 4 wird in chiastischer Reihung nach einleitendem כי und der Botenformel das Wort zuerst an die Gruppe der Entmannten gerichtet. Es wird betont, woran ihre Jahwezugehörigkeit erkannt werden kann.

V. 5 enthält die eigentliche Gottesbotschaft. Jahwe ist gewillt, ihnen in seinem Jerusalemer Heiligtum, welches offensichtlich als wiedererbaut zu denken ist, ‚Hand' und ‚Namen' zu geben. Das Akk. Objekt יד hat ähnlich 1 S 15,12 und 2 S 18,18 die Bedeutung von ‚Hinweis, Gedächtnisstein, Denkmal'. Die erste Satzhälfte erfährt durch den Einschub ‚besser als Söhne und Töchter' eine unerwartete Steigerung und Verschiebung ins Polemische. Es scheint unerklärlich, die Erwartung und Hoffnung der Betroffenen auf Kosten der Heils- und Lebenserwartungen des Gottesvolkes aufgewertet und übersteigert zu sehen. Wir werden hier einen Einschub der Redaktion oder wenigstens einen wichtigen Hinweis auf die Stimmung vermuten dürfen, aus der heraus der Spruch übernommen wurde. V. 5b ist im Mittelteil V. 3-7 der einzige Hinweis, daß in der Frage der Jahwezugehörigkeit, welche in Dt 23,1-8 ein Richtmaß vorgegeben hat, Spannungen aktuelle Formen angenommen haben. Die zweite Vershälfte nimmt das Stichwort vom ‚Namen' auf (vgl. 63,12) und zerdehnt im Tonfall von Jes 48,19 und 55,13 in einem synd. Relativsatz das Attribut אולם. Distributiv gebrauchtes לו spricht jedem einzelnen Glied in der Gruppe der Angeredeten den neuen Hoffnungshorizont zu.

Mittels einer breit angelegten Partizipialkonstruktion werden in V. 6 die ‚Fremden' gekennzeichnet [193]. Glied 2 ist gegenüber V. 4ba zerdehnt und im Gegensatz zu V. 3a in den Pl. gesetzt. Ein bei Ezechiel und dem Chronisten häufig anzutreffender Terminus, der bei

[193] Nach M. NOTH, Gesammelte Studien zum Alten Testament, TheolBü 6 (1957) 126, sind unter den ‚Fremden' Angehörige anderer Völker, offensichtlich Proselyten, zu verstehen. Zur Sache vgl. Jes 14,1 ; Sa 2,11.

Dtjes fehlt, nämlich לשרתי, betont gegenüber עבד den aus freien Stücken übernommenen Dienst und stempelt den Passus ‚ seine Knechte zu sein ‘, welcher sonst nie in Beziehung mit Jahwe gebracht wird, zu einer häufenden und Jes 65,13ff und 66,14 im voraus interpretierenden Glosse. Die Wendung ‚ den Namen Jahwes zu lieben ‘ ist aus Dt 10,12 bekannt [194]. Ähnlich der Partikel לו in V. 5b gibt כל all jenen Hoffnung, welche sich in der beschriebenen Weise für die neue Existenzweise in Gott disponiert haben.

Die Tragweite von V. 7 ist bestimmt vom Hifil הביא. Es bezeichnet Jahwes Handeln als ‚ von außen hineinbringen ‘ (vgl. Gn 43,17 ; Hg 1,6) bzw. ‚ aus der Ferne herbeibringen ‘ (Jr 25,9 ; Ez 23,22 ; 34,13 ; Neh 1,9). Westermann's Bild von V. 7a ist zu einer kultisch übertragenen Bedeutung verblaßt : „ Sie dürfen an meinem Gottesdienst teilnehmen " [195]. Wir sollten jedoch einen konkreten Hinweis auf den Standort und derzeitigen Lebensbereich der Betroffenen nicht ausschließen. Das Herbeibringen zu ‚ meinem heiligen Berg ‘ [196] setzt eine lokale Veränderung voraus. Bezweckt ist dabei die Vollmitgliedschaft in der Kultversammlung (vgl. V. 7b). Wenn in V. 7b auch vom Opferkult gesprochen wird, so ist doch unüberhörbar mit V. 7c die sich anbahnende Betonung des Wortelementes im kultischen Rahmen gegeben. Die Bezeichnung ‚ Bethaus ‘ ist im AT auf unsere Stelle beschränkt.

Der universale Aspekt des Tempelwortes in V. 7c haftet gleicherweise dem V. 8 an. Die erste Vershälfte wird von einer Überleitungsformel und aufschlußreichen Jahweprädikation gestaltet. Außer an den Stellen Dt 13,9 ; 22,1 ; 2 S 14,13.14 ; Jr 43,5 und Ps 62,5 umschreibt נדח ein göttliches Handeln welches durch die Sünde des Volkes ausgelöst worden ist. Die Folge ist Versprengung unter die Heiden und in fremdes Land [197]. Gekoppelt mit קבץ erscheint

---

[194] Die Formulierung ‚ Name Jahwes ‘ findet sich meist in späten, nachexilischen Texten, so außer Jes 59,19 in Gn 19,13 ; Ex 20,7 u.ö., in sekundären Stellen Jes 18,7 ; 24,15 ; 30,27, ferner Jo 2,26 ; Ps 7,18 ; 102,16.22 u.ö. Bei Dtjes findet sich בשם יהוה in 48,1 und 50,10.

[195] 251.

[196] Diese Formel findet sich häufig bei Trjes (56,7 ; 57,13 ; 65,11.25 ; 66,20 ; vgl. auch 62,9), Jes 11,9 wird wohl eine Glosse sein. Als Bezeichnung für Zion vermißt man sie bei Dtjes und Maleachi, wohl steht sie bei Sa 8,3 ; vgl. den Hinweis bei Sellin, Tritojesaja, 77f.

[197] Vgl. Jes 27,13 ; Jr 8,3 ; 16,15 u.ö.; weiters Ez 4,12 ; Da 9,7. Dazu noch Jr 30,4 (= Neh 1,9) : ‚ Wenn du bis zum Ende der Himmel verstoßen wärest ‘. Bei der Verleumdung und Missetat der Feinde an den Betern (Ps 5,11) und

נדח jedoch ausschließlich in Heilsworten[198]. ‚Sammeln' meint dann „von außen herbeibringen", etwa als Tätigkeit eines Hirten, von dessen Herde sich einige Tiere abgesprengt haben. Über Jr 23, Ez 34 und Jes 40,11, wo Jahwe ausdrücklich als Hirte benannt wird, erhält unsere Stelle ihren Sinn. Es will gesagt werden, Jahwe bringe einzig auf Grund seines Heilsbeschlusses und seiner fortwährenden Barmherzigkeit die vom Volk und aus dem Land Vertriebenen zur neuen Jahwegemeinde herbei[199]. Der Verfasser hat selbstverständlich die Jahweanhänger aus den Reihen der Eunuchen und Ausländer mit im Blick. Sein Gottesbild ist vom Bewußtsein getragen, daß die Treue des Bundesgottes den kontinuierlichen Fortbestand der Jahwegemeinde garantiert.

2. Formanalyse.

Nach der einleitenden Botenspruchformel eröffnet der Verfasser seinen Spruch mit einer Mahnung, ohne nähere Angabe der Adressaten[200]. Um die gestellte Forderung bejahbar zu machen, wird sie

---

am Volk (‚Meine Verjagten' aus Moab, Jes 16,3f; ‚die aus Elam Vertriebenen' Jr 49,36; ‚den von Mitternacht' Jo 2,20) findet dieser Gerichtsterminus gleichfalls Verwendung.

[198] In Jr 49,5 haben wir es mit einer Unheilsweissagung gegen Ammon zu tun, auf welche mit V. 6 eine Verheißung folgt.

[199] Vgl. Jes 11,12; Jr 29,14; 32,37; Ez 34,13; Mi 4,6; Ze 3,19f; dazu Dt 30,4; Neh 1,9. In Jes 66,18 ‚sammelt' Jahwe die Völker. 62,9b hat der Begriff die Bedeutung von ‚ernten'.

[200] Die Botenspruchformel ist formal ein Ḫamṭu; im Hinblick auf den Wortempfang des Propheten hat die Suffixkonj. an zweiter Stelle den Sinn eines punktualis in der Vergangenheit. Bezüglich Syntax und Stilistik halte ich mich im Folgenden an W. RICHTER, Traditionsgeschichtliche Untersuchungen zum Richterbuch, BBB 18 (1963) bes. 344-383. Er selbst bezieht sich auf Vorarbeiten von O. RÖSSLER, vgl. bes.: Die Präfixkonjugation Qal der Verba I^ae^ Nûn im Althebräischen und das Problem der sog. Tempora, ZAW 74 (1962) 125-141. Nach diesem kennen die semitischen Sprachen keine temporalen Verbalformen. Alles Temporale ergibt sich vielmehr entweder aus dem Kontext oder aus den adverbialen Bestimmungen. Nun finden sich aber ursprünglich zwei Präfixkonj., die jedoch nicht Tempora, sondern Tempi unterschieden. Rößler nennt sie Ḫamṭu (‚das Flinke') und Marû (‚das Schwerfällige'); man unterschied deutlich beide Konjugationen. Weil der Ḫamṭu-Marû-Unterschied für die Sprache aber essentiell wichtig war, behalf man sich mit der Wortstellung: Ḫamṭu steht an erster Stelle (yiqtol-x = Präfixkonj. mit folgendem Wort), Marû steht an nicht-erster Stelle (x-yiqtol = Präfixkonj. an zweiter Stelle). Nun ist der alte Stativ (die Zustandsform; die Suffixkonj.) im Hebr.

in V. 1b nach einleitendem כי durch einen Satz begründet, der, mit abs. Infinitiv konstruiert, Jes 46,13 aktualisierend wiedergibt. Die beiden Termini בא und גלה haben ihren Topos in den Epiphanieschilderungen [201]. Zur Gestaltung des ersten Verses ist noch eine Beobachtung von Ehrlich zu erwähnen, wonach die beiden Imperative der Mahnung in einer ansonsten im Hebräischen ungebräuchlichen Koppelung stehen. Der Grund sei im Rhythmus der Sprache zu suchen. In Prosa würde die Wendung שמרו ועשו משפט וצדקה lauten [202].

Die Präfixkonj. an zweiter Stelle geben dem Makarismus V. 2a einen extratemporalen Sinn. Zugleich geben sie für die Partizipien in V. 2b den Zeitbezug an [203]. Mit V. 3 wendet sich der Sprecher in 3. Pers. Sing. einem ‚Fremden' und seiner Klage zu. Die Präfixkonj. in V. 3a ist mit אל verneint und weist ein derartiges Rufen als unberechtig zurück. Die zitierte Klage V. 3b drückt die unabwendbare und hoffnungslose Lage des Sprechers aus, Jahwe selbst gegen sich zu wissen. Der Klageruf ist in die Kausativform gekleidet; die Präfixkonj. hat einen Infinitiv derselben Wurzel als Betonung bei sich und nennt Jahwe ausdrücklich als verursachendes Subjekt. Die in V. 3c zitierte Klage des ‚Eunuchen' ist als NS konstruiert, um den Zustand der Ausweglosigkeit auszudrücken.

In V. 4 gibt eine dreiteilige Apposition die Umstände wieder, unter denen die in 3. Pers. Pl. angeredeten ‚Entmannten' an den

---

z.T. aktiviert und in das Ḫamṭu-Marû-System einbezogen worden; es verhält sich in bezug auf die Wortstellung und Funktion genau reziprok zur Präfixkonj. Nach O. Rößler in ZCPh 28 (1960) 142, Anm. 2 und 143, Anm. 3 ist yiqtol-x und x-qatal (Suffixkonj. an zweiter Stelle) im Akkadischen ‚iprus', qatal-x (Suffixkonj. mit folgendem Wort) und x-yiqtol im Akkadischen ‚iparras'.

Richter bezieht auch W. von SODEN, Grundriß der akkadischen Grammatik, AnOr 33 (1952) §§ 78d, 79 a.b, ein und stellt dann fest: „Ḫamṭu begegnet demnach als punctualis der Vergangenheit und der Zukunft; als Koinzidenz zwischen Aussage und Vollzug der Handlung. Marû begegnet vor allem als Extratemporalis, als Actualis = empirische Gegenwart, als Dauer in der Vergangenheit, als sichere Zukunft", 16, Anm. 102. 354, Anm. 50, bemerkt er zur Wortfolge im Verbalsatz: „Inversion ist also die Umkehrung von ‚Tempus' und Wort (nicht nur Nomen): yiqtol-x = x-qatal; qatal-x = x-yiqtol". ‚We' bzw. ‚wa' besitzt jedoch keinen Stellenwert, ist also nicht invertierend.

[201] Vgl. F. SCHNUTENHAUS, Das Kommen und Erscheinen im Alten Ttaesment, ZAW 76 (1964) 1-22, bes. 16ff.

[202] Vgl. A. B. EHRLICH, Randglossen zur hebräischen Bibel. Textkritisches, Sprachliches und Sachliches. 4. Bd.: Jesaia, Jeremia, Leipzig, 1912, 197.

[203] ELLIGER, Einheit 8, sieht in der Verwendung des Partizipium lediglich eine Belebung des Stils, was wohl zu wenig ist.

Zusagen Jahwes Anteil haben werden. Diese drei durch אשר eingeführten Relativsätze haben die Form x-yiqtol und qatal-x, bzw. im dritten Fall nominalen Charakter. Das eigentliche Jahwewort folgt in V. 5. Die Suffixkonj. an erster Stelle hat den Sinn einer als sicher in Aussicht gestellten Zukunft. Wenn man mit der Ausscheidung des Schachtelsatzes V. 5bß als redaktionelle Glosse recht hat, bildet V. 5ab eine geschlossene Satzeinheit. Die Tragweite des zu Gehör Gebrachten geht daraus hervor, daß der Satz, der in seiner zweiten Hälfte eine Präfixkonj. an zweiter Stelle stehen hat, in die Form einer Inversion im Sinn der sicheren Heilszukunft gekleidet ist. Dieselbe Zielrichtung verfolgt der andere Teil des Gottesbescheides an die ‚ Fremden ‘. Er ergeht in zwei marû-Sätzen und einem NS V. 7. An wem das Angekündigte verwirklicht werden soll, beschreiben die vorangestellten Partizipien in V. 6. Affirmatives כי markiert V. 7c als Abschluß und Höhepunkt des Spruches. In der Stellung x-yiqtol wird hier das Charakteristische der Verkündigungseinheit dahingehend ausgesagt und zusammengefaßt, daß Jahwe's Anhänger aus allen Teilen der Welt kommen und den Tempel als Ort ihrer Gottesverehrung wählen werden. Die erwartete Schlußformel hatte im Laufe der Redaktion gegenüber der Bekräftigungsformel V. 8a als störend weichen müssen [204]. Der Spruch V. 8 geht von der gegenwärtigen Heimkehrersituation aus und verheißt, daß Jahwe gewillt ist, diesen Status noch weit zu überbieten. In Verklammerung mit den Eingangsversen ist somit der Abschnitt 56,1-8 auf einen universalen Heilshorizont gehoben [205].

---

[204] Vgl. F. Baumgartel, Die Formel ne' um jahwe, ZAW 73 (1961) 277-290 ; vgl. ZAW 66, NF 25 (1955) S. 27ff. Außer in V. 8 findet sich die ‚ Bekräftigungsformel ‘ נאם אדני יהוה nur noch Nm 24,3ff ; 2 S 23,1 ; Jes 1,24 ; Sa 12,1 ; Ps 36,2 ; 110,1 ; Ko 30,1 vorangestellt.

[205] G. Fohrer, bezieht V. 8b „ nicht auf die israelitische Diaspora, sondern auf die Proselyten “, 190. Keineswegs wird man sich Ehrlich anschließen können. Er tilgt ל in לנקבציו ; als Objektakk. sollte die Präposition die Exegese zu עליו ermöglichen. Das Partizipium versteht er im feindlichen Sinn : Noch werde ich sammelnd zu ihm hinzufügen solche, die sich gegen ihn zu versammeln pflegten. So verstanden bildet unser Satz die ‚ Klimax des Stükkes ‘. Waren die ‚ Söhne der Fremde ‘ neutrale Freunde gewesen, sei hier von ehemaligen heidnischen Feinden die Rede, die sich Israel anschließen werden. Noch besser scheint ihm, diesen Vers überhaupt als „ witzigen “ Zusatz zu streichen und Vers 8a zu Vers 7 zu ziehen. L. Glahn versteht das Schlußpartizipium futurisch : Die gesammelt sein werden. Die eigentliche Tat Jahwes stehe noch aus. Vgl. 29.

3. Gattungsanalyse.

In der literarkritischen Betrachtungsweise sind die Verse 1f und 8 als rahmende Teile erkannt worden. Sind darin Formen oder Gattungen mit je selbständigem Horizont aneinander gereiht, oder erfüllen sie eine bestimmte Funktion innerhalb eines größeren Zusammenhanges ?

Ähnlich Jr 7,3ff steht einer Mahnung die Botenformel voran [206]. Bei Jeremia fordert die Mahnung implizit zur Umkehr und Besserung auf, in Jes 56,1a schärfen die beiden Imperative ein, das Recht zu wahren und Gerechtigkeit zu üben. Die Haltung der Umkehr scheint der Sprecher bei seinen Hörern bereits vorauszusetzen [207]. Es zeigt sich nun, daß man vom einladenden Charakter der Mahnung her einer Heilsweissagung gerne die Mahnrede voranstellte [208]. Dies geschah allerdings nicht so häufig, wie es nach v. Rad scheinen möchte. Er macht daraus eine Regel, daß der Anfangsteil eines göttlichen Verheißungsspruches grundsätzlich eine Mahnrede gewesen sei, welche als erläuterndes Menschenwort „ die Angeredeten zum Aufmerken bewegen sollte " [209]. Nach Kl. Koch ist es „ längst nicht so in der

[206] Hier dient die Botenformel als Buchüberschrift. In Jr 7,3ff leitet sie innerhalb eines vollständigen Berichtes von einer an den Propheten ergangenen Offenbarung nach der Revelationsformel, dem Prophetenbefehl und dem Aufruf an die Angeredeten als viertes Element das Jahwewort an die Öffentlichkeit ein. Vgl. H. WILDBERGER, Jahwewort und prophetische Rede bei Jeremia, Theolog. Dissertationen, Bd. II, Zürich, 1942, 48ff.

[207] Es darf nicht verwundern, daß das Thema ‚ Umkehr ' im Mahnwort nicht angeschlagen wird. Ursprünglich erging es auch nicht in der Mahnrede, sondern im Scheltwort und in der Drohrede (vgl. Hos 5,4 ; 7,8 ; 11,5), bzw. in der Gerichtsverkündigung. Über den Heilsspruch (Hos 3,5 ; Jr 3,21-25 ; 31,15-20 ; Ez 18,21-23.31 ; 33,11. Bei Jr sind es „ unbedingte Heilssprüche ') erst kam „ das Thema ‚ Umkehr ' in die Mahnrede, die so niemals einen bedrohlichen Charakter, sondern grundsätzlich den der Einladung gewinnt ", H. W. WOLF, Das Thema ‚ Umkehr ' in der alttestamentlichen Prophetie, ZThK 48 (1951) 148. Zuvor betont er noch, das Mahnwort sei „ als Einladung eindeutig vom Heilsspruch her bestimmt ", 142.

[208] Vgl. 1 Kg. 11,31 ; 2 Kg. 3,14 ; 4,43 ; Jes 7,4ff ; Jr 29,5-7 ; 33,3ff ; Ez 20,39 u.ö. In Verbindung mit Droh- und Scheltreden findet sich die Mahnrede etwa Jr 4,3f ; 13,15ff ; 7,1-15 ; 21,11ff, mit Disputationsworten Jes 44,22b ; 45,22-25. Vgl. dazu H. E. von WALDOW, Anlaß und Hintergrund der Verkündigung des Deuterojesaja, Diss. Bonn. 1953, 48. — Zur Gattung ‚ Mahnwort ' vgl. H. GUNKEL, Einleitung zu : Die großen Propheten, hsgg. von H. SCHMIDT, 1915, S. LXVI f, Nr. 21. — H. GRESSMANN, Der Messias, FRLANT 43 (1929) 88ff, 92f.

[209] In seiner ‚ Theologie des Alten Testaments ', Bd. II, München, 1960, vermerkt G. von RAD, die Propheten hätten ihrem Botenspruch „ in der Regel

Heilsweissagung heimisch geworden wie das Scheltwort in der Unheilsweissagung. Es ist ein Sonderfall des allgemeinen Gliedes Hinweis auf die gegenwärtige Lage geblieben. Wo ein Mahnwort am Anfang steht, wird übrigens der folgende Abschnitt gern mit einem ‚Denn' und nachfolgender Botenformel eingeleitet (Jr 32,15 ; 33,4 u.ö.). In solchen Fällen fehlt dann meist die Charakteristik am Ende " [210]. In unserem Fall hat der Verfasser die Botenformel als Buchüberschrift an den Anfang gerückt. Das Mahnwort erfüllt in oben beschriebener Weise die Funktion, auf die gegenwärtige Lage der Hörer der folgenden Heilsbotschaft hinzuweisen. Ihr Standort ist von einem anderen Tenor als von dem der Hörer des Spruches Jes 40,1ff bestimmt. Hier ist die entscheidende Wendung von Gott her bereits vollzogen, und die Botschaft ergeht als Heilszuspruch in die Gegenwart der Hörer. In Jes 56,1ff steht das angekündigte Heil noch aus ; der Anspruch der Stunde wird also von einem künftigen Ereignis her motiviert. Dem Verfasser geht es darum zu zeigen, woran die Hörer festzuhalten haben, um den Eintritt in das nahe bevorstehende Heil nicht zu verfehlen.

V. 1b zeigt die Struktur der Heilsankündigung. Gottes Zuwendung wird für die Zukunft angesagt. Es wäre verfehlt, in dieser Heilswende eine eschatologische Größe zu sehen. Wie der Makarismus V. 2 offenkundig macht, denkt sich der Verfasser jene künftig weltweite Heilssituation bereits jetzt im Leben einzelner realisierbar, insofern sich einer in seiner Haltung nach dem vorgegebenen Verhaltensschema richtet.

Ihre volle Gestalt gewinnt die Heilsankündigung erst in Zusammenschau mit V. 8. Das zweite Glied, Gottes künftiges Eingreifen, wird dahingehend beschrieben, daß Jahwe daran ist und es in Zukunft bewerkstelligen wird, die Jerusalemer Gemeinde zu einer neuen Heilsgemeinde auszubauen. Die Heimkehr aus dem Exil und der Zuzug aus der Diaspora ist noch lange nicht abgeschlossen. Man wird nun kaum annehmen können, daß ursprünglich beide Glieder eine Verkündigungseinheit bildeten. V. 8 war wohl ehedem ein selbständiges Wort und dem Red. geeignet erschienen, zusammen mit V. 1f den

---

einen Spruch vorangestellt, der die Angeredeten zum Aufmerken bewegen sollte, ja der die von der eigentlichen Botschaft Gemeinten überhaupt erst genauer bezeichnete. Dem göttlichen Drohspruch wurde eine ‚Scheltrede', dem göttlichen Verheißungsspruch eine ‚Mahnrede' vorangestellt ", als „ hinführendes, vorbereitendes, erläuterndes Menschenwort ", 49.

[210] 210.

Spruch V. 3-7 einzufassen. Insofern der Begriff ‚ sammeln ‘ transparent ist für das Bild vom Hirten und der Herde, erfüllte der Vers zugleich die Funktion, auf die folgenden Texte überzuleiten.

Nach Keßler bieten die V. 3-7 „ eine Tora (d.h. eine Weisung) über die Zulassung von Fremden und Eunuchen (Entmannten) zur Gemeinde, zum Tempel und zum Opfer “ [211]. Westermann bemerkt zur Stelle, „ eine Entscheidung des sakralen Rechts “ sei hier in die Form eines prophetischen Botenspruchs gekleidet [212]. Anhand der Monographie ‚ Die priesterliche Tora ‘ von Begrich [213] sei kurz ins Gedächtnis gerufen, wie eine solche Entscheidung zustande kam und auf welche Kompetenz sie Anspruch erhob. Es war ehedem ein Vorrecht der Priester, Wallfahrern und Besuchern des Heiligtums mündliche Auskunft über kultische und ethische Fragen zu erteilen. Eine solche ‚ Tora ‘ hatte somit nicht weltliches Recht zum Gegenstand, sondern war „ bestimmt von den Begriffen ‚ heilig ‘ und ‚ profan ‘, ‚ unrein ‘ und ‚ rein ‘ “ [214]. Im Namen Jahwes erteilt, kam ihr höchste Autorität zu. In kasuistischer Manier war sie meist in einen knappen Satz als Verweis ‚ du sollst nicht ‘ oder als Weisung ‚ du sollst ‘ gefaßt. Die Belege dieser Gattung zeigen den Aufbau : Die Frage des Laien an den Priester, sein Entscheid mit angeschlossener Verheißung [215]. Durch exilische Begleitumstände war später das priesterliche Berufswissen allgemeinzugänglich geworden, und man holte sich den Bescheid von Priestern (Lv 6,2ff), Ältesten (Dt 31,9), Weisheitslehrern (Pr 3,1),

---

[211] 21. Ähnlich bereits M. HALLER, 1925, 131f : er rechnet damit, daß 56,1-8 eine Einheit darstellen, und zwar eine ‚ Thora ‘, d.h. einer „ früher hauptsächlich von Priestern erteilte religiöse Unterweisung “, der als „ captatio benevolentiae “ eine Botenformel vorangestellt worden sei. Diese solle an die Zeit gemahnen, da „ jede Thora von Jahwe unmittelbar durch Los erfragt wurde “. Vgl. auch L. GLAHN, A. GELIN und G. FOHRER.

[212] 249. Er konstatiert für die Zeit nach dem Exil : „ Eine rein sakralrechtliche Entscheidung wird dadurch sanktioniert, daß sie als Gottesspruch auftritt “, 249.

[213] J. BEGRICH, Die priesterliche Tora, ZAWBeih 66 (1936) 63-88.

[214] 69. Vgl. Jr 18,18 ; Ez 7,26 ; Hos 4,6 ; Mi 3,11 ; Ze 3,4.

[215] Vgl. EISSFELDT, 99 ; — H. GUNKEL - J. BEGRICH, Einleitung in die Psalmen, Göttingen, 1933, 327f ; — AA. BENTZEN, Introduction..., 1952, 2. Aufl., 163, 184ff, 201 ; — Cl. WESTERMANN, Grundformen prophetischer Rede, EvThBeitr 31 (1960) 146f. Klassische Fundstellen für diese Gattung sind die wohl fingierte Tora Hg 2,12-14 (vgl. Eißfeldt, 576), die Tora-Liturgien Ps 15 ; 24,3-6 ; Jes 33,14-16. Daß solche Entscheide überindividualisierend „ im typisierenden Sinne auf jeden Kultteilnehmer übertragen worden “ sind, ist aus Ps 15 ersichtlich. Vgl. dazu H. J. KRAUS, 110f.

Laien (Pr 6,20) und Propheten ein[216]. Wenn nun Westermann unseren Spruch als Prophetenwort erkennt, welches sich in eine entliehene Redeform gekleidet hat[217], erklärt er wohl eine Autoritätsverlagerung von sakralrechtlichen zu prophetischen Entscheidungen, verbaut sich aber zugleich jeden Zugang zur konkreten Situation, aus der die Verkündigung erwachsen ist, wenn er die Form stilisiert und verobjektiviert.

Wie soll man sich die Schreckens- und Klagerufe erklären, welche in V. 3 zitiert sind ? Warum wählt der Sprecher die Form der Tora, wenn die Kompetenzen von rein und unrein, kultischer und ethischer Verhaltensweisen weit überboten werden ? Geht es hier doch um die lebenswichtige Frage nach Heil und Unheil von Menschen, nach der heilenden Nähe Gottes, die allerdings erst durch den Zutritt ins Heiligtum und die Aufnahme in die Jahwegemeinde erfahren wird. Wir werden nicht fehlgehen, wenn wir annehmen, daß der vorliegende Spruch eine ganz konkrete Situation erkennen läßt. Die Fragesteller, Abgesandte der ‚ Eunuchen ' und ‚ Fremden ' aus Babylon, haben einen abschlägigen Torabescheid erhalten, welcher wohl mit Dt 23,1-8 argumentiert hatte, als sie um die Aufnahmebedingungen und -chancen am Heiligtum vorsprachen. Ihre Klage- und Schreckensrufe über die Zurückweisung rief einen Propheten auf den Plan. Dieser nahm ihre Klage auf und verkündete in Antithese zur falschen, weil separatistischen und auf die eigene Heilssicherheit bedachten Weisung nun den eigentlichen Willen Gottes. Daß er für seine Verkündigung den Ton der Tora wählte und seinem allein kompetenten Gottesbescheid die Botenspruchformel voranstellte, ist unter den gegebenen Umständen verständlich. Die Polemik der Stunde war bereits bei der Überlegung, ob in V. 5b — ‚ besser als Söhne und Töchter ' — ein sekundärer Einschub vorliege, aufgefallen. Den Strukturen welcher Gattung entsprechen nun wirklich Form und Inhalt ? Die Gottesbotschaft ergeht in 3. Person und ist auf die Zukunft hin formuliert. Somit liegt in V. 3-7 die Gattung der Heilsankündigung vor[218]. Glied I, ‚ die ange-

---

[216] Vgl. neben 2 Kg 17,13 ; Jes 1,10 die aufschlußreiche Fasttagsterminentscheidung in Sa 7,1ff und 8,18f. Dazu O. EISSFELDT, 582f.

[217] Grundformen, 146f. WESTERMANN konstatiert eine relative Nähe der prophetischen Tora zum prophetischen Gerichtswort. Er schließt dies jedoch aus der sehr schmalen Basis von vier Belegstellen : Jes 1,10-17 ; 8,11-15 ; Jr 7,21 und Am 5,21-24. Mi 6,6-8 allein ergäbe keinen derartigen Befund.

[218] Vgl. Cl. WESTERMANN, Das Heilswort bei Deuterojesaja, EvTh 24 NF 19 (1964) 355-373 ; — Ders. : Sprache und Struktur der Prophetie Deuterojesajas, Theol. Bü. 24 (1964) bes. 117-124.

deutete Klage ' wird durch V. 3 wiedergegeben. Wie לאמר vermuten läßt, wurde nur die jeweils typische zitiert. Die erste ist als , Anklage Gottes ' gestaltet : , Jahwe will mich scheiden von seinem Volk ', die zweite als , Ich (Wir)- Klage ' : , Ich bin ein dürrer Baum ! ' [219]. Der Vers hat die Funktion eines , Hinweises auf die gegenwärtige Lage ' der Betroffenen. Ihre Situation ist nur scheinbar hoffnungslos, denn, so begründet einleitendes כי, Jahwe selbst eröffnet ihnen eine neue Zukunft. Teil II, die eigentliche Heilsankündigung, wird durch die Botenspruchformel eröffnet [220]. Im Faktum der Verkündigung ist Jahwes Zuwendung selbst schon offenbar. Sein Eingreifen wird in V. 5 und 7 durch marû-Sätze, welche den durch Gottes Treue gesicherten Heilshorizont eröffnen, an die Jahweanhänger unter den Entmannten und Fremden expliziert. Glied III, das Ziel bzw. die abschließende Charakteristik wird mittels , denn ' eingeleitet. Allen exklusiven Tendenzen und Gettobestrebungen wird von Gott her der Grund und die Berechtigung entzogen. V. 7c läßt zugleich auf den Ort der Verkündigung schließen : angesichts des neuerbauten Tempels wurde V. 3-7 gesprochen.

Der bisherige Befund ergab, daß lediglich V. 3-7 eine selbständige Verkündigungseinheit enthält. Dieser Spruch wurde nachträglich durch V. 1 und 8 in einen literarischen Rahmen gefaßt. Dieser will von der im Gotteswort erhellten Zukunft her allgemeingültige Schwerpunkte für das Leben und die Gottesbeziehung späterer Hörer einschärfen. Sie sollten zu treuem Aushalten und Festhalten an Jahwe ermuntert werden. Mit V. 1b erneuerte und aktualisierte der Verfasser die dtjes Heilsweissagungen. Den Hörern sollte klar werden, daß Jahwe sich durch das Nichteinlösen der durch Dtjes vermittelten Zusagen und durch sein anhaltendes Schweigen nicht unglaubwürdig gemacht hat. Vielmehr kann er hinter dem Ereignis der Heimkehr als , Sammelnder ' erkannt werden. Jahwes Bundestreue aber ist Anspruch und Verpflichtung für die Haltung des Bundesvolkes und seiner Anhänger. Somit sind Mahnung, Makarismus und Heilsankündigung dem paränetischen Anliegen des Verfassers eingeordnet [221].

---

[219] Vgl. Cl. WESTERMANN, Struktur und Geschichte der Klage im Alten Testament, Theol. Bü. 24 (1964) 269ff ; — Ders. : Das Loben Gottes in den Psalmen, Göttingen, 1963, 3. Aufl., 40.

[220] H. WILDBERGER, Jahwewort und prophetische Rede bei Jeremia, Zürich, 1942, 29 und 42. „ Die Formel ko'amar jahwä aber ist selbst schon Bestandteil des Jahwewortes. " 48.

[221] Die Gattungsbestimmung , prophetische Tora ' — über die Bedingungen der Zugehörigkeit zum Volk Gottes (Gelin) — trägt der paränetischen Aus-

Hierin ist auch der Sitz im Leben von V. 1-8 zu suchen. Ein abschlägiger offizieller Torabescheid am Heiligtum hatte die Verkündigung von V. 3-7 veranlaßt. Wenn derjenige, welcher V. 1-8 niedergeschrieben hat, jenes Stück in der überkommenen Form wiedergegeben hat, ohne die prosahafte Sprache rhythmisch zu glätten, wenn er weiters so auffällig auf Dtjes zurückgreift und äußere, kategoriale Seiten, allen beurteilbar, als Merkmale der Jahwezugehörigkeit herausstreicht, muß dies seinen Grund in der Lage der Adressaten von Jes 56,1-8 haben. Sie werden mit den durch die Verse 3-7 Betroffenen zu identifizieren sein. Ihnen lag der Wortlaut des Gottesbescheides noch im Ohr, deshalb wurde daran nichts geändert. Es waren wohl Gruppen, welche z.T. aus den Reihen der Diasporajuden kamen und durch den Hofdienst zu Eunuchen gemacht worden waren, bzw. solche, welche über die Exilierten zum Jahweglauben gekommen waren. Offensichtlich war in diesen Reihen die dtjes Botschaft auf Grund der Heilsverzögerung, trotz der ermöglichten Heimkehr, und der traurigen Zustände in Jerusalem zur Frage geworden. Wir werden mit der Vermutung recht haben, daß dieselben Fragesteller von V. 3-7 beim selben Propheten über diesen größeren Fragenkomplex Auskunft einholten und es so, wenn 56,1-8 tatsächlich eine redaktionelle Klammer für Trjes ist, zur Abfassung von Jes 56,1ff kam.

Endlich ist zu bedenken, daß kurz nach der Fertigstellung des Jerusalemer Tempels die Frage der Jahwezugehörigkeit am aktuell-

---

richtung unseres Spruches zu wenig Rechnung. Mahnwort und Makarismus sind keine eigenständigen Worte ; sie geben je für sich dem ganzen Spruch besondere Aspekte bei. Das Schwanken der Exegeten in der Beurteilung von 56,1-8 hängt damit zusammen, daß zwischen den beiden Redeformen ‚ Mahnwort ‘ und der ‚ Tora ‘ Verbindungen bestehen. J. Begrich, Studien zu Deuterojesaja, BWANT 77 (1938) 1-136 ; Neudruck in TheolBü 20 (1963), sagt im Anhang an die Mahnworte Jes 44,21-22 ; 55,6-7 : „ Diese auch von anderen Propheten verwendete Gattung wird letztlich zurückgehen auf die Nachahmung der priesterlichen Tora. Dafür spricht außer der Situationsverwandtschaft der Beginn mit pluralischem Imperativ (Jes 55,6), die Fortführung mit Jussiv in 3. Pers. (55,7) und die sich am Schluß gelegentlich noch findende Folge (55,7 ; Am 5,4.14 ; 5,15). Es ist leicht zu verstehen daß die prophetische Nachahmung bei ihrer polemischen Haltung zur priesterlichen Tora mehr und mehr abgestreift hat, was sie mit jener verbindet, und damit selbständig geworden ist “, 58. Gegen R. B. Y. Scott, The Literary Structure of Isaiah's Oracles, Studies in OT-Prophecy, Edinburgh, 1950, 175-186, hat Cl. Westermann in ‚ Grundformen... ‘ dem Mahnwort den Charakter einer prophetischen Grundgattung abgesprochen. Dort, wo es selbständig auftritt (Jes 1,10-17), nennt er die „ prophetische Tora “ eine „ geborgte “ Gattung. Vgl. 33.

sten, und angesichts der sich konstituierenden Kultgemeinde die Jes 56,3ff auslösenden Fragen am dringlichsten waren. Somit würde sich die Zeit kurz nach 515 v. Chr. als bestmögliche für die Abfassung anbieten.

4. Ein erstes Zwischenergebnis.

Das auffallendste Merkmal an Jes 56,1-8 ist die universale Art, in der hier aller Welt das Heil zugesagt, gleichzeitig aber die Erlangung an den Jerusalemer Tempel, als den nationalen und religiösen Mittelpunkt des Gottesvolkes, gebunden wird. Welche Auswahlprinzipien werden bei der Aufnahme in die neue Kultgemeinschaft am neuerbauten Tempel geltend gemacht ? War der alte Kern der Jahweanhänger für eine solche Öffnung der Gemeinde ohne weiteres zugänglich ? Jes 56,3-7 spiegelt diese Schwierigkeiten wider. In Rückgriff auf das Gesetz (Dt 23,1-8) war in Form einer Tora den , Fremden ' und , Eunuchen ' die Aufnahme verweigert worden. Klagerufe dieser , Exkommunizierten ' hatten die Heilsankündigung V. 3-7 ausgelöst ; somit ist der , Sitz im Leben ' des Spruches mit einer Lebenssituation verhaftet, aus der die Fragesteller keinen Ausweg sahen. V. 1f und 8 wurden als rahmende Teile literarischen Charakters bestimmt. Diese Verse erneuern und aktualisieren die dtjes Botschaft vom , Nahen Gottes ' (V. 2), vom nahe bevorstehenden Anbruch der Heilszeit, und gewinnen aus dem Erlösungswillen Gottes die Imperative für die Gegenwart der Adressaten. In theologischer Reflexion wird anhand des Mittelstückes argumentiert : Ein Mensch kann sich Gott nur zuwenden oder zu ihm umkehren, weil Gottes Hinwendung vorausgegangen ist. Dem Vorwurf der Heilsverzögerung und Untätigkeit Jahwes ist also damit zu begegnen, daß man aufzeigt : Jahwes Erstinitiative kommt in diesen , Fremden ' und , Eunuchen ' zutage ; er ist keineswegs untätig und seinem Wort untreu geworden, denn er steht hinter dem Ereignis der Heimkehr und der Auferbauung der Gemeinde ; als , Sammelnder ', der noch weitere zur neuen Jahwegemeinde herbeibringen wird, kann der Bundesgott gegenwärtig erfahren und erkannt werden.

Wir setzen bei der Auswertung von Jes 56,1-8 das Urteil vieler Gelehrten voraus, welche darin die einleitende Klammer zu einer Botschaft sahen, in welcher es vornehmlich um zwei strittige Fragen ging, nämlich um die Regelung des frühnachexilischen Gemeindelebens und die Fragwürdigkeit der eschatologischen Naherwartung [222]. Diese

[222] Vgl. etwa G. FOHRER, Jesaja, 14.

Fragestellung ist in 56,1-8 grundgelegt. Wir stellen nun als Arbeitshypothese auf, daß nicht bloß Jes 56,1-8, sondern das ganze Buch Trjes im Hinblick auf die neuen Hörer in der babylonischen Diaspora zusammengetragen wurde, um aus den traurigen Gemeindeverhältnissen heraus die Verzögerung der Heilswende begreiflich zu machen. Zugleich stellt sich von Anfang an das Bemühen ein aufzuzeigen, daß Jahwe sich nach dem Exil eine neue Gemeinde von treuen Anhängern sammelt und er hierin als Handelnder und Geschichtsmächtiger erkannt werden kann. Somit wäre Jes 56,1-8 als Terminus ad quem für die Redaktion von Jes 56 – 66 anzusehen. Ob dies stichhaltig ist, wird erst nach dem Befund aller Kapitel beantwortet werden können.

Eine Arbeitshypothese, welche von der Grundüberlegung ausgeht, das in Trjes gesammelte Überlieferungsgut sei im Hinblick auf Hörer in Babylon konzipiert, muß in erster Linie zeigen können, woran die Arbeit des Red. von der des Verfassers der Sprüche unterschieden werden kann, und nach welchen Gesichtspunkten und nach welchem Konzept man an die Auswahl und Sammlung tradierten Spruchgutes heranging und daraus das Buch Trjes erstellte. Denn bisher sah man in Trjes entweder mehr oder weniger willkürlich zusammengetragene Worte kompiliert, oder man gab sich mit der Bemerkung zufrieden, die Sprüche seien entsprechend ihrer Entstehung aneinandergereiht usf. Wenn sich wirklich ein roter Faden durch Trjes zieht, dann können wir annehmen, daß der Red. bereits im Vorspruch zentrale theologische Begriffe und wesentliche Redeformen programmatisch verwendet hat. Welche Begriffe fallen ins Auge ? Zuerst werden die Hörer aufgefordert, משפט und צדקה zu beobachten, näherhin auf die kategoriale Seite hin präzisiert, den Sabbat nicht zu entweihen und das Böse (im Sozialbereich) zu vermeiden. Die Gottesbeziehung wird unter den Begriff der ברית -, Bund ‘ gefaßt. Jahwes geschichtsmächtiges Handeln am Gottesvolk beschreibt das Wort קבץ, sein , Nahen ‘, welches die eschatologische Wende heraufführen wird, soll als ישועה und צדקה erfahren werden.

Im Prolog zu Dtjes (40,1-11) sind alle wichtigen späteren Redeformen vorgegeben und verwurzelt [223]. Kann man derartige Erwartungen auch bei Jes 56,1-8 hegen ? Es ist der Einwand vorwegzunehmen, daß die literarische Struktur der Rahmenverse 1f und 8 ihre Prägung vom Mittelstück V. 3-7 erhält. Man wird mit der Beschränkung auf kombinierbare Redeformen rechnen müssen, aber zugleich

[223] Vgl. Cl. Westermann, TheolBü 24, 165ff.

erwarten können, den Vorspruch dermaßen gestaltet zu finden, daß die Zuhörer ihre Lebensfragen wiederfinden und so hörbereit gegemacht werden. Man wird fragen können, an welchen Schwerpunkten spätere Verkündigungseinheiten anknüpfen und welchen Gesamthorizont sie ausleuchten könnten.

Die Botenspruchformel autorisiert das Gesamtwerk als Botschaft von Gott. Die anschließende Doppelmahnung läßt auf das paränetische Anliegen des Red. schließen. Die ausgewählten Sprüche sollten wohl mehr sein als eine Dokumentationsgabe über nachexilische Gemeindeverhältnisse. Offensichtlich zielt er darauf, mit Anspruch auf Entscheidung in das Leben seiner Adressaten einzugreifen und ihre Situation auf Gott hin zu deuten. Wenn es stimmt, daß die neuen Hörer in der Diaspora leben und Anschluß an die Jahwegemeinde in Jerusalem suchen, kommt den ausgewählten Sprüchen eine neue Aktualität und Zielrichtung im Leben der Betroffenen zu. Man wird vielleicht nicht mehr mit solcher Bestimmtheit wie Zimmerli alle Hinweise auf eine noch ausstehende Heimkehr und Hinwendung zum Zion mit dem Etikett ‚religiös umgedeutetes Formelgut' versehen [224].

Es fällt auf, daß die Mahnung nicht auf Umkehr zielt, vielmehr darauf aus ist, zu bestärken und zu ermuntern und die Hörer davor zu bewahren, sich in ihrem religiösen Eifer ins Unverbindlich-Ungewisse zu verlaufen. Äußere Kriterien bestimmen über die Jahwezugehörigkeit: Das Einhalten der Bundessatzung, speziell der Sabbatheiligung, und sozialer Gemeinschaftssinn. Diese Richtlinien werden in V. 2 mit Stilelementen der Weisheitsrede aufgezeigt, was daraus folgern läßt, daß in den anschließenden Kapiteln noch weitere lehrhafte Darlegungen über bestimmte Bereiche des öffentlichen und religiösen Lebens geboten werden.

Die Mahnungen werden durch zukunftsgerichte Heilsworte bejahbar gemacht und begründet. Sie umfassen den größten Teil des Vorspruches (V. 1b.3-7.8) und machen es dadurch wahrscheinlich, daß die Frage der Anteilnahme am künftigen Heil und dessen Erscheinungsweise das Hauptinteresse des Red. und seines Adressatenkreises gefangen halten wird. Ein Vergleich mit dem Prooemium Jes 40,1-11 zeigt den Unterschied zwischen Dtjes und Trjes an. Das Heilswort 40,1f ist als perfektische Heilszusage formuliert. Das Kommen des Heils wird mit dem Ereignis der Heimkehr, welche das Kyrosedikt in Aussicht stellte, in Verbindung gesetzt. Die dtjes Botschaft beinhaltet,

---

[224] TheolBü 19, 217ff.

daß die entscheidende Wende bei Gott bereits geschehen ist; er hat seinem Volk vergeben. In Jes 56,1ff sind die Heilsworte in der Struktur der Heilsankündigung gehalten. Von einem künftigen Heilsereignis her wird auf eine entsprechende Haltung in der Gegenwart reflektiert. Die erhoffte Heilswende ist wieder in die Zukunft gerückt. Für die Jahwegemeinde bedeutet dies Entscheidung und Scheidung. Der Sitz im Leben von V. 3-7 deckt die Spannungen in der frühnachexilischen Gemeinde auf. Der Gottesbescheid impliziert eine vernichtende Kritik an den legalistischen und separatistischen Tendenzen gewisser Kreise Jerusalems. Sie schließen andere aus, indem sie mit dem alten Bundesgesetz argumentieren und die Jahwe- und somit die Heilszugehörigkeit einer bestimmten Menschengruppe vorbehalten. Ein oberflächlicher Blick in die anschließenden Kapitel informiert, daß die im Vorspruch durchscheinende Gefährdung der Jahwegemeinde noch viel massiver nach einer eschatologischen Tat Jahwes verlangt, weil die Führungsschicht korrupt ist, die geistlichen Leiter versagen, religiöse Praktiken in unmenschliche und synkretistische Umtriebe verkehrt werden.

Die Botenspruchformel ist als Buchüberschrift nur gerechtfertigt, wenn die trjes Botschaft tatsächlich eine prophetische Erweckungspredigt bringt; wenn sie den einzelnen anspricht und auf die Auferbauung der Jahwegemeinde, des Bundesvolkes, ausgerichtet ist. Mit eben diesem Vorgang ist das Gottesbild in Verbindung gebracht. Jahwe erweist sich darin als der treue Bundesgott, daß er sich nach dem Exil eine neue Gemeinde ‚sammelt' und erwählt (V. 8). Der Red. denkt sich diese nicht mehr als homogene, mit der Zwölfstämmeamphiktionie identifizierbare Größe. Darin ist die Erklärung für das von vielen Exegeten vermerkte Phänomen zu suchen, daß der Red. sorgfältig darauf achtet, den Namen ‚Israel' zu vermeiden. Die Jahweprädikation V. 8a hat er offensichtlich um der Pointe willen im Text belassen. Zu demselben Urteil kommt Westermann. Im Anschluß an 56,1-8 sagt er über das nachexilische Gottesvolk: „... für die Zugehörigkeit zu ihm ist nicht mehr das Geborensein, sondern die Entscheidung für den Gott Israels begründend"[225]. Es mußte eine tiefgreifende Korrektur des Gemeindekonzeptes diverser nationaler Kreise in Jerusalem bedeuten, was in der neuen Tora V. 3ff zutage tritt. Jahwes Bundestreue soll daran erkannt werden, daß er sein Interesse auf das Schicksal und die Einstellung des Einzelnen

[225] ATD 19, 244.

verlagert. Offensichtlich geht es den Hörern um die Heilssituation des Einzelnen, nachdem der Zeitpunkt der universalen eschatologischen Wende nicht mit dem Wiederaufbau des Tempels in Deckung gebracht worden ist. Konkret wird Jahwes Erlösungswille durch die Aufnahme in die Tempelgemeinde manifestiert.

Jesaia 56,9 - 57,13

1. Literarkritik.

Die Entscheidung über den literarischen Charakter eines Stückes fällt mit der richtigen Abgrenzung vom Kontext. Üblicherweise befolgt man nun den Hinweis im MT, macht nach V. 8 einen Einschnitt und läßt mit V. 9 einen neuen Überlieferungskomplex beginnen. Nur der Kommentar von König macht darin eine Ausnahme. Er zieht V. 9 zu 56,1-8 und interpretiert den Impt. Pl. an die Tier- und Pflanzenwelt im positiven Sinne ; auch diese soll bei „ der Aufrichtung des Herrlichkeitsreiches zur Mitfreude " gelangen [226]. Einen ausgefallenen Weg beschreitet noch Glahn, wenn er mit unserem Abschnitt auch das Buch beginnen läßt, weil 56,1-8 „ kein Anfangsgepräge " aufweise [227]. Die Einheitlichkeit des Stückes wurde oftmals in Frage gestellt. Budde macht daraus drei selbständige Stücke : 56,9-12 ; 57,1-6 ; 57,7-13. Westermann grenzt innerhalb dieser ‚ kleinen Sammlung ' drei vorexilische prophetische Gerichtsworte ab : 59,9-12 ; 57,3-6 ; 57,7-13a, welche von ‚ Psalmversen ' in 57,1-2 und 13b gerahmt sind [228]. Ein Großteil der Gelehrten läßt allerdings bloß eine Unterteilung des Abschnittes in 56,9-12 ; 57,1-2 und 57,3-13 gelten und wertet ihn als „ eine in sich gegliederte Einheit " [229]. Glossenhaften Charakter stellte man an folgenden Versen fest : Volz streicht V. 9, als Lückenbüßer von Jr 12,9 her übernommen, manche bezweifeln die Ursprünglichkeit von Jes 56,12, weil der Vers in G fehle, Duhm meldet Zweifel bei 57,5 an, Budde bei 57,6c, Elliger bei 57,8c, und Duhm wiederum bei 57,13c. Als Metrum wird für 56,10 - 57,13 die Qinastrophe (3 + 2), bei 56,9 der Rhythmus 2 + 2 + 2 angegeben.

---

[226] Vgl. z.St.
[227] 27.
[228] ATD 19, 241f, 252ff.
[229] 190.

Wovon wird unser Abschnitt geprägt ? Auffallende sachliche und formale Anklänge an Jeremia und Ezechiel heben ihn vom vorhergehenden Stück ab.[230]. Nach Abramowski ist „ der nacharbeitende temperamentvolle Verfasser durch die unklare Sprache erkennbar "[231]. In Spannung gehalten wird der Abschnitt durch den Wechsel der Angesprochenen. V. 9 ergeht an die Tiere in Feld und Wald die Aufforderung, zum Fressen heranzukommen, ohne daß ein Objekt genannt würde. V. 10f ist in indirekter Rede an , seine Wächter ', die , Hunde ' und , Hirten ' gehalten. V. 12 zitiert ihren gegenseitigen Zuruf. Ohne Übergang spricht 57,1f von , den Gerechten ', sachlich eine Parallele zu Mi 7,1ff und Ps 12. Mit V. 3 fährt der Sprecher in direkter Rede fort. Er wendet sich an die , Hexensöhne ' und , Nachkommen von Ehebrecher und Dirne ' und faßt sie zusammen unter der Bezeichnung , Lügenbrut ' (Keßler). Die Suffixe der 2. Pers. Sing. Fem. erwecken den Eindruck, als sei ab V. 6 von einer Hure die Rede.

Die Art, in Bildern zu sprechen[232], bringt nun 56,9-12 und 57,1-13 in Spannung. In 56,9ff gibt nämlich das Bild von einer Herde den Hintergrund ab. Der Begriff , sammeln ' war von uns als bewußte Überleitung von 56,8 zu V. 9ff erkannt worden. Nun sehen wir klarer. Jahwe selbst macht sich an die , Sammlung ' seiner Herde, weil deren Hirten, die Führer, versagen[233]. Mit demselben Impt. , Kommt ' (vgl. Jes 41,5.25), mit dem sich die Gleichgesinnten zum , Saufen ' herbeirufen, fordert der Sprecher, hier Jahwe, die Wildtiere auf[234], zum , Fressen ' einzufallen. Man hat sich oft mit Verwunderung gefragt, warum Jahwe seine Herde, das Volk, durch das Wüten der Tiere in Mitleidenschaft ziehen lasse, wenn doch nur deren pflichtvergessenen und habgierigen Führer ein Gericht zustünde. Im

---

[230] Vgl. G. FOHRER, 191. Auch A. LODS, 512f, schreibt unseren Abschnitt zusammen mit Kap. 65 und 66,3f der Schule des Ezechiel zu.

[231] 119.

[232] Zur Bildrede vergl. H. GUNKEL, Einleitung in : Die Großen Propheten, XLVIff ; — J. LINDBLOM, Profetisk bildsprak, Ac Acad Aboensis, Hum XVIII, Festschrift für R. PIPPING, 1950, 208-223.

[233] Vgl. an Stellen, welche von Jahwe als dem Hirten handeln, bes. Jr 23 ; Ez 34. In Ps 147,2 dominiert nicht das Hirtenbild, sondern das Bild vom Arzt, welcher heilt. Vgl. noch Dt 30,3 ; Jes 24,23 ; Jr 2,8; 10,21; Ze 3,19 ; Sa 11,4-17.

[234] Wildtiere als Feinde der Herde : Ez 5,17 ; 14,15.21 ; 33,27 ; 34,25. Zum traditionsgeschichtlichen Zusammenhang vgl. G. FOHRER, Prophetie und Magie, in : Studien zur alttestamentlichen Prophetie (1949-1965), ZAWBeith 99 (1967) 242-264, bes. 255ff.

Blick auf die jetzige Zusammenstellung der Sprüche mag der Eindruck intendiert gewesen sein, als ob die Verantwortungslosigkeit dieser Schichten auf das übrige Volk abgefärbt und das fatale Schicksal der Gerechten (57,1f) mitbewirkt habe. Daß mit 57,1 eine ursprünglich selbständige Einheit beginnt, und die eventuelle Ausweitung des Blickwinkels von V. 9 auch auf 57,1ff erst im Verlauf der Zusammenfügung der Sprüche geschah, legt sich allerdings durch mehrere Überlegungen nahe. Mit 57,1 bricht die Bildrede von der Herde ab. Die angeprangerten Vergehen von 56,10ff beziehen sich auf soziale Lebensbereiche, ab 57,3 wird der Götzendienst im Volk für die gestörte Gottesbeziehung verantwortlich gemacht. Auch in der Art der Darstellung gibt es Unterschiede. In 56,9ff treffen wir auf stereotype Wendungen. Den drei Subjekten ist jeweils כלם beigegeben, ihre typische Verhaltensweise beginnt je mit לא ידעו. Sie zielen auf die Gefährdung der Volksgemeinschaft; der Tatbestand aus der Schuldkette 57,3ff beweist die zerstörte Bundesgemeinschaft mit Jahwe.

In dieser Aufzählung ist V. 6c ein Fremdkörper. Alle Textkorrekturen anhand der BH vermögen nicht darüber hinwegzutäuschen, daß der Satz im Sinn eines Zwischenrufes den Gedankengang überflüssig verzögert. Andererseits scheint mir die Zäsur nach V. 6, wie sie Westermann wiederum vorgenommen hat, literarisch und formal unsachgemäß zu sein. Entsprechend der Doppelanrede in V. 3 wird in unterteilter Gedankenführung dargelegt, daß die Betroffenen ihrer schandvollen Herkunft getreu blieben, insofern ihr verkehrtes Tun in einer Linie mit den Vätersünden steht. Außerdem setzen die Suffixe der 2. Pers. Sing. Fem. bereits in V. 6 ein. Wie noch gezeigt werden wird, läßt sich auch von der Formkritik her die Einheit von V. 3-13 belegen. Daß V. 1-2 und 13c zur Verkündigungseinheit dazugehören, geht aus der Eigenart der Darstellung hervor, zu verallgemeinern bzw. zu typisieren und in Kontrasten zu malen. Der Spruch trägt der Tatsache Rechnung, daß Unheil und Schuld miteinander in ursächlichem Verhältnis stehen, und daß auch einer für den anderen zum Übel und Unheil werden kann. ‚Ihr aber' V. 3 markiert in der Rede den Wendepunkt des Interesses. Es stehen sich der ‚Gerechte', der gemeinschaftstreue, dem Bund gemäß lebende Mensch, in seinem beklagenswerten Schicksal, und die scheinbar mächtigen und triumphierenden Frevler und Götzendiener gegenüber, welche letztlich vor Jahwe nicht bestehen können. Anbetracht dieser Zweipoligkeit wird auch 57,13c kein artfremder Appendix sein. Die Lage innerhalb der Gemeinschaft deutet auf eine Scheidung hin, welche Jahwe selbst herbeiführen wird (vgl. 56,9; 57,12f).

Beiden Abschnitten gemeinsam ist die Vorliebe für unvermittelt harte Einsätze. Der Befehl an die Tiere des Feldes und des Waldes (V. 9) kann nur von Jahwe ausgehen. Anstelle der St. constr.-Formen חַיַּת und שָׂדֶה finden wir die poetische Schreibweise חַיְתוֹ (vgl. Gn 1,24) und שָׂדָי. Die von Jr 12,9 her übernommene allegorisierende Bildsprache drückt die Preisgabe des Erb-Volkes und -Landes durch Jahwe an die Fremdvölker aus [235]. Die Phrase ‚ alle Tiere des Feldes ‘ (vgl. Ez 34,5.8) wurde aus poetischen Gründen entsprechend Ps 50,11 ; 50,12 ; 104,12.20 um die Wendung „ alle Tiere des Waldes “ zu einem synonymen Parallelismus erweitert. Dort brachte sie eine sachliche Ausweitung des Geltungsbereiches, hier ist durch dieses Nachziehverfahren der Spruch, ohne der Bildaussage wesentliche, neue Züge beizufügen, nur wortreicher geworden. Der Fluchtpunkt des Interesses unserer Einheit sind jedoch nicht die Tiere, sondern die ab V. 10 geschilderten Führerschichten und deren Schicksal.

In 56,10 scheint eine Textverbesserung nötig zu sein [236]. Auf wen bezieht sich ‚ seine Wächter ‘ ? Duhm, Marti u.a. versuchten durch die Lesart ‚ meine Wächter ‘, Budde und Haller mit ‚ meines Volkes Späher ‘, eine Beziehung zum Sprecher herzustellen. Penna setzt mit IQIs[a] Vulg צֹפָיו. Doch es hat der Red. ‚ seine Wächter ‘ bewußt in dieser Spannung belassen, um den in V. 8 erwähnten Begriff ‚ Israel ‘ negativ zu belasten. Denn auch die Korrektur Ehrlich's von עורים in הרעים — ‚ (seine Späher,) die Hirten ‘ — ist gekünstelt. Gegenüber den ‚ Hunden ‘ und ‚ Hirten ‘ fällt die kurze Apposition zu den ‚ Wächtern ‘ auf. Steht ‚ sie erkennen nicht ‘ absolut für sich, oder

---

[235] Vgl. A. Weiser, Das Buch des Propheten Jeremia, ATD, Teilbd. 20, 1961, 4. Aufl. Bei Jr wird in V. 10 vom Bild zur Sache übergegangen : ‚ Viele Hirten haben meinen Weinberg verwüstet ‘. Nach W. Kessler wollte durch die Übernahme dieses alten Prophetenwortes in Trjes gesagt werden : „ Es ist heute noch genau so wie vor 100 Jahren “, 29. Feldmann u.a. sehen in den ‚ Tieren ‘ die Heidenvölker dargestellt, welche über Israel herfallen sollen. Vgl. Lv 26,22 ; Dt 32,24 ; Hos 13,8 ; bes. aber Jr 12,9 ; Ez 24,5.8 ; 39,17.

[236] Im Anschluß an Ez 3,17 vgl. G. v. Rad, Theol. II : „ Die Betrauung mit dem Wächteramt sollte als ein Teil des Berufungsgeschehens verstanden werden “, 243f, Anm. 17. Dazu auch H. Graf Reventlow, Wächter über Israel, ZAWBeih 82 (1962) 133 : „ Es geht um die Proklamation des Gebotes Gottes, sie ist der Hintergrund, vor dem der Wächter seine Tätigkeit entfaltet ... Nicht Heil, sondern vielmehr das drohende Unheil, das auf die Übertreter des Gesetzes wartet, ruft den Wächter mit seiner warnenden Mahnung auf den Plan. ”. — Zu V. 10ff vgl. auch H. Kosmala, Form and Structure in Ancient Hebrew Poetry, VT 16 (1966) 152-180.

verlangt die Wendung ähnlich dem שבעה und הבין in V. 11a.b nicht auch ein solches Beziehungswort ? Aus BH ist ersichtlich, daß Gא AQ darin einen Mißstand sahen und die Stelle von V. 11a her zu לא ידעו הבין auffüllten. Auf eine Textauffüllung können wir jedoch erst zurückgreifen, wenn wir um die Funktion des Wächterbildes für unseren Zusammenhang Bescheid wissen. Die Wächter auf den Mauern einer Stadt, eines Palastes oder Tempels hatten jede fremde Annäherung zu erspähen und die Gemeinschaft vor dem herannahenden Unheil zu warnen. Seit Hosea haben auch die Propheten ihr Selbstverständnis vom Wächterbild her beschrieben. Hosea wird der , Wächter Ephraims ‘ genannt (Hos 9,8), ähnlich Jes 21,6 ; 52,8 ; Jr 6,17 ; Ez 3,17 ; 33,2.6.7 ; Ha 2,1. Bardtke interpretiert den Ruf des Spähere als , erweckende Kraft ‘, dem unbegreiflicherweise oft nicht Folgs geleistet wird (Jr 6,17) [237]. Er zeigt auf, wie sich das Bild des Spähers über Ezechiel zu Trjes hin wandelt zu einer „ Kritik an den Leitern des Volkes, Propheten, Priestern und ähnlichen. An dieser Stelle erscheinen die Späher als blind — können daher ihrer Aufgabe nicht nachkommen. Von ihnen kann also keine erweckende Kraft ausgehen “ [238]. Was bedeutet dann לא ידעו ? Erkennen sie Gott nicht (vgl. Ri 2,10) ? Oder ist sensitives Erkennen gemeint ? In Beziehung gesetzt zu den , Spähern ‘ wird es ein Verhalten ausdrücken, welches für das Bestehen und die Sicherheit der Gemeinschaft wesentliche Folgen nach sich ziehen kann.

Im AT wird ידע an mehreren Stellen zu Jahwe und seiner Lehre in Beziehung gesetzt. 2 Kg 17,26ff spricht von Leuten, , welche nicht um die Weise des Gottes im Lande wissen “ und die ein Priester , lehrte, wie sie den Herrn fürchten sollten ‘. Von denselben Priestern wird Ez 22,26 gesagt, daß sie das Gesetz , freventlich verkehren ‘ und zusammen mit den Propheten falschen Bescheid geben, indem sie , Friede ! Friede ! ‘ rufen, wo Gefahr droht (vgl. Jr 6,13f), so daß Jahwe eigene , Wächter ‘ über sein Volk bestellen muß (Jr 6,17). Ps 5,4 , späht ‘ der einzelne Beter aus und , harrt ‘, daß ihm ein Gottesspruch aus Priestermund erteilt wird [239]. Die Lehre Jahwes im spe-

---

[237] H. Bardtke, Der Erweckungsgedanke in der exilisch-nachexilischen Literatur des AT, ZAWBeih 77 (1958) bes. 19ff. Bei Ez ist der Späher „ nur für die treue Ausrichtung des Wortes verantwortlich, nicht aber für das Schicksal seiner Botschaft innerhalb des Lebens seiner Hörer. “ S. 20.

[238] 20. M. Haller, dachte beim Bildwort vom , Späher ‘ an Priester und Beamte, E. König an die , Volkspropheten ‘, die das Volk , seine Weisen ‘ nannte, F. Feldmann sah in ihnen die weltlichen Leiter des Volkes angesprochen.

[239] H. J. Kraus, Psalmen I, 39.

ziellen Fall einer Toraerteilung anzuwenden, wird mit דעת ausgedrückt. „Die das Gesetz treiben, achten mein nicht" (Jr 2,8) und: „Denn des Priesters Lippen sollen die Lehre bewahren, daß man aus seinem Munde das Gesetz suche..." (Ma 2,7f), führen an den Tatbestand heran. דעת meinte ursprünglich das spezifisch innerpriesterliche Berufswissen, das sich jedoch mehr auf die unpersönlichen kultischen Materialien (vgl P) bezog und in erster Linie nicht für die Öffentlichkeit bestimmt war, im Gegensatz zu jener Tora, in welcher ein Priester in sakralrechtlichen Fragen und solchen des Alltags Entscheidungen traf[240]. Nach Begrich[241] bezeichnete das ‚Wissen' auch den Bereich der Toraerteilung überhaupt (vgl. Hos 4,6). Wie beim vorigen Kapitel bereits vermerkt, wurde diese priesterliche Lehrtradition später, etwa durch den Restaurationsakt Esra's, zur allgemeinen Kenntnis gebracht[242].

Es scheint nun legitim, mit diesem Vorverständnis an 56,10a heranzugehen. Wenn ‚seine Späher' auf Propheten und Priester, kurz auf die Vorsteher des Volkes ‚Israel' (V. 8) Bezug nimmt, erweckt das absolut belassene oder gesetzte לא ידעו nachträglich den Eindruck, als ginge die falsche Toraerteilung, welche den Prophetenspruch 56,3-7 ausgelöst hatte, auf das Konto dieser ‚blinden Späher'. Um den formalen Befund als Unterstützung bereits hier anzuführen — der Stichos ist ein Punctualis der Vergangenheit und meint somit einen speziellen Fall, in dem die Betroffenen versagt und ihr ‚Wissen' partikularistisch mißbraucht haben. Anstelle der von Jahwe intendierten gemeinschaftsbezogenen Erweckung haben sie die Fragesteller in die Verzweiflung gestürzt. Was sie ‚alle nicht erkannt haben' ist, was gegenwärtig für den Bestand der Jahwegemeinde gottgewollt und nötig zu sagen gewesen wäre. So tritt Jahwe selbst als ‚Sammelnder' in Aktion. Wenn diese Überlegungen stimmen, wäre durch die Redaktion eine erste Deutung des Spruches gegeben.

V. 10b wird das ‚Stummsein' der Wachthunde als folgenschweres Pflichtversäumnis gewertet. Sind das überhaupt noch Wachhunde, welche eine Herde zusammenhalten können, wenn sie, wie V. 11a demonstrativ wiederholt, wie andere herumstreunende Hunde überall, nach Abfall suchend, herumwühlen?[243].

---

[240] Vgl. G. von RAD, Theol. I, 244f, Anm. 127, 128; — J. BEGRICH, Tora..., 85f.

[241] 86.

[242] 87, Anm. 2. Vgl. Esr 7,17.20.22.23.

[243] Es belastet den Bildrahmen, wenn KESSLER mit KÖHLER und KLOSTERMANN anstatt ‚Hunde' וְהַלְּבָאִים ‚Löwen' liest.

V. 11b.c deckt die Eigensüchtigkeit der ‚Hirten' auf. Als die Regierenden im Volk hätten sie dem Recht Gottes im Inneren des Volkes Raum verschaffen sollen, aber jeder ist nur auf das Seine bedacht [244]. Die lebensgierige Parole, mit welcher sich die Gleichgesinnten informieren (V. 12), veranschaulicht ihre verhärtete Haltung.

In 57,1 wird ein neuer Abschnitt über das Geschick des ‚Gerechten' eröffnet und als typisch für alle אנשי־חסד (V. 1b) hingestellt [245]. Ihr beklagenswertes Schicksal findet keinerlei Beachtung (V. 1a, 1b). Die erste Wendung: „Aber niemand nimmt es zu Herzen" (1aß), kehrt beinahe wörtlich V. 11 in einer direkten Jahwerede gegen solche Elemente wieder, welche auf ihn vergessen haben [246]. V. 2 wird von Abramowski als Glosse fallen gelassen. Meist entschließt man sich nur dazu, beide Vershälften aus inhaltlichen Gründen auszutauschen und mit Elliger den Pl. יבואו zu lesen.

Mit ‚Ihr aber' in V. 3 wechselt wohl die Zielrichtung des Spruches, nicht aber die Szene. Die Betroffenen waren wohl gaffende und spottende Zuseher bei der einleitenden Klage über das Dahinschwinden des Gerechten. Bedeutsamerweise werden diese Leute mit Namen belegt, welche die Sünden ihrer Vorfahren prägten. Die verwendeten Partizipien bringen ihre iterative und expansive Bedeutung mit. Zum Part. Poal עֹנְנָה -‚Zauberin' ist mit Feldmann nach einer Metathesis der Konsonanten ein Part. Piel מְנָאֶפֶת וְזֹנָה -‚Ehebrecherin und Hure' zu stellen. Ihr Treiben offenbart, daß sie gleichfalls in dieser jahwewidrigen Existenzweise verharren und daher mit Recht als echte ‚Nachkommen der Übertretung (vgl. 58,1; 59,12.20) und falscher Same' (vgl. Jes 2,6; Mi 5,11) anzusprechen sind (V. 4).

Es geht nicht an, mit Duhm, Cheyne, Marti und Volz V. 5 als Randglosse zu streichen. Vielmehr eröffnet er die Kette unleugbaren Beweismaterials. Die Phrase ‚unter...' begegnet seit Dt 12,2 als

---

[244] Früher stand ‚Hirte', ‚guter Hirte' dem König als Epitheton zu. Vgl. W. ZIMMERLI, Ezechiel, BK XIII, Neukirchen, 1963, 834ff. Man vgl. sein Zitat von L. DURR; es bringt einen Text, der auf einem Grenzstein gefunden wurde und von Merodachbaladan II handelt: „Dieser ist fürwahr der Hirte, der die Versprengten wieder sammelt!" Ein Ideenzusammenhang mit Jes 56,8 ist unverkennbar.

[245] Diese Formulierung findet sich bei Trjes nur an unserer Stelle. In 60,21 steht der Pl. צדקים. Zur echten Klage über das Dahinschwinden derer, die treu zu Jahwe halten, vgl. 1 Kg 19,10; Jr 5,1; Hos 4,1; Ps 12,2.

[246] In 57,7.8 beschreibt שׂמת gleichfalls die Initiative wider göttliches Handeln. Jes 47,7 charakterisiert dieses Wort das Verhalten Babels gegen Israel. Jr 12,9 ist das verwüstete Land das entsprechende Objekt.

Charakteristikum für sexuelle Kultbräuche und kultische Prostitution[247]. Das Bildwort in V. 6 will konstatieren und keineswegs „ den Angeklagten den Tod " ankündigen (Westermann). Der Vers spricht davon, was diese Leute tun und nicht, wie Jahwe an ihnen zu handeln gedenkt. V. 6c ist demselben Irrtum erlegen. Vom heute nicht mehr rekonstruierbaren Kult an den ‚ glatten Steinen im Bachbett ', wo man sein Opfer ausgießt (vgl. 66,3.20), über den Höhenkult (vgl. 65,7) bis zum hurerischen Treiben in den Häusern (V. 8) wird ihr gottwidriges Verhalten aufgedeckt[248]. Alle angeprangerten Vergehen werden durch מאתי (V. 8b) zu Jahwe in Beziehung gesetzt, welcher als Sprecher zu erkennen ist, und sie werden als Untreue gegen Gott entlarvt. Sie greifen in ihren götzendienerischen Bemühungen über die Ortskulte hinaus, und doch hat die Vergeblichkeit ihrer Anstrengungen und die Erfahrung, bei allem gottwidrigen Suchen ständig auf sich selbst zurückgeworfen zu werden, sie nicht umzustimmen vermocht[249]. Sie haben das Schweigen Jahwes falsch ausgelegt ; sich zu weiterer Frivolität ermuntert gefühlt (V. 11).

V. 12f beschreibt Gott in seinem künftigen Handeln. Was echte ‚ Gerechtigkeit ' wirklich ist, hängt nicht vom Urteil des Menschen ab, kann vielmehr nur von Jahwe her durchschaut und aufgedeckt werden[250]. Nicht umsonst hat dieser Begriff für den Buchanfang

---

[247] Vgl. 2 Kg 16,4 ; 17,10 ; Jes 1,29 ; Jr 2,20 ; 3,6.13 ; 17,2 ; Ez 6,13 ; Hos 4,13 ; 2C 28,4. Näheres zur Thematik bei Th. CHARY, 100-104. — M. WEISE, Jesaja 57,5f, ZAW 72 (1960) 25-32, hat den Schwierigkeiten von 57,5f mittels eines angenommenen Chiasmus zu begegnen versucht. Hier deutet er נחל als ‚ Kluft, Höhle '. Seiner Deutung der Präpositionen hat J. C. GREENFIELD, The Prepositions B... Tahat in Jes 57,5, ZAW 73 (1961) 226-228 die Verwendung : ‚ Bei..., unter... ' als koordinierte Präpositionen in zwei parallelen Halbversen entgegengehalten.

[248] Zu V. 6 vgl. W. H. IRWIN, „ The Smooth Stones of the Wady " ? Isaiah 57,6, CBQ 29 (1967) 31-40. Er unterzieht 57,3-21 einem Vergleich mit Ras-Schamra-Texten. חלק sei ugar. hlq III ‚ die, perish '. Sein Textvorschlag : ‚ bei den Toten des Tales ist dein Teil '. Es sei Brauch gewesen, deren Hunger und Durst durch Speise und Getränk zu stillen. Unter der Formulierung in V. 8a hätte man nach EHRLICH die rote Fahne an der Wohnung der Buhle als Zeichen ihres Gewerbes zu verstehen. Zur Textklärung von 57,8-10 vgl. bes. G. J. DRIVER, Isaianic Problems, Festschr. für W. Eilers, Vlg. O. Harrassowitz, Wiesbaden 1967, 43-57, bes. 51-55.

[249] Zur Chiffre ‚ König ' für die Gottheiten siehe Jes 8,21 ; Am 5,26 ; Ze 1,5. Zum Verständnis von V. 9b ziehe 63,9 bei. Nach P. WERNBERG-MØLLER, Two Notes, VT VIII (1958) 305-308 kommt תְּשֻׁרִי nicht von שׁוּר, sondern von שָׂרָה und bedeutet nicht ‚ reisen ', sondern ‚ reichlich verwenden '.

[250] Die Korrektur von EHRLICH, צִדְקָתֵךְ für deine Gerechtigkeit in den Text zu setzen, geht am Sinn des Spruches vorbei.

ein programmatisches Stichwort abgegeben (vgl. 56,1a). Das erste Wort aus V. 13 ist sinngemäß mit dem Schluß von V. 12 zu verbinden. Die Wendung meint dann wohl kaum die künftige Reaktion der Betroffenen, sondern deren gegenwärtiges Wehgeschrei auf Grund des verkündigten Gottesspruches. Ihr Geschrei ist nutzlos, und jede Zuflucht bei den ‚Haufen' und deren Rettungsversuche werden sich als aussichtslos erweisen[251]. V. 13b beschließt, in die 3. Pers. Sing. übergehend, mit einem Gerichtsbildwort vom ‚Spreu im Wind' (vgl. Jes 41,15f) die Rede über das künftige Geschick ‚all dieser' meint vielleicht vordergründig die ‚Götzenhaufen', aber mit deren Geschick verquickt auch das Unheil derer, welche auf jene ihre Hoffnung gesetzt hatten.

Was aber erwartet solche, die sich wie die ‚Gerechten' der Verse 1f an Jahwe halten? Unter der Bedingung, daß einer ‚zu mir Zuflucht nimmt'[252], werden ihm als künftige Heilsgüter das ‚Erbe des Landes'[253] und der ‚Besitz meines heiligen Berges'[254] in Aussicht gestellt. Jahwes Wort hat somit letzlich nicht das Unheil des Menschen, sondern das Heil und die erfüllte Hoffnung des bundestreuen Anhängers im Sinn. Dieses betrauernswerte Land soll durch Gottes Eingreifen wieder zum Heilsraum seines Wirkens werden.

2. Formanalyse.

Die Einheit 56,9-12 wird mittels eines Imperativsatzes, der beinahe wörtlich aus Jr 12,9 übernommen wurde, eröffnet. V. 10a enthält einen NS, welcher die Blindheit der Wächter als Zustand verdeutlicht, dazu einen asynd. Relativsatz, dessen Suffixkonj. einen einmaligen Tatbestand in der Vergangenheit im Auge hat. Ihr ‚Nichterkennen' meint ein spezielles Versagen. Sonst hätte man parallel zu V, 10b, wo das ‚Stummsein' der Hunde durch einen Satz im Actualis ‚sie vermögen nicht zu bellen' gedehnt ist, entsprechend der Aussage vom Blindsein etwa die Fortführung ‚sie können nicht sehen' erwarten

---

[251] Die Bedeutung von קִבּוּצַיִךְ ist zwar ungeklärt, aber eventuell als verächtlicher Ausdruck für die Götter zu verstehen, man vgl. DRIVER, JThSt (1935) 294, Anm. 6. Keinesfalls geht es an, mit EHRLICH יַצִּילֻךְ קִבּוּצַיִךְ als „albeme Variante" zur vorausgehenden Phrase zu streichen.

[252] Mit Ps 125,1 sind es solche, die die Hoffnung ihres Lebens ganz auf Jahwe setzen.

[253] Zur Phrase ‚Das Land besitzen und erben' vgl. außer Jes 60,21 und 65,9 noch Ez 36,12 ; 37,25.

[254] Zu ‚mein heiliger Berg' vgl. Jes 56,7 und 65,9.

können. Das Pflichtversäumnis der ‚Wachthunde' wird in zwei Partizipialkonstruktionen V. 10c belegt und in V. 11a durch eine neue Nuance mittels eines NS und eines asynd. Relativsatzes erweitert. והמה leitet V. 11b auf ein neues Subjekt über. Allerdings ist hier der Verbesserungsvorschlag der BH[a-a] - ‚und auch die Hirten' erwägenswert. Was über sie auszusagen ist, wird nochmals asyndetisch gekoppelt und zusammen mit V. 11c je in Form einer Einmaligkeit in der Vergangenheit belegt. Zwei Präfixkonj. an erster Stelle bringen in V. 12a die Rede auf ein künftiges Ereignis, insofern der zitierte Sprecher seine Kumpane durch den Impt. ‚kommt' zu einer Saufpartie auffordert. V. 12b erweist, wie verhärtet die Gesinnung dieser Leute ist. Eine Suffixkonj. an erster Stelle und eine angefügte nominale Konstruktion eröffnen, daß sie gar nicht daran denken, von ihrem Treiben zu lassen.

Jes 57,1-13 wird von Suffixkonj. eingeleitet. Determiniertes הצדיק und die Stellung x-qatal verweisen darauf, daß der Sprecher vom konkreten Geschick eines ‚Gerechten' ausgeht. Diese Einzelerfahrung wird V. 1b in partizipialer Konstruktion mit folgendem asynd. Substantivsatz symptomatisch auf alle ‚Frommen' ausgeweitet[255]. Nach bekräftigendem כי holt ein x-qatal-Satz in V. 1c den Hinweis nach, daß die Situation des Gerechten durch menschliche ‚Bosheit' verursacht worden sei. In V. 2 erhält das Partizipium am Ende des Satzes seine Zeitbestimmung von den vorausgehenden Präfixkonj. an erster Stelle, welche im Sinne eines einmaligen Geschehens in der Vergangenheit zu verstehen sind[256].

Adversatives ו und der Übergang in die direkte Anrede geben dem Spruch in V. 3 eine Wende hin zu den Frevlern. Ein Impt. fordert sie zum Nähertreten auf. Was sie von ihrer Herkunft her sind, haben sie in ihrem Wesen und Tun beibehalten. Zwei mit על־מי eingeleitete Fragesätze, in denen eine Präfixkonj. im Hithpael und zwei im Hifil jeweils an zweiter Stelle Verwendung finden, greifen ihr Verhalten in der Gegenwart an (V. 4a.b). Die Partikel ה formt aus dem NS V. 4c die rhetorische Frage, ob diese Leute nicht von ihrer Grundbefindlichkeit her unleugbar als echte Nachkommen des Frevels und der Lüge entlarvt würden.

---

[255] Mit באין מבין steht die Reaktion auf das Schicksal der Frommen in einem asynd. untergeordneten Substantivsatz nach einer alten Präposition. Meist werden jedoch diese Präp., von denen volle Sätze abhängig sind, durch Infinitive vertreten. Vgl. C. BROCKELMANN, Hebräische Syntax, 1956, § 145a.

[256] „Der Gerechte ‚ging in Frieden ein'" — Akk. als Richtungskasus. Vgl. Jes 50,10; 60,14. Dazu BROCKELMANN, § 89.

Die Partizipien in V. 5, der NS in V. 6a, und die Ḫamṭu-Sätze bis V. 8 zählen ein Tatsachenmaterial auf, welches durch die Erfahrung der Vergangenheit und Gegenwart belegt ist und eine drückende Beweislast gegen die oben Genannten darstellt. In dieser Aufzählung fällt formal V. 6c durch seine x-yiqtol-Stellung auf und rechtfertigt seine Ausscheidung als Glosse, insofern die auf eine anhaltende Verhaltensweise Jahwes sich beziehende Frage den Fortgang der Rede stört. In den Versen 8b-9 scheint eine Reihe von Imperf. cons. auf. Vom Standpunkt des Sprechers aus gesehen werden die Einzelvergehen als Präterita wiedergegeben. Bloß die Wendung ‚ du liebtest ihr Lager ‘ wird durch eine Suffixkonj. an erster Stelle als Dauer in der Vergangenheit interpretiert (V. 8c). Mit vier weiteren Suffixkonj. wird V. 10 das Erfahrungsmaterial vervollständigt. Dieses Hilfesuchen bei anderen Gottheiten erwies sich zwar als ‚ aussichtslos ‘, hielt sie jedoch nicht ab, in dieser Art weiter den Bundesgott zu mißachten. Zwei Fragen gehen dem tieferen Grund ihrer Treulosigkeit nach (V. 11). V. 11c, eingeleitet mit הֲ, hält ihnen Jahwe in einem NS vor, sie hätten den Umstand, daß Gott schwieg und sich still verhielt [257], falsch als Ermunterung und Bestätigung ihrer Bestrebungen ausgelegt: ‚ Darum hast du mich nicht gefürchtet ! ‘ (V. 11c). Diese kurze Formel in der Stellung x-yiqtol ist die Zusammenfassung aller Einzelhandlungen als Ausfluß einer verkehrten Dauerhaltung. In prägnanter Formulierung ist damit ausgesagt, daß ‚ Gott nicht fürchten ‘ soviel heißt wie die Beziehungen zu ihm abbrechen. Im Ohr des hebräischen Zuhörers kommt mit der Wendung ואותי לא תיראי noch etwas zum Klingen. Er wird an die Einleitung und den Kern eines Heilsorakels erinnert: ‚ Fürchte dich nicht ! ‘ [258]. Hierin wird einem klagenden Beter die Zuwendung und Erhörung Jahwes zugesagt und seine Existenzangst durch die Wendung der Not von Gott her aufgehoben. Es wird nicht von zu weit hergeholt sein zu meinen, daß in V. 11c eine Grundhaltung aufgedeckt wird, welche glaubt, im Existenzkampf ohne Gott, dafür von den selbstgewählten Götzen gehalten, heil und furchtlos bestehen zu können.

Das göttliche ‚ Ich ‘ aber deckt ihre ‚ Gerechtigkeit ‘ und ‚ Machwerke ‘ auf (V. 12a). Die Präfixkonj. an zweiter Stelle hat aktuellen Sinn. Durch die Verkündigung des Gottesspruches wird in der Gegenwart eine neue Realität geschaffen. Was als Macht und Zuflucht,

---

[257] Zu מחשה vgl. Jes 62,1.6 ; 64,11 65,6.

[258] Vgl. Cl. WESTERMANN, TheolBü 24, 117ff.

stichhaltige Selbstrechtfertigung und Heilsgarantie erschien, wird durch das göttliche Urteil als Ohnmacht und Lächerlichkeit entlarvt. Ihr Wehgeschrei, das sie jetzt erheben (x-yiqtol), offenbart ihre Hilflosigkeit und Lächerlichkeit (12b). Die Präfixkonj. an zweiter Stelle erläutern, daß das göttliche Gerichtswort sie und ihre ‚ Götzenhaufen ‘ überrennen wird (V. 13a.b).

In V. 13c wird in zwei asynd. Relativsätzen, in der Stellung yiqtol-x, in offenbarer Antithese zu V. 11c dem eine heilvolle Zukunft verheißen, ‚ der zu mir Zuflucht nimmt ‘. Mit diesem Heilsaspekt schließt der Spruch.

3. Gattungsanalyse.

Zur Gattungsbestimmung liegen mehrere Befunde vor. Im Kommentar von Fohrer wird der Abschnitt 56,9 – 57,13 ‚ eine prophetische Liturgie ‘ genannt [259] und darin 56,9-12 mit Elliger als Droh- und Scheltrede überschrieben. Der Sprecher ist Jahwe. Nach Elliger stimmt in 57,1f der Prophet ein ‚ Leichenlied ‘ an und läßt in V. 3-13 eine Droh- und Scheltrede Jahwes in Form eines ‚ Streitgespräches ‘ oder einer ‚ Gerichtsrede ‘ folgen [260]. Für Fohrer ist V. 3-13 eine ‚ prophetische Gerichtsrede ‘, im einzelnen „ die Vorladung vor Gericht durch den Propheten als Gerichtsdiener (v. 3-4), die Anklagerede (v. 5-11) und das Urteil (v. 12-13) “ [261]. Westermann's Gattungsanalyse ergibt drei eigenständige prophetische Gerichtsworte in 56,9-12 ; 57,3-6 und 57,7-13a ; deren Rahmung übernehmen die ‚ Psalmverse ‘ 57,1f und 13b.

Unsere literarkritische Untersuchung kam zum Ergebnis, in 56,9-12 und 57,1-13 zwei ursprünglich selbständige Einheiten vorgegeben zu haben. Der erste Spruch zeigt die Strukturen der Gerichtsankündigung. V. 9 kann man interpretieren als Aufforderung an die Tiere in Feld und Wald, als Gerichtshelfer über die untreuen Führer der Herde einzubrechen, oder noch besser, nach vollzogenem Gericht über deren Leichen herzufallen. Was Elliger ‚ Scheltrede ‘ nennt, ist in der 3. Pers. gehalten und entspricht einer Anklagerede vor Gericht [262]. Hier

---

[259] 190. Dieselbe Definition gibt O. Kaiser, RGG, 3. Aufl., Sp. 610.

[260] O. Eissfeldt, Einleitung 462f, zählt unter die ‚ Klage ‘ 57,1-6, unter ‚ Schelt- und Drohrede ‘ V. 7-13.

[261] 196.

[262] E. Würthwein, Der Ursprung der prophetischen Gerichtsrede, ZThK 49 (1952) 1-16, stellt sich in der Beurteilung der Scheltrede gegen Gunkel :

entfaltet und begründet sie die Gerichtsankündigung gegen ‚ seine Wächter ', die ‚ Hunde ' und ‚ Hirten ' und beschließt sie in V. 12 mit dem typischen Element der Anklageentfaltung, mit einem Zitat [263]. Mit einem solchen Zitat nimmt der Prophet die Werte des Gegners auf und läßt ihn gleichsam selbst Anklage erheben [264]. Hier charakterisiert das ‚ Trinklied ' die Grundhaltung der hemmungslosen Führerschichten, bei denen kein Gesinnungswandel mehr zu erwarten ist [265].

Der Spruch 57,1-13 ist aus mehreren Elementen zusammengesetzt, welche auf spezielle Umstände der Verkündigung schließen lassen. Die einleitende Klage in V. 1f ist formal ein punctualis in der Vergangenheit und betrifft das Schicksal eines bestimmten ‚ Gerechten ' [266]. Es ist kein Musterbeispiel eines ‚ Leichenklageliedes '. Man vermißt den charakteristischen Einleitungsruf איכה - ‚ Ach wie ' (vgl. Jes 1,21-28) bzw. איך (Th 1,1 ; Jes 14,4-21). Es fehlt die typische Gegenüberstellung des jetzigen Elends, des bejammernswerten Verfalls des Toten mit seinen edlen Eigenschaften und Vorzügen und seiner ruhmreichen Vergangenheit [267]. Das Schicksal dieses ‚ Gerechten ' wird dem

---

„ Der Übergang von der Gerichtsrede zur Scheltrede ist so fließend, daß für letztere weithin ebenfalls gelten wird, was für erstere behauptet wurde... Man wird zum mindesten erwägen müssen, ob sie nicht geradezu aus der kultischen Gerichtsrede der Propheten erwachsen ist. " GUNKEL hatte in der Gerichtsrede nur eine wirkungsvolle Einkleidung der Scheltrede gesehen. Vgl. die Schriften des A. T. in Auswahl II, 2, 1923, 2. Aufl., LXIII. H. SCHMIDT spricht von unserer Redeform darin als ‚ Anklagerede ' ; vgl. 47. — Zur Gattungsbezeichnung ‚ Scheltrede ' bzw. ‚ Anklagerede ' vgl. Cl. WESTERMANN, Grundformen..., 48f, und dazu Kl. KOCH, 219f. — Weiters J. BEGRICH, Studien zu Deuterojesaja, Theol. Bü 20 (1963) 39. — H. J. BOECKER, Redeformen des israelitischen Rechtslebens, Diss. Bonn, 1959, 79ff.

[263] Cl. WESTERMANN, Grundformen : „ Der feste Ort des Zitats im Prophetenspruch ist die Entfaltung der Anklage ", 43.

[264] Vgl. H. W. WOLFF, Das Zitat im Prophetenspruch, München, 1937 : „ Mit der Zitation läßt der Prophet den Angeschuldigten gleichsam selbst Anklage erheben ", 69. „ Im Zitat wird das Wort des Menschen als Schuld vor Gott bloßgelegt ! " 93. Zitiert nach Cl. WESTERMANN, Grundformen, 43.

[265] Vgl. Jes 5,11-13 ; 21,5 ; 22,13 ; Am 4,1-3 ; 6,4-6 ; zu Wsh 2,1-10 vgl. Ko 9,1-10. Lit. zum ‚ Trinklied ' vgl. O. EISSFELDT, Einleitung, 118f.

[266] K. ELLIGER, Einheit, verkennt die Stelle, wenn er annimmt, der Prophet habe „ im voraus die Klage über das Dahinschwinden des Gerechten " angestimmt ; 10.

[267] Zur Gattung ‚ Leichenlied ' vgl. : H. JAHNOW, Das hebräische Leichenlied im Rahmen der Völkerdichtung, ZAWBeih 36 (1923) ; — J. HEMPEL, Die althebräische Literatur 1930, 27-29 ; — P. HEINISCH, Die Totenklage im AT, BZfr. F 13, H 9/10 (1931) 64-82 ; — H. GUNKEL – J. BEGRICH, Einleitung...,

Sprecher zum Typos und Symptom für alle ‚ Frommen ‘. Durch die spätere Koppelung mit 56,9-12 entsteht außerdem der Eindruck und das Argument, die eigensüchtige Führerschaft und boshafte und gottlose Umgebung, welche das Dahinschwinden der Gerechten wie den Anspruch Jahwes auf ausschließliche Verehrung genausowenig ‚ zu Herzen nimmt ‘ (V. 1.11) und bedenkt, trage die Schuld an diesen Umständen.

Die leidige Klagesituation aber wendet sich mit V. 3 schlagartig zu einer Anklagesituation. Sprecher und Zuhörer konstituieren plötzlich zusammen das Forum eines Gerichtes. Der Sprecher redet nicht mehr aus eigenem Anliegen, sondern es meldet sich die Autorität Jahwes selbst zu Wort. Mit ואתם und einem Impt. wendet er sich an die gaffenden und spottenden Zuschauer und fordert sie offensichtlich auf, zu einem Feststellungsverfahren heranzutreten (vgl. Jes 41,1ff ; 45,20 ; 48,16). Aber es hat nur den Anschein, als ob Jahwe sie als Rechtspartner vor die Schranken des Gerichtes beordere, um mit ihnen einen Rechtsstreit zu führen. Der Ton der Anrede klärt von vorneherein, daß es hier gar nicht erst um die Erstellung eines Tatbestandes geht ; daß es gar nicht erst zu einer Diskussion mit der anderen Seite kommen wird. In direkter Rede wendet sich Jahwe in der Funktion eines Richters an die Betroffenen. Was er zu sagen hat, läßt keinen Einspruch mehr zu ; er fällt bereits das Urteil (V. 3-11). Die Bezeichnungen ‚ Hexensöhne ‘, ‚ Nachkommen von Ehebrecher und Dirne ‘ und ‚ Kinder des Frevels und Söhne der Lüge ‘ werden im Munde Jahwes zum Ausgangspunkt eines Urteils, zu dem die Verse 5-11 als Begründung das Beschuldigungsmaterial beistellen. Die rhetorischen Fragen in V. 4 geben die Situation wieder, in welcher die Betroffenen sich befinden. In Selbstüberhebung ergehen sie sich mit Zynismus und Spott über die Ohnmacht der ‚ Gerechten ‘ ; derer, die sich an Jahwe halten. Was kann man schon anderes von ihm erhoffen (vgl. V. 11) ? Zweifel an Jahwes Geschichtsmächtigkeit und Bundestreue verbinden sich mit den Bestrebungen, bei den Götzen sich abzusichern ; diese Haltung wird nun mit dem Urteil Jahwes in ihrer Brüchigkeit aufgedeckt [268]. V. 12a ist als Urteilsfolgebestimmung zu

121, § 4, Nr. 13, 136ff ; — A. Lods, Histoire, 59-64 ; — H. J. Kraus, Klagelieder (Threni), BK XX, Neukirchen, 1960, 2. Aufl., 8ff ; — Cl. Westermann, Grundformen, 145f ; — O. Eissfeldt, Einleitung.., 122-131. Ganz im Stil der Totenklage fehlt jede Nennung des Jahwenamens.

[268] Cl. Westermann, gliedert die „ Gerichtsrede “ 57,3-6 in V. 3 = Vorforderung, V. 4-5 = Beschuldigungen, V. 6a = Strafankündigung, V. 6b „ trägt noch eine Beschuldigung nach “. V. 7-11 gelten ihm als Anklage mit angeschlossener Gerichtsankündigung, vgl. 256ff.

werten[269]. Damit ist das Unheil für die Betroffenen besiegelt. Ihre Reaktion ist ein nutzloses Wehgeschrei (V. 12b). Auch ihre Rettungsversuche bei den Götzen werden ohne Erfolg bleiben (V. 13a). Die Folge von Jahwes Eingreifen wird sein, daß sie samt ihren ‚Machwerken' wie Spreu im Wind verweht und im Gericht untergehen werden. Dieser V. 13b ist in der 3. Pers. gehalten.

Die Bundesbrüchigkeit dieser Leute hat Jahwes Gerichtswort heraufbeschworen. Sein Eingreifen deckt den Menschen auf, sagt aber zugleich Wesentliches über Jahwe selbst. Er löst den Fluch ein, der auf dem Bundesbruch stand, er stellt aber auch seine eigene Bundestreue und seine Treue zu seinem einmal gegebenen Verheißungswort unter Beweis. Es mag eine spätere theologische Überlegung zugrunde liegen, ändert aber nichts an der Ursprünglichkeit des Verses, daß die Verkündigungseinheit in V. 13c durch eine bedingte Verheißung ihren Abschluß findet. Der ganze Ton des Stückes geht auf Scheidung und Entscheidung; zielt auf ein treues Bundesvolk, das in den Besitz des verheißenen Landes und ‚heiligen Berges' kommen soll[270].

Jes 56,9-12 ist kaum ein kultischer ‚Sitz im Leben' zuzuordnen. Derartige Anklagen passen besser in einen öffentlichen Lebensbereich, etwa in das Bild bewegten Treibens am Tor der Stadt, wo sich im Bedarfsfall eine Rechtsgemeinde formieren konnte, und wo es konkreten Anlaß gab, gewinnsüchtige Manipulationen, verantwortungslose Rechtsverdrehungen und Übervorteilungen der Kleinen an den oberen Schichten des Volkes anzuklagen[271].

Die Situation, aus welcher 57,1-13 entstammt, war offensichtlich durch den Unglücksfall bzw. durch Bosheit verursachten Tod eines

---

[269] Vgl. H. J. BOECKER, 151-162; — Cl. WESTERMANN, Grundformen, 120ff; — H. E. von WALDOW, Der traditionsgeschichtliche Hintergrund der prophetischen Gerichtsreden, ZAWBeih 85 (1963) 8f.

[270] זעק meint nicht Protestgeschrei, sondern umschreibt den Ruf nach dem Retter; vgl. Jes 14,3; 15,4; 26,17 (Ruf einer Schwangeren); 30,19 (zu Jahwe rufen); Jr 11,11 (vergeblich zu Jahwe um Hilfe flehen). — Zu Erweiterungen von Unheilssprüchen durch Verheißungen vgl. Ez 16,23b-52.53-55; 16, 56-58 und 59-63. Allerdings findet sich hier die Form der sicheren Zukunft innerhalb einer Heilsankündigung.

[271] Wenn der durch einen redaktionellen Eingriff verstümmelte V. 10 (vgl. Formgeschichte) den Eindruck hervorrufen möchte, derselbe falsche priesterliche (bzw. prophetische) Torabescheid am Eingang des Heiligtums habe Jes 56,3-7 als auch 56,9-12 als Reaktion nach sich gezogen, so ist dies ein sekundärer Befund.

‚Gerechten' heraufbeschworen worden. An der Klage des Propheten über das ähnliche Schicksal aller ‚Frommen' entzündet sich das Gerichtswort gegen die gaffende und über Gottes Ohnmacht spottende Menge, welche sich (vielleicht am Grab) eingefunden hat. Von einem bereits wiedererbauten Heiligtum und einer offiziellen Kultpraxis ist nicht die Rede. Doch ist die Tatsache des Verschweigens noch kein zwingender Grund für eine bestimmte Zeitansetzung. Die Vermutungen konzentrieren sich auf Zeitverhältnisse vor bzw. um 520 v. Chr.; derartige religiöse Abwegigkeiten waren keine ausschließlich vorexilische Angelegenheit. Wenn Westermann zu 56,9-12 zu bedenken gibt, daß diesem Wort gegenüber Ez 34,1-10 eine zerdehnte Form und daher jüngeren Charakter aufweise, und 56,9ff daher vorexilisch sein müsse, dann müssen wir auf die Absicht dieser beiden Sprüche 56,9ff und 57,1ff verweisen. In bewußter formaler und inhaltlicher Anlehnung an altes Spruchgut sollte verdeutlicht werden, daß die Umwelt kontinuierlich in den Vätersünden verharrt und über das Exil hinaus ein die Gemeinde läuterndes und scheidendes Gericht Jahwes sich anbahnt; jeder Bundesbruch zieht den Fluch auf sich. Aber Gott sinnt nicht ausschließlich auf strafende Gerechtigkeit, sondern zugleich auf die Einlösung seiner Heilsverheißungen an das auserwählte Volk. Durch den Abfall gewisser Schichten wird nicht auch sein Heilsplan vereitelt. V. 13c hat die Funktion eines Erweckungswortes; Jahwe wird in diesem darniederliegenden Land einen neuen Heilsraum für sein Handeln schaffen.

Jesaia 57,14-21

1. Literarkritik.

Die red. Überleitungsformel ואמר beabsichtigt den Eindruck hervorzurufen, als sei im Anschluß an V. 13 Jahwe noch immer am Reden [272]. Stilistische und formale Eigenheiten weisen jedoch V. 14ff einer neuen Einheit zu. Gegenüber 57,1ff fällt ein breiteres Metrum auf; vorwiegend werden Doppeldreier verwendet. V. 13c sprach von konkreten Heilsgütern, die V. 14ff haben den ersehnten Heilszustand im Blick. Jahwe ist nicht mehr von der Entmachtung der Götzen in

[272] Bereits K. Marti, 370, erachtete die Formel als von 40,6 her beeinflußt hier eingesetzt. Es ist also belanglos, ob einer mit der Vulg. die 1. Pers. Sing., oder mit G die 3. Pers. Pl. liest.

Anspruch genommen. Aus seiner Weltüberlegenheit heraus widmet er sich denen, die ‚demütigen Geistes' und ‚zerschlagenen Herzens' sind[273]. Nicht die Klage über die Übermacht der heidnischen Götter und der von ihnen beherrschten Völker treibt die Menschen zu Gott, sondern das Vertrauen auf den ‚Heiligen', den in der ‚Höhe Thronenden' (vgl. 58,4; 66,1ff)[274]. Man fühlt sich an das zentrale dtjes Thema von der Schöpfertätigkeit Gottes erinnert[275], wie überhaupt gehäufte dtjes Anklänge ein Charakteristikum unseres Abschnittes sind. Gleich die einleitenden Imperative nehmen Jes 40,3 auf, biegen die Aussage aber ins Bildliche und Geistige um. Die Aufforderung zielt nicht mehr auf die Bereitung eines Weges für Jahwe, der an der Spitze seines Volkes durch die Wüste heimzieht, sondern hat religiöse Bedeutung; Hindernisse sollten entfernt und ein Weg für das Volk gebahnt werden, um für den Anbruch des Heiles bereitet zu sein. Der Standort des Sprechers ist ein anderer als der von 40,3. Die stilisierte Jahwerede ergeht in paränetischer Absicht: die Kraft, in der Gegenwart durchzuhalten, wird von der Hoffnung auf die nahe Heilswende gespeist. An Dtjes erinnern weiters die Gottesprädikate in V. 15a; in Trjes ist die Botenformel sonst kaum so umfangreich in dtjes Manier erweitert[276].

Jes 57,14ff ist ein eigenständiges Stück. Die Anklänge an Dtjes werden durch bedeutsamere Unterschiede überboten. Zimmerli ging den oben angedeuteten Umdeutungen dtjes Wortgutes im einzelnen nach[277]. Westermann folgte der Traditionslinie zu Ps 113 hin und vermerkte daraufhin in V. 15b.c als charakteristischen Stilunterschied zu Dtjes eine „Erweiterung in der Sprache der Lobpsalmen"[278]. Zweifelhaft wird sein Vorgehen allerdings, wenn er den Schluß von V. 15b glättet, indem er ihn durch Ergänzung von אדאה an Ps 113,5.6.8 angleicht. Die Epitheta und Prädikate, welche Jahwe beigelegt wer-

---

[273] Vgl. G. von RAD, Theol. I, 399 zu den ‚Demütigen' und ‚Armen'.

[274] Zum Traditionszusammenhang vgl. Jes 6; 40,3ff; Ez und Ps 113. Dazu Cl. WESTERMANN, 262.

[275] In seinen textkritischen Bemerkungen zu Jes 57,14-21; 60–62 bemühte sich W. W. CANNON, Isaiah 57,14-21. CC. 60–62, ZAW 52 (1934) 75-77, gegen K. ELLIGER zu erweisen, wegen der großen Ähnlichkeit mit Dtjes besitze die Herleitung dieser Verse von Dtjes den Grad der größeren Wahrscheinlichkeit.

[276] Vgl. zu den gedoppelten Imperativen Jes 40,3; 51,9.17; 52,1. E. KÖNIG, nennt diese literarische Eigenart eine ‚Epizeuxis', eine rhetorische Figur, „die zur Verstärkung des Eindruckes dienen soll." z. St.

[277] Vgl. P. VOLZ z. St. und W. ZIMMERLI, 67.

[278] 262.

den, erweisen, wie sehr der Sprecher in den Kategorien des Bundes verwurzelt ist; in der Zuwendung des erhabenen und heiligen Gottes, der für sich die alleinige Verehrung beansprucht, in seiner heilenden Nähe erfährt der sündige Bundespartner Vergebung und Neuschöpfung. Er kommt aus dem Erlebnis des gemeinschaftsstiftenden Bundes wiederum zum Bekenntnis der Heiligkeit seines Bundesgottes Jahwe [279].

Entsprechend seinem Wesen gedenkt nun Jahwe auch zu handeln, folgert die eigentliche Gottesbotschaft V. 16ff [280]. V. 17 sieht retrospektiv auf die Schuld des Volkes als dem auslösenden Motiv des göttlichen Zornes. Punktiere וְאַכֵּהוּ, und lies וְקָצֹף als Inf. abs. Eine spätere Zeit meinte wohl in der ‚Sünde des Wuchers‘ bzw. der ‚Habgier‘ die Auslöseursache des im Exil erfahrenen göttlichen Gerichtes wiedererkennen zu können. Deshalb die verderbte Lesart, die entsprechend G (vgl. BH) ursprünglich „Ich zürnte ‚kurze Zeit‘ wegen seiner Sünde“ gelautet haben wird [281].

V. 18 expliziert, daß der Wendepunkt für die heilvolle Zukunft nicht durch irgendeine Tat des Volkes, sondern ausschließlich in der Zuwendung des barmherzigen Gottes gesetzt werden wird. Die demütige Haltung des Menschen ist die Grundvoraussetzung für die Teilnahme an diesem Heilszustand.

---

[279] ו in ואת ist adversativ, die Partikel את eine Präposition und nicht nota acc. רם als Epitheton für Jahwe nur noch Ps 99,2; 113,4; 138,6. Th. C. Vriezen, Theologie des Alten Testaments in Grundzügen, 1956: „Die atl. Predigt Gottes ist im echten Sinn des Wortes dialektisch. Das Wort von Gottes Heiligkeit ist ganz und gar auf den Gott des Bundes, der Gemeinschaft, bezogen. Aus der Gemeinschaft Gottes heraus wird seine Heiligkeit im Vollsinn erkannt (Ex 33 Ende), und umgekehrt erschließt sich aus der Begegnung mit seiner unbedingten Heiligkeit das tiefe, den Menschen überwältigende, ihn, den Sünder, neu schaffende Wesen der Gemeinschaft, die Gott mit ihm sucht und durchhält (Jes. 6). So sind z.B. auch Jes 57,15 und Ps 51, zu verstehen. Deshalb kann allein Israel, das von dem Bundesgott weiß, die Heiligkeit Gottes recht bekennen.“ 51, Anm. 2, Es bleibt zu fragen, ob in V. 15b ‚wohnen‘ nicht eine Ortsangabe verlangt und so anstatt der üblichen Lesart ‚als Heiliger‘ ursprünglich nicht doch ‚im Heiligtum‘ zu lesen war, was eine zeitliche Festlegung des Spruches erlauben würde. Vgl. W. Zimmerli, 74.

[280] Zu V. 16f vgl. Jes 47,6; 54,7f; 60,10; 64,4.

[281] Zu הכה vgl. Jes 58,4; 60,10; 66,3. Zur Textkorrektur in V. 17 vgl. Odeberg, 106. A. Rubinstein, VT IV (1954) 200, versteht die Stelle als: „Abtrünnig ging er auf dem Weg seines Willens“. Vgl. zu V. 17a R. Bergmeier, Das Streben nach Gewinn des Volkes, ZAW 81 (1969) 93-97. Zu 57,17 und 64,4-6 M. Wittenberg, Gotteszorn und Menschensünde in alttestamentlicher Sicht, EvLuthKiZ 15 (1961) 250-255.

V. 19a beschreibt in Antithese zur gegenwärtigen Situation, wie sich der verheißene Situationswechsel konkret bemerkbar machen wird: „Solchen, die jetzt trauern, werde ich ‚Frucht der Lippen‘ schaffen“, d.h. ihrem Mund Dankeslieder entlocken (vgl. Jes 61,2.3).

Es muß spätestens jetzt klar geworden sein, welche Funktion unser Stück im Zusammenhang einnimmt. Der erste Komplex ging von der Voraussetzung aus, als liege die Initiative einzig auf seiten der Frevler, Gott aber scheine zu schweigen; keinesfalls scheine er die Geschichte der Gegenwart zu beherrschen und voranzutreiben. Als Pendant trägt 57,14-19 nach, daß Jahwe keineswegs zur Untätigkeit gezwungen ist und sein Heilswille und seine Heilszuwendungen in der Realisierung nicht eben von der gutwilligen Zuwendung irgendwelcher ‚gerechter‘ Leute im Land abhängig gemacht werden kann (vgl. 57,13c). Vielmehr lenkt Jahwe zielstrebig auf den Friedens-Zustand für die ‚Nahen und Fernen‘ (V. 19) hin. Dieser Vers verlangt nach zwei Texteingriffen. In V. 19a ist nach בורא das Pronomen אני zu ergänzen, welches nach א und vor ני ausfiel. Am Ende von V. 19b ist ורפאתיו als verspätet und überzählig zu streichen. Die Beteuerungsformel markiert das Ende des Spruches.

In Jes 40,1 ist noch das ganze Volk das Objekt göttlichen Trostes, in 57,14-19 gewährt Jahwe seine Huld und sein Heilswort allein den ‚Trauernden‘ in ihm. Diese mit ihrer Klage vor Gott sich einfindende Gemeinschaft repräsentiert nicht mehr den Geist der gesamten Volksgemeinschaft. V. 20f stellt zu den ‚Trauernden‘ die Gruppe der ‚Frevler‘[282]. Im endzeitlichen Geschehen wird die Gemeinde von diesen Elementen gereinigt werden. Wie Fohrer aufgezeigt hat, ist auch dieses Motiv von der ‚Reinigung der Gemeinde‘ in der Darstellung der eschatologischen Vorgänge neu gegenüber Dtjes[283]. In der Vergleichsmetapher vom ‚aufgewühlten Meer‘ wird den Frevlern jener Friedens-Zustand, in dessen Genuß die ‚Trauernden‘ kommen werden, abgesprochen.

Nun sind allerdings ernste Zweifel an der Ursprünglichkeit dieser beiden letzten Verse anzumelden. Elliger u.a. zählten sie zu den Erzeugnissen des Red.[284]. Man fand die Gleichförmigkeit mit V. 13c

---

[282] Zu V. 20 vgl. J. A. MONTGOMERY, IAOS 55,3 (1935), Ras Shamra Notes IV.

[283] Vgl. zu 57,20f noch 59,15b-20; 66,17; Ma 2,17-3,5; 3,13-21. Zur Thematik G. FOHRER, Die Struktur der alttestamentlichen Eschatologie, ZAWBeih 99 (1967) 32-58, bes. 37ff.

[284] Vgl. Der Prophet, 140.

verdächtig. Beide Male führt dieselbe Überleitung וְהָ־ die Gegenspieler ein. Die Besonderheit der Rede von 57,1-13, in Kontrasten zu malen, hat nun allerdings keine Entsprechung in 57,14-21. V. 20f entstammt einer späteren Hand, wohl derselben, welche Jes 66,24 zu 66,18-23 nachgetragen hat. Die Gründe der Abtrennung sind folgende : Wohl findet sich in V. 14ff wie in V. 20f das Stichwort שלום vor. Während nun Jahwe ausdrücklich sich selbst für den Heilszustand der ‚ Trauernden ' verantwortlich macht, redet V. 20f in der 3. Pers. vom ursächlichen Zusammenhang zwischen ihrem gottlosen Wesen und dem Unheilszustand und der Fluchsituation, worin sich die Frevler schlechthin befinden ; die Ich-Rede Jahwes hat mit V. 20 aufgehört und auch von einem endzeitlichen Eingreifen Gottes wird nicht ausdrücklich gesprochen. Sie sind auch nicht als die Wirkursache für das Leid der ‚ Trauernden ' anzusehen ; V. 17 machte deren eigene Schuld dafür verantwortlich. Beide Gruppen unterscheiden sich im Wesen dadurch, daß die ‚ Frevler ' bewußt in ihrem gottwidrigen Zustand verharren, die ‚ Trauernden ' hingegen demütig, sich unter die strafende Hand Gottes beugend vor ihm erscheinen. Der Nachtrag in V. 20f verrät eher den Stil der Weisheitsrede, welche über ‚ gerecht ' und ‚ böse ', über die Rechtfertigung vor Jahwe meditiert. Der durch den Artikel determinierte Begriff „ die Gottlosen ", welcher als Substantiv im Buche Jes nur hier und auch sonst nur in späteren literarischen Erzeugnissen (etwa Ps 1,4) Verwendung findet, definiert das Wesen der Frevler schlechthin und nicht bloß die Haltung gewisser Leute innerhalb des Volkes. Die betonte Setzung von רשעים an den Anfang und das Ende von V. 20-21 verweist weiters auf ein ausgefeiltes Wort [285]. Ein letztes Argument für den sekundären Charakter dieser Verse ist die nicht ganz gelungene Stilauflockerung mittels der in Parenthese gesetzten Formeln אמר יהוה V. 19 und אמר אלהי V. 21 [286]. Es gibt zu denken, wenn in Dtjes öfters bewußt יהוה durch אל ersetzt wurde (vgl. 45,5.18.22 ; 46,9), aber gerade in Jes 48,22, wofür 59,21 die Vorlage abgegeben hat, wiederum die Formel אמר יהוה aufscheint.

---

[285] Ein Stichwortzusammenhang mit 57,1.2 kommt deshalb nicht in Frage, weil יבוא שלום an dieser Stelle einen pietätvollen Ausdruck für den Tod wiedergibt.

[286] Vgl. Brockelmann, § 175 : „ Satzverschränkung und Parenthese : die Verben des Sagens werden im Hebr. oft in die direkte Rede eingeschoben, ‚ Spricht der Herr ' (Jes 1,11.18 ; 40,1 ; 48,22 ; 59,21). "

2. Formanalyse.

Ähnlich Jes 56,1 ; 56,9 und 57,3 wird unser Abschnitt mit Imperativen eröffnet (vgl. 60,10). Der erste ist gedoppelt und der zweite, ein Impt. Piel, durch einen Impt. Hifil hinsichtlich עמי weitergeführt. V. 15 begründet einleitendes כי die Aufforderung zur Wegbereitung und deduziert von den die Botenformel erweiternden Gottesprädikaten her in Präfixkonj. den Heilswillen Jahwes. Ein zweimal verwendeter Inf. Hifil mit dem Präfix ל expliziert (V. 15c), was die göttliche Zuwendung bezweckt. In V. 16 spricht ein mit לא verneinter Kausalsatz in der Stellung x-yiqtol vom Ende des göttlichen Zornes und der damit verbundenen Unheilssituation der Angeredeten, unter der sie derzeit noch leiden. Jahwe beschreibt das eigene Verhalten mit den Begriffen aus der Rechtspraxis ‚ rechten ', d.h. wegen einer Verfehlung einen Rechtsstreit führen, und ‚ zürnen ' (vgl. 64,4). Was Jahwe bewegt, vom Zorn abzulassen, beschreibt V. 16b ein Begründungssatz mit einer Präfixkonj. an zweiter Stelle im Sinne eines Actualis. Die gegenwärtige Situation der Klagenden, deren Ausrufe hier die Jahwerede aufgreift, ist eine echte Existenzbedrohung. ‚ Ihr Geist ' wie hier zu lesen ist, verschmachtet sonst. Der vom Wort „ Lebensodem " abhängige Attributivsatz enthält eine Suffixkonj. an zweiter Stelle und blickt auf den Augenblick der Geisteinhauchung zurück (vgl. Jes 43,15). Mittels einer Suffixkonj. an zweiter Stelle, eines Imperf. cons., zweier abs. Infinitive und einer Suffixkonj. an zweiter Stelle gibt Jahwe in V. 17.18a einen Rückblick auf die demütigende Geschichte des Volkes, worin die Ursächlichkeit von Sünde und Abtrünnigkeit und dem Zorn Gottes aufgedeckt wird. Punktuelle Zukunftsaussagen beinhalten die Präfixkonj. an erster Stelle in V. 18b ; sie verheißen das heilende Eingreifen Jahwes. Von hier aus bezieht die Partizipialkonstruktion in V. 18c. 19a ihre Zeitbestimmung. Der gedoppelte Heilsruf in V. 19b meint weder mit Elligen einen „ Friedensgruß an die Fernen und Nahen " [287], noch sieht er auf das Hereinbrechen des eschatologischen Dramas. Vielmehr verkündet die Phrase den ‚ Trauernden ' einen dauernden künftigen Heilszustand auf Grund göttlicher Initiative [288].

V. 20f wird mit ו in Gegensatz zum Vorhergehenden gesetzt. Die Verse sagen nichts über ein etwaiges Unheilshandeln Jahwes aus, sondern reflektieren in nominalen und extratemporalen Aussagesätzen

[287] Einheit, 13.

[288] שלום im st. abs. auch Jes 57,2.21 ; 59,8 ; 60,17 ; 66,12.

über den wesensgemäßen Zustand der Frevler. Die in V. 20 gebotene Schilderung der Gottlosen hat ihren Ort in der Klage des Einzelnen (vgl. auch Hi 18,5).

3. Gattungsanalyse.

In 57,14-19 ist unschwer die aufgelockerte Struktur einer Heilsankündigung auszumachen. Jahwe wendet sich, in der 1. Person von sich redend, in direkter Anrede an die ‚ Trauernden ‘. Er nimmt Motive ihrer Klagen und Gebete auf und kündigt ihnen die Wende ihrer Not und die ersehnte Heilszeit an. Man kann aus V. 16f die Gebete dieser ‚ Demütigen ‘ und ‚ Zerschlagenen ‘ leicht als Ausformungen der ‚ Anklagen Gottes ‘ bzw. der ‚ Ich (Wir)-Klagen ‘ rekonstruieren [289]. V. 17b könnte eine Wendung aus dem Schuldbekenntnis aufgenommen haben.

Wenn der Sprecher eingangs mit Jes 40,3 dtjes Wortgut aufgreift und somit dessen Botschaft als aktuell und gültig proklamiert, konfrontiert er die Hörer unvermittelt mit der Frage nach der Treue Gottes zu seinem einmal gegebenen, angesichts der bedrückenden Zeitlage aber uneingelösten Wort. Die einleitende Aufforderung und Mahnung zielt auf die Bereitung des Herzens für die heilvolle Zuwendung Gottes und begründet sie V. 15ff mit einem in einen Botenspruch gekleideten Heilswort. Hymnische Jahweprädikate motivieren seine Zuwendung; die 1. Pers. verweist sie in die Reihe der beschreibenden Loblieder [290]. Üblicherweise steht in einer Heilsankündigung die ‚ angedeutete Klage ‘ voran. Hier ist sie ab V. 16 eingebaut. V. 17 geht auf das bisherige Verhalten Jahwes ein und interpretiert die Zeitlage in ursächlicher Rückführung auf die Sünden des Volkes. Erst V. 18 eröffnet die eigentliche Heilserwartung. Wie ein Arzt greift Jahwe ein und heilt die ‚ Trauernden ‘. Ihre Existenz wird auf ‚ Ruhe ‘ und ‚ Trost ‘ gegründet sein (V. 18b), ihre Gottesbeziehung in Dankliedern laut werden (V. 19a). V. 19b eröffnet den Höhepunkt der Heilsankündigung: ‚ den Fernen und den Nahen ‘ garantiert sein Wort einen gesicherten und dauernden Friedenszustand.

---

[289] Vgl. Cl. Westermann, EvTh 7, 355ff; — Ders., TheolBü 24, 117ff. Zu diesen Ausführungen über die Gattungsstrukturen der Heilsankündigung vgl. bezüglich der ‚ Klagelieder ‘ Cl. Westermann, Struktur und Geschichte der Klage im Alten Testament, ZAW 66 (1954) 44-80; — Ders., Theol. Bü 24, 275ff.

[290] Vgl. Cl. Westermann, Das Loben Gottes..., 87ff.

In 57,14-19 könnte man die dritte Form der Klagen, die ‚ Feind-Klage ‘ vermissen. Ihr Fehlen sagt Wesentliches über die ‚ Trauernden ‘ aus. Nicht äußere Bedrängnis durch andere, sondern die innere Haltung des Gebeugtseins und der Demut läßt sie vor Jahwe um die Wende ihrer Not flehen. Die Heilsankündigung ist die Antwort auf ihr Klagelied. Der Sitz im Leben ist somit ein kultischer [291].

Jesaia 58,1-14

1. Literarkritik.

Der neue Überlieferungskomplex beginnt mit der Aufforderung an einen einzelnen, wie eine Alarmposaune die Stimme zu erheben. Über die Einheitlichkeit der ersten zwölf Verse wurden kaum Zweifel laut. Auch Westermann findet, 58,1-12 sei „ aus verschiedenartigen Elementen komponiert, aber doch eine deutliche Einheit “ [292]. Die Verse 13f hat man mit Recht wegen ihrer abweichenden Stilart und kultischen Tendenz als sekundär ausgeschieden. Fohrer kritisiert an Kapitel 58 die sachliche Anlehnung an ältere Propheten und somit den epigonenhaften Zug dieser Verse [293], Feldmann erwägt, ob der Abschnitt eine den veränderten Zeitverhältnissen angepaßte Nachahmung von Jes 1,10-20 sein könnte.

Durch ihre Motivführung entpuppen sich insbesondere die ersten neun Verse (bis 9a) als für den Vortrag bestimmtes, zuvor streng gebautes literarisches Produkt. Die beiden ersten Verse, eine stilisierte Jahwerede, waren als Skizze für den Sprecher und Legitimierung seiner Verkündigung gedacht. Die Nahtstelle V. 9a/9b verrät einen im Text nicht erwähnten Einwurf der Hörer, woraufhin die Rede spontan in freierem Rhythmus bis V. 12 fortfährt, sich an bekanntes Formelgut anlehnend.

Innerhalb der kerygmatischen Einheit V. 1-12 ist in V. 2b die Relativpartikel als Prosaisierung zu streichen [294], V. 6 die in G den

---

[291] Nach Cl. WESTERMANN, EvTh 7, 372f ist die Heilszusage als Antwort auf das Klagelied des Einzelnen der priesterlichen Vermittlung zuzuordnen, hingegen die Heilsankündigung als Antwort Gottes auf die Klage des Volkes als prophetische Funktion anzusehen.

[292] ATD 19, 242. Vgl. H. KOSMALA, Form and Structure of Js 58, ASTI 5 (1967) 69-81. Laut Metrik unterscheidet er drei Gedichte : V. 1-2.3-12.13-14.

[293] Man vgl. V. 1a und Hos 8,1 ; V. 1b und Mi 3,8 ; V 8b und Jes 52,12.

[294] Vgl. L. KÖHLER, 201 ; — K. ELLIGER, Einheit..., 14.

Text auffüllende Bekräftigungsformel als Glosse auszuscheiden, und endlich V. 8b als ein vom Red. interpoliertes Wort an die neuen Hörer in Babylon einzuklammern. V. 12 macht sich wegen seiner Anlehnung an Jes 61,4 verdächtig.

Der Wortschatz unseres Stückes setzt sich aus nicht wenigen Hapaxlegomena und auch sonst bei Trjes nicht mehr verwendeten Worten zusammen. Teils werden aus Kult und Weisheit bekanntes Formelgut und vornehmlich in Jes 59,1-12 ; 60 – 62 und 65f wiederkehrende Begriffe verwendet, andererseits finden sich Begriffspaare aus anderen atl. Textbelegen eingebaut.

Ihrer ‚Auflehnung' und ‚Sünden' soll der prophetische Sprecher, in Weisheitsrede und priesterlichem Lehrbetrieb wohl unterrichtet, die Adressaten zeihen. Das Begriffspaar ist aus Mi 3,8 geläufig, steht dort aber im Sing. parallel zu Jakob – Israel[295]. In gezielter Antithese spricht er in V. 2b diesen Leuten ‚Recht' und ‚Gerechtigkeit' ab[296]. Anbetracht dessen, daß sie in V. 1b ‚mein Volk' und ‚Haus Jakob' genannt werden, kommt ihren Sünden der Charakter des Bundesbruches zu[297]. Mit V. 1 sind somit Sprecher und Hörer skizziert. Der Sprecher wird als Herold Gottes legitimiert und er entfaltet seine Botschaft in Anlehnung an weisheitliche Darlegungen. Der Vergleich mit dem Alarmhorn umschreibt die Dringlichkeit, womit er seine Warnung an das Volk auszurichten hat[298].

Mit V. 3a, einem Zitat aus dem Mund der Hörer, setzt das eigentliche Verkündigungswort ein. Im zitierten Ausspruch berufen sich diese Menschen auf ihre Aktivität an Fast- und Bußtagen und klagen Gott der Interesselosigkeit an. In zwei הן-Sätzen prangert nun seinerseits der Prophet ihr asoziales Vorgehen als das eigentlich von Jahwe Trennende an (V. 3b.4a). Mit V. 3 ist vom Aussagestil der Einleitung zur direkten Anrede im Pl. übergegangen worden, ab V. 5 ergeht der Spruch in der 2. Pers. Sing., immer noch die Gesamtheit der Hörer meinend.

---

[295] Zu פשעם vgl. Jes 57,4 ; 59,12.20 ; zu הטאתם 59,2.12.

[296] Der Begriff ist hier wohl im ethisch-religiösen Sinn zu verstehen, als ‚gerecht sein' und ‚rechtschaffen sein'.

[297] Man vgl. die auffallende Häufung von ‚Haus Jakob' bei Jesaia: 2,5; 2,6; 8,17 ; 10,20 ; 14,1 ; 29,22 ; 46,3 ; 48,1 ; 58,1 (9 mal von 21 Vorkommen im AT).

[298] Hos 8,1 ergeht die Aufforderung ebenfalls, doch fehlt hier der Imperativ ; der kurze NS zeigt, daß die Ereignisse sich überstürzen. Der Aufruf richtet sich an einen militärischen Befehlshaber, dem in politischen Wechselfällen, die Meldung von Feindgefahr oblag. Vgl. H. W. Wolff, Hosea, BK XIV, 1961, 170 ; 142f.

In welche Situation hinein ergeht die Verkündigung? Die Lebensverhältnisse sind bedrückend. Trotz hektischer kultischer Bemühungen in Form von Gottesbefragungen, in denen sie von Gott die Wende ihrer Not erheischen, krankt die Situation an der verfehlten inneren Haltung. Sie möchten auf Gott hin offen sein, kommen mit ihren Klagen vor ihn und erwarten ein klärendes Heilsorakel, verkürzen aber gleichzeitig die gemeinschaftsbezogene Komponente [299]. Angesichts der fehlenden Mitmenschlichkeit ist der Wert ihrer Fasten- und Bußübungen fragwürdig geworden. Der Prophet baut seine Rede rhetorisch so auf, daß die Hörer zur Zustimmung bewogen werden. Er gliedert jede Etappe in vier Punkte, wobei er nach den ersten beiden Teilen bzw. Doppelversen eine Frage anfügt, welche die erwartete negative Schlußfolgerung den Hörern selbst zur Beantwortung aufzwingt (zu 3b.4a — 4b; 5a.b — 5c). Von diesen Versen her wären ‚Auflehnung' und ‚Sünden' des Volkes dahin zu interpretieren, daß gottesdienstliches Handeln dann sogar zur Schuld vor Gott und wirkungslos wird, wenn wie hier Fasten und Büßen zu leerem und unechtem Kultbetrieb und Formalismus erstarren, weil die Hinwendung zu den Mitmenschen nicht auch gleichermaßen vollzogen wurde [300].

Der zweiten Seite des in den Anfangsversen skizzierten Problems, daß sie Jahwe ‚aufsuchen' und ihn mit Gottesbefragungen bedrängen, kommen die V. 6 und 7 durch eine positive Weisung entgegen. In Antithese zu V. 5c markiert der Kurzvers 6a den Zielpunkt der gesamten Sprucheinheit. Ausschließlich kultische Bemühungen bringen dem Heil nicht näher, wohl aber tätige Hilfe an den Mitmenschen. V. 6bc zählt in symmetrisch gebauten Stichen anhand der Verben ‚öffnen', ‚lösen' und ‚freigeben' drei Liebestaten auf und faßt sie in der Wendung ‚daß du jegliches Joch zerbrichst' zusammen; hier ist Sing. zu lesen (BH). V. 7 behält die rhetorische Frageform bei. Wiederum bildet die Schlußphrase die Zusammenfassung: ‚und daß du dich deinem Fleisch nicht entziehst'. Vorausgehend drei symptomatische Werke an den anderen: ‚Hungernde speisen', ‚Obdachlose aufnehmen' und ‚Nackte bekleiden'. So allgemeingültig über den Mitmenschen zu sprechen ist an sich die Art der Weisheitsrede. Der-

---

[299] Vgl. L. RAMLOT O. P., Le jeûne qui plait à Dieu, BiViChr 40 (1961) 16-32. Er erachtet Kap. 58 als Präzedenzfall prophetischer Verkündigung gegen die Verabsolutierung der kategorialen Seite bei den religiösen Fastenfeiern. Dazu A. LEFEVRE, L'Épître (de l'Ouverture du Carême) (Is 58,1-14): Jour de jeûne, jour de grâce, AssSeign 25 (1967) 19-32.

[300] Vgl. Art. νῆστις von J. BEHM, in KITTEL, ThWNT, IV, 1942ff, 925-935.

selbe Stil haftet auch den folgenden Versen an. Die Segenssprüche V. 8f explizieren eine Seite der Seligpreisung in 56,2a. Antithetisch zu der präsentischen Hinweispartikel הן in V. 3b.4a — so liegen die Dinge jetzt — eröffnet zweimaliges אז — , dann ‘ — V. 8a und 9a. Das Verlangen nach der heilenden Nähe Gottes im Leben des einzelnen wird von Jahwe selbst als Vorwegnahme des eschatologischen Heils gestillt werden. Er läßt dann „ die neue Fleischschicht, die sich über einer heilenden Wunde schließt “ [301] sprossen und dem Klageruf durch ein Heilsorakel Antwort zukommen ; Mensch und Gott werden in stetiger dialogischer Beziehung zueinander stehen [302].

Inmitten dieser Aussagen über das Heilwerden des Einzelnen mutet das Bildwort V. 8b wie ein Fremdkörper an. In Jes 52,12b, woher 58,8b stammt, wird damit das Wunderbare am Wüstenzug des Volkes beschrieben. Wir aber haben Jerusalemer Verhältnisse vor uns. Sollten wir uns mit dem Urteil von Zimmerli zufrieden geben : „ Die Formulierung ist religiös geheiligte Vokabel geworden, die jetzt in einem übertragenen, bildlichen Sinn zu verstehen ist “ [303] ? Inhalt und Form machen vielmehr wahrscheinlich, daß der Red. für die neuen Hörer in Babylon ein richtungsweisendes Heilswort in den Kontext einschob. Dies legen nahe :

Das Metrum : Im wiederholenden Stil werden in Kap. 58 zumeist Doppeldreier, das (Masal-)Metrum der Weisheitsrede, bevorzugt. Bloß in V. 6a macht ein Dreier den Auftakt einer neuen Strophe, und antithetisch zum Kontext stehende Stichen sind um einen Takt verlängert. Wie הן in V. 3b.4a die Gegenargumentation des Propheten eröffnet, so אז in 8a.9a. V. 8b ist mit ו gekoppelt und als ebenmäßiger Doppeldreier, wie die Form es verlangt, eingebaut.

Form und Bildaussage : Das Bild Jahwes, wie er von vorne und hinten den Wüstenzug beschützt, ist mittels einer symmetrisch gebauten Inversion in den Zusammenhang gefügt und gleichzeitig durch diese Form ins Auge springend betont. Ansonsten verzichtet der Abschnitt auf das Stilmittel der Inversion.

Sachliche Differenzen : Ein Vergleich von V. 8f mit V. 9bff ist aufschlußreich für die Verfahrensweise des Vortragenden. In Antithese zur traurigen Lage der Gegenwart sprechen V. 8a.9a über die Situation, die eintreten wird, wenn von seiten der Hörer die Bedin-

---

301 So B. Duhm u.a.
302 Vgl. Cl. Westermann, 269f nach M. Buber.
303 Zur Sprache..., 65.

gungen erfüllt sein werden. Trotz der spontanen Redeweise ab V. 9b wird das Schema Protasis (wenn) –Apodosis (dann) beibehalten und das bereits vorgetragene Wortgut z.T. nur sinngemäß variiert und erweitert, bzw. erläutert. Negativ (V. 9b) und positiv (V. 10a) formulierte Grundbedingungen versetzen in den Heilszustand (V. 10b-12), wenn sie von den Hörern realisiert werden. In deutlicher Anspielung auf den Zustand des Dunkels, darin das Volk sich befindet, redet V. 10b von Jahwe als ‚ deinem Licht ‘ (vgl. V. 8a) und V. 11a von der ständigen Zuwendung Jahwes, welche von den Menschen als Heil und Schutz erfahren werden wird. Die in einem Heilsorakel sonst angesagte Zuwendung Gottes und sein anschließend angekündigtes Eingreifen wird nach V. 11 durch zuvorkommende Hilfeleistungen Jahwes im Alltag (leiten, sättigen, stärken), in einem gesicherten und vollen, fruchtbaren Leben überboten werden. Das wichtige Motiv des Wüstenzuges findet keine Erwähnung.

Textänderungen gegenüber der Dtjes-Vorlage: Der Jes 58,8b niederschrieb, muß 52,12 und zumindest auch 60-62 vor Augen gehabt haben. Entsprechend der 2. Pers. Sing. im Kontext änderte er לפניכם und מאספכם in לפניך und יאספך, von manchen gleichfalls als Piel יְאַסְּפֶךָ punktiert. V. 8a steht mit „ dein Licht “ ein Begriff, an welchen der Red. im Hinblick auf geläufige Vorbilder in 60,1 und 2 ; 62,1 und 2 (vgl. dieselbe Vorliebe für ‚ Herrlichkeit ‘ in 66,18.19) anknüpfen konnte. Da er auch sonst nach Möglichkeit das Wort ‚ Israel ‘ meidet, wenn es nicht vom ursprünglichen Text her verlangt wird (vgl. 56,8 ; 63,9), ersetzt er mit „ deine Gerechtigkeit “ (62,1.2 ; vgl. 56,1 ; 58,2b) und „ Kabod Jahwe “ (60,2 ; vgl. 59,19 ; 66,18.19)[304] das ursprüngliche Begriffspaar יהוה und אלהי ישראל; „ Jahwe “ hätte im Hinblick auf „ Kabod Jahwe “ auch stilistisch schwerfällig gewirkt.

Damit scheint in V. 8b eine Interpolation des Red. vorfindlich zu sein, welche für die babylonischen Hörer die dtjes Botschaft aktualisierte und ihrer Hoffnung auf die Gemeindezugehörigkeit entgegenkam.

Der in freier Rede vorgetragene Schlußteil V. 9b-12 bereitet wenig Schwierigkeiten. Er ergeht wie im Vorausgehenden in direkter Anrede im Sing. Mit Kissane die V. 9b-10b vor V. 8 zu transponieren, um

---

304 Vgl. B. Stein, Der Begriff k^{e}bod Jahweh und seine Bedeutung für die atl. Gotteserkenntnis, Diss. Münster, ersch. Einschetten i.W., 1939, bes. 230-249 ; — R. Rendtorff, II. Die Offenbarungsvorstellungen im Alten Israel, in : Offenbarung als Geschichte, KuDBeih 1 (1961) 21-41, bes. 28ff.

der Palindromie zu entgehen, wäre ein Mißgriff[305]. Drei negative Leistungen in V. 9b geben zusammen mit zwei positiven Verhaltensweisen bedürftigen Mitmenschen gegenüber (V. 10a) die Bedingung der in V. 10bff verheißenen Heilsgüter ab. Dabei wird das oft mißdeutete ‚Fingerzeigen' (V. 9b) mit Hauret als Gestus der Anklage zu verstehen sein, der mit dem Aussprechen einer Lüge verbunden war[306]. In 10a ist mit Condamin u.a. G und Syr zu folgen und לחמך ‚dein Brot' zu lesen. Der Heilsaspekt der Verse 10bff umfaßt sowohl die innere, religiöse Seite, wie die äußere Fülle des Segens (vgl. Ps 85,11-13; 90,13-17). Die Intention, die Hörer zur Umkehr zu Gott durch eine Hinwendung zu den Mitmenschen zu bewegen, ist dem Sprecher so vordergründig geworden, daß ab V. 9b die spezielle Situation dieses Fast- und Bußtages ganz aus dem Blickfeld geraten ist.

In V. 11c.12 sind einige Unebenheiten am Text anzumerken. Der Text wurde wohl unmittelbar nach der Verkündigung ungeglättet niedergeschrieben, weil die Metrik, welche sonst im Rhythmus 3 + 3 gehalten ist, in V. 11c gestört ist; hinter מים hätte man noch ein Wort vermutet. Auch ein besseres Textverständnis legte es nahe, wenn Köhler ממך aus V. 12 als מֵעֶיךָ ‚dein Leib' nach מים einschob[307]. Verglichen am Aufbau und den Redeelementen scheint mir nun V. 12 von der ursprünglichen Intention und dem Ziel der Rede bereits sehr weit abgewichen, was jedoch nicht besagt, daß der Vers ursprünglich nicht zur rhetorischen Einheit von Kap 58 gehört haben könnte. Den Versen 8a.9a kam von ihrem Segenscharakter her eher eine parataktische Funktion, ein Motivwert für die Befolgung der vorausgehenden Weisung V. 6f zu. Die Verse 10b.11 würden dieses Schema nicht sprengen; die Aussagen lassen es bei allgemeinen Formulierungen bewenden. V. 12 aber nimmt auf konkrete Heilsgüter, auf die wiedererbauten Mauern, das Befriedetsein, Bezug. Damit ist ein Akt aus der Abfolge des eschatologischen Geschehens an den Schluß

---

[305] Nach E. König, z.St. ist eine Palindromie die Folge von Konsequenz, Grund und Konsequenz.

[306] Ch. Hauret, Note d'exégèse, Isaïe 58,9, RScPhilT 35 (1961) 369-377; — Ders.: Lo stendere il dito, BiblOr 4/5 (1962) 164-168.

[307] 201. K. Elliger, Einheit ..., konstatiert S. 14: „v a reicht bis תמיד, v b bis יחליץ (sic!), v c bis מים, v d ist ein selbständiger Halbstichus. Während in v a-c die ersten Halbstichen in Ordnung sind, lassen die zweiten zu wünschen übrig: aß fehlt ganz; in bß ist יחליץ sehr zweifelhaft; in cß scheint wieder eine Hebung zu fehlen." Doch ist das hap. leg. zu belassen und nicht mit Duhm, Elliger und Kissane in יחליף ‚verjüngen' zu ändern.

der Rede gesetzt[308]. Auffallend ist die Parallelität zu Jes 61,4. Er bringt den synonym gebauten Vers in Inversion, beläßt ‚ sie bauen ‘, bringt jedoch den Sing. תקומם[309]. In der Manier desselben Kapitels (V. 3) fügt er, auf die Hörergemeinde reflektierend, in der neuen Namensgebung die Schlußpointe des Spruches an[310].

58,13f sind von Stil und Inhalt her (Elliger) eine Anfügung des Redaktors, auch wenn Littmann „ keinen zwingenden Grund zur Ausscheidung “ anerkennen wollte[311]. Die Ausrichtung des Spruches ist gegenüber V. 1-12 grundverschieden, auch wenn er durch ‚ wenn ‘ – ‚ dann ‘ nach dem Schema Protasis–Apodosis gestaltet ist. Wie im Kommentar von Westermann deutlich herausgearbeitet wurde, gilt das Interesse von V. 13 „ einzig dem heiligen Tag ‘, dem Sabbat als ‚ Gott geheiligten ‘ Tag und nicht, wie Volz bemerkte, unter dem Blickwinkel des Ruhetags, auf dessen Verletzung in Ex 31,15 noch die Todesstrafe stand[312]. Die Bedingungssätze in V. 13[313] haben das Gewicht von Mahnungen unter Berücksichtigung städtischen Geschäftsmilieus, auf deren Beobachtung der V. 14 einige Verheißungen setzt, die z.T. vorgeprägtes Überlieferungsgut (vgl. Hi 22,26 ; Dt 32,13) sind[314]. Abgerundet wird der Spruch durch die aus Jes 1,20 ; (21,17 ; 22,25 und) 40,5 bekannte Schlußformel כי פי יהוה דבר. Die Einschärfung des Sabbatgebotes entstammt derselben Tendenz wie 56,1f. Hier in 58,13f haben die Verse im Blick auf das Bisherige rahmende, im Hinblick auf Kap. 59 überleitende Funktion. Wenn darin zweifelsohne der Red. zu Worte kommt, ist nochmals auf Westermann zurückzugreifen. Im Vergleich zu Ex 20,10 fiel ihm auf, daß

---

[308] Vgl. G. Fohrer, ZAWBeih 99 (1967) 37f.

[309] Es ist erwägenswert, mit Condamin u.a. נְתִיעוֹת ‚ Trümmer ‘ zu lesen, außerdem auf G. R. Driver, Notes on Isaiah, ZAWBeih 77 (1958) 48, zurückzugreifen : Er erhält in V. 12bß eine sachgemäße Parallele zu פֶּרֶץ ‚ Bresche ‘, indem er die Wortwurzel TB als ‚ Gerodetes ‘ (Land, Platz) versteht — entsprechend dem Akkad. natābu ‚ abschneiden ‘, nutābu ‚ zersplittern ‘ ; Arab. tabba ‚ zurückschneiden ‘. Vgl. dagegen seinen Vorschlag in JThSt (1935) 405. Zum Begriff עולם vgl. E. Jenni, Das Wort ōlām im A.T., ZAW 65 (1953) bes. 18-20.

[310] Zur Namensgebung vgl. H. Gressmann, Der Messias..., 184.

[311] 22, Anm. 1.

[312] Über die Bedeutung des Sabbatgebotes in der exilischen und nachexilischen Zeit vgl. H. J. Kraus, Gottesdienst in Israel, München, 1962, 107f.

[313] Vgl. E. Katz, Qumran-Text und eine schwierige Maimonides-Stelle, RevQ 4/13 (1963) 107-110.

[314] Zu V. 14 vgl. U. Devescovi, ‚ Camminare sulle altare ‘, RBiblt 9 (1961) 235-242.

weder die Arbeit des Bauern noch des Handwerkers Erwähnung findet und die V. 13f bloß das Geschäftsleben in städtischen Verhältnissen berücksichtigen. Entweder kommt der Red. aus diesem Milieu, oder die Adressaten seines Buches bewegen sich in städtischer Umgebung ; für ihr Verhalten will er ja die Regel angeben.

2. Formanalyse.

Ähnlich Jes 56,1 ; 56,9 ; 57,14 (vgl. 57,3) eröffnen Imperative den Redeabschnitt. Dazu kommt noch eine mit אל- verneinte Präfixkonj., womit Jahwe den Propheten auffordert, seine Stimme zu erheben. Wozu, führt der Kurzauftrag in V. 1b in sachlicher Parallele zu Ez 23,36 aus : er soll ‚ Frevel ‘ und ‚ Sünden ‘ ‚ meinem Volk ‘ und ‚ dem Hause Jakob ‘ aufdecken. Dies ist formal kein Botenauftrag, weil weder eine Botenformel noch eigentlich ein Botenwort angeführt werden. Vielmehr wird an V. 2 und 3.9a offenkundig, daß Jahwe vorläufig noch jedes weisende Wort verweigert. Die verkehrten und vergeblichen Annäherungsversuche an Jahwe werden mit Präfixkonj. an zweiter Stelle im Sinne der empirisch aufweisbaren Gegenwart beschrieben. Die Begriffe דרש und חפץ haben ihre Topik im Kult. ‚ Suchen ‘ meint allgemein die Frömmigkeit als Form der Gottesbeziehung und speziell die Gottesbefragung am Heiligtum, das Erfragen der göttlichen Weisung [315]. Sie suchen täglich das Heiligtum auf (vgl. Hos 3,5 ; 5,6) und verlangen vom Priester ‚ Erkenntnis ‘, d.h. Weisung über die ‚ Wege Gottes ‘ (vgl. Hos 2,22 ; 4,1 ; 5,4 ; 6,3.6). Wir haben jenen Tatbestand vor uns, den Westermann von der Sache her beschreibt : „ An die Stelle der Befragung Gottes (durch den Propheten — 1 S 14,41) ist die an Gott gerichtete Bitte um Weisung getreten “ [316]. Die Berechtigung eines derartigen Ansinnens wäre gegeben, wenn die Hörer sich identifizieren könnten mit einem Volk (vgl. 65,1 ; 66,8), dessen Haltung man mit dem Wortlaut von V. 2b beschreiben würde ; im Komparativsatz und darauffolgenden synd. Relativsatz, unbedingt mit לא verneint, steht jeweils die Suffixkonj. an zweiter Stelle [317]. Unter den Präfixkonj. in V. 2c gehört שאל wiederum in den priesterlichen Sprachbereich und meint „ die an Gott

[315] Vgl. H. W. Wolff, Umkehr, 134ff. Das Volk ‚ sucht ‘ Jahwe, d.h. es fragt im Heiligtum nach Jahwe, es verlangt nach der Kenntnis seiner Wege.

[316] 30.

[317] משפט ist „ die von Gott erlassene Kult- und Lebensordnung “, die „ rechte Religion “, so G. von Rad, Theol. II. 265, Anm. 26.

gerichtete Entscheidungsfrage, die durch das vom Priester gehandhabte Los an Gott gerichtet, durch das Fallen der Lose von Gott beantwortet wird "[318]; hier kreist die Frage wohl um den nächsten Schritt (im Leben) oder um die Frage nach dem Schuldigen (Ordal). Die Wendung ‚Nähe Gottes' hat den Sinn eines Gen. subj. und meint nicht bloß allgemein die ‚Gottesnähe', die der angefochtene Gerechte im Heiligtum gewährt bekam (vgl. Ps 73,28 zu V. 17a), sondern konkret das ‚Nahen Gottes' in der eschatologischen Heilswende, die das Volk in einer Forderung beschleunigen zu können glaubte. Der im Zusammenhang öfter erwähnte Begriff חפץ gehört zur Topik der priesterlichen Anrechnungstheologie[319]. Die Lesart in G im Sinne eines Gen. obj. — ἐγγίζειν θεῷ, und der Vulg. ‚appropinquare deo', verkürzt somit die Tragweite der Stelle.

Die Berichtform der beiden Einleitungsverse, welche von den Betroffenen in der 3. Pers. handelten, macht zwar aus V. 1f eine ‚Mitteilung an den Propheten' bzw. „Heroldsinstruktion"[320], hindert aber nicht, daß sie als Legitimierung des Sprechers nicht auch vorgetragen wurden. Das Zitat aus dem Munde der Hörer, gattungsgeschichtlich ein Moment aus der ‚Entfaltung der Anklage'[321], versetzt mit V. 3a mitten in den Gegenstand einer Kontroverse zwischen Jahwe und dem Volk. למה ‚warum' eröffnet das Zitat und weist es der ‚Anklage Gottes', einer Ausformung innerhalb der Klagelieder des Volkes[322], zu. „Mit למה eingeleitete Klagelieder setzen meist eine besonders tiefe und qualvolle Situation des Beters bzw. der Betenden voraus", bemerkt Kraus bei Ps 74,1[323]. Hinter unserer Stelle steht die unheimliche Erfahrung und Meinung der Menschen: Gott hat

[318] Vgl. Cl. WESTERMANN, KuD 6 (1960) 27.

[319] Vgl. Jes 1,11; Hos 6,6; Ma 1,10; Ps 51,18; חפץ mit Jahwe als grammatikal. Subjekt Jes 62,4; 65,12; 66,4. Dazu R. RENDTORFF, ThLZ 81 (1956) 342.

[320] Vgl. K. von RABENAU, Die Entstehung des Buches Ezechiel in formgeschichtlicher Sicht, WZ 5 (1956) 670. Nach Crüsemann, Studien zur Formgeschichte von Hymnus und Danklied in Israel, WMANT 32 (1969) 54, entspricht 58,1 (ebenso 62,11aß.b) der Gattung der ‚Heroldsinstruktion'. Er behandelt sie im Gesamtzusammenhang des ‚imperativischen Hymnus' (50-55). Diese ‚Heroldsinstruktion' hatte ihren ursprünglichen Sitz im Leben „in der Einweisung der Herolde in ihre Aufgabe". Sie konnte an einzelne oder an mehrere ergehen, 54.

[321] Zur Gegensatzbildung als Sinn des Zitates vgl. H. W. WOLFF, Das Zitat im Prophetenspruch, EvThBeih 4 (1937) 74ff.

[322] Vgl. Cl. WESTERMANN, Theol. Bü 24, 275f.

[323] Psalmen I, 515.

versagt, er hat sich abgewendet. Darauf gibt der Prophet eine Antwort; nicht in Form eines Erhörungsorakels, dieses wird erst nach erfolgter Umkehr für die Zukunft in Aussicht gestellt (V. 9a), sondern in Form einer Gegenanklage V. 3bff. Das Zitat hatte in V. 3a zweimal die Form x-qatal im Sinn eines punctualis in der Vergangenheit, und in V. 3a die einer Inversion im Marû im Sinn eines Actualis. Das Argumentum ad hominem wird V. 3b und 4a durch הֵן eingeführt. Wie auch sonst bei Trjes, eröffnet הֵן einen Stichos, in dem auf ein Faktum bzw. auf Tatbestände aufmerksam gemacht wird, welche von Jahwes Heilsgemeinschaft trennen (56,3; 58,3b.4a; 59,1), bzw. diese Trennung überwinden helfen (64,4.8). Die Präfixkonj. an zweiter Stelle in V. 3b.4a verdeutlichen, daß Streitigkeiten, Zank und Mißhandlung den Hörern als aktuelle Mißstände anzulasten sind. Der „Tag des Fastens" war ein Tag, an dem Klagefeiern veranstaltet wurden (vgl. Jr 36,6), mit Fasten als Begleiterscheinung[324]. Der Begriff ריב bezeichnete ursprünglich die Rede der klagenden Rechtspartei (Hos 2,4; 4,1 u.ö.), aber auch die Prozeßführung im ganzen[325]. In V. 4b, wo mit 60 MSS ולא zu lesen ist, wird die besprochene Fastenpraxis, die nebenher Unmenschlichkeiten zuläßt, mit לא und einer Präfixkonj. an zweiter Stelle unbedingt verneint und in einer Inf. Hifil-Konstruktion als bei Gott wirkungslos verurteilt.

V. 5 geht in drei Fragesätzen auf das Stichwort צום ein. Die Termini und Phrasen scheinen vorgeprägt und ironisierend aus dem Repertoire einer einseitig rubrizistisch orientierten, priesterlichen Unterweisung und Fragestellung zum Thema ‚fasten, wie es Gott wohlgefällig ist', entnommen und ad absurdum geführt zu sein; der Prophet improvisiert mit invertierten Präfixkonjugationsstellungen eine derartige fiktive Fragestunde. Die Worte kommen aus thematischen Gründen in Trjes z.T. nur hier vor: ‚Binse' in Jes noch 9,13 und 19,15, ‚niederbeugen' (כפף) nur noch Ps 57,7; 145,14; 146,8. Zu ‚Asche' vgl. Jes 61,3. ענה-, demütigen, beugen' ist ein Terminus aus den Klageliedern des Volkes (vgl. Jes 53,4.7; 58,3.5.10; 64,11). Die ganze Wendung in V. 5aß ist ein landläufiger Zeitausdruck für ‚Bußübungen abhalten'. In der ‚Anklage Gottes', zitiert in V. 3a, ist die Formel aus metrischen Gründen verkürzt (3aß). Die Formel צום אבחרהו mag stehende Wendung priesterlicher Weisungs-Praxis gewesen sein und hat in V. 5cß eine formelhafte Entsprechung. רצון ist ein später poetisch-literarischer Ausdruck.

[324] Vgl. H. E. von Waldow, Dtjes, 80f.

[325] Vgl. H. W. Wolff, Hosea, BK XIV, 39, 83.

Mit V. 6, als Frage gestaltet, ist eine Fasten- und Bußpraxis abgelehnt bzw. als ungenügend bezeichnet, welche zuläßt, daß zu gleicher Zeit Schranken zwischen den Menschen errichtet werden. Drei Inf. abs. im Piel und Hifil schärfen V. 6b.c das positive alte Bundesgesetz hinsichtlich der gegebenen Umstände ein. Die zusammenfassende Formulierung V. 6c hat eine Präfixkonj. an zweiter Stelle und meint eine extratemporale Aussage. Das Verbum fin. steht, wie Feldmann entsprechend G und תָּבִיא (V. 7) richtig erkannt hat, im Sing. תְּנַתֵּק [326].

Durch הלוא ist V. 7 wiederum in die Frageform gefaßt [327]. Ein Inf. abs. und eine Präfixkonj. an zweiter Stelle stellen für die Gegenwart vier positive Weisungen als allgemeingültig und gottgefällig dar [328]. Entsprechend dem durch כי eingeleiteten Konditionalsatz (V. 7b) ist ו vor ‚ihn bekleidest' konsekutiv zu verstehen [329].

אז eröffnet eine neue Sinnstrophe. V. 8a enthält zwei invertierte Marû-Sätze im Sinn der sicher eintreffenden Zukunft. Die verwendete Lichtsymbolik ist auch sonst ein beliebtes Thema trjes Zukunftsschau (vgl. Kap. 60) [330]. Während nun in V. 8a.9a die x-yiqtol Stellung durchgehalten wird, ist V. 8b als Inversion gestaltet (qatal-x x-yiqtol); sie meint eine Gewißheit in der Zukunft und beschreibt sie anhand des Bildes vom gottbehüteten Heimkehrerzug [331]. Aus den oben dargelegten Gründen scheint mir V. 8b kein religiös umgedeutetes Wort zu sein, obwohl es, wie v. Rad dargelegt hat, offen ist für die Umschreibung eines kultischen Vorgangs, auf das „Herausgehen des Rechtes (oder der Gerechtigkeit)" (vgl. Jes 49,4; 51,5; 62,1; Jr 51,10 u.ö.), ein Ritual, „demzufolge auf ein Bußgebet eine Gerechterklä-

---

[326] ‚Fesseln' nur noch Ps 73,4; zu ‚auflösen, öffnen' vgl. Jes 60,11; ‚ruchlos', ‚Seile' und ‚Befreite' in Jes nur hier.

[327] L. Köhler's Vorschlag, bloß aus metrischen Gründen לפרס statt הלוא פרס zu lesen, geht nicht an.

[328] Von Duhm u.a. wurde עניים als erklärende Glosse gestrichen. מרודים ist Plurale tantum, ein abstr. pro concr. = Herumgeschleuderte, Herumirrende, d.h. das herumirrende Elend.

[329] Während L. Glahn בית als Dittographie streicht, entdeckt Ehrlich ein durch Happlographie verlorenes Suffix und liest בֵּיתֶךָ.

[330] ‚Licht' als Symbol der heilen, gnadenreichen Gegenwart Gottes, vgl. J. Hempel, Die Lichtsymbolik im Alten Testament, StudGen 13 (1960) 352-368.

[331] Vgl. R. Mayer, Zur Bildsprache der alttestamentlichen Propheten, MüTZ (1950) 55-65; — J. Lindblom, Profetisk bildsprak, Acad Aboensis, Hum XVIII, Festschrift R. Pipping, 1950, 208-223.

rung durch Jahwe erfolgt ist“ [332]. Der Gedanke an die „Restituierung der Gerechtigkeit“ [333] wäre für unseren Zusammenhang zwar eine naheliegende Horizontöffnung, wäre aber nur ein erläuterndes Moment und gegenüber V. 8a verspätet, und die Hervorhebung und Betonung mittels einer Inversion nicht gerechtfertigt. Die in V. 9a verwendeten Termini gehören sicherlich in den kultischen Bereich. ‚ענה, antworten‘ meint die Reaktion auf den Hilferuf des Menschen. Parallel zu שוע (Piel) — ein poetischer Ausdruck für ‚inständig rufen‘ — ist an eine Situation gedacht, in welcher der Mensch am Heiligtum die Wende seiner Not erfleht. ו cons. verheißt diesem Hilferuf die göttliche Zuwendung in der Antwort הנני. Diese Formel, welche ein Hilfeversprechen Jahwes in sich schließt (vgl. 65,1), ist speziell nach dem Exil ein Hauptkennwort des Erhörungswortes geworden [334].

V. 9b.10a leitet אם eine parataktische Reihe von Bedingungssätzen ein. Die mit Hifil konstruierten Präfixkonj. fordern als Grundbedingung für die Heilszugehörigkeit in negativen und positiven Wendungen den Einsatz des Menschen, sein Engagement im mitmenschlichen Bereich. Nach ו cons. fährt die Rede mit einer Suffixkonj. im Sinn der sicheren Heilszukunft fort (V. 10b) und unterstreicht durch einen NS in der zweiten Stichoshälfte den Gegensatz des künftigen Heilszustandes zur gegenwärtigen Klagesituation, der ‚Finsternis‘ und Gottferne der Menschen. Die Suffix- und Präfixkonj. in V. 11 beschreiben in Marû-Stellung das heilvolle Eingreifen Gottes in der Zukunft. War bisher vom Einzelnen die Rede, so verheißt die Inversion (qatal-x x-yiqtol) V. 12a mit angeschlossener Namensänderung V. 12b als Auswirkung des göttlichen Eingreifens den Wiederaufbau im Land und Volk.

In V. 13f stehen Bedingung von seiten des Menschen (Sabbatheiligung) und Verheißung Gottes je in Marû-Form [335].

---

[332] Theol. I, 377 zu Jes 58,8.

[333] Vgl. Mi 7,9. Dazu G. von RAD, Theol. I, 378, Anm. 22.

[334] Vgl. P. HUMBERT, La formule hébraique en h i n e n i suive d'un participe, Opuscules d'un Hebraisant, Mémoires de l'Univ. de Neuchâtel 26 (1958) 54-59.

[335] Zu V. 14: Aus nachexilischer Theologie stammt der Begriff des sich ‚Labens‘, des sich ‚Verwöhnenlassens bei Jahwe‘; ענג Hithpael in Ps 37,4; Hi 22,26 (27,10). Vgl. G. von RAD, Theol. I, 380, Anm. 26.

3. Gattungsanalyse.

Die Gattungsbestimmungen der Exegeten sind zwei Richtungen verhaftet. Die einen halten sich an Elliger, der mit Gunkel Kap. 58 als „ Scheltrede ", definiert, „ in der verschiedene Gattungen gemischt sind " [336]. Die andere Linie geht von Haller zu Westermann ; man faßt das Ganze unter den Begriff „ Mahnrede " [337]. Glahn nennt die ‚ Parenthese ' 58,2-12 eine „ Züchtigungspredigt " [338].

Unser Befund ergab für V. 1-9a eine im voraus konzipierte Rede mit einer spontanen Erweiterung in V. 9b-12, worin verschiedene Formelemente im Hinblick auf den Skopus V. 6f mit Motivfunktion ausgerichtet und komponiert sind. Auf die ‚ Mitteilung an den Propheten ' folgt ein anklagender Prophetenspruch (V. 3f), in den priesterlich-kultische Formeln gemischt sind, erweitert durch eine ironisierte Fragestunde zum Thema ‚ Fasten, wie es gottgefällig ist ' (V. 5), über eine Art weisheitlich lehrhafte Darlegung (V. 6f) bis zur abschließenden Segensverheißung in V. 8a.9a. Man erkennt das Anliegen des Sprechers, seine Hörer zur Zustimmung, Einsicht in ihre verkehrte Haltung und somit zur Umkehr zu Jahwe zu bewegen [339]. Dieser Gesamttendenz dienen die einzelnen Redeelemente. Die zitierte ‚ Anklage Gottes ' (V. 3a) umreißt die Situation und Haltung der Zuhörer. Sie schieben die ganze Schuld an der düsteren Zeitlage Gott zu. Dieses Zitat mit der darauffolgenden Argumentation ad hominem ist formgeschichtlich eine ‚ Anklage ', erfüllt hier jedoch die Funktion einer ‚ Bestreitung ' [340]. Die Schuld an der Wirkungslosigkeit ihrer Fasten- und Bußübungen liegt nicht an Jahwes Unvermögen und an seiner fehlenden Hilfsbereitschaft, sondern an ihrer Fehlhaltung. Bundes-

---

336 Einheit, 14f. — Ähnlich Odeberg, 11.

337 Vgl. M. HALLER, 1914, 127ff.

338 164.

339 Vgl. H. W. WOLFF, ‚ Umkehr '... E. K. DIETRICH, Die Umkehr im AT und im Judentum, Stuttgart, 1936.

340 Vgl. H. GUNKEL, Einleitung zu ‚ die großen Propheten '..., LXIXff; — J. BEGRICH, TheolBü 20, 48-53 ; — H. E. von WALDOW, 28-36 ; — E. PFEIFFER, Die Disputationsworte im Buche Maleachi, EvTh 12 (1959) 546-568 ; — Cl. WESTERMANN, Theol. Bü 24, 124-134. Letzterer vermerkt zum Thema ‚ Disputation ' : „ In ihr tritt der Prophet aus seinem eigentlichen Amt, dem des Boten des Gotteswortes heraus. In der Disputation läßt der Prophet sich auf die Einwände, die Zweifel, die Gegenargumente seiner Hörer ein. " (S. 125). Allerdings betrachtet er sie nicht als eigene Gattung, sondern spricht von „ Redeform der Disputation ", genauer „ Bestreitung ".

gemäßes Verhalten wird zur äußerlichen Farce, wo es auf die Einhaltung äußerlicher Rubriken im gottesdienstlichen Bereich beschränkt, und die mitmenschliche Komponente verkürzt wird. Diese Gegenanklage mündet nun nicht in eine Gerichtsankündigung bzw. Unheilsankündigung aus, sondern fällt in den aufklärenden, weisenden und unterweisenden Ton eines Weisheitslehrers, der für ein bestimmtes mitmenschliches Verhalten den göttlichen Segen (vgl. 8a.9a) und die Seligkeit verheißt [341]. Der Fragestil stellt das Wort eher in die Reihe der Weisheitsüberlieferung Israels als unter die ‚Tora'-Praxis, wie Odeberg vermutet hat [342]. Es scheint mir zu weit gegriffen, wenn manche eine Verurteilung der kultischen Fasten- und Bußübungen herauslesen und an deren Stelle humane Verhaltensweisen gefordert sehen wollen. Die einseitige Befolgung gottesdienstlicher Übungen nahm der Prophet vielmehr zum Anlaß, allgemeingültige, dem Bundesgesetz entsprechende Gegenwartsforderungen darzulegen. Wie man aus V. 9bff ersieht, ist der Fastenhorizont und jedes Anklagemoment hinter der Haltungsbildung und dem paränetischen Anliegen verblaßt. Einer solchen menschlichen Haltung ist die göttliche Zuwendung gewiß (vgl. V. 8a.9a).

Somit geht der Prophet in katechetischer Methode vor. Hier wird nicht Gericht ehalten, sondern paränetischer Zuspruch erteilt [343].

---

[341] Vgl. H. E. von WALDOW, Gerichtsreden 47ff. Er untersucht die dtjes Disputationsworte, welche ganze Frageketten eingebaut haben (bes. 40,12-17), und verweist auf die Parallelität dieses eigentümlichen Fragestils in der Weisheitsüberlieferung Israels, vornehmlich in der sogenannten Naturweisheit (vgl. S. 48): Dort finde man gelegentlich „Fragereihen, die wohl als rhetorische Fragen aufzufassen sind, mit denen ein Weisheitslehrer seinen Kontrahenten eindeckt, um ihn mundtot zu machen". Auf S. 49 fügt er an: „Wir verstehen diese Fragen also als ironisch gemeinte rhetorische Fragen nach dem Stil des Weisheitslehrers, auf die — wie wir sahen — eine Antwort überhaupt nicht erwartet wird, da der Tatbestand klar und einsichtig ist." Dazu G. von RAD, Hiob 38 und die altägypt. Weisheit, TheolBü 8 (1958) 262-271; — H. RICHTER, Die Naturweisheit des AT. im Buche Hiob, ZAW 70 (1958) 18. Weitere Literatur über den Weisheitsspruch und seine Strukturen bei O. EISSFELDT, Einleitung..., §§ 11 und 16; — E. SELLIN - G. FOHRER, Einleitung..., §§ 46 und 47.

[342] Vgl. J. BEGRICH, Tora..., 63ff.

[343] Insofern allerdings findet die Erwähnung von F. FELDMANN, „daß K. 58 eine Nachahmung von Is 1,10-20 ist" eine formale Unterstützung, als H. WILDBERGER, Jesaja, BK X, 1965, 35f, zu Jes 1,10-17 urteilt, daß hier nicht Gericht gehalten werde, sondern „Unterweisung erteilt, und zwar darüber, was Jahwe überdrüssig ist, was er nicht ertragen kann, andererseits darüber, was er von der Kultgemeinde erwartet."

In der positiven Zustimmung verspricht er sich die beste Wirkung. Ein nicht ganz überzeugter Hörer mag nach V. 9a einen Einwurf gemacht haben. Darum erneuert und bekräftigt er unter Überbetonung der bedingten Heilsankündigung (V. 10b-12) seine heilsnotwendigen, überzeitlichen Gegenwartsforderungen.

Bezüglich 58,13f ist Westermann's Analyse zu übernehmen, welcher die beiden Verse als „ Gebotsparänese " bestimmt hat [344].

Ist der Sprecher dem in 58,1f niedergelegten Auftrag gerecht geworden ? Er hat dem Volk seine Sünden und Verfehlungen — qualifiziert durch die den gottesdienstlichen Übungen vorbehaltene Zeit — angezeigt, es dadurch vor den Folgen des Bundesbruches gewarnt und zugleich einen Ausweg und Zugang zum Heil gewiesen.

Die Situationsangabe im Zitat der ‚ Anklage Gottes ' würde auf eine Volksklagefeier, einen Buß- und Fasttag verweisen [345]. Morgenstern nennt 58,1-12 eine Ansprache am Yom kippur, am Versöhnungsfest [346]. Der frühnachexilische Hintergrund ist erwiesenermaßen vorauszusetzen, der Anlaß der Rede in einer der nachexilischen Klagefeiern zu suchen. Aber die Darlegung ist damit nicht als so eng verbunden anzusehen, wie es eine Heilsankündigung mit einem Volksklagelied war. Ein kultischer Rahmen scheint mir vom lehrhaften Charakter des Stückes her eher zweifelhaft zu sein. Die relative zeitliche Nähe ist von der Aktualität des Hörerzitates her gefordert, die katechetisch-paränetische Auswertung und Darlegung aber nicht mit einem ‚ kultischen Sitz im Leben ' zu identifizieren.

Jesaia 59,1-21

1. Literarkritik.

Seit Elliger haben die Exegeten beinahe einhellig den Prosavers 21 als späteren, redaktionellen Zusatz eingeordnet [347]. Uneinig ist

---

[344] 271.

[345] Vgl. H. J. Kraus, Gottesdienst..., 260f. Man erwägt üblicherweise einen der situationsbedingten Buß- und Fastentage (vgl. Jo 2,12-17), oder einen der vier Fasttage (vgl. Sa 7,3 ; 8,18f), welche im Babylon. Exil zum Andenken an die Zerstörung Jerusalems und die Zerstreuung des Volkes eingeführt worden sind, als Ort der Verkündigung.

[346] HUCA XXI (1952/53) 1-66. Zum ‚ Versöhnungsfest ' vgl. H. J. Kraus, Gottesdienst..., 86ff.

[347] Der Prophet..., 140. E. J. Kissane hingegen benötigt 59,20-21 als Abschlußverse einer größeren Stropheneinheit.

man sich über die Einheitlichkeit von V. 1-20. Für Westermann stellen die Verse „ ein höchst eigenartiges, barockes Gebilde“, aber „ deutlich eine Einheit“ dar[348]. Üblicherweise unterteilt man in V. 1-4, 5-8, 9-15a und 15b-20. Zuerst scheint das Volk direkt angeredet zu sein, ab V. 5 (bis 8) eine Gruppe von Frevlern. Der sprichwortartige Abschluß bewog Abramowski, V. 4b als Zusatz (von Hi 15,35 ; Ps 7,15 her ; vgl. Jes 33,11) einzustufen. Elliger kritisierte an V. 5-8 den eigenartigen Wortschatz und untrjes Weisheitsstil, der auch dem Red. fremd sei, und schrieb die Verse daraufhin einem zweiten Glossator zu[349]. V. 1-4 war geprägt von der direkten Anrede, V. 5ff vom Aussagestil (3. Pers. Pl.), die Verse 9-15a tragen die Wir-Form. Innerhalb dieser letzten Strophe zweifelte Budde an der Ursprünglichkeit von V. 14[350], Keßler stellte die Satzfolge um : V. 14.15a. 12.13.9-11[351]. Feldmann konstatierte an den V. 15b-21 einen unmotivierten Sprung auf die Rechtschaffung Jahwes gegenüber den Völkern (und nicht im eigenen Volk) und bezeichnete es als möglich, daß dieser Teil „ ein selbständiges, erst später hinzugefügtes Stück“ darstellt[352].

Ähnlich Jes 58 begegnet Kap 59 dem Mißmut, Kleinmut und Zweifel des Volkes über den angesagten, aber uneingelösten Heilswillen Jahwes an seinem Volk. In theologischer Argumentation knüpft ein prophetischer Sprecher beim anklagenden Ton seiner Hörer an, Jahwe helfe und höre doch nicht, und bestreitet den Vorwurf, Gott sei an den trostlosen Zeitumständen schuld, durch den Aufweis ihrer Sündhaftigkeit. Die Sünde der Gegenwart, Blutschuld und Rechtlosigkeit, bewirkt die Unheilssituation und Heilsverzögerung (V. 1-4). Das Eingreifen des heiligen und weltüberlegenen Gottes wird durch ihre ‚ Sünden‘ unmöglich gemacht (V. 2a), seine Zuwendung (im ‚ Hören‘) wegen ihrer ‚ Frevel‘ (V. 2b). Absolut gebrauchtes פנים, mit G als פניו-‚ sein Antlitz‘ zu lesen, durch Dittographie von מ aus dem Folgenden entstanden, steht V. 2b für die Gegenwart Gottes am Heiligtum[353]. Die Verfehlungen werden V. 3f präzisiert. V. 3 verteilt

---

[348] 274.

[349] 96. Er hält wie Elliger, Duhm u.a. auch V. 5-8 für sekundär.

[350] „ In 59,14 sind zwei verstümmelte Stücke künstlich von dritter Hand miteinander verschweißt“, 1922, 694.

[351] 46f.

[352] 225.

[353] Die Wendung ‚ das Antlitz verhüllen‘ hat fast immer Gott, nur zweimal Menschen (Ex 3,6 : Moses ; Jes 50,6 : Gottesknecht) zum Subjekt und bedeutet sonst nie ‚ sich vor jemandem verhüllen‘ (vgl. nur 53,3).

auf Hände und Finger, Lippen und Zunge die Sünden im sozial-ethischen Bereich. V. 4a beschreibt die Mißstände in der Rechtssphäre. V. 4b fährt im Rhythmus 2 + 2 mit sprichwörtlichen Redensarten, in der Sprache der Psalmen, fort, die Sittenlosigkeit und Verkommenheit im Volk anzuprangern. Die Stellen Jes 30,12 ; 42,17 ; 47,10 ; Jr 2,37 u.a. zeigen, daß in der prophetischen Diktion בטח charakteristisch ist für die Polemik gegen das falsche Vertrauen, gegen eine Haltung, die „ Sicherheit bei Zuhandenem sucht und dabei gerade von Jahwe absieht "[354]. Was im Blick auf V. 9ff.20 als befremdend auffällt, ist das Fehlen des dort beherrschenden Terminus פשע. Er entstammt der Topik der Klagelieder und ist im AT das stärkste Wort für ‚ Schuld '. Das Wort „ bezeichnet die Aufsage des Gehorsams, die Auflehnung gegen Gott "[355].

Trotz stilistischer und sachlicher Gegenargumente von Westermann[356] ist V. 5-8 als Fremdkörper zu betrachten. Nicht bloß das Überwechseln in den Aussagestil und die Kritikeinschränkung auf die Gruppe der Gottlosen, sondern auch die breitausladende und allegorisierende, Stichworte, Synonyma, Wortspiele und Stabreime häufende Redeweise drängen dazu. Im einzelnen ist in V. 5a mit 1QIs^{a} in יבקעו ‚ sie brüten aus ' zu lesen, V. 5b mit Wernberg-Møller הַזּוּרָה als part. pass. fem. von זור (nach dem arab. dara – stinken) im Sinn von ‚ das stinkende (Ei) ' zu verstehen[357]. Ist in V. 3a das Opferblut gemeint, das an den Händen klebt, so spricht V. 6f von der Gewalttat und im Anschluß daran vom Blut der Menschen, das vergossen wird[358]. In V. 6ba.7ba ist das Wortspiel und in V. 7bß der Stabreim שד ושבר bemerkenswert. V. 7a finden wir in Pr 1,16 aufgenommen, 7f in Röm 3,15-17 verändert und verkürzt (bis 8a) zitiert. V. 7b.8 verwendet vier Synonyma für ‚ Weg ' : aufgeschüttete Straße ; das

[354] Vgl. W. SCHOTTROFF, Der altisraelitische Fluchspruch, Diss. Habil. Mainz 1968. WMANT 30 (1969), 93.

[355] Wohl gebrauchen beide Teile die Begriffe עונות (V. 2a und 12b) und חטאות (V. 2b und 12a). Vgl. L. KÖHLER, Theologie des Alten Testaments, 1936, 15f ; — H. J. KRAUS, BK XX (1960) 16 und 28.

[356] 376.

[357] P. WERNBERG-MØLLER, A Note on זור „ To Stink ", VT 4 (1954) 322-325. — Ders. : A Note an Isa XLI, 27, JSS 2 (1957) 327f ; — D. WEISSERT, Der Basilisk und das Windei in LXX — Jes 59,5. Ein textuales und ein folkloristisches Problem, ZAW 79 (1967) 315-322. Mit Aristoteles und Midrasch gibt er das strittige hebr. Wort mit οὔριον wieder.

[358] עון ist im Alten Testament oft das die Hände befleckende Unrecht. Vgl. 1 S 24,12 ; Jes 1,15 ; Ps 7,4.

übliche Wort für ‚ Weg ‘, Geleise, die Spuren, worin der Wagen fährt; der ausgetretene Pfad. Um das Metrum zu glätten, kann man in V. 8b mit Köhler בם lesen und mit 1 M G Vulg. Pesch. כל streichen. Sentenzenhaft ist endlich der Abschluß V. 8, Eröffnung und Schluß des Satzes.

V. 9-15a wird mittels einleitendem ‚ darum ‘ mit V. 1ff in ursächliche Verbindung gebracht. Eine Gemeinschaft beklagt sich über ihre recht- und heillose Existenzweise (1. Pers. Pl.). Sie spricht sich auf Grund des unleugbaren Tatbestandes und der Schuldeinsicht in Form einer Selbstanklage vor Jahwe aus (V. 9-11 und 12). Ihre Vergangenheit prägen ‚ Rebellion ‘, ‚ Untreue ‘ und Verweigerung der ‚ Nachfolge Gottes ‘. Mit V. 13, bes. ab V. 14 geht das Schuldbekenntnis allmählich in die Schilderung der heillosen Zustände in der Gegenwart über. So zu reden, sei, hat man gemeint, nicht die Art des Volkes. Wie neulich wieder Porùbčan, machte Elliger den Propheten zum Sprecher, bzw. Verfasser des vorliegenden Literaturproduktes. Er nennt V. 9-15a „ das Bußlied, das das in der Phantasie des Dichters bekehrte Volk nach seiner Bekehrung anstimmen wird “ [359]. Die Situation scheint Umstände ähnlich denen in Ma 1,2ff vorauszusetzen. Zum Verständnis von V. 9 könnte man Jes 35,10 und Jr 14,19c heranziehen, bei V. 10a Th 4,14, bei V. 12b die Stelle Ps 51,3. Der erste Bildvergleich mit den Blinden erinnert an die Kritik 56,9ff an den leitenden Kreisen im Volk, von denen erweckende Kraft ausgehen hätte sollen [360]. Ihr Dahintappen, Tasten und Straucheln (vgl. V. 14b) symbolisiert die zerfahrene geistige Situation, der Vergleich ‚ wie Tote ‘ qualifiziert sie als in der Gottferne und darum Klagesituation Stehende [361]. Originell ist in V. 11 der Vergleich mit den ‚ brummenden Bären ‘. Ein Vergleich mit babylonischen Bußtexten, den Zimmern angestellt hat [362], und der Verweis von Mowinckel auf die Ornitho-

---

[359] St. PORÙBČAN. Il Patto nuovo in Is. 40 – 66, AnBib 8 (1958) 209.

[360] Vgl. H. BARDTKE, 20, Anm. 49.

[361] Cl. WESTERMANN, Das Loben Gottes..., 120ff wäre mit seinen Ausführungen „ Die Toten loben Jahwe nicht “ zum Vergleich heranzuziehen.

[362] Vgl. STUMMER, JBL 45, 186. Er verweist im Hinblick auf unsere Stelle auf das von ZIMMERN in seinen „ Babylonischen Bußpsalmen “ unter Nr. 7 behandelte Lied IV, R 26, Nr. 8 und IV, R 27, Nr. 3, Z. 59 : „ Wie Tauben seufzt er (der Leidende) schmerzlich Tag und Nacht “ (Kīma summâte idammum supsuk mûsi u urri). Oder es klagt der Beter in dem Istarhymnus Br. M. 26187 Z. 64 : „ Ich seufze wie eine Taube Nacht und Tag “ (adammum Kima summatum mûsi u urra).

logie [363], wonach nicht das Wohlbefinden ausdrückende Girren, sondern das klagende, schluchzende o-ho-ho der türkischen und palästinensischen Turteltaube in V. 11 Modell gestanden habe, erweisen die Ausdrucks- und Tragfähigkeit des Bildvergleiches der Klagenden mit den gurrenden Tauben.

Am masoretischen Textbestand von V. 9-15a wurde einiges kritisiert. Unter Zuhilfenahme der formalen Beobachtung, daß im Parallelvers 14a eine Inversion steht, wird man annehmen können, daß in V. 9a עַל־כֵּן erst auf Grund des Kompositionsvorganges der Satzstellung qatal-x x-yiqtol vorangestellt worden ist, man daher gegen Köhler ממנו ‚von uns' als ursprünglich und das Metrum 3 + 3 als nicht störend ansehen muß [364]. Da der Abschnitt auch sonst brillanter Formulierungen entbehrt, ist der Vorschlag von Ehrlich und Abramowski, in V. 10a für das zweite גשש synonymes משש ‚tappen' einzusetzen, unsachgemäß. V. 10b beurteilt Abramowski als unheilbar. Ehrlich rekonstruiert: „über lebenskräftige Menschen stolpern wir wie über Tote". Anders Cheyne „in the night we reel like dying men" [365], Meinhold („es kommt über uns wie Todesstarre") [366] oder König („wie die Toten zu wanken"). Am einsichtigsten (vgl. BH) ist die Wiedergabe bei Westermann: „und ‚sitzen im Finstern' wie die Toten". In V. 12 geht es um die Einsicht in das Faktum der Schuld. So wäre es verfehlt, רַבּוּ in רָבוּ (Wurzel ריב) zu ändern (Kissane), außerdem verlangt das Sündenbekenntnis keineswegs eine Glättung von נגדך- ‚gegenüber dir.' In V. 13b bietet sich ein besseres Textverständnis an, wenn man mit Ehrlich (BH) וְהָגוֹ liest und הֹדוֹ als Dittographie tilgt. War am vorausgehenden Abschnitt die Variationsmöglichkeit für den Begriff ‚Weg' beobachtet worden, so wechseln hier die Vokabeln für ‚Sünde'.

Der Rhythmus 2 + 2 + 2 markiert in V. 15b den Übergang in eine Rede über Jahwes Reaktion auf die Vorgänge im Volk. In der Folge dominieren wieder Doppeldreier. Der Abschnitt V. 15b-20 ist gekennzeichnet durch die Absonderheit, daß er wie eine Epiphanieschilderung das Eingreifen Gottes darstellt, aber das Wesenselement seines Kommens ‚gegen' die Feinde Israels umbiegt in ein Scheidungsgericht innerhalb der Gemeinde, um die Gemeinde zu reinigen (vgl.

---

[363] S. Mowinckel, „Den kurrende due", NTT 65 (1964) 187-194. Vgl. Jes 38,14; Ez 7,16.

[364] Vgl. Köhler, 205.

[365] A dark passage in Isaiah, ZAW 25 (1905) 172.

[366] 1922, 157.

57,20f); nur für das bekehrte Zion kommt er als Helfer und ‚Erlöser‘ (V. 20). Diese Deutung wird dem Text gerecht, sagt aber noch nicht alles aus und löst noch nicht alle Schwierigkeiten. In seiner Untersuchung über ‚die Struktur der alttestamentlichen Eschatologie‘ reiht Fohrer V. 15b-20 zusammen mit 57,20f unter die Vorstellung ‚Reinigung der Gemeinde‘ als einen Akt des eschatologischen Dramas[367]. Westermann schreibt: „Es ist erstaunlich, allein in den beiden Halbversen V. 15bß und V. 20b ist die Epiphanie auf die vorangehende Anklage und die Schilderung der Frevler bezogen; abgesehen von ihnen ist die ganze Epiphanieschilderung in ihrer überkommenen Form belassen, in der sie vom Kommen Gottes zur Befreiung Israels von seinen (äußeren) Feinden handelt“[368]. Der Sprecher wollte also mit alten Traditionen, die vom Herbeikommen Gottes reden, der gegenwärtigen Situation entsprechen.

Mir scheint nun, daß der Horizont und Aussagewert der Rede noch weiter zu fassen ist. V. 9-15a mutet wie ein Niederschlag der Erfahrung der gesamten Heils- und Unheilsgeschichte Gottes mit seinem auserwählten Volk, und nicht bloß der erfahrungsmäßig überschaubaren Zeit- bzw. Heilsgeschichte an — sie war ein ständiger Bundesbruch und eine stets sich wiederholende Verweigerung der ‚Nachfolge‘ Jahwes. Analog dazu sind die Verse 15b-20 keineswegs ausschließlich zukunftsgerichtet. Anhand seiner Züchtigungsakte am Volk, seines oftmaligen läuternden Eingreifens gegen das Volk, das sich Jahwe zum Feind gemacht hatte, und — in einem zweiten Überlegungsgang — andererseits angesichts der Zeugnisse seiner Weltüberlegenheit und Geschichtsmächtigkeit, als er rettend in das Geschick des Volkes gegen dessen Feinde, etwa am Schilfmeer u.ö., eingriff, wird am Bild des sich zum Kampf rüstenden Gottes verallgemeinernd das Gerichtshandeln Jahwes an den Gottlosen schlechthin entfaltet. Die anfangs retrospektiv ausgerichtete Epiphanieschilderung geht ab V. 18 allmählich in die Zukunftsschau über. Der Redende benützt das Stilmittel einer ‚Epiphanie‘, um am Anschauungsbild der Vergangenheit das eschatologische Drama der Scheidung der Gemeinde darzustellen und einzuprägen, daß die Frevler Jahwe als Krieger, die ‚Bekehrten‘ aber als ‚Erlöser‘ erfahren werden.

Man meinte nun, am ursprünglichen Verkündigungstext sei im Verlauf der Tradierung einiges herumgebastelt worden. Budde glaubte,

---

[367] ZAWBeih 99 (1967) 37f.

[368] 280.

der Red. habe mit V. 15bff „ein am Anfang verstümmeltes Stück" eingebaut, weil man bei V. 1-15a den Heilsausgang vermißte [369]. Mit Gunkel und Duhm V. 15b zu korrigieren (vgl. BH$^{b\text{-}b}$), ist nicht zwingend. V. 16 entspricht 63,5. Nach Duhm und Westermann ist der Satz in 63,5 ursprünglich und in 59,16 sekundär herangezogen. Wie es zur Lesart ‚seine Gerechtigkeit' gekommen sein mag, versuchte Rubinstein anzugeben [370].

V. 17 nimmt mit der ‚Kleidung' und ‚Rüstung' Jahwes Vorstellungsbilder auf, wie sie auch in Jes 11,5; Ps 92; 104, 1ff (Eph 6,14ff) zu finden sind [371]. Mit G ist תלבשת-‚Kleid' zu tilgen. Ehrlich beließ das Wort im Text, weil er meinte, hier wolle auf die Aussage, ‚Kleider der Rache' als Alltagsgewand anlegen d.h. für lange Zeit anziehen, im Sinn von ‚den Racheakt verlängern, sich gründlich rächen', Wert gelegt werden.

In V. 18 ist das Metrum in Unordnung geraten. Auffallend gehäuft das Wort ‚Tat' (im Sing. und Pl.) beanstandenswert das zweite כעל, weil es ohne Nomen vor einer Präfixkonj. stehe. Endlich vermißt man in G den letzten Dreier. Dieser Dreier ist sicher im MT als sekundär auszuscheiden. Während sich Abramowski mit der Streichung des anstößigen zweiten כעל begnügt, liest Ehrlich mit Jr 51,56 statt des ersten כִּי אֵל und an Stelle des zweiten פֹּעַל im Sinne von: ‚denn der Gott der Vergeltung lohnt die Tat'. Auch Köhler kommt nur sehr gekünstelt zu einem Doppeldreier. Es wird am besten die Sachkritik den Ausschlag geben. ‚Kein Recht' gab in V. 15b das Stichwort (vgl. V. 8a.9a.14a) für die Reaktion Jahwes auf die bestehenden Mißstände ab. Seine Zurüstung zum Kampf erhält in V. 18 das Ziel: Gericht und Vergeltung an den Widersachern. Dieser Finalsatz [372] in V. 18 wird mittels nebenordnendem ו cop. und einer Figura ety-

---

[369] 1922, 700ff.

[370] A. RUBINSTEIN, Word-Substitution in Isaiah LXIII, 5 and LIX, 16, JSS 8/1 (1963) 52-55. Er geht von einem synonymen Verständnis der beiden Vershälften 16bα und 16bß aus. Er meint nun, ‚seine Gerechtigkeit' (59,16) und ‚mein Grimm' (63,5) hätten ursprünglich ואמתו ‚sein Vorderarm, Elle', später (im Mischna-Hebr.) aber auch das ‚männliche Zeugungsglied' geheißen. So habe man zuerst וַאֲמָּתוֹ dafür gesetzt, endlich in 59,16 den noch immer möglichen Doppelsinn mittels der Lesart וְצִדְקָתוֹ bereinigt. Ähnlich setzte man in 63,5 וַחֲמָתִי.

[371] Vgl. zum ‚Gewand Jahwes' H. J. KRAUS, Die Königsherrschaft Gottes im A.T., Beitr. zur hist. Th. 13, 129.

[372] Vgl. G. BEER – R. MEYER, Hebräische Grammatik II, Sammlung Göschen Bd. 763/763a/764, 1955, § 117.

mologica [373] eröffnet. Nach Tilgung der ersten drei von Jr 51,56 her inspirierten Worte lautet V. 18 : יְשַׁלֵּם הֵמָה לְצָרָיו (bzw. וַשִׁלֵּם) גְּמוּל לְאֹיְבָיו. Der Inf. abs. Piel mit dem Verb. fin. dient als Moment der Verstärkung und Hervorhebung (vgl. 59,11a) im Hinblick dessen, was von der Erfahrung her (Fall Babels und weiter zurück) für die Zukunft zu erwarten ist. Der erstellte Text von V. 18 wird auch vom Metrum gerechtfertigt, insofern der Rhythmus 2 + 2 + 2 in V. 15b seine Entsprechung hat.

In V. 19 verlangt es die Sache, daß man nicht mit vielen MSS, Duhm u.a. ‚sie werden sehen', sondern mit Dillmann, Köhler u.a. ‚sie werden fürchten' liest. Zur negativen Aussage stellt V. 20 eine positive, als Ziel und Abschluß des Stückes. In einem Parallelismus membrorum sind Zion/Jakob gedehnt. Mit Kissane ist zu lesen שְׁבֵי מִפֶּשַׁע ‚and to them that turn from rebellion in Jakob'. G übersetzt konsequent, wie sie auch sonst bemüht ist, die persönliche (messianische) Seite in der Eschatologie zu betonen und den Glauben an den Retter zu bestärken, καὶ ἀποστρέψει ‚und er wird wegwenden allen Abfall von Jakob'; schon zuvor hatte sie ‚von Sion her' statt ‚für Sion' übersetzt. Endlich fehlt am Schluß in G die Bekräftigungsformel, von Duhm, Marti u.a. in der eigenen Übersetzung übernommen, wie Duhm auch die G-Lesart ‚vom Zion her' (vgl. Röm 11,26) als ursprünglich betrachtet hat [374].

Der Wortlaut von V. 21, der mit 61,1f.8 Querverbindungen und zum Stil von 66,22ff Anklänge aufweist [375], will zu Kap. 60ff eine Überleitung bilden, steht in Prosa, hat am Eingang und Schluß die Beteuerungsformel, und verrät sich so als Produkt aus der Hand des Red.

Elliger kam zur Einsicht, Kap 59 stelle zwar in etwa eine Einheit, aber keineswegs die ursprüngliche dar. Seine Kritik an V. 5ff wurde oben bereits vermerkt. Auch V. 15b bis 20 sei, ausgewiesen durch den schwachen Anfang, Produkt einer Überarbeitung: „Wir möchten annehmen, daß die Antwort auf v. 9-15a einmal nur in v. 20 bestand und daß der Dichter (Anm. 1: Oder hat der Red. Paralipomena bearbeitet?) selber später einmal die Auffüllung im Anschluß an 63,1-6 vorgenommen hat" [376]. Wenn dieser Argumentation auch nicht statt-

---

[373] O. GRETHER, Hebräische Grammatik, 1955, § 73m.

[374] Vgl. H. GROSS, ‚Doch für Sion kommt er als Erlöser' (Jes 59,20), Conc 3/12 (1967) 813-818.

[375] Vgl. zum Wortlaut Jes 61,8 und 61,1f. Über die Verbindung zu Jes 51,16 vgl. J. BEGRICH, TheolBü 20, 168.

[376] Einheit, 20.

gegeben werden kann, beweist sie doch den komplexen Charakter und das Fehlen einer inneren Geschlossenheit. Auf jeden Fall sind die Verse 5-8 als spätere Textauffüllung anzusehen.

2. Formanalyse.

In Jes 59,1-4 wird eine ‚Anklage Gottes' aus dem Mund des Volkes aufgenommen, unbedingt durch לא verneint und zurückgewiesen, und anschließend im Schuldnachweis der Hörer der eigentliche Grund für die derzeitige Unheilssituation aufgedeckt. Anfängliche Suffixkonj. an zweiter Stelle im Sinn punktueller Vergangenheitsaussagen werden mit V. 3b von Präfixkonj. abgelöst, welche die empirische Gegenwartssituation beleuchten.

In V. 1 leitet הן eine Bestreitung ein, welcher eine Frage Jahwes in Jes 50,2b entspricht[377]. Ab V. 2 folgt eine direkte Rede in Form einer Anklage, welche nicht auf eine Unheils- bzw. Gerichtsankündigung überleitet, sondern in V. 4 in einem klagenden Ton über die allgemeine Verkommenheit in den zwischenmenschlichen Beziehungen endet. Die Lage ist festgefahren, die Gottesbeziehung gestört. V. 2a drückt היה, kausativ konstruiert mit dem Part. Hifil ‚die die Trennung verursachen', das Verharren des Volkes in widergöttlichen Verhaltensweisen aus[378]. V. 2b beschreibt in einem Bild die Unerreichbarkeit und Unnahbarkeit der Gottheit (im Heiligtum). So gewinnt V. 3a die Aussage von den ‚blutbefleckten Händen' den Doppelsinn und die Öffnung, daß die Hände dieser Leute mit Schuld befleckt und zugleich durch den Opfervorgang im Heiligtum vom Opferblut gerötet sind. In Jes 1,15f hat die Formulierung noch die Opferszene im Blick. Die mit Partizipien konstruierten Sätze in V. 4a haben von V. 3b her aktuellen Zeitbezug und entsprechen der Topik der prophetischen Gerichtsreden. V. 4b stehen, bedingt durch die lebhafte Rede, anstelle der Verba fin. als Kurzformen vier abs. Infinitive[379], deren sprich-

---

377 Dem Bestreitungswort ‚des Herren Hand ist nicht zu kurz zum Helfen' (59,1a) entspricht in 50,2b der Fragesatz ‚ist meine Hand zu kurz zur Befreiung?' Hier ist Jahwe selbst am Reden. Näheres bei W. ZIMMERLI, 68f. Über die G-Übersetzung in 59,1ß vgl. ZILLESSEN, 259f.

378 Vgl. Th. BOMAN, Das hebr. Denken im Vergleich mit dem griech., Göttingen, 1959, 3. Aufl., 32f: „Haya mit Partizip wird gebraucht, um eine Handlung als dauernd od. oft wiederholt zu bezeichnen" oder um dieselbe „in ihren Wirkungen als dauernd" hinzustellen.

379 Der Inf. abs. vertritt in Aussagesätzen das Verb. fin. Vgl. BROCKELMANN, § 46b.

wortartige Wendungen z.T. das Rechtsleben betreffen. Die Formel קרא בצדק (eine gerechte Klage stellen) hat ihren Sitz in der Anklagerede vor Gericht, näherhin in der Frage an die Gegenpartei (V. 4a) [380]. Die Sprache in V. 4b ist stark an das Formelgut der Psalmen angelehnt.

In V. 5-8 verweist die 3. Pers. Pl. auf die Anklagereden vor Gericht. Sonst in Trjes kaum verwendete Bilder mischen sich in die weisheitlich geprägte Sprache ; generalisierend wird über die Frevler abgehandelt. Ihre Verstocktheit ist verderbenbringend. Zwei NS in V. 6b verwerten במעשיהם aus V. 6a zu einem typischen Wortspiel. Zwei Präfixkonj. in V. 7a werden in 7b durch zwei NS, die Dauer und den Zustand ausdrückend, abgerundet. V. 8 spricht ihnen den Friedens-Zustand ab, wie ihn die Gerechten kennen ; , Frieden ' und , Gerechtigkeit ' ist den Frevlern fern (x-yiqtol und NS), der einmal gewählte Irrweg (x-qatal) führt nicht zur Erfahrung des Heilszustandes. Die Schilderung der Frevler hat ursprünglich ihren Sitz in der Klage des Einzelnen [381], was noch unwahrscheinlicher macht, daß V. 5-8 im primären Kontext stand.

Die Verse 9-15a sind geprägt vom Wir-Stil. Wenn G in V. 9-11a die 3. Pers. Pl. liest, dann wohl in Anlehnung an V. 5-8. על־כן-, darum ' macht aus V. 9ff eine Reaktion der Hörer auf das Prophetenwort V. 1-4. Die einzelnen Formulierungen sind eingangs in der Art des Sich-Beklagens, der Wir-Klagen in den Volksklageliedern gehalten [382]. In V. 9a ist das Nomen , Recht ' personifiziert ; wenn על־כן kompositionelle Überleitung ist, setzt der Stichos als Inversion (qatal-x x-yiqtol) im Sinn einer Dauer in der Vergangenheit ein, was auch durch das Zustandsverb , fern sein ' nahegelegt wird. V. 9b gibt den Tatbestand, im , Dunkel ' zu existieren, als durchlebt und erfahren wieder. Die Wendung , wir hoffen auf Licht ' ist ein retrospektives Ḫamṭu und drückt ein starkes Moment der Gewißheit in der Heilserwartung des Volkes aus ; der Begriff קוה - , hoffen ' schließt jedoch mit ein, daß der Mangel, der im Dasein durch die Hoffnung bewältigt wird, nie behoben wurde [383]. Im Befreiungsakt aus dem Exil schien sich

[380] Vgl. Jes 44,7 ; Hi 5,1 ; 9,16 ; 13,22 ; dazu J. Begrich, TheolBü 20,39.

[381] Vgl. Cl. Westermann, ATD 19, 276.

[382] Anklänge an andere Volksklagelieder : V. 9b — Jr 14,19 ; V. 10 — Hi 5,14 ; V. 10bß — Th 3,6 und Ps 143,3 ; V. 11aß — Jes 38,13. Vgl. Cl. Westermann, TheolBü 24, bes. 275ff.

[383] Vgl. Cl. Westermann, Das Hoffen im A.T., TheolBü 24 (1964) 219-265, bes. 222ff.

der Erwählungswille und die Treue Jahwes zu seinem Verheißungswort zu realisieren. Doch wie die Realität wirklich aussieht, darauf verweist deiktisches ‚doch siehe‘[384]. Ihre Existenzweise wird als ‚Dunkel‘ erfahren. Die beiden Intensivplurale ‚Tageshelle‘ und ‚Finsternis‘[385] steigern in der zweiten Stichoshälfte den Kontrast: statt des erhofften Glanzes steht ihr Leben im Zeichen der Finsternis (x-yiqtol). Die eröffnende Präfixkonj. ‚herumtasten‘ (V. 10a) wird am Stichosende wiederholt; das Bild bestreicht Vergangenheit und Gegenwart. Wenn Jahwe sich entzieht, bedeutet dies für den Menschen Verfall und Hilflosigkeit (V. 10b). V. 11a setzt in einem Komparativsatz die Wir-Klagen fort. V. 11b greift das Moment der unerfüllt gebliebenen Hoffnung aus V. 9b auf und setzt parallel zu Licht/Glanz das Begriffspaar von der göttlichen Gerechtigkeit/Hilfe. Die Antithese, welche die Wirklichkeit wiedergibt, bildet einmal absolutes ואין (aber nichts) und dann ein asynd. Relativsatz in der Stellung x-qatal im Sinn einer bereits lange währenden Enttäuschung.

V. 12, eingeleitet mit כי, wendet sich direkt an Jahwe. Man sieht die Unheilssituation in der eigenen Schuldhaftigkeit begründet und klagt sich, um dem drohenden Gericht zuvorzukommen, in einem Sündenbekenntnis selbst an. Der Vers bringt in zweimaligem x-qatal, einem NS und ebenfalls vergangenheitsbezogenem x-qatal das Einbekenntnis, daß sie sich des Bundesbruches schuldig gemacht und in die Fluchsituation begeben haben[386]. Das Bekenntnis ist der Anfang der Umkehr und führt aus der Existenzbedrohung in die lang entbehrte Nähe Gottes.

Absolute Infinitive in V. 13, eine Marû-Inversion in V. 14a im Sinn eines Actualis, punctuelle bzw. durative Vergangenheitsaussagen in 14b.15a schildern die Verkehrung der Gottesbeziehung, des Rechts- und Geschäftslebens. Es ist kein Selbstanklagen mehr, eher ein Räsonieren über den Verfall des Volksethos.

V. 15b-20 redet im Erzählstil (3. Pers. Sing.) über Jahwes epiphaniemäßiges Kommen als Reaktion auf die Untreue im Volk. Es spricht

---

[384] Vgl. zu הנה als nominales Satzelement W. RICHTER, BBB 18 (1963) 361ff und seine Auseinandersetzung mit OBERHUBER und RECKENDORF.

[385] Vgl. T. K. CHEYNE, 262.

[386] ענה ב ‚gegen jem. bezeugen‘ (zum Präd. im Sing. trotz Subj. im Pl. vgl. W. GESENIUS, Hebräische Grammatik, völlig umgearbeitet von E. KAUTZSCH, 1902, 26. Aufl., § 145k) hier im technischen Sinn gebraucht für „Erwiderung der Gegenpartei vor Gericht“, vgl. 2 S 1,16; Ru 1,21. Dazu J. BEGRICH, Theol. Bü 20, 39.

ein Einzelner. V. 15b-17 verwendet er Imperf. cons., V. 15b.16a und 17a.17b jeweils dieselben Verben. Nach Westermann wurde das in einer Epiphanie dargestellte Eingreifen Gottes in der Volksklage erfleht; es zielte auf ein Eingreifen gegen äußere Feinde Israels [387]. Hier wird mit dem Schema von Jahwes Zurüstung zum Kampf gegen seine Feinde altes Anschauungsgut aus der Heilsgeschichte Israels in Erinnerung gebracht und zugleich sein Eingreifen gegen die Frevler im Volk veranschaulicht und bildlich umgebogen. Die Imperf. cons. haben nominale, durch כי eingeleitete Nebensätze bei sich (V. 15b.16a). Konkretisiert meint V. 16aß vielleicht die in prophetischen Kreisen unterlassene Fürbitte für das Volk. Derselbe Satz wie in V. 16b findet sich 63,5 als Beschreibung des göttlichen Eingreifens gegen äußere Feinde. V. 16b ist eine Inversion (yiqtol-x x-qatal). Die Formel vom ‚Arm Jahwes' ist bei Trjes personifiziertes „Organ göttlicher Machtausübung", so Zimmerli [388], und steht in Entsprechung zu Jes 40,10f; 48,14 und 51,5.9, wo sie ihrerseits bereits ältere religiöse Sprache wiedergibt. Sie entstammt wohl einer älteren Form der Exodusüberlieferung, uns aus der alten Heilsformel, ‚mit starker Hand und ausgestrecktem Arm' (Dt 4,34; 5,15 u.ö.) führte Jahwe sein Volk heraus, geläufig, und taucht über Jesaia, der sie bewußt polemisch zur Unheilsaussage wendet (5,25; 9,11 u.ö.), als heilseschatologische Formel bei Dtjes auf [389].

In V. 17 unterbricht ein NS die Reihe der Imperf. cons. [390]; wegen seiner Nähe zu einem Verbalsatz ist er als Umstandssatz (hal-Satz) anzusprechen. Die kriegerische Zurüstung Jahwes zum geschichtsmächtigen Eingreifen wird V. 17b von seinem ‚Eifern' um sein Eigentumsvolk her motiviert [391].

Der Finalsatz V. 18 ist offen für den Zukunftsbezug. Eine Präfixkonj. an erster Stelle spricht dann von der eschatologischen Auswirkung von Jahwes Erscheinen unter seinen Feinden; sie wird die universale Anerkennung und die Furcht vor ihm zeitigen (V. 19a). V. 19b spricht

---

[387] 278.

[388] 72. Vgl. Jes 59,16; 62,8; 63,5.12.

[389] 72ff. Vgl. auch H. L. Ginsberg, The Arm of YHWH in Is 51 – 63 and the Text of Is 53,10-11, JBL LXXVII (1958) 152-156.

[390] Ehrlich, 212, kritisiert, das Objekt ‚Helm' hätte ein anderes Verb. fin. als לבש ‚anlegen' gebraucht.

[391] Th. C. Vriezen, Theologie des Alten Testaments in Grundzügen, 1956, 128: „Die Erlösung Israels wird im AT immer wieder aus der Eifersucht Jahwes verstanden, der sein Volk um der Ehre seines Namens willen erneuern wird" (Jes 9,6; 37,32; 59,17ff).

im Vergleich von den kosmischen Begleiterscheinungen dieser Epiphanie[392]; der ‚Geisthauch Jahwes' ist das treibende Prinzip[393].

V. 20 hat die Form der sicheren Heilszukunft (qatal-x). ‚Für Zion' und ‚die vom Abfall Bekehrten in Jakob' wird Jahwe als ‚Erlöser' kommen. ו adv. leitet zur zweiten Seite der göttlichen Epiphanie über; für seine Anhänger kommt er als Retter. בא ‚kommen' ist ein Terminus der Epiphanieschilderungen[394]. ‚Erlöser', Retter erinnert an die Urerfahrung Israels bei seiner Volkwerdung, an die Rettungstat Gottes am Schilfmeer. Mit der Formel vom ‚Arm Jahwes' (V. 16b) war bereits diese Tradition angeklungen. Mit dem Begriff ‚Erlöser' wird diese künftige Heilstat Jahwes an Zion offenkundig auf eine Achse mit jenem Heilsgeschehen bei der Herausführung aus Ägypten gesetzt, als gleich weitreichender Heilsakt Jahwes betrachtet[395]. V. 20b ist eine Einschränkung, die auf Scheidung innerhalb des Volkes und auf Umkehr zielt. Die Hörer werden auf den Anfang ihrer Erwählung verwiesen; Umkehr wäre die Chance jenes Neuanfanges, den Jahwe einmal „mit seinem Volk als ganzem gemacht hat"[396]. Der Spruch endet mit der Bekräftigungsformel[397].

---

[392] Das Vorstellungsbild von der geschichtsmächtigen und universalen Erscheinung des Weltenkönigs steht auch hinter Jes 40,10; 60,1; 62,11; Ps 98,9.

[393] נססה steht hier in der 3. Pers. fem. Sing. Polal entsprechend fem. רוּח. Vgl. G. Beer – R. Meyer, II, 181.

[394] Vgl. zu den Epiphanie-Termini F. Schnutenhaus, 16 f.

[395] גּוֹאֵל, das Part. von גאל ‚loskaufen', bezog sich ursprünglich auf die Rechtssphäre (vgl. גֹּאֵל ‚Nothelfer, Rechtsvertreter'); zusammen mit פָּדָה ‚erkaufen' bezeichneten einmal beide Begriffe jeglichen Loskauf eines Unfreien. Nach G. von Rad, Theol. I, 179, „handelt es sich bei גָּאַל um die Auslösung eines Eigentums, also um die Wiederherstellung eines alten Besitzverhältnisses. Der Sprachgebrauch zeigt freilich, daß beide Begriffe bei ihrer Übertragung auf das Verhältnis Jahwes zu Israel ihren spezifischen Gehalt weitgehend eingebüßt haben — fast synonym geworden sind; aber es ist offensichtlich, daß die Vorstellung von dem ‚Loskauf' das Heilsgeschehen nicht mehr von seiner kriegerischen Seite her, sondern als einen befreienden Rechtsakt Jahwes betrachtet." Vgl. J. J. Stamm, Erlösen und Vergeben im AT, 1940, 7ff, 18ff und 31ff; — Chr. Barth, Die Errettung vom Tode, 1947, 133f; — A. R. Johnson, The primary meaning of גאל, VT Suppl I (1953) 67ff. Die ursprüngliche Bedeutung sei ‚protect, protection, protector'.

[396] Vgl. H. W. Wolff, ‚Umkehr'..., 137.

[397] Vgl. F. Baumgartel, Die Formel ne'um jahwe, ZAW 73 (1961) 277-290; — R. Rendtorff, Zum Gebrauch der Formel ne'um jahwe im Jeremia, ZAW 66 (1954) 27-37.

Der Prosavers 21 wird mittels eines NS eröffnet. Dies bedeutet von der Form her, daß das künftige Bundesverhältnis ein dauernder Heilszustand sein wird[398]. Der Verseinsatz erinnert an 66,18. Beide Male trifft die Beobachtung von Duhm zu, aus der Ähnlichkeit mit dem Stil der Priesterschrift, wo dieses vorangestellte ואני unzählige Male aufscheint (Gn 9,9 ; 17,4 u.ö.), auf den Sekundärcharakter der Stelle schließen zu dürfen. Von ‚ nicht sollen weichen ' her präsentiert sich der Vers in Marû-Stellung (x-yiqtol), in der Form der Heilsankündigung. Abhängig von ‚ mein Geist ' und ‚ mein Wort ' sind je ein nominaler und verbaler Schaltsatz, in der Stellung x-qatal im Sinn eines punctualis in der Vergangenheit. Gegen den Anfang und zum Schluß hin steht jeweils die Beteuerungsformel in Parenthese. Nominal, analog zum Versanfang, endet der redaktionelle Überleitungsspruch mit „ von nun an bis in Ewigkeit "[399].

3. Gattungsanalyse.

Die Gattungsbezeichnungen der Exegeten divergieren. Viele signieren mit Elliger Kap. 59 als ‚ Liturgie '[400], nach Fohrer näherhin als „ eine den kultischen Verhältnissen nachgebildete prophetische Liturgie (vgl. zu 24,1 – 27,13), die nacheinander zwei Scheltworte (V. 1-4.5-8), ein Volksklagelied (V. 9-15a) und eine Verheißung umfaßt (V. 15b-20) "[401]. Eine andere Richtung spricht mit Keßler von ‚ Predigt '. Westermann geht dem Grund dieses Auseinanderfalles nach und findet ihn im Charakter des Stückes : „ Das Grundgerüst des Kapitels ist das einer Volksklage, aber einer erhörten Volksklage "[402] ; die Abwandlung geschehe durch eine sich einmischende prophetische Stimme. Doch gleiche das Kap. „ den von Gunkel so genannten prophetischen Liturgien "[403]. Daß die Frage der Heilsverzögerung „ einer aufmerksamen Zuhörerschaft gewiß sein " konnte (Fohrer), ist einsichtig. Worüber man sich aber nicht äußert, was aber interessant wäre, ist

---

398 Zum Thema ‚ Bund ' vgl. zur üblichen Lit. J. SCHARBERT, Solidarität in Segen und Fluch im AT und in seiner Umwelt, BBB 14 (1958) bes. 228-235.

399 Zu עולם vgl. Th. BOMAN, Das hebräische Denken..., 131f : ‚ Zeit ohne Grenzen '.

400 Einheit..., 15. Er versteht Liturgie als „ eine Zusammenstellung von an sich verschiedenen, aber in der Zusammenstellung als eine organische Einheit wirkenden Stücken, in denen wechselnde Personen reden ".

401 214.

402 274.

403 241.

die Frage, wie man sich das Kapitel konkret vorgetragen denkt. Wenn kultischen Verhältnissen nachgebildet (Fohrer), war dann das Volksklagelied nur eine Fiktion, ein Aufbauschema für den Vortrag des Propheten? Haben die einzelnen Gliedgattungen einen eigenen Horizont, oder sind sie nur Stilelemente einer Rahmengattung?

Vom Inhalt und von der Form her war deutlich geworden, daß keine Strophe bzw. Gliedgattung ihre Strukturelemente rein durchgehalten hat. Auch die voranstehende Bestreitung geht gegen V. 4 hin zu einer Art Beschreibung über. Das Mittelstück ist in etwa ein ‚Bußlied', worin Wir-Klagen, ein Sündenbekenntnis und Klagen über die Zustände eingegliedert sind. Keine direkte Bitte um Wendung der Not richtet sich an Gott. Der Kreis derer, welche hier zu Wort kommen, scheint keine Repräsentation des Volksganzen zu sein (vgl. V. 20). Schuldeinsicht und Bekenntnis sind durch ‚darum' als Reaktion auf V. 1-4 verbunden gedacht. Der Prophet skizziert darin die gegenwärtige Lage und nimmt sich keineswegs die Autorität heraus, im Auftrag Gottes Gericht anzukündigen. Er möchte seine Hörer zur Einsicht führen, daß ihre Sündhaftigkeit die Schuld an den leidigen Umständen trägt. Ihre Umkehrbereitschaft würde den Vergebungswillen Jahwes erregen. Auch in V. 15b-20 ist die ‚Epiphanie' nur ein Stilelement. Der Sprecher hat sie theologisch uminterpretiert, was ihm nur holprig gelungen ist. Die Stoßrichtung der üblichen Epiphanieschilderungen richtet sich gegen äußere Feinde Israels. Hier wird das Prinzip auf die Frevler schlechthin, auch innerhalb des Volksganzen, umgedeutet, dementsprechend die zweite Seite des epiphanen Kommens Jahwes auf die ‚Bekehrten in Jakob' eingeschränkt. Der Sprecher argumentiert aus der Überzeugung von Jahwes Bundestreue her, er beschreibt sein Eingreifen mit überkommenen Vorstellungsbildern aus der Heilsgeschichte Israels; er aktualisiert also bloß überkommene Heilserwartung. Somit tragen die Gliedgattungen ihre Funktion zu der Gesamtintention des Sprechers bei. Sein Vortrag hat eher das Gewicht eines Diskussionsbeitrages als einer offiziellen Gottesbotschaft. Die Betrachtungsweise von V. 5-8 ist schon so allgemein weisheitlich orientiert, daß sie erst später als Textauffüllung eingeschoben worden sein kann.

Versuchen wir noch einmal vom Anlaß des Spruches her das Konzept des Sprechers zu rekonstruieren. Es spricht ein prophetisch engagierter Mann, der auch in V. 9ff der Wortführer ist, um einen Ausweg aus dem gegenwärtigen Dilemma aufzuzeigen. Er beginnt mit der Bestreitung einer ‚Anklage Gottes', einem Satz aus einem

Volksklagelied. Wenn später ständig Elemente eines Volksklageliedes anklingen, sind sie eine Anspielung auf die Auslöseursache der vorliegenden Rede. Doch der kultische Rahmen einer Bußfeier ist bereits verlassen, ein Teil der Teilnehmer zählt nun zum Hörerkreis des Propheten; mit ihnen setzt er sich auseinander. In anklagendem Ton klärt er die Hintergründe für das Verhalten Jahwes. Sein Heil läßt auf sich warten, nicht weil es an seinem Heilswillen gebricht, sondern, weil ihre Unbußfertigkeit und Verderbtheit im Wege stehen. Ihre Enttäuschung und Verzagtheit haben sie ungerechtfertigt in eine ‚Anklage Gottes' gekleidet. Dies legt V. 1-4 dar. Die Thematik von V. 9-20 liefert V. 1. Seine beiden Gieder, die von Jahwes Eingreifen (‚helfen') und Zuwendung (‚hören') reden, werden in V. 9-15a (bes. V. 12) — das Einbekenntnis der eigenen Schuldhaftigkeit motiviert indirekt die vergebende Zuwendung Jahwes — und V. 15b-20 — Jahwes Eingreifen als Richter und Erlöser — entfaltet.

V. 9-15a geht in der Einsicht der eigenen Mitschuld in die Wir-Form über. Die Verse sind kein selbständiges Klage- oder Bußlied. Es setzt als Schilderung der beklagenswerten Situiertheit der Gemeinde ein; Bildvergleiche sollen Eindruck und Wirkung bei den Zuhörern erhöhen. Wie man aber im AT über Gott nicht reden kann, im Sinne unserer sachlichen Diskussionen, ohne ihn anzusprechen und sich ins Bewußtsein seiner Gegenwart zu versetzen, geht V. 12 in die Gebetsform, in die direkte Anrede in Form eines Schuldbekenntnisses über, um mit V. 13 wieder in die Schilderung und das Aufdecken der verfahrenen Zeitlage, als Wurzel der Gottesferne und Unheilssituation, zu verfallen.

Hat man V. 9ff unrichtig als ‚Volksklagelied' verstanden, wird man sich auch bei der Einordnung der Verse 15b-20, bei der Frage nach deren Funktion im Kontext, schwer tun. Als Antwort auf ein Volksklagelied erwartete man sich als göttlichen Spruch eine Heilsankündigung, oder wie man zu Gunkels Zeiten noch ungenau definierte, ein Heilsorakel[404]. Unsere ‚Epiphanie', der eine Wendung ins Apokalyptische anhafte[405], sei nun, meint Westermann, eine „Weiterbildung des Heilsorakels"; Jahwe künde sein Eingreifen

---

[404] Vgl. J. P. Peters, The Psalms as Liturgies, London, 1922; — H. Gunkel - J. Begrich, Einleitung..., § 4, 136ff, 329, 410f, — J. Begrich, ZAW 52 (1934) 81-92; — J. J. van As, Skuldbelydenis en Genadeverkondiging in die Oude Testament, Proefschrift Utrecht, 1961, 183. — Zum Heilsorakel als Antwort auf ein Volksklagelied vgl. Cl. Westermann, Theol. Bü 24, 330f.

[405] Das Loben Gottes.... 73.

nicht selbst an, „ dieses Eingreifen Gottes wird geschildert (in der 3. Person) “ [406].

Mir scheint nun, daß dieser Schlußteil von Kap. 59 noch nach einer besonderen theologischen Tiefe und Zielrichtung hin auszuschöpfen ist. Die Hörer sind in einer fatalen Lage, scheinbar sich und ihrer Gottferne überlassen. Wie wir aus der Heimkehrersituation wissen, beanspruchten die umliegenden Völkerschaften, die Samariter, Moabiter und Ammoniter, das sog. nachexilische , Volk des Landes ‘, die sozialen und politischen Privilegien. So verwundert es nicht, daß der Prophet unter dem Eindruck und im Stil der Epiphanieschilderung Jes 63,1-6 redet. Aber er will mehr als Jahwes geschichtsmächtiges Eingreifen an seinen Feinden, umgedeutet auf die Frevler im Volk, , schildern ‘. Sein Erzählen ist zugleich ein Preisen von Gottes Treue. Am Modell der Befreiungstat am Schilfmeer (, Erlöser ‘), implizit eine Deutung vom Fall Babels und der Heimkehr, wird den Hörern die Kontinuität des göttlichen Heilswillens von den Anfängen der Volksgeschichte her vor Augen gestellt. Doch wird die eschatologische Wende mit einer Scheidung quer durch das Volk verbunden sein. Nun kommt die zweite Intention und Funktion des Abschlußteiles auf Gott hin zum Tragen. Wenn der Prophet an Jahwes Taten erinnert, redet er aus dem Bewußtsein, daß die Geschichte Gottes mit seinem Volk wesentlich davon abhängt, ob es zu einem Verstummen des Lobens Gottes für seine Taten kommt, oder nicht [407].

Wenn der Prophet in Jes 59 die Selbstsicherheit der Hörer erschüttert, zur Zuversicht und zum Vertrauen auf Jahwes kontinuierlichen Heilswillen ermuntert, und im Schuldbekenntnis und in der lobenden Schilderung göttlichen Handelns Jahwes Eingreifen selbst motiviert, entspricht die vorliegende Rede noch am ehesten einer , Erweckungspredigt ‘.

Jesaia 60 - 62

1. Literarkritik.

a) Zur Geschichte der Exegese.

Die literarische Abhängigkeit der Kap. 60 – 62 von Dtjes wurde oft und ausführlich in den Kommentaren erörtert. Wenige erwogen dieselbe Urheberschaft, dafür sprach man meist von Trjes als einem

[406] 48 ; vgl. 69-76.

[407] Vgl. Cl. Westermann, TheolBü 24, 332f.

‚Nachahmer' (Eißfeldt) bzw. Schüler von Dtjes. Auffallend fand man vor allem die Nähe bestimmter Abschnitte zu den Ebed-Jahwe-Liedern [408]. Diese Fragestellung ist für uns jedoch zweitrangig. Uns interessiert die Frage nach der inneren Geschlossenheit dieser drei Kapitel und, wie ihr Verhältnis zum unmittelbaren Kontext ist.

Westermann bezeichnet mit vielen anderen Auslegern Kap. 60 – 62 als „den eigentlichen Kern der Sammlung 56 – 66. Sie bilden das Corpus einer in sich geschlossenen Heilsbotschaft" [409]. Früher einmal hat man häufig die Verse Jes 61,1-3 aus dem Zusammenhang gelöst und als versprengtes Gottesknechtslied angesehen [410]. Untersuchungen wie die von Zimmerli über die Sinnumdeutungen trjes Worte gegenüber der dtjes Vorlage haben heute derartige Kombinationen fast zum Verstummen gebracht [411]. Es wäre nun die Frage, ob die Kap. in einer inneren Zuordnung und in einem bestimmten Verhältnis zueinander stehen, weiters, ob ihnen eine gemeinsame Disposition zugrunde liegt, ein klarer Aufbau und eine bestimmte Intention. Für Westermann bietet den Schlüssel zur Erklärung „die Erkenntnis, daß den drei Kapiteln 60 – 62 die drei Glieder der Klage zugrunde liegen:

---

[408] Vgl. bes. K. Elliger, Dtjes, — W. W. Cannon, ‚Isaiah 61,1-3 an Ebed-Jahweh poem', ZAW 47 (1929) 284ff; — Ders.: Isaiah c. 57,14-21. CC. 60 – 62, ZAW 52, NF 11 (1934) 75-77. Letzterer verfocht die Ansicht, Kap. 60 – 62 hätten ursprünglich hinter Kap. 54.55 ihren Platz gehabt.

[409] 280.

[410] W. Rudolph, Der exilische Messias, ZAW 43 (1925) 111ff, gehört hieher. Sein Argument: „möglicherweise sind heute nicht mehr alle von diesen Liedern erhalten" (112), griff O. Procksch in seiner Arbeit: ‚Christus im AT', NKZ 44 (1933) bes. 72, auf und reihte so Jes 61,1-3 dem üblich anerkannten Komplex der Ebed-Jahwe-Lieder ein. — Ders.: ThLBl (1923) Nr. 13; — Ders.: Theologie des Alten Testaments, Gütersloh, 1950, 284. Man vgl. weiters F. Delitzsch, Der Prophet Jesaia, 1889, 4. Aufl.; — W. Caspari, NKZ (1929) 729ff; — W. W. Cannon, siehe oben; — Van Hoonacker, Het boek Isaias, 266f (er rechnet 61,1-6 dazu); — V. Orelli, z. St., sieht in 61,1-3.10-11 ein derartiges Bruchstück. Neuerlich noch St. Lassalle, Y-a-t-il dans Isaie un cinquième chant du serviteur? Bulletin Renan 98 (1963) 3-4. Er bejaht die im Titel gestellte Frage; der in Jes 61,1ff zu Wort kommende Ebed sei Onias III., der 171 v. Chr. gemartert wurde.

[411] 68ff. W. Zimmerli sieht in Jes 61,1ff den frühesten Zeugen in der Deutungsgeschichte der Ebed-Jahwe-Lieder. Vgl. noch Gegenargumente bei R. Koch, Geist und Messias, Wien, 1950, 119-127; — J. Scharbert, Heilsmittler im Alten Testament und im Alten Orient, Quaest. Disp. 23/24 (1964) 201ff — Man vgl. auch das Urteil der alttestamentlichen Einleitung von A. Robert – A. Feuillet auf 562: „Gegen Van Hoonacker ist zu sagen, daß hier nicht der Knecht Jahwes spricht, da dieser keinen Aufruf an die Heidenvölker erläßt."

Kap. 60 die Feindklage (ihr entgegen der Zug der Völker zum Zion), Kap. 61 die Wir-Klage (ihr entgegen Aufbau Zions und Wiederherstellung der Ehre) und Kap. 62 die Anklage Gottes. Ihr entgegen steht in der Mitte von Kap. 62 die Verkündigung, daß Gott sich seinem Volk wieder zugewandt hat " [412]. So einleuchtend dieser Hinweis auf eine mögliche gegenseitige Ergänzung ist, so legt er sich damit doch vorzeitig darauf fest, daß sie gemeinsam literarisch konzipiert wurden. Aber sind sie nicht eher aus von einander unabhängigen Situationen heraus entstanden zu denken ? Nur wenige Exegeten sprachen von Kap. 60 – 62 als einer größeren Einheit [413]. Niemand bezweifelte allerdings dieselbe Verfasserpersönlichkeit. Meist spricht man von einer , kleineren Sammlung '. Man hat es nicht verabsäumt, auf die tiefe Zäsur hinter 60,22 aufmerksam zu machen. Duhm erachtete denn auch eine andere Aufeinanderfolge der Kap. als ursprünglich. Er ordnete Trjes in die Kap. 61 – 66 und 56 – 60 an [414]. Sein Vorschlag blieb ohne Echo. Später stößt man jedoch öfter auf die Meinung, allein die Kap. 61 und 62 gehörten zusammen [415]. Einige erwogen auch als Endlösung, Kap. 61 aus dieser Sammlung auszuscheiden und Kap. 60 – 62 zusammenzuziehen [416].

Aber gibt der heutige Text überhaupt die Reihenfolge der Entstehung wieder ? Wenn etwa Ziegler bemerkt, in 60,1ff sehe „ der Dichter bereits im Geiste die Herrlichkeit des neuen Jerusalem gekommen " ; 62,1f stehe sie noch aus [417], wäre nicht auch zu fragen, ob man die Kapitel umstellen sollte ? Die nachstehende Untersuchung ist diesem Problem nachgegangen und ist zu dem Ergebnis gekommen, daß die Abfolge Jes 61 ; 62 und 60 der ursprünglichen Reihung entsprechen müsse. Die redaktionsgeschichtliche Untersuchung wird zu erklären versuchen, weshalb der Red. diese Umstellung im heutigen Text vornahm. Die Literarkritik legt nahe, Jes 61,1-9.11 ; 62,1-9

---

[412] 297.

[413] Vgl. G. Hölscher, Die Profeten, 1914, 354 und 374f ; — J. Fischer, 171 ; — J. Ziegler, 171-178. Von E. J. Kissane, wird Jes 60,1 – 63,6 als Einheit gezählt ; vgl. 253-284.

[414] Bereits T. K. Cheyne, deutsch 1897, betonte im Zusammenhang mit der Erörterung unserer Kapitel : „ So viel ist wenigstens klar, daß Kap. 60 und 61 nicht im Zusammenhang stehen ".

[415] Vgl. E. Littmann, 30 ; — K. Marti, 385 ; K. Cramer ; — G. A. Smith, The Book of Isaiah, II, 1927, 2. Aufl., 462 und 472-481 ; — L. Dennefeld, Les grands prophètes, 1946, 215.

[416] So P. Volz, 249ff ; — P. Auvray - J. Steinmann, 227.

[417] Isaias, 1953, 176.

und 60,1-22 als primäre Einheiten anzusehen. 62,10 muß im ersten, der Endredaktion vorausgegangenen Kompositionsgang vom Propheten selbst als Überleitung zum heutigen Kap. 60, und 61,10 im Hinblick auf den gesamten Überlieferungskomplex eingefügt worden sein ; 60,22 hätte in diesem Stadium den gemeinsamen Abschluß gebildet. Der summarische Charakter von 62,11-12 müßte dann auf den Red. des Trjes-Buches zurückgehen. Durch das Voranstellen von Kap. 60 vor 61 war 62,10 noch unverständlicher und isolierter geworden. Mit 62,11f fand dieser Vers und der gesamte Komplex seine Abrundung und Ausrichtung. Zugleich war der Übergang zu 63,1ff erleichtert.

In 61,1ff (und 62,1) kommt jener Prophet, in der 1. Pers. von sich selbst redend, zu Wort, auf den die gesamte ‚kleine Sammlung' zurückgeht. 61,1ff hat das Gewicht der Schilderung eines Berufungserlebnisses. Zumindest spricht daraus sein prophetisches Selbstbewußtsein und seine Absicht, für seine Botschaft eine Beglaubigung und Autorisierung vorweisen zu können. Wie jeder Prophet weiß er sich dem Gebot der Stunde verpflichtet. Sein jeweiliges Selbstverständnis wird jenen prophetischen Funktionen entsprechen, die ihm die Aufrechterhaltung der bundesgemäßen Gottesbeziehung Israels abverlangt. Man wird erwarten können, daß Jes 61 eine erste Etappe, Kap. 62 und 60 weitere solcher Zeugnisse seines Prophetenberufes wiedergeben. Seine Gestalt tritt hinsichtlich der menschlichen Erscheinung ganz hinter dem zurück, was er an Dringlichem von Gott her seinen Hörern auszurichten hat. Mit diesen drei Kapiteln, die ausschließlich verheißenden Charakter tragen, werden wesentliche Strukturen nachexilischer Gottesbeziehung und endzeitlicher Hoffnung Israels sichtbar.

b) Literarkritik von Jes 61.

Kap. 61 ist eine dreistufige Verkündigungseinheit mit dem Abschluß in V. 11. Von Inhalt, Form und Gattung her ist V. 10 als nachträgliche Einfügung gekennzeichnet. Viele setzen ihn an das Ende des Kap., also nach V. 11 (Westermann)[418]. Die drei Strophen

---

[418] Vgl. B. Duhm, T. K. Cheyne über R. Abramowski, McCullough bis herauf zu G. Fohrer. Am Übergang zu V. 10 findet sich im Targum die erläuternde Einführung : „Jerusalem spricht". K. Marti meinte, 61,10 habe entweder hinter 62,10 (so auch T. K. Cheyne) gestanden, oder sei Randglosse gewesen. R. Abramowski urteilt : „... ein Stück späterer Singpoesie zu 62,5b beigeschrieben", 103.

V. 1-3 ; 4-7 ; 8-9.11 umfassen je sieben Zeilen [419]. Das Metrum schwankt. Der anfängliche Zweier-Rhythmus wechselt ab V. 2b zu Doppel-Dreiern über. In V. 5f und 7b finden sich wiederum Zwei- und Vier-Heber. In V. 8a zählt man den Rhythmus 4 + 3, V. 8b als 3 + 4, V. 9a.b.11a als 3 + 3 ; V. 11b zähle ich 3 + 2 mit einem dreihebigen Kurzvers als Abschluß.

Kap. 61 stellt innerhalb des trjes Buches eines der wesentlichsten prophetischen Verkündigungsstücke dar. Man darf, um seine Bedeutung abzuschätzen, nicht beim vordergründigen prophetischen Selbstbewußtsein stehen bleiben, sondern muß nach seiner Gottesvorstellung weiterfragen. Natürlich ist die Sicht von Zimmerli nicht falsch, wenn er sagt : „ Die Grundaussage dieser Verse ist die Aussage seiner Sendung " [420]. Aber V. 1-3 enthüllt mehr als bloß ein prophetisches Sendungsbewußtsein. Diese erste Strophe spricht davon, daß Gottes erste Sorge der Not des einzelnen gilt. Es werden nicht irgendwelche Fakten beschrieben, die Gott zu setzen gedenkt, sondern es wird angekündigt, daß Gott die personale Beziehung zum einzelnen aufzunehmen gedenkt ; sein Heilswort wird den Menschen dort aufsuchen, wo er inmitten seiner persönlichen Existenzbedrohung den Glauben an sich und eine heilvolle Zukunft zu verlieren droht. Wenn der Prophet vorgeprägtes Formelgut aus den Ebed-Jahwe-Liedern verwendet, spielt wohl die Intention mit, den Hörern klarzumachen, daß Gott sein einmal gegebenes Verheißungswort nun zu aktualisieren gedenkt. V. 1-3 kündigt somit die Wende der inneren Not jedes einzelnen an. Der Prophet spricht nicht zum Selbstzweck von seiner charismatischen Berufsbegabung. Hier geschieht eine , Proklamation ' dessen, was der Bundesgott Jahwe am Menschen, an den , Armen ', die von ihm die Wende ihres Geschickes erwarten, zu tun gedenkt. Es geht tatsächlich nicht um die Person des Sprechers, sondern nur um das Gewicht seiner Botschaft. Sein Wort wird auf die Trauer die Freude und auf das Klagelied das Loblied folgen lassen. Seine Verkündigung hat dasselbe Gewicht und dieselbe Funktion wie das priesterliche Heilsorakel in Beziehung auf das Klagelied des einzelnen. Dieses spricht die

---

[419] Eine andere Stropheneinteilung bietet etwa H. ODEBERG : V. 1-3ab. 3c-9.10-11 (S. 15). F. FELDMANN zählt : V. 1-3.4-9.10-11. R. ABRAMOWSKI (102ff) tilgt V. 2a.7a.10 und zählt sechszeilige Strophen : V. 1-3 ; 4-7b ; 8.9.11. Die Worte , ihnen zu geben Putz statt Schmutz ' (F. FELDMANN) sind nach Abramowski „ als Wortwitz dem Verfasser kaum zuzutrauen " (103). P. VOLZ gibt an : V. 1-3.4-7a.7b-9.10-11.

[420] 69.

Wende der Not zu, die Zuwendung Jahwes. Für den Beter aber wird es zum Anlaß, seine Zuversicht zu bekennen und Gott zu loben.

In 61,1-3 wird diese persönliche Zuwendung Gottes für die Zukunft angekündigt. Ging es V. 1-3 um die Wende der inneren Not, so wenden sich V. 4-7 nun der äußeren Notsituation im Lande zu. Sie verkünden den Wiederaufbau und die Lebenssteigerung im Lande, sowie doppelte Genugtuung für die , zwiefältige ' Schande und Schmach. Die Intention Gottes und ihre eigene werden sich treffen. Aber erst auf Grund dessen, daß sie innerlich Hoffnung geschöpft haben, werden sie auch die Restauration in Angriff nehmen können.

Die dritte Strophe V. 8-9.11 verheißt die Dauer dieser personalen Beziehung : einen ewigen Bund gedenkt Gott mit ihnen zu schließen. Noch eines wird dann vor allen Völkern offenbar werden : daß sie und ihre Nachkommen durch den Segen Gottes im Heil stehen. V. 11 sieht auf die erste Strophe zurück. Dem ganzen Kap. ist es gemeinsam, daß es hier nicht um die eschatologische Wende, sondern um das Stehen im Heil, um den Heilszustand als personale Beziehung zwischen Gott und dem Volk (und dem einzelnen) geht.

Mehrere Einzelmomente verdienen noch hervorgehoben zu werden. Die erste Strophe ist beherrscht von drei Verba finita : משח (V. 1a), שׁלח (V. 1b) und קרא (V. 3c). Das erste Prädikat , salben ' kennzeichnet den prophetischen Sprecher : durch die göttliche Geistsalbung erhielt er seine Berufsbegabung. Das zweite Verbum , senden ' spricht von der mitmenschlichen Zielsetzung dieser dauernden Zurüstung mit dem Geist Gottes, vom personalen Bezug seiner Berufung durch Gott : er begegnet der persönlichen Not seiner Mitmenschen als Gesandter Gottes ; an seiner charismatischen Person und seinem Wort erfahren sie die heilende Zuwendung und Nähe Gottes. Der dritte Begriff, , benennen, ausrufen des (neuen) Namens ' bringt die Bestätigung der vollzogenen inneren Wende : die Existenz dieser Menschen wird nicht mehr durch die Trauer- und Klagesituation erschüttert und gekennzeichnet sein ; Jahwes Eingreifen wird ihre Lebens- und Glaubenskräfte neu belebt haben.

Die Aussage vom dauernden Geistbesitz steht auf einer Linie mit Jes 42,1 (vgl. 11,2 ; 48,16b) und Mi 3,8. Nur an dieser letzten Stelle ist sie ebenfalls als Selbstzeugnis formuliert. Ansonsten mieden es die (vorexilischen) Propheten, vom eigenen Geistbesitz zu reden, da auch falsche Propheten sich auf ihn berufen konnten. Im AT ist die Zuordnung des Begriffes , salben ' zur רוח יהוה auf Jes 61,1a beschränkt. Heute ist man sich darüber ziemlich einig, daß die

die , Salbung ' hier nicht einen äußeren, körperlichen Vollzug meint, sondern den übertragenen Sinn von , bevollmächtigen ' (Westermann). , mit einem charismatischen Amt betrauen ' (Scharbert) hat [421]. Wenn sich der Prophet am Beginn seiner Rede auf diese Geistsalbung beruft, will er nicht die Bedeutung seiner Person hervorkehren, sondern Autorität und Legitimation für seine Verkündigung fordern ; er spricht nicht aus eigener Machtvollkommenheit, sondern auf Grund göttlicher Berufung. Gottes Treue steht für die Wirkmächtigkeit seines Wortes gut. Die uneingelösten dtjes Verheißungen haben die innere religiöse Unsicherheit unter den Heimkehrern ausgelöst. Das neue Verheißungswort unseres Propheten ist darum eine neue Belastungsprobe für die Glaubensbereitschaft und Glaubensfähigkeit der Zuhörer. Wenn der Prophet darauf verweist, unter dem Einfluß göttlicher Geistbegabung zu sprechen, will er seine Hörer auffordern, den existentiellen Entscheidungscharakter der Stunde zu erkennen. Das prophe-

---

[421] Hos 9,7 wird der Prophet , Mann des Geistes ' genannt. Vgl. 1 S 10,6 ; 1 Kg 18,12 ; 22,21f ; (2 Kg 2,9.16) : hier ist , Geist ' gemeint als , Triebkraft zum Reden '. Vgl. J. Hänel, Das Erkennen Gottes bei den Schriftpropheten, BWAT NF 4 (1923) 174 : der Geist ist nicht dazu da, die Einsichten finden zu lassen, sondern sie zu überbringen (vgl. Sa 7,12), d.h. der Geist ist ,, Vermittler der göttlichen Worte ". Vgl. zu Jes 61,1 S. 192 ; — J. Scharbert, Heilsmittier 202 : ,, Gesalbt sein " bedeute ,, mit einem charismatischen Amt betraut sein " ; — R. Koch, 125 : Salbung sei hier bildlicher Ausdruck für ,, berufen, bevollmächtigt sein. " Nach P. Volz meine damit der Sprecher, er fühle ,, sich innerlich zum Propheten berufen " (96). W. Caspari, Der Geist des Herrn ist über mir, NKZ 40 (1929) 729-747, der Sprecher habe als ,, Mittler " (d.h. Wortführer und Amtsträger in der Gemeinde) sagen wollen, er habe ,, die heilige Weihe rechtmäßig empfangen. Seine Amtshandlung findet unter dem Beistand des göttlichen Geistes statt. " (735). Cl. Westermann, Die Mari-Briefe und die Prophetie in Israel, TheolBü 24 (1964) 171-188 : Die Inspiration (mit oder ohne ekstatische Erscheinungen), aus der heraus ein Gotteswort entstehe, sei an sich etwas Grundanderes als die Sendung eines Boten... Beides sei später kombiniert worden (z.B. Jes 61,1) ,, von Haus aus hat die prophet. Inspiration mit der Sendung eines Boten nichts zu tun ", 174. Vgl. weiters H. Gressmann, Der Messias..., 4ff ; — C. C. Torrey, The Influence of Second Isaiah in the Gospels and Acts, JBL 48 (1929) 24-36. Er untersucht die Traditionslinie von Jes 61,1ff bis herauf zu den neutestamentlichen Belegstellen. Ähnliche Bemühungen bei L. C. Grockett, The OT in the Gospel of Luke ; with Emphasis on the Interpretation of Is 61,1-2 (2 vol.), Diss. Brown Univ. 1966, 384 S. (vgl. Diss. Abstr. 28, 1967f, 764) ; ebenso bei M. de Jonge – A. S. van der Wonde, 11Q Melchizedek and the NT, NTS 12 (1965f) 301-326 ; — J. Obersteiner, Die Christusbotschaft des A. T., Wien, 1947 ; — E. Kutsch, Salbung als Rechtsakt im Alten Testament und im Alten Orient, ZAWBeih 87 (1963) 78 S.

tische Wort löst eine neue (Glaubens-)Krise aus. Aber gerade diese Krisensituation ist es, in der Gott ‚ den Armen ' zur frohen Botschaft wird, gebrochene Herzen heilt, innere und äußere Freiheit, Befriedung und Freude wirkt.

שלחני ‚ er hat mich gesandt ' (V. 1b) ist ein Wort, das an den entscheidenden Stellen atl. Berufngsgeschichten aufscheint (Jes 6,8 ; Jr 1,7 ; Ez, 2,3 u.ö.). In Jes 61,1ff sind davon sechs Zweckinfinitive abhängig, welche die Berufsaufgaben, die ‚ Mittler-Funktionen ' (Westermann) unseres Propheten erläutern. Weil man aber vom Standpunkt des Propheten, nicht aber von der Notsituation des Hörer aus urteilte, findet man bei den meisten Exegeten die verwunderte Feststellung, man hätte kein so formelhaftes Reden erwartet. Sei doch jede Prophetenberufung ein neuartiges Erlebnis, wenn auch in der Wiedergabe an ein bestimmtes Erzählschema gebunden [422]. Wir sind bereits darauf eingegangen, warum sich der Prophet nicht einer originalen und persönlichen Formulierung, sondern eines dtjes Vokabulars bediente. ‚ Frohe Botschaft den Armen zu bringen ' steht wie ein allgemeiner Übertitel voran. Auch Dtjes kennt das Frohbotschaften (vgl. 40,9 ; 41,27 ; 52,7 ; dazu 60,6), allerdings als Ansagen eines bereits bei Gott Geschehenen. Jes 61,1b meint es ein Ankündigen dessen, was geschehen wird. Jahwe wird den ‚ Armen ' sein besonderes Augenmerk und seine Sorge zuwenden, jenen, die jetzt gedrückt sind, aber ihre Sache Gott anheimstellen, sich gehorsam unter seine Hand beugen und darauf verzichten, ihre Sache selbst zu führen. Ihrem Hilfesuchen wird Gott entsprechen. Die Redeweise von denen, die ‚ zerbrochenen Herzens ' sind, erinnert an Jes 42,3f (vgl. 50,4b).

V. 1c hält sich an das erste Ebed-Jahwe-Lied (42,1-9). ‚ Freilassung auszurufen ' ist ein term. techn. für die Freilassung israelitischer Sklaven anläßlich des Sabbatjahres (Jr 34,8.15.17 u.ö.), oder Jubeljahres (jedes 49. bzw. 50. Jahr ; Lv 25,8ff ; Dt 15,12) [423]. Der Text der zweiten Zeilenhälfte ist verworren. Am besten liest man mit Köh-

---

[422] Vgl. M. Noth, Amt und Berufung, Bonn, 1957 ; — E. Neuhäusler, Art. ‚ Berufung ', LThK, Bd. II, 2. Aufl., Sp. 280-283 ; — Ders. : Berufung. Ein biblischer Grundbegriff, BiLe 8 (1967) 148-152 ; — J. Fichtner, Art. ‚ Berufung ', RGG I, 1957, Sp. 1084f ; — K. Pauritsch, Art. ‚ Berufung ', PBL, Sp. 120-124. — Zur Form- und Traditionsgeschichte der prophetischen Berufungserzählungen vgl. W. Zimmerli, Ezechiel, BK XIII, 16-21.

[423] Zum ‚ Jubeljahr ' vgl. : H. J. Kraus, Der Gottesdienst..., 88-92 ; — R. de Vaux, Das Alte Testament und seine Lebensordnungen I, Freiburg–Basel–Wien, 1964, 2. Aufl., 1. Bd., 282-285.

ler לסנורים , für die Geblendeten ' (Gn 19,11 ; 2 Kg 6,18), außerdem mit BH פקחקוח im Sinn vom Öffnen der Augen [424].

Nach V. 2 besteht Hoffnung auf den nahe bevorstehenden Anbruch der Heilszeit (vgl. 56,1f). Das Bildgut ist gegenüber der Vorlage (Dtjes) weitgehend geistig umgedeutet [425]. Während die Funktion des , Tröstens ' auf Dtjes zurückgreift (40,1 ; 49,13 ; 51,3 u.ö. ; vgl. 57,18 ; 66,11.13), ist mit den , Traurigen ' ein Begriff verwendet, der Dtjes fremd ist. Ob das Wort vom , Tag der Vergeltung unseres Gottes ' bloß nach seiner positiven Seite hin als , Wiederherstellung ' (Westermann) zu verstehen ist, bezweifle ich. In allen Formulierungen ging es bisher um die Aussage, daß Jahwe die persönliche Not des einzelnen und des Volkes zu wenden gedenkt. Man wird Jahwe als Helfer erfahren. Da dem Sprecher die Epiphanievorstellung keineswegs fremd ist (vgl. Kap. 60 und 62), ist anzunehmen, daß sich das Schema , Jahwe kommt für die Feinde als Richter und für die Seinen als Retter ' unwillkürlich auf die Zunge gedrängt hat. Für der Red. mag das der Anlaß gewesen sein, Jes 63,1-6 an Jes 60 – 62 anzufügen, wo nur von der Wende zum Heil gesprochen wird [426].

Zu V. 3 ist , alle Trauernden zu trösten ' (V. 2b) zu ziehen, dafür 3a*a* als Textvariante zu tilgen, und אבל מעטה sinnvollerweise in der Reihenfolge umzustellen (BH). אילי ist Plural von איל , mächtiger Baum, Eiche '. Der Vers verwendet Kontrastbegriffe für die Lage der Hörer , jetzt ' und , dann '. Das Wortspiel פאר תחת אפר hat Köhler mit , Putz statt Schmuck ', Fohrer etwa mit , Schmuck statt Schmutz ' wiedergegeben. Freude und Lobgesang sind nicht bloß die Reaktion auf die Heilszuwendungen Jahwes, sondern die typische Lebensform und Ausformung der Haltung solcher, deren Not durch das göttliche Heilswort gewendet wurde (vgl. 65,13f.18 ; 66,10). Hier wird ein dauerndes Heilsgut angekündigt und nicht bloß, wie manche

---

[424] Vgl. dazu J. Ziegler, Untersuchungen zur Septuaginta des Buches Isaias, Atl. Abh. XII/3 (1934) 171.

[425] Vgl. W. Zimmerli, 69ff ; — S. Mowinckel, Psalmenstudien II, 1922, 162ff. Nachdruck Amsterpam, 1961. — H. Ringgren, König und Messias, ZAW 64 (1952) 120-147, sieht in den Ausdrücken , Das Jahr der Gnade ', , Der Tag der Rache ' Hinweise auf das Neujahrsfest Jahwes, vgl. 135.

[426] Vgl. J. Schreiner, Das Ende der Tage, Die Botschaft von der Endzeit in den alttest. Schriften, BiLe 5 (1964) 180-194, bes. 188ff. Er bezeichnet als , eschatologisch ' jene alttestamentlichen Aussagen, ,, die von solch einer radikalen Veränderung der Welt, der Zeit und der Menschheit sprechen, daß man das darauf Folgende als etwas Neues, als ein Sein in andersartiger Zuständlichkeit ansehen muß '', 186.

vermuten, auf einen eingeplanten Stimmungsumschwung im Neujahrsfestritus angespielt.

Das Überwechseln von der 3. Pers. Pl. (V. 4) in den Anredestil der 2. Pers. Pl. hat bei manchen Erklärern Bedenken über die Ursprünglichkeit von V. 5f ausgelöst. Keßler meint, diese Verse hätten formal und inhaltlich gesehen hinter 65,10 einen besseren Platz als hier. Aber auch in Kap. 65 werden die ‚Erwählten' außer in V. 18 nie direkt angeredet. Auch liegt die Pointe von 65,1-10 auf einer anderen Aussageebene als die von Kap. 61,5f.

Am Text sind einige Unebenheiten zu glätten. עמדו (ohne וְ) mit Duhm, Köhler und Abramowski (יעמדו ; G liest ἥξουσιν) von V. 5 zu V. 4 zu ziehen, ist sachlich nicht gefordert. Das letzte Wort von V. 6 ist am besten mit der Jesaia-Rolle als תתיאמרו (vgl. Fohrer) ‚ihr werdet euch großmachen' zu lesen[427]. Wie V. 7a von Abramowski als ‚Glosse' und von Köhler als ‚unverständlich' eingestuft wurde, dehnte Ehrlich eine derartig negative Beurteilung über V. 7 hinaus auch auf die beiden folgenden Verse aus. Er meinte, hier zeichne sich die Hand eines alten Lesers ab, „der an der verheißenen Bereicherung Israels durch die Schätze anderer Völker Anstoß nahm und in einer Randbemerkung dagegen protestierte"[428]. Man heilt die Textunebenheiten am besten, indem man hier die 3. Pers. Pl. liest und mit Budde, Glahn u.a. וְרֹק ‚und Speichel' statt ירנו setzt.

Theologisch gesehen ist das Bedeutsamste dieser zweiten Strophe (V. 4-7) die Gottesvorstellung. Gott und die Menschen (das Volk) werden nicht als in Konkurrenz stehend geschildert. Gottes Eingreifen enthebt den Menschen nicht von seiner Mitverantwortung, sondern entbindet erst sein Tun zu vollem Einsatz. Der Mensch, dem im Gotteswort die Hilfe Gottes zugesagt worden ist, überläßt nun nicht Gott die Gestaltung seiner Zukunft, sondern nimmt sie selbst in die Hand. In V. 1ff ist ihnen vom Propheten angekündigt worden, Gottes Sorge gelte der Not jedes einzelnen. Diese Gewißheit seiner heilenden Nähe und Zuwendung, der Glaube daran, daß Gott für ihre Zukunft garantiert, wird sie nun die Gestaltung und Bewältigung ihrer Umwelt

---

[427] Andere Textvorschläge: תִּתְהַדָּרוּ ‚ihr werdet euch schmücken' (T. K. Cheyne); תתעמרו ‚ihr werdet nach Willkür verfügen über' vgl. Dt 21,14; 24,7 (Ehrlich); תתאמרו ‚sich rühmen' (Condamin, Abramowski); תִּטְעֲמוּ ‚ihr werdet kosten' (J. Hempel, Hebräisches Wörterbuch, 1924, 26b).

[428] Er verstand den ersten Halbvers als Frage: „Sollen sie etwa für ihre Schmach Schande erhalten?" (Die Schätze der anderen Völker würden Israel zur Schande gereichen).

in Angriff nehmen lassen. Dieser Glaube wird sie befähigen, an den Wiederaufbau der zerstörten Städte zu gehen (V. 4). Wie wird die Zukunft aussehen ? Die Hirten-, Bauern- und Winzerarbeiten werden ihnen von den Fremden abgenommen werden (V. 5 ; vgl. 49,23 ; 60,14). Sie selbst sind dann frei für den Priesterdienst vor Gott (V. 6a). Der Gedanke, daß Israel auf Kosten der Fremdvölker leben wird (V. 6b) ist gegenüber Dtjes neu. V. 7 spricht von der Genugtuung Israels für alles bisher Erduldete. Ab V. 5 ging es bereits um die Schilderung von Heilszuständen. Die Redeweise von der , ewigen Freude ', die ihnen Jahwe zuteil werden lassen wird (V. 7b), weist auf V. 3 zurück und bildet zugleich die Überleitung zur letzten Strophe : V. 8-9.11 geht es um die dauerhafte personale Gottesbeziehung : um den , ewigen Bund ' zwischen Gott und seinen Anhängern (vgl. 55,3 ; 59,21).

V. 8 setzt als Jahwerede ein. Mit G (vgl. BH) lese man das letzte Wort in 8a als , frevelhaften Raub '. Jahwes Gerechtigkeitswillen und Treue wird das treue Ausharren (der Armen, der Trauernden) , lohnen '. Wie ihre Schande vor aller Welt offenbar war, wird auch ihr Heilszustand universal Beachtung und Anerkennung finden (V. 9.11). Diese Schlußverse beziehen sich auf das Vorausgehende. V. 9 ergänzt V. 7 im Hinblick auf die Abrahamsverheißung[429]. V. 11 entfaltet V. 9 und verweist auf V. 3 zurück.

In V. 10 ist in יַעְטֵנוּ (Hifil) und יָכִין (BH) zu ändern. Duhm und Köhler verbesserten in יכוננו. Westermann gibt zu unserem Vers eine bedeutsame Feststellung ab : „ Das Lied Jes. 61,10 ist als Psalm eines Einzelnen eingeleitet, und die Begründung ist allgemein als ein Heilshandeln Gottes am Einzelnen beschrieben "[430]. Welche Aspekte sich daraus für die Form- und Gattungsgeschichte ergeben, wird unten behandelt werden. Für den Gesamthorizont des Kap. scheint die Einfügung von V. 10 eine Bestätigung dahingehend zu erbringen, daß es tatsächlich in der Intention des Propheten lag, zur speziellen Situation des Einzelnen ein Wort zu sagen und nicht, auf sein Berufsverständnis aufmerksam zu machen. Der Einzelne wird inmitten des Volksganzen darin sein Heil erlangen, daß Jahwes Wort an ihn ergeht und die Wende seiner persönlichen Not bewirkt. Vorausgesetzt ist, daß er der Krise nicht answeicht und entflieht, in die ihn die Diskrepanz zwischen dem Hoffnungshorizont des Gotteswortes und seiner tatsächlichen Situation gebracht hat.

---

[429] Vgl. St. Porùbčan, Il patto nuovo..., 279.
[430] 295.

c) Jesaia 62.

In seiner Abhandlung „über den Kurzvers‘ hat Fohrer belegt, daß er die meisten Exegeten auf seiner Seite hat, wenn er die Einheitlichkeit von Kap. 62 verficht [431]. Doch sind immer wieder Stimmen laut geworden, die kleinere Abschnitte aus 62,1-12 ausklammern möchten. So streicht Westermann (mit Duhm) V. 2b als Zusatz und V. 8f als nachträgliche Eintragung von 65,21f her [432]. Eine größere Gruppe hat mit Duhm die Verse 10-12 abgetrennt. Fohrers Analyse ist besonders in metrischer Hinsicht wichtig. In Auseinandersetzung mit Mowinckel [433] hat er an 62,10 die Verwendung von sog. „Kurzversen‘ aufgewiesen. Er unterteilt das gesamte Kap. in sechs Strophen: zuerst vier Strophen zu je fünf Langversen — V. 1-3 (3 + 3); 4-5 (3 + 2); 6-7 (2 + 2); 8-9 (3 + 2) —, eine Strophe zu fünf Kurzversen in V. 10, endlich in V. 11-12 die letzte Strophe wiederum zu fünf Langversen (3 + 2).

Am heutigen Text sind bloß wenige Eingriffe vonnöten: In V. 3 tilge man תפארת als Variante zu עטרת (St. constr.), zur Bildaussage vgl. man Stummer [434]. In V. 4a ist das zweite „nicht länger wird man nennen‘ zu streichen (Fohrer) und mit BH שֹׁמֵמָה zu punktieren (vgl. 54,1). Statt „deine Söhne‘ liest man V. 5a sinngemäßer בֹּנֵךְ (יִבְעָלֵךְ) „(heiratet dich) dein Erbauer‘; also ist in Parallele zu V. 5b darunter Jahwe zu verstehen, auch nicht בֹּנַיִךְ „deine Erbauer‘ (Westermann). Ebenso liest man eingangs mit Kissane (vgl. IQIsa) כִּי כִבְעֹל „denn wie... heiratet‘.

Die gemeinsame Untersuchung von Kap. 60 – 62 ergab, daß 62,1-12 nicht die ursprüngliche Einheit wiedergeben kann. Das Kap. ist bereits mit V. 9 zu Ende. Wenn in DSS dieser Vers mit „spricht Jahwe‘ abgeschlossen wird, bestätigt dies nur unsere Einsicht. Die plötzliche Häufung dtjes Formelgutes in V. 10-12 hat man immer schon als auffallend vermerkt. Allerdings überschneiden sich die daraus gezogenen Schlüsse. Westermann definiert: „Diese drei Verse sind am besten als Abschluß der Botschaft Tritojesajas zu erklären. Sie bestärken die Annahme, daß Kap. 60 – 62 ein in sich geschlossener

---

[431] G. Fohrer, Über den Kurzvers, ZAW 66, NF 25 (1954) 199-236. Neudruck ZAWBeih 99 (1967) 59-91; — Ders. zur selben Thematik bereits ThR 20 (1952) 206. Zur Einheitlichkeit vgl. ZAWBeih 99 (1967) 73, Anm. 53-58.

[432] A.a.O. S. 299, 300f.

[433] ZAW 65 (1953) 167-187.

[434] Vgl. Keilinschriftliche Parallelen, JBL 45 (1926) 186-189.

Komplex sind "[435]. Auch Fohrer konnte sich der Besonderheit dieser Verse im Rahmen des Ganzen nicht entziehen. Er vermerkt: „ 62,10 bildet sowohl gattungsmäßig und sachlich-inhaltlich als auch metrisch eine kleine Einheit für sich "[436]. V. 11f aber setzt ganz neu ein, bringt eine Einführung und den Botenbefehl, sowie die Ankündigung der eschatologischen Wende und des allgemein anerkannten neuen Wesens Israels. Diese Verse machen allerdings eher den Eindruck eines Summariums. Zusammen mit anderen Momenten, die noch zu besprechen sind, komme ich zu dem Schluß, daß V. 10 einen Überleitungsvers aus der Hand des Propheten darstellt, den er verfaßte, als er das heutige Kap. 60 an Kap. 62 anfügte. Nur im Hinblick auf die große Völkerwallfahrt zum Zion ist diese Aufforderung an die Bewohner Jerusalems verständlich; keineswegs aber findet der plötzliche Umschwung, die imperativische Anrede an eine Mehrzahl, aus 62,1-9 genügend Erklärung. V. 11f aber sind ein Produkt aus der Hand des Red. Er hatte Kap. 60 aus bestimmten Gründen vor Kap. 61 gestellt, nun war der Vers 62,10 unverständlich geworden. Aus der Sicht der vorausgehenden drei Kap. gestaltete er die beiden Abschlußverse, was man auch daraus ersieht, daß manche Begriffe in ihrer Ausdehnung nicht mit solchen gleichen Wortlauts in V. 1-9 zu decken sind.

62,1-9 beginnt als Prophetenrede (V. 1-7) und endet als Gottesrede (V. 8-9). Ähnlich 61,1ff spricht er zuerst von Motiv und Funktion seiner Wortmeldung. Es geht um die Ankunft des eschatologischen Heils für Zion/Jerusalem, die angesichts der bedrängenden Lage zu einer echten Glaubensfrage geworden ist. Wie ist es mit dem Heilswillen Jahwes bestellt; zögert er das Heil nur hinaus, oder gibt es nicht doch schon Anzeichen, worin seine Initiative erkennbar ist? Verlangen die Umstände vom Propheten eine Neuinterpretation seiner Berufsfunktionen, und ist inmitten dieser Ereignisse auch dem Volk eine Rolle zugedacht?

Unser Prophet spricht aus dem Bewußtsein seiner Mitverantwortung für die Gegenwart und Zukunft des Gottesvolkes. Er lebt wie seine Hörer im Spannungsfeld von Verheißung und Erfüllung. Was die prophetische Schau von derem Blickwinkel trennt ist, daß er scheinbar zusammenhanglose Dinge, Ereignisse und Vorgänge zueinander in Beziehung setzt und so erst als ihre eigentliche Tiefe und

---

[435] 301.

[436] 222. Methodisch vgl. zu 62,10ff: H. RINGGREN, Literarkritik, Formgeschichte, Überlieferungsgeschichte. Erwägungen zur Methodologie der alttest. Exegese, ThLZ 91 (1966) 641-650.

Wirklichkeit aufdeckt. Im festen Vertrauen, daß die eschatologische Wende für Israel Heil und Hilfe bringen wird (V. 1ff), fragt er nach der Wirklichkeit Gottes, die hinter der gegenwärtigen Situation greifbar wird : der Wiederaufbau im Land ist für den Propheten ein Zeichen, daß Gott sich erneut auf das Volk einläßt (‚ dein Erbauer ‘ — V. 5a). Im Bild, das Jahwe zeigt, wie er gleich einem Bräutigam um den Zion und das Land wirbt, drückt der Prophet aus, daß Gott gewillt ist, neu die personale Beziehung zu Israel aufzunehmen (V. 4-5). Die dritte Strophe (V. 6-7) expliziert, welchen Imperativ dies für das gläubige Volk gegenüber Gott zeitigt : daß sie nicht ablassen dürfen, Gott ständig an seine Heilsversprechen zu erinnern. In der 4. Strophe (V. 8-9) bekräftigt ein Orakelwort in Form eines göttlichen Schwures den Heilswillen Jahwes : die Wende der Not wird zur Lebenssicherung und zum Gotteslob führen.

Welche Einzelkomponenten sind am Selbstverständnis des Propheten, am Volk und an der Gottesvorstellung hervorzuheben ? In V. 1 und 6 spricht der Prophet in der 1. Pers. von Beweggrund seiner Verkündigung : er will nicht bloß an den Glauben seiner Hörer appellieren und sie zum Durchhalten ermuntern, sondern damit Jahwe selbst an seine Verheißungen ‚ erinnern ‘ [437]. Mit den ‚ Wächtern ‘ auf den Mauern weiß er sich selbst identisch. Wir wissen, daß diese Bildrede von den Mauerwächtern, die durch ihre ständigen Mahn- und Bittrufe Jahwe zu rascherem Eingreifen bewegen sollen (V. 6f), auf die göttliche Zusage in Jes 49,16 zurückgreift : ‚ Deine Mauern sind beständig vor mir ‘. Manche haben bei den ‚ Wächtern ‘ an fromme Israeliten oder an Engel, den Hofstaat Jahwes (Duhm, Elliger) gedacht. Die letzte Ansicht gilt allgemein als die unwahrscheinlichste. Westermann denkt an die von der prophetischen Verkündigung Angesprochenen und Betroffenen und an ihr ständiges Bitten um das Eintreffen des Heiles. Seiner Meinung nach entsprechen die Wächter denen in Jes 40,9-11. Wenn andererseits Muilenburg darunter Propheten versteht, wird man nicht fehl gehen, die Wahrheit in der Mitte zu suchen. Die ‚ Wächter ‘ werden V. 6c המזכרים ‚ Erinnernde ‘ genannt, wohl im Anklang an die Funktion des Mazkir, eines königlichen Beamten (vgl. 2 S 8,16 ; Jes 36,3). Sie handeln in der Intention des Propheten, indem sie seine prophetische Aufgabe auf breiter Basis fortsetzen und unterstützen : Jahwe durch den Hinweis auf sein

[437] Zu 62,1 : O. Hofius, ‚ Bis dass er kommt ‘ : 1 Kor 11,26, NTS 14 (1967f) 439-441.

früheres Heilshandeln und seine Heilsversprechungen und durch ihr Fürbitte zu rascherem Eingreifen zu bewegen. Für das prophetische Selbstbewußtsein würde dies bedeuten, daß er erstmals seine Sendung als Wächteraufgabe und Fürbite versteht [438]. An seiner Redeweise fällt die Vorliebe für Parallelbegriffe und Synonyma auf; lediglich V. 2b ist kein synonymer, sondern ein synth. Parallelismus. V. 1 redet der Prophet von Zion/Jerusalem in der 3. Pers., ab V. 2 verwendet er die direkte Anredeform (an eine Polis). V. 2a schaut auf die weltweite Anerkennung der heilvollen Epiphanie Jahwes zugunsten Israels. In V. 2b die Namengebung durch Jahwe: Israel wird von ihm eine neue Wesensart zugesprochen bekommen. V. 3 verheißt die künftige Werthaftigkeit: sie werden eine Kostbarkeit und ein Schmuckstück in der Hand Jahwes sein.

V. 4-5 sind das Herzstück des vorliegenden Kapitels: hier bezieht sich der Prophet nicht auf die überkommenen Verheißungen, sondern verkündet das eigentlich Neue seiner prophetischen Sicht, nämlich, daß Gott sich seinem Volk wieder zugewandt hat. Westermann hat mit Recht den entsprechenden Nachdruck auf diese Einsicht gelegt. V. 4a und 4b zeichnen in der Namensnennung die Situation: auf Grund der gestörten Gottesbeziehung konnte man bis jetzt von Jerusalem und dem Land als von der ‚Verlassenen' und ‚Einsamen' reden. Künftig aber wird es von ihnen heißen: ‚mein Wohlgefallen' und das ‚gefreite (Land)'. Als Begründung (V. 4c) entfaltet er, was von Gott her bereits geschehen ist: im (offensichtlich im Gang befindlichen) Wiederaufbau bahnt sich eine neue personale Partnerschaft zwischen Jahwe und dem Volk an. Die Bildrede vom Eheverhältnis zwischen Gott und Volk ist hinlänglich aus Hos bekannt (vgl. 2,1f). Der Prophet wird den Gedanken von der neuen Ehe Jerusalems allerdings aus Jes 54,1.4f gewonnen und seiner Intention nach umgestaltet haben [439]. Der Prophet bekundet also in diesen beiden Versen: die gegenwärtige Lage ist transparent auf die personale Nähe Gottes. Das Gottesver-

---

[438] Vgl. zum Prophetenberuf als Wächteraufgabe Hos 5,8; 8,1; 9,8; Jr 6,17; Ez 3,17; 33,2.6.7; ferner Ha 2,1; Jes 52,8; 56,10. Nach H. BARDTKE, 19ff, ist die prophetische Tätigkeit als ‚erweckende' zu verstehen. Vgl. weiters H. Graf REVENTLOW, Wächter über Israel, ZAWBeih 82 (1962) bes. 132; — J. SCHARBERT, Heilsmittler, 171f. — A. E. RÜTHY, Wächter..., 300f. — Fürbitte: G. von RAD, Die falschen Propheten, ZAW 51 (1933) 109-120; — P. A. H. de BOER, De Voorbede in het Oude Testament, OTS 3 (1943 (156-170; — F. HESSE, Die Fürbitte im AT, Diss. Erlangen, 1951. Zur Funktion des ‚Mazkir' vgl. J. BEGRICH, Sofer und Mazkir, ZAW 58 (1940/41) 1ff.

[439] Vgl. W. ZIMMERLI, 72f.

hältnis wird vom Verhalten Jahwes her bestimmt. Die Verse 6-7 sprechen von der daraus resultierenden Antwortbewegung: Volk – Gott. Ein Schwurwort Jahwes beschließt das Verkündigungsstück (V. 8f). Es sagt die Sicherstellung der wirtschaftlichen Selbständigkeit und den Festtagsjubel anläßlich der Erntefeiern im Tempel zu.

62,10 setzt im Stil Dtjes mit gedoppelten Imperativen an eine Mehrzahl von Menschen ein; ab V. 11 wird wieder Jerusalem in der Einzahl angeredet sein. In V. 10 stehen Jes 40,3 und 52,11 im Hintergrund. Die Zitate haben jedoch einen Bedeutungswandel durchgemacht: hier wird nicht mehr im dtjes Sinn ein Aufruf an die Exilierten erlassen, zur Heimkehr aufzubrechen und aus dem Land der Knechtschaft auszuziehen, sondern den Menschen in Jerusalem zugerufen, die Ankunft der ersten Festpilger vorzubreiten. Zimmerli vermutet mit Recht die Verwendung eines Wortes der Wallfahrtssprache. Er deutet die Imperative als „Einladung, zu Jahwe herzuzutreten". Man hat also an das Wegräumen aller inneren Hindernisse für die Ankunft des ‚Volkes' zu denken[440]. Manche verstehen das Hissen des Zeichens dahin, daß die Heilswende Zions allen Völkern bekannt werden müsse (Zimmerli), bzw. als eine Art Wegweisung aus der Ferne (Westermann). Wenn man unter diesen Voraussetzungen V. 10 als Überleitungsstück zu Kap. 60 wertet, das der Prophet im Rückgriff auf Dtjes niederschrieb, wird man auch den Versen 11f am ehesten gerecht; man braucht nicht mehr darüber hinwegzudiskutieren, daß hier tatsächlich ein neues Stück mit einem ganz anderen Horizont als 62, V. 1-9 aufscheint. Westermann hat ihren Verkündigungswert richtig eingeschätzt, wenn er diesen Versen (einschließlich V. 10) im Hinblick auf die trjes Botschaft eine Abschlußfunktion zuschreibt; denn 62,11f spricht nicht bloß aus der Sicht von 62,1ff, sondern blickt auf Kap. 60 – 62 zurück — allerdings in der Sicht des Red. V. 11 schaut über den engen Raum Palästinas hinaus: weltweit soll der Diaspora (‚der Tochter Zions') die Heilsbotschaft Jahwes verkündet werden. Die Redeweise ist vergeistigt und religiös zu deuten. Das Dtjes-Zitat (40,10b) meint hier die kommende Hilfe Jahwes. Doch räumt Zimmerli dem Vers einen uns wertvollen Aspekt ein: „Bestenfalls könnte hier noch der Gedanke an die allgemeine Rückführung

[440] W. Zimmerli 67f. Zu den Begriffen ‚Weg' und ‚Straße' vgl. M. Noth, Die Welt des A. T., Berlin, 1962, 4. Aufl., 77f: m^{e}silla = term. techn., „der einen ‚aufgeschütteten' Straßendamm, also eine mit Kunst angelegte Straße bezeichnet". Zum ‚Wegräumen der Steine' vgl.: A. Giglioli, Nuova versione di ‚sql' in Is 5,2; 62,10, RBibIt 15 (1967) 385-392. Sein Textvorschlag: „mit Steinen pflastern".

der Diaspora aus den Ländern, ein Gedanke, den Tritojesaja mit Deuterojesaja gemein hat, mitschwingen " [441]. Welche Bedeutung der Red. diesem Vers zugemessen hat, zeigt sich daraus, daß er der Ankündigung dreimal הנה als Präsentativ voranstellte. Bei V. 11 hatte der Sprecher sicherlich auch 60,1.14 im Blick ; das Reden vom , Lohn ' erinnert weiters an 61,8.

Während V. 11 die Hörer direkt anspricht, ergeht V. 12a in der 3. Pers. Pl. V. 12b wendet sich wieder direkt an Jerusalem ; V. 12a nennt die neuen Namen des Volkes, V. b die der Stadt Jerusalem. Das Volk wird nach seiner Gottesbeziehung , heiliges Volk ' (vgl. 60,14.21 ; 61,6) und , die Erlösten Jahwes ' genannt werden. Bei dieser letzten Formulierung spielt das Auszugsmotiv herein. Der Ton liegt auf der Initiative Gottes. V. 12b hat meines Erachtens einen über 62,4 hinausreichenden Sinn : die Namensgebung , Gesuchte ' meint nicht bloß das jetzige Brautwerben Jahwes, sondern sieht zugleich auf die in Kap. 60 besungene Völkerwallfahrt und die damit verbundene Heimkehr und Herbeibringung des zerstreuten Gottesvolkes.

d) Jesaia 60.

Im Blick auf die künftige Herrlichkeit des , neuen Jerusalem ', der , Stadt auf dem Berge ' [442], ruft der Prophet seine Hörer auf, sich

---

[441] 65.

[442] G. von Rad, Die Stadt auf dem Berge, EvTh 8 (1948/49) 439 bis 447. Neudruck TheolBü 8 (1958) 214-224. Vgl. an weiterer Literatur zu Kap. 60 : J. Schildenberger, Das neue Jerusalem, Jesaias 60,1-22, Ben. Monatschr. 19 (1937) 404-412 ; — Ders. : Die Gottesstadt Jerusalem (Is 60,1-6), Am Tisch des Wortes 7 (1965) 21-26 ; — A. Causse, Le Mythe de la nouvelle Jérusalem du Deutéro-Esaie à la III° Sibylle, RHPR, 1938, 377ff ; — Ders. : La vision de la nouvelle Jérusalem (Esaia LX) et la signification sociologique des assemblées de fête et des pèlerinages dans l'orient sémitique, Mel. Syriens, Dussaud II (1939) 739-750, — K. L. Schmidt, Jerusalem als Urbild und Abbild, Eranos-Jahrbuch, 1950, 207ff. Innere Divergenzen zwischen mesopotamischen Texten und Jes 60 beschäftigten G. Lambert, Le Livre d'Isaïe parle-t-il des Chinois ?, NRTh 85 (1953) 965-972. Zur Thematik vom , neuen Jerusalem ' (Jes 60, Ez 40,4 und Joh. apokalypse) : M. Rissi, Das Judenproblem im Lichte der Johannesapokalypse, ThZ. 13 (1957) 241-259. — Im Anschluß an Ps 72 und die von J. Gadd in Iraq 15 (1953) 123-134, veröffentlichte akkad. Inschrift des Marduk-apla-iddinas, wonach die niedergerungenen Feinde mit ihren Gaben prozessionsweise kommen, erhebt P. Grelot, Une Parallèle Babylonienne d'Isaïe LX et du Psaume LXXII, VT 7 (1957) 319-321, in den Darlegungen von Jes 60 einen gemeinsamen Vorstellungsstrang altorientalischer Literatur ; — Ders. : L'Épitre (de la Fête de l'Épiphanie) Is 60,1-6, AssSeign 13 (1962) 19-30. —

dem Anspruch der Gegenwart zu stellen. G.v.Rad hat gezeigt, daß in unserem Kap. ein alter Traditionsstoff aus dem Kreis der eschatologischen Vorstellungen vom Gottesberg herangezogen und ausgestaltet wurde, welcher in mythologischen Vorstellungen wurzelt [443]. Durch das Aufstrahlen des Kabod Jahwe wird die Stadt auf dem Berge aus ihrer Unansehnlichkeit herausgeholt und zum Zielpunkt der großartigen endzeitlichen Völkerwallfahrt werden ; dieses Geschehen wird einen friedlichen Ablauf nehmen (vgl. Jes 2,1-4 und Hg 2,6-9).

Kap. 60 gilt allgemein als ein in sich geschlossener und einheitlicher Text. Keßler schlägt vor, V. 21.22a zwischen V. 18 und 19 einzuschieben. Doch gibt auch die jetzige Versanordnung einen guten Gedankenfortschritt ab. Allerdings sind V. 6c ; 12 ; 14aγ ; 17b und 19c als überzählige Glossen auszuscheiden [444]. 60,1-22 ist in zehn Strophen zu je vier Zeilen gegliedert : V. 1-3 ; 4-5 ; 6-7 ; 8-9 ; 10-11 ; 13-14 ; 15-16 ; 17-18 ; 19-20 ; 21-22. Es läßt sich noch ein weiteres Gestaltungsprinzip erkennen : In V. 1-3 legt der Prophet die Ausgangsbasis seiner Botschaft, die übrige Rede hält sich an die drei zusammengehörigen Glieder der Klage und ist dementsprechend auf drei Abschnitte zu je drei Strophen verteilt : V. 4-9 (gegen die Anklage Gottes) ; 10-16 (gegen die Feind-Klage) und 17-22 (gegen die Wir-Klage). Der Schlußsatz eines jeden Abschnittes enthält Epitheta Gottes und Aussagen über sein künftige Heilshandeln, welche heilsgeschichtlich erfüllte Erfahrungsrealitäten und ausstehende Verheißungen vereinigen (V. 9c ; 16b ; 22b). Die Rhythmik der Sprache besteht durchwegs aus Zwei- und Dreihebern.

Der Prophet eröffnet seine Rede mit zwei Impt. fem. Diese direkte Anrede an Zion unter dem Bild einer Frau wird im ganzen Kapitel durchgehalten ; erst in V. 14 wird „Zion" wörtlich genannt. Was will

---

Ders. : La procession des peuples vers la nouvelle Jérusalem, Is 60,1-6, Ass Seign 2,12 (1969) 6-10 ; — M. LINZ, Anwalt der Welt. Zur Theologie der Mission, Stuttgart 1964, Kreuzverlag, 239 S. ; — T. MAERTENS, Épiphanie (Mt 2,1-12 ; Is 60,1-6), Par Li 44 (1962) 716-722 ; — Eine Lokalisierung der Völker (60,1-10 und 66,18-22) versucht D. SQUILLACI, La conversione delle Isole predetta da Isaia, PalCl 41/11 (1962) 603-607. — Weiters noch B. HESSLER, Sion im Glanze der Herrlichkeit Jahwes nach Is 60,1-3, BiKi 16/4 (1961) 101-103 ; — J. SCHREINER, Sion-Jerusalem, Jahwes Königssitz. Theologie der Heiligen Stadt im Alten Testament, München, 1963. Zu Jes 60,8-22 (auch Jes 34 ; 63,1-6) vgl. J. MORGENSTERN, Further Light from the Book of Isaiah upon the Catastrophe of 485 B.C., HUCA 37 (1966) 1-28.

[443] Vgl. Theol. II, 307f.

[444] Vgl. G. FOHRER, 223ff.

der Prophet mit seiner Aufforderung ‚steh auf!', ‚werde licht!' bei seinen Hörern erreichen? Er fühlt sich berufen, ihnen das Nahen Gottes anzukündigen. Die Nähe Jahwes ist jetzt schon als erbarmende Zuwendung Jahwes erfahrbar. Aus V. 10b geht hervor, daß der Prophet die Beendigung der Feindschaft seitens der Fremden, die an Zions Mauern mitbauen, also das Wiederaufnehmen der zerstörten Mitmenschlichkeit als Erfahrungsmöglichkeit der Nähe Gottes ansieht. Ohne V. 10b hätte das Kapitel zu wenig Aktualitäts- und Entscheidungscharakter. Aus dem Wissen nun, daß der Bundesgott Zion zwar geschlagen, sich ‚ihrer' aber auch bereits wieder erbarmt hat, wird die Ankündigung der Epiphanie Gottes (V. 1-3) für die Hörer zum Anspruch und Aufruf, sich innerlich für die Nähe Gottes zu rüsten. Sie sollen aber gleichzeitig daraus Kraft und Trost gewinnen, in der Gegenwart in Gelassenheit und Hoffnung durchzuhalten.

Die Funktion und Intention des Sprechers treten deutlicher zutage, wenn man 62,6f und 62,10 heranzieht. Er interpretiert sein Wächteramt allerdings diesmal nicht vom Standpunkt Volk – Gott aus, sondern in umgekehrter Reihenfolge als Mittlertätigkeit zwischen Gott und Zion. Er gleicht einem Späher auf vorgeschobenem Posten, der das Nahen, die Epiphanie Jahwes und die dadurch ausgelöste Völkerwallfahrt zum Gottesberg meldet. Beides ergeht nicht in Form nüchterner Berichterstattung, sondern wird mit herkömmlichen Formulierungen und Traditionen überschwänglich ausgeschmückt. Der Prophet stellt dazu die Aufforderung, dem Gebot der Stunde zu entsprechen und sich auf dieses Ereignis einzulstellen. Es geht ihm nicht um moralische Ermahnungen und Verhaltensweisen, sondern um die neue ‚gelichtete' Existenzweise. Die Existenzweise der Heiden, der Erde überhaupt, ist Finsternis und Dunkel, d.h. Hoffnungslosigkeit, Ausweglosigkeit und Friedlosigkeit. Aus dieser gesamtmenschlichen Situation soll Zion nun durch die eschatologische Theophanie befreit werden. Ihre Trauer- und Klagesituation soll nun eine Wende zum Heil erfahren. Ausdruck der Gottesferne war das Verlassensein und Gehaßtsein (V. 15) durch die Umwelt, im kleinen Kreis erfahrbar durch den Bruch der mitmenschlichen Beziehungen. Diese Tage der Trauer sollen nun zu Ende sein (vgl. V. 20b). Im Verlauf der Rede wird davon gesprochen werden, daß Jahwe nicht für kurze Zeit als Licht über dem Zion aufstrahlen, sondern Zions ‚ewiges Licht' sein wird. Was angekündigt wird, ist eine dauerhafte Existenzweise, ein Heilszustand, in dem es im Volk nur mehr ‚Gerechte' geben wird (V. 21). Freude wird die Grundstimmung sein, Friede das Zusammenleben der

Menschen bestimmen, und das Gotteslob wird im geregelten Gottesdienst erklingen.

Der Bildkontrast Licht – Finsternis geht auf Jes 9,1 zurück, die Bildausweitung vom Licht auf die ‚ Herrlichlichkeit ' Jahwes wird in Jes 40,5 ihre Wurzel haben (vgl. 58,8). Wie Jes 10,17 vermuten läßt, hat es in Jerusalem eine traditionelle Gottesbezeichnung gegeben, die von Jahwe als dem ‚ Licht Israels ', dem Heilsgott sprach[445]. Wie die charakteristischen Verben der Epiphanieschilderungen בא und זרח zusammen mit dem Begriff ‚ Kabod ' zeigen, ist hier an einen machtvollen Selbsterweis Jahwes in Art der alten Epiphanievorstellungen gedacht[446]. Es ist allerdings nicht zu übersehen, daß Jahwes Kommen bereits sehr vergeistigt dargestellt wird. Es geht letztlich dem Sprecher auch gar nicht um die Schilderung dieses eschatologischen Ereignisses, sondern um das Faktum der Heilswende, den Anbruch der Heilszeit, der die Völkerwallfahrt zum Zion, die endgültige Heimführung der Exulanten und die Restauration Zions auslösen wird. Auch ist zu bedenken, daß כבוד eine Metapher für Jahwes wirkmächtige Gegenwart überhaupt ist. Das Wort ist schwer wiederzugeben ; am ehesten noch mit Ansehen, Ehre, Mächtigkeit und Herrlichkeit. Jahwe selbst bleibt in der Verborgenheit, aber sein Kabod wird am verherrlichten Jerusalem erkennbar und erfahrbar werden. Die Formulierung, daß Jahwes Herrlichkeit wie ein Gestirn über Zion ‚ aufgehen ' wir, findet sich im AT nur an unserer Stelle. Zion wird also am Zielpunkt zweier Bewegungen stehen : für Jahwes Kommen, um sich an ihm zu verherrlichen, und für die Heimkehrenden und Festpilger, die Jahwe ihre Anerkennung zollen werden. Für den Propheten ist dies jedoch kein objektiv-sachliches Geschehen. Die einleitenden Imperative (vgl. 51,17 ; dazu 52,1 ; 54,1) zeigen seine innere Anteilnahme. Er kann nur die Zukunft Zions bejahen (vgl. Jes 62,1), weil er auch deren Gegenwart trotz aller Abstriche und Vorbehalte bejaht. Das aber heißt, daß er Zion auf den Entscheidungscharakter der Stunde aufmerksam machen muß : negativ ausgedrückt geht es

---

445 Vgl. Am 5,18.20 ; Mi 7,8f ; Jes 9,1 ; Ps 97,11 ; 112,4. Dazu H. J. KRAUS, Psalmen I, 223. Bei V. 2 streiche den durch Dittographie von הנה her entstandenen Artikel ה vor חשך.

446 Vgl. F. SCHNUTENHAUS, 9ff, 16ff. ‚ Kabod ' wird bei Dtjes nur von Jahwe gebraucht (40,5 ; 42,8.12 ; 43,7 ; 48,11). Bei Trjes von Jahwe (58,8 ; 59,19 ; 60,1.2 ; 66,18.19) und von anderen (60,13 ; 61,6 ; 62,2 ; 66,11.12). Man vgl. die Definition bei G. von RAD, Theol. I, 238 : „ כָּבוֹד ist weithin jenes Aktivum, das Völker oder Menschen, ja sogar Gegenstände imponierend macht und zwar meist als etwas sinnenfällig Erfahrbares. "

darum, daß Zion nicht das Kommen Jahwes und damit seinen eigenen Sinn in der Geschichte versäumt, und positiv, daß Zion erkennen möge, daß es wie die Völker noch im Dunkel steht, Jahwe sich ihm aber bereits in Erbarmen und Verzeihung zugewandt hat (V. 10b). Es gilt darum, sich dieser neuen Zukunft und Lebensmöglichkeit zu öffnen. Ihre neue Existenzweise soll nicht mehr von Niedergeschlagenheit und Trauer, sondern von der Freude geprägt und getragen sein.

Der Abschnitt V. 4-9 setzt erneut mit zwei Imperativen ein; diesmal ergeht die Aufforderung, den Blick über Jerusalem hinauszurichten: alles ist ringsum auf Zion zu in Bewegung geraten. Dem Abschnitt liegt das erste Glied der Klage, die ‚Anklage Gottes' zugrunde — etwa: wo blieben deine Heiligkeit und deine Anerkennung (vgl. V. 9c)? Jahwe wird sich an Zion verherrlichen, weil ein weltweit sich formierender Zug die Söhne und Töchter Israels, die Schätze der Völker und Opfertiere für den Altar Jahwes herbeibringen wird. Das Ziel ist die Verherrlichung, der Ruhm Jahwes. Nicht umsonst steht betontes ‚für mich...' am Anfang von V. 9.

In V. 4a ist wörtlich Jes 49,18a übernommen. Bezeichnenderweise ist 49,18a die positive Entsprechung auf die dieses Stück einleitende Bestreitung einer Anklage Gottes. Das Bildmaterial in V. 4b ist 49,12 und 22 entnommen. V. 5a spricht von der freudigen Reaktion Zions auf diese Ereignisse (vgl. 34,6). V. 5b.6 schildert, wie das Vermögen der Völker herbeigeschafft wird; bei Hg 2,6ff ist dieses Moment der feierlichen Übereignung der Kostbarkeiten der Völker an Jahwe (weil er allein einen Rechtsanspruch darauf hat) breiter ausgeführt. Das Bild des aus dem Osten und Süden herankommenden Zuges wird V. 7 durch die Nuance überhöht, daß die Opfertiere aus freiem Antrieb die Opferaltäre besteigen. So wird Jahwe seinen neuerbauten Tempel ‚verherrlichen'. In V. 8f geht der Blick nach Westen. Einleitend eine rhetorische Frage. Was sich in der Ferne auf dem Meer gleich Taubenschwärmen abzeichnet, sind die Tarsisschiffe mit den Versprengten und den Schätzen der Völker an Bord. V. 9c ist die Charakteristik des gesamten Abschnittes. Einige Textkorrekturen waren anzubringen: lies mit Westermann in V. 4b sinngemäß יְבִיאוּ ‚bringen sie'; V. 6c markiert nicht wirklich einen Strophenabschluß und ist mit Abramowski und Fohrer zu streichen; in V. 7b ändere man in לְרָצוֹן עַל (BH); mit Feldmann lese man in V. 9a (BH$^{a\text{-}a}$) ‚sammeln sich die Boote'[447].

[447] F. W. DANKER, Mk 8,3, JBL 82 (1963) 215f. Er untersucht die Lesart א D ἀπὸ μακρόθεν ἥκασιν (vgl. Jos 9,6.9 zu Jes 60,4). — W. ZIMMERLI, 65, Anm.

Hinter dem zweiten Hauptredeabschnitt V. 10-16 steht die Feind-Klage : ihr entgegen die Dienstleistungen der ‚ Fremden ' beim Wiederaufbau von Tempel und Stadt und die Rehabilitierung Zions. V. 16b ist das Ziel des Stückes : Zion wird daran ‚ erfahren ', daß Jahwe, ‚ der Starke Jakobs ' ‚ dein Helfer und dein Erlöser ' ist. Unverkennbar klingt in diesen Epitheta Gottes die Herausführungstradition, der erste Befreiungsakt Jahwes am Volk aus dem Land der Knechtschaft, mit an. Die voranstehende Erkenntnisformel verdeutlicht, daß Jahwe sich in der Zukunft durch ein ebenso bedeutsames heilsgeschichtliches Ereignis als Bundesgott erweisen und zu erkennen geben wird.

Bedeutsamerweise werden nur in V. 10-16 die Bezeichnungen für die (ehemaligen) ‚ Feinde ' verwendet : ‚ Ausländer ' und ‚ Könige ' (V. 10a) ; ‚ ein Völkerheer ' und ‚ seine Könige ' (V. 11b) ; ‚ Söhne deiner Bedrücker und Verächter ' (V. 14a) ; ‚ Völker ' und ‚ Könige ' (V. 16a). Von ihnen wird ausgesagt : mußte ehedem Israel ihnen zu Diensten sein, so werden sie nun beim Wiederaufbau Zions ihre Dienstleistungen entrichten (V. 10a) und ihren Reichtum durch die ständig geöffneten Tore (hier nicht Zeichen der Sicherheit) herbeischaffen (V. 11). V. 12 ist eine prosaische Erweiterung eines Lesers, der um die andere Tradition vom eschatologischen Kampf vor den Toren der Gottesstadt gewußt haben muß[448]. V. 13f geht es um die Verherrlichung des erneuerten Tempels unter Anspielung auf den salomonischen Tempel[449] und um die dienstbare Anerkennung durch einstige ‚ Bedrücker ' und ‚ Verächter '. Zum Anfang von V. 13, wo Jes 41,19b verarbeitet ist, bemerkt Zimmerli : „ An die Stelle der Herrlichkeit des kommenden Herrn ist die Herrlichkeit des heiligen Ortes getreten "[450]. Ähnlich ist es zu einer Umdeutung und Bildentleerung gekommen, als der Sprecher Jes 49,23b in V. 14, und 49,23a in V. 16 verarbeitete. In V. 14b geschieht durch den Mund dieser Fremden die Rehabilitierung der Ehre Zions : ihre Namensgebung ist eine Anerkennung des Absolutheitsanspruches des ‚ Heiligen Israels ' (vgl. V. 9c) und seiner Kultstätte am Zion. Mit Recht hat Westermann darauf aufmerksam gemacht, „ daß von Bestrafung der Völker oder von Rache an ihnen nicht die Rede ist "[451]. V. 15a entstammt der

---

10, vermutet der Anfang von V. 9 dürfte „ erst durch nachträgliches Textversehen an 51,5 angeglichen worden sein. "

[448] Vgl. G. von RAD, Theol. II, 305f.

[449] Zur Formel ‚ Stätte deiner Füße ' vgl. Ez 43,7. Zur ‚ Pracht des Libanon ' vgl. St. VIRGULIN, Il Libano nel libro di Jesaio, RBibIt VII (1959) 343-355.

[450] 73.

[451] 288.

dtjes Stelle 54,1ff, V. 16b greift bes. auf 49,26b zurück. Beide Male haben die übernommenen Texte ihre ursprüngliche Dichte verloren und sind, wie Zimmerli hervorhebt, im Begriff, „ konventionellere Aussagen der frommen Rede zu werden “ [452]. Hinter V. 15 mag auch die Bildrede von der verlassenen Frau (vgl. Jes 54,6) stehen. V. 15b beschreibt den inneren gewandelten Heilszustand, V. 16a (vgl. 49,23a) eine Komponente in Bezug auf die Fremdvölker. Die Prädikate, welche V. 16b Jahwe zugelegt werden, sagen die Geschichtsmächtigkeit Jahwes aus ; im Rückblick auf die Heilsgeschichte Israels wird Jahwe derjenige genannt, der aus den Notsituationen errettet, den befreienden Rechtsakt setzt [453] und sich so als Gott der Väter erweist [454].

Es sind wiederum einige geringfügige Korrekturen am Text von 60,10-16 nachzutragen : V. 10b scheint mir eine der wichtigsten Stellen des ganzen Kapitels zu sein, und ich vermag das Urteil Westermanns nicht nachzusprechen : „ Fehlte V. 10b, würde man ihn nicht vermissen “ [455]. Die Bemerkung von der abgelaufenen Zeit des Zornes (vgl. 47,6 ; 54,8f ; dazu 57,16f ; 64,4) gibt der prophetischen Verkündigung erst ihren aktuellen Charakter. Hingegen ist in V. 14 als sekundär ‚ es fallen dir zu Füßen alle ‘ mit G, welche die verkürzte Lesart bringt, auszuscheiden. In V. 11a folge man ebenfalls G und lese וְנִפְתְּחוּ (BH). In V. 11b ist es sinngemäßer, mit Duhm statt des part. pass. das part. act. נֹהֲגִים ‚ unter der Führung ‘ zu setzen. In V. 15 wird man der Anregung der BH folgen und עוֹזֵר ‚ Helfer ‘ (G) lesen, bzw. in V. 16a וְשֹׁד ‚ Brust ‘.

Der Letzte Abschnitt V. 17-22 entspricht positiv der sog. ‚ Wir-Klage ‘ : zum Thema steht der Heilszustand Zions, den Jahwe ‚ zu seiner Zeit eilends ‘ begründen wird (V. 22b). Die Offenbarungs- bzw. Selbstvorstellungsformel אני יהוה im Schlußsatz (V. 22b) faßt alle vorausgehenden Gottesbezeichnungen zusammen und betont, daß der Bundesgott Jahwe für die Zukunft Zions gutsteht. Seine Bundestreue garantiert dafür, daß er das ‚ ewige Licht ‘ jenes Volkes sein wird, das sich jetzt noch zu beklagen hat über ‚ Gewalttaten ‘, ‚ Verheerung und Zusammenbruch ‘ im Land (V. 18), ein Leben in scheinbarer Gottferne, in Finsternis, und über die geringe Bevölke-

---

[452] 66.

[453] Vgl. G. von Rad, Theol. I, 179.

[454] Die Formel ‚ der Starke Jakobs ‘ ist eine Jahweprädikation, die uns von Gn 49,24 ; Jes 1,24 ; Ps 78,25 ; 132,2.5 her bekannt ist. Vgl. A. Alt, Der Gott der Väter, Stuttgart, 1929.

[455] 287.

rungsdichte in Palästina (vgl. V. 21f). Äußere Einflüsse und die Beziehungen der Fremdvölker zu Israel werden nicht mehr behandelt.

Die Wandlung umfaßt alle Lebensbereiche. Die üblichen Materialien werden durch kostbarere ersetzt (V. 17a). V. 17b scheint ein steigernder Zusatz zu sein. Elliger, der V. 17a zwischen V. 13a und 13b einschob und dabei V. 17aß (ebenso V. 12) auf einen ‚zweiten Glossator' zurückführte, hat 17b ebenfalls als übertreibenden Zusatz gestrichen. Fohrer klammert in seinem Kommentar V. 18a ein, doch ist dieser Vers in seiner positiven Entsprechung zu V. 17c und in seiner Gesamtaussage für den Kontext unentbehrlich. V. 17c schildert, daß ‚Frieden' die Obrigkeit und ‚Gerechtigkeit' die Regierung stellen wird. V. 18a führt mit חמס einen wichtigen Begriff ein: ‚Gewalttat' besagt, daß hier eine Rechtsordnung gebrochen wurde (vgl. Gn 6,11.13). In Zion wird in der Endzeit ewiger Friede währen, weil das Gottesrecht sich durchgesetzt haben wird. Die Verse 19f verkünden in der Bildsprache, daß Jahwe das natürliche Licht ersetzen[456] und, daß es keine Trauertage mehr geben wird. Die Sicht ist ins Kosmische ausgeweitet. Westermann meint, daß die „apokalyptische Schilderung" der Verse 19f eine spätere Einfügung in Kap. 60 sei, wo das künftige Heil sonst jeweils so dargestellt werde, daß es „in den irdisch-geschichtlichen Grenzen" bleibe[457]. Doch scheint mir die Bildrede von Jahwe als dem ewigen Licht nur eine konsequente Weiterführung der Eingangsverse zu sein. Allerdings wird man in V. 19b mit G הַלָּיְלָה ‚zur Nacht' einfügen und V. 19c, der mit והיה formal einen Neueinsatz der Rede zu markieren scheint, als häufende Dublette zu V. 20b streichen. V. 20a aber ist die bildhafte Übertragung der Aussage von V. 19a auf Jahwe. V. 21f sprechen von der inneren Wandlung des Volkes und seinem äußeren Wachstum. V. 21b wird man מַטַּע הוה zu lesen haben[458]. Keßler (zuvor bereits Volz) vermutete wohl zu Unrecht hinter V. 21b eine „verirrte Glosse zu Kap. 61,3b"[459]. Diese letzte Strophe V. 21f ist in mehrer Hinsicht bedeutsam. Erst-

---

[456] G. von Rad, Theol. II, 121, Anm. 15, fragt, ob in Jes 60,19f (sowie in Am 9,13; Sa 14,7) der Sprecher nicht „auf etwas wie ein Jenseits der Zeit hinweisen" wollte.

[457] 290.

[458] I. F. M. Brayley, Yahweh is the Guardian of His Plantation. A Note on Is. 60,21, Bib 41 (1960) 275-286. Der Grundtext, den er mit Unterstützung von 1QIsa aus vielen Varianten erstellt, ist: נצר מטעו יהוה מעשי ידיו להתפאר „The guardian of His plantation is Yahweh/ the work of His hands that may be glorified."

[459] 54, Anm. 14.

König[462]. Die Freilassung der (politischen) Gefangenen zum Zeichen königlicher Humanität scheint zwar ein wichtiges Argument zu sein, doch ist die Aufgabe, ‚frohe Botschaft zu bringen' (בשׂר Piel), eher einem Herold zuzuordnen[463]. Endlich ist zu bedenken, daß 61,1-3 kein selbständiges Verkündigungsstück sein will, sondern eine bestimmte Funktion im Kontext zu erfüllen hat. Westermann nennt diese drei Verse die „Proklamation eines Mannes, der sich von Gott gesandt und ausgerüstet weiß, die Heilsbotschaft zu verkünden"[464]. Sicherlich fordert der Prophet durch den Rückverweis auf seine Geistsalbung und Sendung Verbindlichkeit und Autorität für sein Wort. Aber es geht im letzten um die Aussage über Gott: er wird nicht bloß die Notsituation des Gesamtvolkes wenden, sondern zur persönlichen Lage der einzelnen sein heilendes Wort sagen.

Von Elliger bis Kaiser hat man Kap. 61 als ‚Liturgie' bezeichnet, bestehend aus zwei Stücken: einem Orakel (V. 1-9) und einem Danklied (V. 10f)[465]. Der heutige Stand der Gattungsforschung liefert eindeutige Anhaltspunkte, daß wir es in Jes 61 mit einer ‚Heilsankündigung' zu tun haben. Westermann betont, es sei darin die Klage des Volkes, näherhin die ‚Wir-Klage' vorausgesetzt (bes. hinter V. 4 und 7). Die Grundsituation der Hörer ist Trauer und Klage. Üblicherweise ist in einer Heilsankündigung die ‚angedeutete Klage' vorangestellt. Hier werden einzelne Notsituationen bestimmter Menschengruppen erwähnt; außerdem ist die Lage in V. 3a.b eindeutig gezeichnet: wie sie jetzt aussieht und nach der vollzogenen Heilswende. Die Verse 4ff schildern, was das göttliche Eingreifen zeitigen wird. Die Heilsankündigung zielt auf einen Dauerzustand, einen ‚ewigen Bund' (V. 8b). Dann wird Jahwe seine Segensverheißungen einlösen (V. 9). In V. 11 leitet כי das Ziel des Spruches ein: Jahwe wird für das Volk heilende Gerechtigkeit sprossen lassen, zum Ruhm vor aller Welt.

V. 10 nimmt eine Sonderstellung ein. Er beginnt mit einem Voluntativ und läßt in V. 10b.c in Bildrede die Begründung folgen. V. b folgt auf einleitendes כי eine Suffixkonj. im Hifil, mit Gott als Subjekt, daraufhin folgen drei Präfixkonj. an zweiter Stelle. Die

---

[462] H. GRESSMANN, Der Ursprung der israelitisch-jüdischen Eschatologie, Göttingen, 1905, bes. 261; — Ders.: Der Messias..., 204ff. Darin zitiert er den Schmeichel-Brief eines Höflings an Asurbanipal — nach Harper I,2, übers. von Klauber AO.XII, 2, S. 23f, bzw. Zimmern, KAT, 3. Aufl., 380.

[463] Vgl. S. MOWINCKEL, 1956, 226.

[464] 290.

[465] K. ELLIGER, Einheit 24-26. Vgl. O. KAISER, RGG, Sp. 610.

Rede schaut auf eine Tat Jahwes an einem Menschen zurück. Auffallenderweise ist es als Lied eines Einzelnen gestaltet und, wie Westermann belegt, darin wesentlich von Dtjes unterschieden. Dtjes setzt zum imperativischen Lobruf der Gemeinde (vgl. 44,23) eine bestimmte Rettungstat Gottes als Begründung. Jes 61,10 ist unter die ‚ eschatologischen Loblieder ' zu rechnen [466].

b) Jesaia 62.

In Kap. 62 setzt der Prophet bei seiner eigenen Erfahrung an, wenn er vor seinen Hörern von Gott redet. Er liebt Zion/Jerusalem. Er nimmt am Geschick dieser Stadt vollen Anteil (‚ um Zion willen... '). Und wie ein Mensch, der einen anderen liebt, nicht bloß seine Gegenwart bejaht, sondern auch dessen Zukunft, für ihn das Beste wünscht, so steht der Prophet zu seiner Stadt : weil er sie liebt und ihre Gegenwart bejaht, hat er Hoffnung für ihre Zukunft. Doch weiß er, daß nicht er, sondern Jahwe der Garant ihrer Zukunft ist, daß er in seiner Bundestreue für sie gutstehen wird. Nun kommt es wesentlich darauf an, wie Gott zum Volk steht und umgekehrt. Was er darüber zu sagen hat, ist tatsächlich die Mitte und der Höhepunkt des Spruches : Jahwe liebt Zion, er wirbt darum wie ein Bräutigam um seine Braut, und darum steht es gut um ihre Zukunft (V. 4f). Was haben der Prophet und das Volk dabei zu tun, bzw. worin wird sich ihre Liebe zu Zion und die Hoffnung für ihre Zukunft realisieren ? Daß sie sich mit ihren Bitten für Zion vor Jahwe einsetzen ! Ihre Wächteraufgabe besteht darin, daß sie sich für Zion engagieren, indem sie fürbittend vor Jahwe hintreten — eine prophetische Funktion, wie Ezechiel belegt : Ezechiel ist überzeugt, daß Jahwe auf das fürbittende Eintreten des Propheten wartet (vgl. 13,5 ; 22,30 ; dazu Jr 27,18). Diese Grundsatzüberlegungen, welche hinter der Verkündigungseinheit 62,1-9 stehen, lassen vermuten, daß der Prophet seinem Konzept entsprechende Form- und Gattungselemente verwendet hat.

V. 1 spricht der Prophet in der 1. Pers. vom Motiv seiner Verkündigung und in der 3. Pers. von der betroffenen Stadt Zion/Jerusalem. Mit vier Präfixkonj. drückt er aus, daß ihn ihre gegenwärtige Trauersituation dazu bewegt (V. 1a), über ihre Zukunft zu reden :

---

[466] Cl. Westermann, Das Loben Gottes..., 108-110. Es stehe zwar im Singular, sei aber „ als Lied des Volkes gedacht ", 109, Anm. 98.

sie wird geprägt sein von der Heilswende, welche die Epiphanie Jahwes einleiten wird (V. 1b) ; die Termini dieser Zeile sind typisch für Epiphanieschilderungen. Westermann verweist darauf, daß dem Kap. 62 die sog. ‚ Anklage Gottes ' zugrunde liegt und seine Form von daher geprägt wird. Einleitendes עד ‚ bis ' sei eine Umwandlung der verzweifelten Frage : ‚ Wie lange noch... ? ' (V. 1b ; vgl. V. 7).

Ab V. 2 ergeht die Rede direkt an Zion (2. Pers. Sing. fem). V. 2a führt eine Suffixkonj. an erster Stelle im Sinne der sicheren Heilszukunft den universalen Aspekt dieser Heilswende auf. Von einer etwaigen Reaktion der Völker und Könige, ähnlich etwa Kap. 60 in Form einer Völkerwallfahrt zum Zion, ist nicht die Rede. V. 2b fällt durch seine Inversion (qatal-x x-yiqtol) auf : der Vers betont in der Namensgebung durch Jahwe die neue Wesensart Zions. In V. 3 beschreibt eine Suffixkonj. an erster Stelle, wie Jahwe diese Stadt dann schätzen wird, wie kostbar sie ihm dann sein wird.

Die Verse 4-5 verkünden, warum man trotz der bedrängenden Lage für die Gegenwart und die Zukunft Zions zuversichtlich sein kann : weil Jahwe dafür garantiert. Die Präfixkonj. an zweiter Stelle sprechen zuerst von der Zukunft : die Umbenennung Zions, bzw. des Landes, auf Grund der Zuwendung Jahwes. In den Formulierungen kommt der personale Aspekt des Gottesverhältnisses zum Tragen. In V. 4c.5 begründet einleitendes כי diese Zukunftshoffnungen durch einen Verweis auf die Gegenwart : ein NS und eine Präfixkonj. an zweiter Stelle (Niphal) interpretieren die Gegenwart in ihrer Transparenz auf Jahwe : der gläubige Prophet erkennt an gewissen Zeichen der Zeit, daß Jahwe Zion keineswegs abgeschrieben hat ; daß er dieses Land und diese Stadt vielmehr liebt und um sie wirbt. V. 5 reflektiert breiter über diese personale Gottesbeziehung im Bildvergleich einer Brautwerbung, einer Ehe : die erste Zeilenhälfte ist jeweils durch Partizipien geprägt und spricht von der Beziehung Jüngling/Jungfrau und Bräutigam/Braut, die zweite Zeilenhälfte überträgt je in einer Präfixkonj. diesen Vergleich auf Jahwes Verhältnis zu Zion und dem Land.

Wenn den Hörern Zions Geschick wirklich am Herzen liegt, müssen sie das Ihre dazu beitragen und vor Gott Fürbitte einlegen : V. 6f umgreift Gegenwart und Zukunft. Eine Suffixkonj. an zweiter Stelle im Sinn eines punctualis in der Vergangenheit beginnt gleich wie in V. 1a in der 1. Pers. Sing. davon zu reden, was der Prophet als seine Möglichkeit erkennt : ähnlich dem alltäglichen Bild von den Wächtern an den im Wiederaufbau befindlichen Mauern der Stadt, denen die

Warnung vor einer herannahenden Gefahr obliegt, sind ‚Mauerwächter‘ zu bestellen, die Jahwe an die Heilszukunft Zions erinnern — und das hat der Prophet getan. Es sind die Beter, die sein Anliegen unterstützen, ja es zu ihrem machen. V. 6b trägt in einem x-yiqtol Satz eine modale Bestimmung im Sinn einer extratemporalen Aussage nach, in V. 6c bezeichnet ein NS die Dauer und Befindlichkeit der Wächtertätigkeit. אל־דמי לכם ist eine charakteristische Aufforderung zum Einsatz eines Klageliedes, ähnlich der Anfang von V. 7a. In V. 7aß und 7b haben die Präfixkonj. an zweiter Stelle die Heilszukunft von Jerusalem im Blick. Wiederum markiert עד ‚bis‘ den Übergang zum Heilsaspekt.

V. 8f zitiert einen Jahweschwur als Bestätigung und Bekräftigung der bisher geäußerten Zuversicht. Die Formel von der ‚Rechten Jahwes‘, vom ‚Arm Jahwes‘, welche auf eine ältere Form der Exodusüberlieferung zurückzugehen scheint, ist hier nach der Aussage von Zimmerli eine heilseschatologische Formel „älterer religiöser Sprache“[467]. Die Aussagen in V. 8b-9b zielen darauf, auch die äußeren Auswirkungen der göttlichen Zuwendung nachzutragen: Nöte, unter denen das nachexilische Israel in Palästina zu leiden hat, werden dann beseitigt sein. Dies wird mit Präfixkonj. an zweiter Stelle angekündigt. In V. 9aß und 9bß bedient sich der Sprecher der Form von Ellipsen, um kurz den kultischen Aspekt mithereinzubringen: die Antwort des Volkes auf die segensvolle Zuwendung Jahwes in Form von Dank- und Lobliedern bei den Erntefesten. Der Konsekutivsatz in V. 9aß hat die Stellung qatal-x, in V. 9bß folgt lediglich eine lokale Bestimmung.

Die gedoppelten Imperative in V. 10 richten sich an eine Mehrzahl von Personen. Der Vers fällt formal und inhaltlich stark aus dem bisherigen Rahmen.

Die Verse 11-12 zeigen reinen Botenstil; nach Crüsemann findet sich hier wie in 58,1 eine ‚Heroldsinstruktion‘: an die ‚Tochter Zions‘, die in der Diaspora lebt, soll man die Gottesbotschaft vom angekündigten Heil ausrichten. Wiederum erscheinen Termini aus Epiphanieschilderungen. Auffallend ist die dreimalige Verwendung der Präsentativformel הנה in V. 11. In V. 11bß eröffnet sie die eigentliche Botschaft und vertritt so die Botenformel. Das erste Glied des Got-

---

[467] 72. Vgl. Anm. 24. Eine eingehende Untersuchung der Formel leistet auch H. L. Ginsberg, JBL 77 (1958) 152-156. Er zeigt, daß Jes 51 – 63 unter der Beeinflussung der Psalmen (bes. Ps 89,11.22; 98,1.2b.3b) stehen. ‚Der Arm Jahwes‘ sei in diesen Kapiteln „a metonymy for YHWH 's grace“, 155.

teswortes hat die Stellung x-qatal, in V. 11c folgen ebenfalls auf הנה zwei nominale Kurzaussagen. V. 12a wird das Volk (in der Diaspora ?) in der 3. Pers. Pl. angeredet, V. 12b wiederum Zion/Jerusalem in der 2. Pers. Sing. fem. Beide Zeilen tragen die Form der Heilsankündigung : V. 12a steht eine Suffixkonj. an erster Stelle, V. 12b eine Präfixkonj. an zweiter Stelle. Beide Male werden Aussagen gemacht, deren Eintreffen als sicher gilt.

Welcher Gattung kann man Kap. 62 zuordnen ? Elliger bezeichnete es als reichhaltige ‚ Liturgie '. Fohrer : „ In 62,1-12 liegt eine prophetische Liturgie vor, in der mehrfache Propheten- und Jahwereden vereinigt sind "[468]. Für sich gesehen, geben, schreibt er weiter oben im Absatz, die Verse 62,1-9 ein „ erweitertes Orakel " ab. Westermann erwähnt im Zusammenhang mit den Erörterungen zu V. 8f, das Kap. 62 trage „ durchwegs den Charakter der Heilsankündigung ", bloß V. 8f treffe man auf eine „ Schilderung des Heilszustandes "[469]. Wie aber läßt sich damit seine Bemerkung vereinen, welche er eingangs zu Kap. 62 anbringt und nochmals bei der näheren Besprechung von V. 4f hervorhebt, nämlich : im ganzen Kapitel gehe es — als positive Entsprechung zur ‚ Anklage Gottes ' — um die Verkündigung, daß Gott sich seinem Volk wieder zugewandt habe ? Nun differenziert er gerade in seiner Untersuchung zum ‚ Heilswort bei Deuterojesaja ' in der prophetischen Verkündigung zwischen dem, was geschehen ist — dies teilt er der Redeform ‚ Heilszusage oder Heilsorakel ' zu — und, was geschehen wird — die eigentliche ‚ Heilsankündigung '[470].

Wir müssen uns noch einmal vergegenwärtigen, daß 62,1 bis 9, 62,10 und 62,11-12 zu je verschiedenen Anlässen entstanden sind. Das erste Verkündigungsstück (V. 1-9) ist mit keiner in ihren Strukturen uns bekannten Redeform zu identifizieren. Es sind Motive und Formen mehrerer Gattungen verarbeitet. Es geht dem Propheten darum, seinen Hörern klarzumachen, daß ihre wie seine eigene Existenz mit der Existenz und dem Geschick Zions verquickt ist. Er verwendet die Form des Heilszuspruches und der Heilsankündigung, um im Blick auf die eigentliche Wirklichkeit, die hinter der Gegenwart und Zukunft von Gott her greifbar wird, den Imperativ für das religiöse Verhalten seiner Hörer zu gewinnen. Obwohl der wesentliche und typische Ruf „ Fürchte dich nicht ! " fehlt, ist V. 4c.5 eine Art Heilszuspruch, der

---

[468] Kurzvers, 218.
[469] 300.
[470] Vgl. Das Heilswort, bes. 371ff.

sagt, daß Gottes Zuwendung bereits geschehen ist. Die Verse 1b-4b und 8f tragen die Merkmale der Heilsankündigung, wobei besonders die beiden letzten Verse unter dem Zeichen der Auflösung der Form stehen, insofern darin auf die Schilderung des Heilszustandes gezielt wird. Zusammen mit V. 1a sind die Verse 6f ein Anspruch und eine Aufforderung an die Hörer, entsprechend der neugeweckten Zuversicht und Hoffnung für Zion, für deren Zukunft Jahwe die Garantie übernommen hat, in der Bitte an Gott um Beschleunigung der Heilswende ihre Liebe zu Zion zu realisieren. Der Prophet formuliert hier eine Heilspredigt in einem Stadium, wo die überkommenen Redeformen in Auflösung begriffen waren. Auch an den prophetischen Ausdrucksmitteln ist das Exil nicht ohne Spuren vorübergegangen.

V. 10 hat die Funktion einer Überleitung. Der Situationswechsel ist nicht zu verkennen. Wir können diese gedoppelten Imperative am besten als stilisierte ‚Wächterrufe' an Jerusalems Bevölkerung zur Bereitung der Völkerprozession (Kap. 60) signieren.

V. 11f ist als Botenspruch eingeleitet und enthält eine Heilsankündigung an die ‚Tochter Zion' in der Diaspora.

c) Jesaia 60.

In der 1. Strophe V. 1-3 wird Zion angerufen, sich für das Kommen Jahwes und die dadurch ausgelöste Völkerwallfahrt zu rüsten. Vom ersten Vers an wird die direkte Anrede (2. Pers. Sing. fem.) im gesamten Kapitel durchgehalten. Auf zwei einleitende Imperative folgt ein mittels כי eingeleiteter Begründungssatz. Die beiden Suffixkonj. an zweiter Stelle im Sinn eines punctualis der Zukunft sind Termini aus den Epiphanieschilderungen. V. 2a wird von כי eröffnet: eine Präfixkonj. an zweiter Stelle bringt eine zeitlos-gültige Aussage über das Wesen des Menschen schlechthin. Die gesamtmenschliche Situation, repräsentiert durch die ‚Erde' und die ‚Völker' ist Dunkel und Finsternis, d.h. die Erfahrung der Gottferne. ו adv. aber ist die Drehscheibe des Ganzen (V. 2b): dieses ‚aber' durchbricht die innerweltlich verschlossene Situation und eröffnet, wo sich für Zion, für den Menschen des Glaubens, die Quelle der Hoffnung und der Zuversicht auftut. V. 2b enthält zwei Präfixkonj. an zweiter Stelle, redet also von der sicheren Heilszukunft Zions: dabei geht es in erster Linie nicht um das ‚Was', wie sich die Änderung der Notsituation auswirken wird — solche Details sind Gegenstand der in V. 4ff folgenden Heilsankündigung — sondern primär um die personale Nähe Gottes.

Die Heilswende bedeutet, daß Jahwe Zion erfahrbar nahe sein wird. In V. 3 kündet eine Suffixkonj. an erster Stelle an, daß die Völker und Könige zu diesem Ort der Gotteserfahrung, zum Zion aufbrechen werden. Aus diesem Wissen schöpft der Glaubende und so kann er sich, den einleitenden Imperativen gehorchend, der Zukunft hoffend zuwenden.

In V. 4-9 liegt der Ton auf der Wandlung der , Anklage Gottes '. Nach zwei einleitenden Imperativen folgt reine Heilsankündigung. Suffixkonj. berichten von den Völkeransammlungen rings um Jerusalem (V. 4aß), Präfixkonj. an zweiter Stelle von der damit verbundenen Herbeischaffung der Diaspora (V. 4b). Eine weitere Präfixkonj. an zweiter Stelle und drei Suffixkonj. an erster Stelle kündigen die freudige Reaktion Zions auf die von ihr beobachteten Vorgänge als sichere Zukunft an (V. 5a). Denselben Zukunftsbezug haben die folgenden Präfixkonj. an zweiter Stelle in V. 5b und 6f. Die rhetorische Frage in V. 8 hat die Stellung x-yiqtol — was der prophetische , Wächter ' noch in der Ferne erspäht. V. 9 die Antwort in der Stellung x-yiqtol (V. 9a) und als Infinitivkonstruktion (V. 9b). Die nominale Konstruktion und der כי-Satz in der Stellung x-yiqtol geben das Ziel des vorausgehenden Abschnittes wieder.

Dem zweiten großen Abschnitt liegt die , Feind-Klage ' zugrunde (V. 10-16). Eröffnet wird er mit einer Inversion (qatal-x x-yiqtol) im Sinn der sicher eintretenden Zukunft (V. 10a). Bedeutsam ist der in V. 10b angeschlossene Begründungssatz : die beiden Suffixkonj. an zweiter Stelle (Hifil und Piel) sprechen von punktuellen Verhaltensweisen Jahwes in der Vergangenheit, von Jahwes Abwendung von Zion und bereits wieder erfolgter Zuwendung. V. 11a eine neuerliche Inversion im Marû, um das Moment des ständigen Geöffnetseins der Stadttore besonders hervorzuheben, V. 11b die Erklärung des Grundes, mit einem Infinitiv (Hifil) und einem Partizipium konstruiert. Der Prosavers 12 wurde bereits als Zusatz ausgeschieden. Die Strophe V. 13f beschäftigt sich mit der künftigen Ausstattung des Tempels und mit der freiwilligen Unterwerfung der jetzigen Verächter Zions. Die Verba finita bilden durchwegs Marû-Sätze im Sinn der sicheren Heilszukunft. Die Formel von der , Stätte meiner Füße ' ist aus Ez 43,7 (vgl. Jes 66,1) bekannt. Die nächste Strophe V. 15f schildert, in welcher Verfassung Zion sich gegenwärtig präsentiert (V. 15a) und wie es nach der Heilswende vor der Umwelt dastehen wird (V. 15b. 16a). Der Infinitiv vertritt in V. 15a einen Adverbialsatz [471]. V. 15b

---

[471] Vgl. BROCKELMANN, § 114c ; § 176a. Hier auch zu תחת vor Infinitiv in der Bedeutung , statt daß du verlassen und verhaßt bist '.

eine Suffixkonj. an erster Stelle, V. 16a eine Inversion (qatal-x x-yiqtol): je die sichere Zukunft betreffend. V. 16b schließt der Abschnitt mit der Erkenntnisformel und einer Reihe von göttlichen Epitheta: an seinen innergeschichtlichen (endzeitlichen) Taten wird Jahwe als Heilsgott erfahren werden können und sich so als Gott der Väter zu erkennen geben. Die Erkenntnisformel וידעת כי אני יהוה[472] und die angeschlossenen nominalen Formulierungen erheben den Anspruch der universalen Geschichtsmächtigkeit Jahwes. Im Hintergrund steht das Modell des ersten Auszugs und die Hoffnung auf die Heimführung der gesamten Diaspora in Art eines neuen Befreiungsaktes aus den Ländern der Knechtschaft.

Auch der letzte Abschnitt V. 17-22 trägt die Form der Heilsankündigung, nur daß wiederum nicht der eschatologische Heilsakt, sondern die Schilderung des Heilszustandes als Wandlung der gegenwärtigen ‚Wir-Klage' zum Thema steht. In V. 17f sind Präfixkonj. an zweiter Stelle im Sinn der sicheren Zukunft verwendet, nur V. 17b fällt durch seine nominale Struktur auf, so daß also auch von der Form her einer Ausscheidung dieses Halbverses nichts im Wege steht. Ebenso unterbricht V. 19c die Reihe der Präfixkonj. an zweiter Stelle in V. 19a.b und 20a durch eine qatal-x Konstruktion. והיה eröffnet gewöhnlich einen Neueinsatz in der Rede und betont den Wechsel zum zukünftigen Aspekt und setzt die für die Zukunft sichere Bedingung. Wir haben V. 19c als Dublette zu V. 20b ausgeschieden. Dieser Vers ist als Zielangabe für die Strophe V. 19f als Marû-Inversion in umgekehrter Reihenfolge (x-yiqtol qatal-x) hervorgehoben. Die letzte Strophe V. 21f sticht durch seine nominalen Passagen hervor; sie beziehen sich auf einen dauernden Heilszustand. V. 21a folgt auf einen NS eine Verheißung des Landbesitzes (x-yiqtol). V. 21b konstruiert nominal die göttliche Heilsinitiative. V. 22a verheißt eine Präfixkonj. an zweiter Stelle das durch den göttlichen Segen bedingte wunderbare Anwachsen des Volkskörpers. Die Selbstvostellungsformel und eine Präfixkonj. an zweiter Stelle, welche das sichere Eintreffen des eben Angekündigten beteuert (Hifil mit Jahwe als Subjekt), beschließen in V. 22b das Kapitel. Die ‚Selbstvorstellungsformel'[473] ist ein Rückverweis auf alle früheren Heilsverheißungen und Heilserweise Jahwes. In Kontinuität dazu wird die künftige, eschatologische

---

[472] Vgl. oben Anm. 460.

[473] Vgl. bes. R. Rendtorff, Die Offenbarungsvorstellungen..., 25f und 32f; — W. Zimmerli, TheolBü 19 (1963) 11ff.

Heilsgeschichte Jahwes mit Israel sich ereignen. In der eschatologischen Verherrlichungstat an der Stadt auf dem Berge wird der machtvolle Selbsterweis von Jahwes Kabod bestehen ; darin wird er seinen universalen Machtanspruch anmelden. Seine Bundestreue bürgt dafür, daß er , zu seiner Zeit ' sein Verheißungswort einlösen wird.

Elliger hat Jes. 60 „ eine Verheißung im typisch prophetischen Stil " genannt [474]. Gemäß dem heutigen Stand der Gattungsforschung könnten wir Kap. 60 eine erweckende, prophetische Heilspredigt nennen, der die Struktur der Heilsankündigung zugrunde liegt, die allerdings nicht streng durchgehalten, sondern im zweiten Teil zur Schilderung des zukünftigen Heilszustandes hin aufgelöst wird [475]. V. 22b ist das Charakteristikum des Ganzen. Was den Propheten zur Verkündigung ermuntert, ist die Einsicht, die er in V. 10b niedergelegt hat : Jahwe hat sich Zions wiedererbarmt, ihm seine Schuld vergeben und sich ihm zugewandt.

Zum Schluß eine kurze Überlegung über die Abfassungszeit : Morgenstern's Hypothese nach ist das Kap. 60 (näherin die Verse 1-3 und 5-7) am Neujahrstag bei der Einweihung des Tempels 516 v. Chr. entstanden [476]. Meines Erachtens liegen Kap. 61, 62 und 60 ihrer Entstehungszeit nach relativ nahe beisammen. Aus keiner Stelle geht eindeutig hervor, daß der neue Tempel schon steht, wohl aber wird zum Teil bereits an ihm und am Wiederaufbau des Zionberges gearbeitet. Kurz vorher und während man auf Drägen des Propheten Haggai (vgl. 1,12-14) im Jahre 520 v. Chr. an die Wiederaufnahme dieser Arbeiten schritt, werden unsere drei Kapitel verkündet worden sein. Von daher wäre das Drängen des Propheten auf die innere Anteilnahme am Geschick Zions und die existentielle Einstellung auf die neugewährte Gottesbeziehung, aber auch sein überschwängliches Ausmalen des künftigen Heils und sein angesichts der gegenwärtigen Trauersituation im Volk und der kümmerlichen Baufortschritte geradezu utopisches Eifern um Zion als dem Mittelpunkt universaler Völkerbewegungen, verständlich.

---

[474] Einheit..., 20ff.

[475] Vgl. Cl. WESTERMANN, ATD 19, 284 : „ Das Kapitel als ganzes verbindet Heilsankündigung und Heilsschilderung miteinander, wobei die Heilsankündigung im ersten, die Heilsschilderung im zweiten Teil überwiegt. "

[476] HUCA XXII (1949), bes. 83ff, 365-431.

Jesaia 63,1-6

1. Literarkritik

Auf Grund gewisser Ähnlichkeiten zwischen Jes 59,15b-21 und 63,1-6 haben Budde und eine Reihe anderer Exegeten vermutet, beide Stücke müßten ursprünglich beisammengestanden haben. Heute wird diese Meinung kaum noch vertreten, weil man erkannt hat, daß Jes 63,1ff seinem Charakter nach den apokalyptischen Stücken zuzuordnen ist. Bei keinem anderen trjes Wort hat man gleichzeitig mit so wenig Lob und Ablehnung gespart, wie bei 63,1-6 ; Lob wegen Stil und Form, und Ablehnung wegen des Gottesbildes. König zitiert in seinem Kommentar die Äußerung von Frd. Delitzsch, daß dieser wegen Jes 63,1-6 „ dem AT. den Abschied gebe “ [477]. Fohrer stößt sich an „ jener bedenklichen Prophetie..., die Gott als den Vollstrecker ihrer nationalen Heilswünsche betrachtete und seinen Namen mißbrauchte “ [478]. Steht hinter diesen Versen ein konkreter Anlaß ? Wellhausen, Abramowski u.a. glaubten, dahinter eine Anspielung auf die Zerstörung Edoms durch die Nabatäer um 480 v. Chr. (vgl. Ma 1,3ff) entdecken zu können. Andere nehmen die Verse als reine Zukunftsvision. Als verunglückter Versuch sei noch die Deutung von Knabenbauer erwähnt, der in einer Linie mit einigen altkirchlichen Vätern den Aufweis zu erbringen versuchte, hinter dem Keltertreter sei das Bild des ‚ leidenden und sterbenden Heilandes ‘ zu entdecken [479].

Die Frage nach der Einheitlichkeit von V. 1-6 wurde fast immer positiv beantwortet. Westermann gibt eine Differenzierung dahin, V. 1-3 seien als Kern des Gedichtes zu betrachten und die Verse 4-6 stünden in lockerer Verbindung dazu. Ein wenig undurchsichtig bleibt die Definition von Abramowski. Auf Seite 120 schreibt er : „ 63,1-6 ist in seiner Rekonstruktion ein Seherspruch, an dem kein

---

[477] Frd. Delitzsch, Babel-Bibel II, 1903ff, zitiert nach E. König, 518, Anm. 1.

[478] 246.

[479] Vgl. die Gegenargumente bei F. Feldmann, 255f. An Literatur zu 63,1ff vgl. noch : Buse, The Markan Account of the Baptism of Jesus and Isaiah 63, JThSt 7 (1956) 74f. P. Grelot, L'exégèse messianique d'Isaïe, LXIII, 1-6, RevBib 70 (1963) 371-380. J. Morgenstern, Further Light from the Book the Book of Isaiah upon the Catastrophe of 485 B.C., HUCA 37 (1966) 1-28. Anhand von Jes 34 ; 60,8-22 und 63,1-6, wozu er Textanalysen erstellt, will er seine These von der Zerstörung Jerusalems im Jahr des Regierungsantritts von Xerxes erhärten.

Wort zuviel ist". Auf S. 106f aber scheidet er V. 3b und 5 als Glossen aus. Er hat mit seinen Streichungen zu Recht keine Zustimmung gefunden.

Das Stück 63,1-6 ist durch sein Frage- und Antwortspiel und die darangefügte allegorische Bildauslegung klar durchgezeichnet und rhetorisch-spannungsmäßig gut aufgebaut. Haller ist der hier vorgegebenen Art der Fragestellung bereits sehr nahe gekommen, wenn er feststellt, das Stück trage „die Form eines Wächterliedes"[480]. In dieser Weise zu fragen, war, wie Westermann richtig erkannt hat, die Art der Wächter oder der Posten am Tor einer Stadt. Der Prophet benutzt dieses Stilmittel, um gleichzeitig die Person des Ankommenden vorzustellen und die Situation und den Vorgang des Ankommens zu beschreiben und ins Bild zu bekommen (V. 1a.b). Die Antwort auf diese ‚Wer-Frage' ist die Selbstprädikation in V. 1c. Der Text gibt seine ganze Aussagetiefe nur her, wenn man in V. 1b mit Lowth u.a. צֹעֵד ‚schreitend' statt צעה liest, in V. 1c ב vor צדקה beläßt, gegen Condamin und mit Westermann u.a. (BH), auch des Metrums wegen, in V. 1cß אֲנִי רַב כֹּחַ ‚ich, groß an Kraft' als ursprüngliche Lesart ansieht[481]. Die Selbstprädikation V. 1c setzt also zweimal mit אני ein und enthält das charakteristische Erkennungswort, das Losungswort des Ankömmlings.

Eine andere Aussageebene und Bilderfolge erhält, wer mit de Lagarde in V. 1a eine scheinbar geringfügige Textkorrektur vornimmt; von Oort, Duhm, bis herauf zu Fohrer haben es ihm viele nachgemacht: er las statt ‚von Edom' das Part. Pual מְאָדָּם ‚rot gefärbt' und מְבַצֵּר ‚ein Winzer' statt ‚von Bosra'[482]. V. 1 wäre also beherrscht vom Bild des Winzers, eigentlich des ‚Traubenpflückers' (Glahn), und würde in V. 2a weitergeführt mit dem Bild des ‚Keltertreters'. Über die etwa von Glahn, Feldmann und Westermann vorgebrachten Argumente gegen die Richtigkeit einer derartigen Konjektur hinaus muß man bedenken, daß es unverständlich ist, weshalb das Kleid eines Traubenpflückers vom Saft der Trauben rot bespritzt sein soll. Weshalb sollte weiters die Pointe von V. 2f hier bereits vorweggenommen werden, wo es doch zuerst um den Gesamteindruck der angesprochenen Person und nicht bloß um ihre äußere Erschei-

---

[480] Vgl. M. HALLER, 1914, 119.

[481] K. ELLIGER schlägt in V. 1cα eine Änderung in מַרְבֶּה צְדָקָה (part. Hifil von רבה), ‚der viel macht das Heil', ‚hohes Heil schafft' vor. Vgl. Einheit..., 28.

[482] P. de LAGARDE, Semitica I, Göttingen, 1878, 1-32.

nungsweise geht ? Endlich scheint der Begriff , Edom ' für den Gesamtzusammenhang viel zu wichtig zu sein, um fallen gelassen zu werden. Angesichts des Völkergerichtes, das im Zielpunkt der anschließenden Darlegungen stehen wird, ist , Edom ', der in nachexilischer Zeit ständige Erzfeind Jerusalems (vgl. schon Ez 35 ; Ps 137,7 ; Jes 34,5ff ; Th 4,21f ; bes. Ma 1,2f), der Typ der jahwefeindlichen Völker überhaupt. , Bosra ', südlich des Toten Meeres gelegen, war zeitweilig die Hauptstadt Edoms und galt als weinreiche Stadt [483]. Von , dorther ' naht sich einer mit siegreichem Gehaben. In seiner Selbstprädikation, der der Partizipialstil hymnische Form verleiht, gibt er sich so zu erkennen, daß jeder sofort weiß : hier antwortet Jahwe selbst. Objektiv sagt er von sich aus, daß die Norm seines Wortes , Gerechtigkeit ' ist und daß er die Macht besitzt, helfend einzugreifen.

V. 2 bringt die zweite Frage des Wächters nach dem äußeren Aussehen des Ankommenden, das an einen , Keltertreter ' denken läßt. Man beachte das hebr. Wortspiel für , Rotes ' (Edom) und , Keltertreter ' (Bosra). Warum sein Kleid mit Rotem bespritzt ist, beantwortet der Gefragte in V. 3. Er behält das Bild vom , Keltertreter ' bei und berichtet über die Art seiner Tätigkeit, von der er eben kommt. , Kelter ' ist hier (wie Jo 4,13 ; Th 1,15) stehende Metapher für ein Blutbad. Über wen hat er ein Blutbad angerichtet, ein Gericht vollzogen ? Erst V. 6 wird ausdrücklich gesagt, daß diejenigen, von denen in V. 3b.c in der 3. Pers. Pl. geredet wird, die , Völker ' sind : der Ankömmling, Jahwe, hat in Zorn und Grimm Gerichtstag gehalten, den Vernichtungsschlag gegen die Völker geführt (Jes. 34,1ff ; Jo 4,13). Th 1,15 wird die Bildrede vom die Kelter tretenden Gott auf , die Tochter Judas ' bezogen. In 63,3c wird die Allegorie bewußt ausgenützt : ihr Blut, נצחם ihr , (Lebens-) Saft ' (Westermann) — ein Wort, das im AT nur hier und in V. 6 Verwendung findet —, ist auf meine Kleider (Pl. !) gespritzt, wobei gilt (oder besser : und so ist es gekommen), daß , ich mein Gewand befleckt habe ' : man lese hier mit Klostermann, u.a. גֵּאַלְתִּי. Auffallend ist in V. 3 noch die Formulierung , allein ' und , keiner von den Völkern war mit mir '. Meist hat man das so verstanden, wie es V. 5a nahelegt, nämlich, es habe sich unter den Völkern kein Helfer für die Gerichtsvollstreckung gefunden. Ganz ausgefallen mutet die Deutung von Abramowski an :

---

[483] M. Pope, Isaiah 34 in Relation to Isaiah 35 : 40-66, JBL LXXI (1952) untersucht unter anderem die Divergenzen in der Darstellungsweise , Edoms ' in Kap. 34 und 63.

„ vom Gesinde war keiner bei mir “ ; er streicht ganz einfach die (von V. 6 her bewirkte) Pluralendung bei עַם [484]. Nach Zimmerli wäre hier das bei Dtjes (40,13f ; 41,21-28 ; bes. 44,24) beliebte Motiv verarbeitete, wonach Jahwe das Werk der Schöpfung (und das Heilswerk an Jerusalem — 41,21ff) ‚ allein ‘ ausgeführt habe [485]. Die eigentliche Erhellung bringt jedoch die Anregung von Westermann : in typischer Entsprechung Urzeit – Endzeit wird mit ‚ allein — keiner mit mir ‘ „ ein verblaßter mythischer Zug ‘..., der der mythischen Darstellung des Chaos-Kampfes entspricht “, eingeführt (vgl. Jes 51,9 ; Ps 74,13f). Es sei zu beachten, „ daß das eigentlich Charakteristische an diesem Text die gewandelte Darstellung des Gerichtes Gottes über die Völker in den Kampf eines Einzelnen ist, wie sie eigentlich und ursprünglich nur dem Zweikampf gemäß ist, einem Kampf also, wie dem des Marduk gegen Tiamat und ihre Helfer in Enuma eliš. Nur so hat ja die Fassung dieses Geschehens in die Postenfrage einen Sinn : der Herankommende ist ein Einzelner ! “ [486].

Die Verse 4-6 tragen weiterhin den retrospektiven Erzählston, haben erläuternden und erklärenden Charakter, fügen dem Bild jedoch kaum neue Farbtöne ein. Mit V. 4 wird offen ausgesprochen, daß Jahwe von einem Gerichtsvollzug zurückkommt. Von seiner Seite aus werden ‚ Rache ‘ und ‚ Vergeltung ‘ als Grund und Anlaß seines Einschreitens angegeben. Worin die Schuld des Gegners bestand, wird nicht gesagt. Allerdings ist einzuräumen, daß in V. 4b die Textwiedergabe mit ‚ Jahr der Vergeltung ‘ nicht so eindeutig ist. Budde las גְּמוּלַי ‚ mein Vergeltungsjahr ‘. Damit würde der Ton dieses Verses ausschließlich negativ bestimmt sein. So verstehen ihn viele neuere Erklärer mit Köhler im Sinn einer Blutrache Jahwes an den Völkern. Es ist jedoch gut möglich, daß entsprechend der Manier der Epiphanieschilderungen V. 4aß positiv zu verstehen und als ‚ Jahr der (meiner) Erlösung ‘ wiederzugeben ist. In V. 5 wird aus V. 3a, das Motiv des Einzelkämpfers aufgenommen (vgl. Jes 59,16). Am Text meinten einige Änderungen vornehmen zu müssen. So empfand

---

[484] 106. H. WINKLER, Altorientalische Forschungen I, Leipzig, 1893, 344ff übersetzt : „ Geschlechtsgenossen “. M. DAHOOD, Hebrew–Ugaritic Lexicography IV, Bib 47 (1966) 403-419, erklärt S. 412f das Fehlen des Schluß -ם bei ‚ und von den Völkern ‘ (V. 3aß) in 1QIsa damit, daß es sich hier (wie auch in Jes 1,18 ; 30,20 ; 40,12.17) um ein enclit. ם handle, und man in 1QIsa die poetische Funktion dieser Partikel nicht verstanden habe.

[485] 73f.

[486] 304.

Ehrlich ‚ ich wunderte mich ' als „ widersinnig " und ersetzte es durch וָאַשְׁמִיעַ ‚ ich erließ einen Aufruf ergehen ' (vgl. 1 Kg 15,22 ; Jr 50, V. 29). Von der Sache her wird diese Korrektur nicht gefordert, ebensowenig die Änderung von ‚ mein Zorn ' in וצדקתי ‚ meine Gerechtigkeit ' (Köhler mit 30 MSS) oder in וימיני (Ehrlich). V. 6a übernimmt beinahe wörtlich V. 3b ; das Gericht an den ‚ Völkern ' wird nochmals am Bild des Keltertretens expliziert. In V. 6aß ist mit der BH (Kissane u.a.) וָאֲשַׁבְּרֵם ‚ ich zerschmetterte ' anstatt ‚ ich machte sie trunken ' zu lesen [487]. V. 6b fällt auf durch sein Metrum. In V. 1-6a sind durchwegs Doppeldreier verwendet, V. 6a aber schließt als Kurzvers (Dreier). Duhm u.a. haben ihn als unvollständigen Abschluß bezeichnet.

2. Form- und Gattungsanalyse.

Das Stück Jes 63,1-6 wird formal davon geprägt, daß im Dialog zwischen dem Wächter und dem Ankömmling fast ausschließlich Partizipialkonstruktionen und sog. Imperfecta consecutiva oder Narrative verwendet werden : die מִי- ‚ Wer ' - Frage V. 1a.b als auch die מדוע ‚ Warum ' - Frage in V. 2 (samt Bildvergleich) sind Partizipialsätze. Die Partizipia geben dem Stück von Anfang an eine feierliche Note. Die Person des Ankommenden wird beinahe hymnisch beschrieben, ebenso sein Aussehen : man soll die Bedeutung dessen vorausahnen, was durch seine Antwort offenkundig werden wird, nämlich der siegreiche Ausgang seines Zweikampfes mit den Völkern. Die erste Antwort V. 1c ist als Selbstprädikation gestaltet und erhält durch ihre partizipiale Konstruktion ebenfalls einen hymnischen Stempel. Die Antwort auf die zweite Frage beginnt mit einer Suffixkonj. an zweiter Stelle im Sinn eines punctualis der Vergangenheit oder eines invertierten Narrativs (V. 3aα) und mit einem NS, der die Befindlichkeit des Einzelkämpfers ausdrückt (V. 3aß). V. 3b.c folgen Narrative, in V. 3cß allerdings invertiert als Suffixkonj. an zweiter Stelle (Hifil). Jahwe begründet sein Vorgehen in einem nominalen כי-Satz und einer anschließenden Suffixkonj. an zweiter Stelle (V. 4), V. 5 und 6 stehen abermals Narrative, bloß in V. 5bß mittels einer Suffixkonj. an zweiter Stelle zu einer Inversion ausgestaltet.

---

[487] Ehrlich punktiert וָאֶשְׁבְּרֵם und begründet dies 222 folgendermaßen : „ ... denn in Bezug auf Menschen und Körperteile im allgemeinen kann nur Kal von שבר gebraucht werden ; vgl. 1 Kg 13,26 ; Jes 14,25 u.ö. Piel stehe speziell an Stellen, wo es sich um den Kopf, Knochen und Zähne handelt ; vgl. Jes 38,13 ; Ps 3,8 u.ö.

Wenn man den Charakter eines Stückes verkennt, gerät man in die Gefahr, die Verba finita mit einer falschen Zeitstufe wiederzugeben. Ein Blick in die Übersetzungen zeigt für 63,1-6 dieses Dilemma an. Manche setzen ab V. 3 das Präsens, andere das Futurum [488] oder, wie König, das Futurum exactum [489]. Der Großteil benutzt jedoch die Erzählform. Ebenso sprechen die meisten Erklärer im Zusammenhang mit der Frage des Redestils in 63,1ff von einer ‚Vision'. „Dunkel und doch hell, und doch wieder nicht ganz hell: echter Visionsstil!" vermerkt Elliger [490]. Es ist nicht ganz einsichtig, weshalb er bei diesen Kriterien nicht auf die apokalyptische Sprechweise gestoßen ist. Odebergs Definition enthält diese Sicht: „A psalm in the form of an Apocalyptic Vision" [491]. Aber die Kommentare von Westermann und Fohrer, um einige der letzten zu nennen, enthalten mit Recht kein einziges Wort über einen an Jes 63,1ff erkennbaren Visionsstil. Zieht man etwa die Visionsberichte aus dem Buche Ezechiel heran, deren Strukturelemente Rabenau untersucht hat, fällt sofort auf, daß nichts an einen Visionsvorgang erinnert: weder die Formel ‚und ich sah', noch die Interjektion ‚und siehe' oder andere typische formale Eigenarten sind in Jes 63,1-6 angeführt [492]. In seiner Untersuchung ‚Das Loben Gottes in den Psalmen' hat Westermann Jes 63,1-6 noch unter die ‚Epiphanien Gottes' gezählt, allerdings mit der Einschränkung, daß sich hier (wie in Sa 9,14-17 und Jes 59,15b-20) bereits „die Wendung der Epiphanie in das Apokalyptische" vorfinde [493]. In seinem Kommentar führt er diese Redeform nicht mehr an. Dafür verwendet er eine bisher noch nicht bekannte Gattungsbezeichnung: „die Erkundung des Wächters oder die Postenfrage" [494]. Wiederum muß er einen Abstrich machen: diese (sonst im AT nie begegnende) Redeform der Postenfrage sei hier „nicht als solche, sondern als Darstellungsmittel eines ganz anderen Geschehens gemeint" [495]. Wenn Haller hinter 63,1-6 die „Form eines Wächterliedes" [496] wiederzuerkennen gemeint hatte, so war auch ihm noch

---

[488] R. ABRAMOWSKI, 107, übersetzt z.B. ab V. 6 im Futurum.
[489] Vgl. sein Urteil zu anderen Übersetzungsmöglichkeiten.
[490] Einheit..., 28f.
[491] 17.
[492] K. von RABENAU, 660ff.
[493] 69 und 63.
[494] ATD 19, 302.
[495] 303.
[496] 1914, 119.

keine befriedigende Lösung gelungen; außerdem fehlt im AT jede Vergleichsmöglichkeit, da uns darin kein Beispiel eines Wächterliedes überkommen ist [497]. Jedenfalls ist das Stück von apokalyptischer Darstellungsweise und mythischer Sprache geprägt. Von daher ist es ernstlich zu erwägen, ob Jes 63,1-6 in das trjes Buchkonzept aufgenommen worden sein konnte. Was hätte den Red. bewegen können, diesen Bericht von den kriegerischen, eschatologischen Vorgängen an Jes 60 – 62 anzufügen? Wohl ist mit dem ‚Rachetag Jahwes' in Jes 61,2 ein Stichwortzusammenhang gegeben. Zusammen mit der Redeweise von der ‚Kelter' konnte man entfernt an jenen alten Vorstellungskreis vom Völkergericht vor den Toren Jerusalems (im Tale Josaphat) erinnert werden (vgl. Jo 4,9-14; Mi 4,11f u.ö.) [498]. Aber sollte mit dieser alten Tradition um Jerusalem jener in Jes 60 verarbeitete jüngere Vorstellungskreis von der Stadt auf dem Berge zu einem breiteren Spektrum ausgeweitet werden? Derartige Spekulationen führen zu keinem befriedigenden und brauchbaren Ergebnis. Auch dieses Argument wäre von zu weit hergeholt, würde man anführen, der Red. sei zur Anfügung bewogen worden, weil in 63,1-6 ein Mann den Dialog eröffnet, der sich wie in Jes 60 und 62 in die Funktion eines ‚Wächters' versetzt sieht. Vermutlich ist 63,1-6 erst in späterer Zeit in den trjes Kontext eingeschoben worden [499]. Daß keine extrem späte Zeit dafür ausgesucht werden muß, zeigt etwa die zeitliche Einordnung unseres Stückes durch Kaiser: er findet sowohl exilische wie nachexilische Verhältnisse erwägenswert [500].

Jesaia 63,7 - 64,11

1. Literarkritik.

Das literarische Genus isoliert Jes 63,7 – 64,11 vom heutigen Kontext. In seiner psalmenartigen Fassung stellt der Abschnitt ein liturgisches Formular dar, welches bei seiner Einfügung in den übrigen Spruchbestand von Trjes bereits von einer längeren Überlieferungsgeschichte gezeichnet war. Duhm bezeichnet es zwar als „das Beste,

---

[497] Vgl. O. Eissfeldt, Einleitung..., 120ff.

[498] Vgl. G. von Rad, Theol. II, 305ff.

[499] Vgl. einen ähnlichen Vorgang bei Jes 1 – 38, wo ebenfalls Kap. 24 – 27 nachträglich eingeschoben worden sind.

[500] RGG, 3. Aufl., Sp. 610.

was Trjes. geschrieben hat ", aber in der Wortwahl (vgl. Littmann, Odeberg) und von seinen vorgeprägten Formeln her hat das Stück wenig mit dem übrigen „Trjes"-Buch (und Dtjes) gemein. Wir kennen die Motivation, wenn etwa Greßmann und Elliger [501] darin ein nachexilisches Stück wiederzuerkennen glauben, oder Morgenstern gar, auf Grund eines Vergleiches mit Ps. 106, dem es nach Art und Thema verwandt sei, auf einen Zeithintergrund um 460 v. Chr. kommt [502]. Keßler schreibt: „Wir haben ein prophetisch erneuertes Gebetsformular für einen kultischen Trauer- und Fasttag vor uns", und postuliert somit am Text gewisse Überarbeitungsphasen. Tatsächlich hat sich heute die Ansicht durchgesetzt, daß Jes 63,7 – 64,11 auf das Erlebnis und die Verzweiflungssituation bei der Zerstörung des salomonischen Tempels (587 v. Chr.) zurückgeht [503].

Unsere Überlieferungseinheit ist entsprechend der theologischen Entwicklung und den wechselnden Zeitumständen in einigen Jahrzehnten zu einem organischen Ganzen mit abgewogenen Passagen und Motivsteigerungen herangewachsen. Es gibt daraus bloß geringfügige dublettenhafte Glossen und später eingeschleuste Randbemerkungen zu eliminieren [504].

Üblicherweise unterteilt man in die vier Sinneinheiten: 63,7-14; 15-19a [505]; 63,19b – 64,6 und 64,7-11. Wir werden sehen, daß der Eindruck dieses Einteilungsschemas erst durch eine literarisch abrundende Endfassung hervorgerufen worden sein konnte. Das erste Hauptstück geht über zwei Strophen, V. 8-10 und 11-14a.bα, und wird durch die Verse 7 und 14bß.c gerahmt. Das Metrum hat einen unter schiedlichen Rhythmus. Nach Ausscheidung der Hinweisglosse V. 7aß und der verdeutlichenden Randbemerkung V. 11aß setzen V. 7 und 11 mit einem Dreier ein. Ansonsten dominiert entgegen 63,1-6, wo Doppeldreier verwendet sind, die Qinastrophe (3 + 2), die allerdings wiederum ab V. 15 kaum noch (vielleicht 15b.17b) aufscheint. V. 9bcd.13 zählt man den Rhythmus 2 + 2, V. 12b.14bßc 3 + 3. Ab 63,15 wechseln Doppeldreier und Doppelzweier ab, eingestreut 4 + 3 (63,17a.18.19a) und einfache Dreier (64,7bß.8b).

---

[501] In einer Linie mit ihnen urteilt auch R. H. PFEIFFER, Introduction..., 1941, 462.

[502] Isaiah 63,7-14, HUCA 23 (1950/51) 185-203.

[503] 81. Vgl. P. VOLZ und G. FOHRER, z.St.

[504] Vgl. K. MARTI, 399f. Es fällt ihm schwer „der Versuchung zu widerstehen, in v. 9-11 einen Zusatz zu erkennen", urteilt er bei 64,9ff.

[505] B. DUHM verbindet V. 15f noch mit dem Vorhergehenden.

a) Der Geschichtspsalm 63,7-14: In hymnischem Stil verlautet ein Sänger im Rahmenvers 7 seine Intention, retrospektiv die ‚Gnadenerweise Jahwes' in Erinnerung bringen zu wollen. Er tut dies angesichts eines öffentlichen Forums, und, indem Gott über seine Taten gelobt und gepriesen wird, bringt der Sprecher sich und seine Hörer bei Jahwe selbst ins Gedächtnis. So kommen denn auch nicht eigene Erlebnisse zum Vortrag, sondern Urerfahrungen der Volksgemeinschaft von Gottes Güte und Erbarmen. Weil der Vortragende die 1. Pers. Pl. gewählt hat, und so das Objekt göttlichen Heilshandelns scheinbar zu wenig deutlich bezeichnet war, hat eine spätere Hand ‚für das Haus Israel' an den Rand von V. 7bß vermerkt, was später irrtümlicherweise Aufnahme in den Text fand.

Noch ein zweiter Vermerk ist als sekundär anzukreiden. Ehrlich tippte auf ‚Hulderweise (Gnadentaten) Jahwes' als einer Überschrift eines alten Lesers. Aber gerade die Koppelung von זכר-‚erinnern' mit der חסד Jahwes als Objekt ist im AT keineswegs ungewöhnlich [506], wohl aber ‚Lobpreisungen über Jahwe' als Objekt zu ‚erinnern'; diese Verbindung ist im AT unbekannt [507]. Anstößig ist außerdem die Parallelschaltung des Gen. subj. ‚die Hulderweise Gottes' mit dem Gen. obj. ‚die Lobpreisungen über Jahwe' (vgl. Jes 60,6; Ps 78,4). Ebenso wie die letzte Wendung auch 60,6 sekundär ist, erklärt sie sich hier am ehestens als thematisch-summarische Hinweisglosse in den Text gekommen, ursprünglich als mnemotechnische Rubrik zum rascheren Auffinden des תהלת-Komplexes für den gottesdienstlichen Gebrauch am Rande vermerkt (vgl. Ps 78; 105; 106). Der Red. hat sie wohl als bereits metrisch fixiert (3 + 2) von seiner Vorlage her übernommen. Mit G wird endlich als ursprüngliche Version גמלנו (1. Pers. Pl) statt גמלם anzusehen sein (V. 7cα).

In V. 11a scheint mir משה עמו -‚Moses, seines Volkes' andere עַבְדוֹ ‚seines Knechtes' nachträglich interpoliert worden zu sein, um

---

[506] Vgl. Ps 25,6; 98,3; אזכיר bezüglich der חסדי יהוה Ps 45, 18; 71,16; 77,12; dazu Jr 14,21; Hi 7,7. Vgl. H. Gross, Zur Wurzel zkr, BZ NF 4 (1960) 227-237; — P. A. H. de Boer, Gedenken und Gedächtnis in der Welt des Alten Testaments. Franz Delitzsch-Vorlesungen, 1960, Stuttgart, 1962, 76 S. Die Grundbedeutung von zkr ist „feierlich nennen, erwählen"; — G. Rinaldi, Zakar, BieOr 5 (1963) 112-114; — W. Schottroff, „Gedenken" im Alten Orient und im AT, WMANT 15 (1964).

[507] Vornehmlich findet sich תהלה (auch im Pl) als Objekt zur Wortwurzel שִׁיר (Jes 42,10; Ps 106,12; 149,1), bzw. zu ספר ‚aufzählen' (erzählen) im Piel (Jes 43,21; Ps 9, 15; 78,4; 79,13; 102,22).

V. 11b-12b im voraus zu deuten und den Sinn von , den Hirten seiner Herde ' zu erhellen ; die Anfügung glättet wiederum das Metrum (3 + 2) und entspricht dem Bemühen, den durch ihre Partizipialkonstruktion zeitneutralen Fragesätzen V. 11bff im Verweis auf die Mosestradition einen perfektischen Zeitstufenbezug vorauszuschicken. In G fehlt die Wendung. Rabbinische Spekulationen vermuteten darin eine Anspielung auf die Namensgebung , Moses — der Herauszieher ' Israels aus Ägypten [508].

Als weitere spätere Hinzufügung ist der Umstandssatz לא יכשלו V. 13b zu werten, welcher das voranstehende Bild erklären wollte.

V. 7 leitet somit den Grundbestand des zweistrophigen Liedes (V. 8-9/10 und V. 11b-12/13-14bα) ein. Der erste Teil V. 8-9.10 stellt in seinem Gestaltungsprinzip : , Jahwes anfängliche Güte und Huld — und Israels Untreue und Schuld ' eine geschichtstheologische, die Aussage V. 11ff erweiternde Überlegung an und erinnert im Aufbau an deuteronomistisches Vergeltungsdenken [509]. V. 8f sind Erzähl-Termini, ihren heilsgeschichtlichen Ausblick nur andeutend, aneinandergereiht unter der Betonung, daß das Volk Jahwes Heilstaten allein auf Grund seiner Huld und Liebe und seines Erbarmens erfahren hat. V. 8a zitiert ein Offenbarungswort von Israels Erwählung im Bundesschluß mit Jahwe und eo ipso ein Treuebekenntnis Jahwes zu , meinem Volk ', zu , Söhnen, die sicher nicht trügen, untreu werden '. Die Begriffe , mein Volk ' und , Söhne ' sind auf das im folgenden Volksklagelied verwendete Vaterschaftsmotiv hin angelegt. Wenn man , in all ihre Bedrängnis ' mit G aus V. 9a zu 8b zieht, bekommt V. 8b aktuelle Bedeutung, — daß Jahwe ihnen infolge des Bundesschlusses , in all ihrer Bedrängnis zum Helfer ward '. Denn das Part. Hifil למושיע (ויהי ...) meint hier nicht die einmalige Heilstat und Rettung bei der Herausführung aus Ägypten — dieses Heilsereignis peilt גאל in V. 9c an — , sondern, daß Jahwe sich im Bund permanent auf die Funktion des Helfers eingestellt hat [510]. Seine Zuwendung war mit persönlicher Hilfeleistung verbunden (V. 9b). לא צר ומלאך

---

[508] Vgl. G. FOHRER, 250, Anm. 53.

[509] Vgl. Cl. WESTERMANN, 307. Man beachte zu diesem Doppelthema den Geschichtspsalm 106. Zum Vergeltungsglauben im Dt vgl. J. PLÖGER, Literarkritische, formgeschichtliche und stilistische Untersuchungen zum Deuteronomium, BBB 26 (1967) bes. 200-213.

[510] Zu הושיע , retten, Weite, Raum schaffen, Lebensraum geben ' vgl. Chr. BARTH, Die Errettung vor dem Tode in den individuellen Klage- und Dankliedern des AT, 1947, 126ff.

ist keineswegs eine Glosse zu פניו, so Ehrlich, sondern als צִר וּמַלְאָךְ (Bote und Engel) zu punktieren (BH). König liest: „ In all ihrer Drangsal war nicht Bedrängnis, sondern ‚ der Engel seines Angesichts ‘ half ihnen... “, wobei er mit seinem Gen. appositionis nicht weniger gekünstelt wirkt als, was er an anderen Textkorrektoren ankreidet [511]. Wie es zum G-Verständnis gekommen sein konnte, hat Winter zu zeigen versucht [512]. Fohrer vermutet, daß sich in der Bemerkung vom ‚ Jahweengel ‘ ein verstecktes „ Entsprechungsmotiv “ zu einer älteren Erzählungstradition andeutet [513]. Der Begriff גאל im Zusammenhang mit den Herausführungstraditionen war bereits im Zusammenhang mit Jes 59,20 besprochen worden. Für Israel bedeutete dieser Erlösungsakt jenes Ereignis, wodurch es zum Eigentumsvolk Jahwes wurde [514]. Für das Verständnis von der ‚ Führung durch die Wüste ‘ vgl. man Ps 78,14ff.52f, für die Lokalisierung weiterer Andeutungen auf Herausführungstraditionen sehe man Noth's ‚ Überlieferungsgeschichte ‘ ein [515].

Die unverständliche Reaktion des Volkes führt ‚ sie aber ‘ V. 10a ein. Ihre Antwort auf Jahwes Heilszuwendungen war nicht Dankbarkeit und Treue, sondern Widerspenstigkeit und permanente ‚ Kränkung seines heiligen Geistes ‘; eine betrübliche Erfahrungstatsache aus allen Phasen in Israels Geschichte (vgl. Ps 78,17ff.32-41.56ff; Ps. 106). Die Wendung ‚ heiliger Geist ‘ erscheint noch Ps 51. Jahwes ‚ Heiligkeit ‘ kränken bedeutet, ihn sich zum Feind machen (V. 10b), die Unheilssituation über sich heraufbeschwören [516]. Ob hier indirekt auf Begebenheiten wie die Schlangenplage oder Ortstraditionen ähnlich Nm 11,34 (vgl. Ps 78,31ff), oder die Vernichtung der Wüstengeneration (Nm 14,22f; Ps 78,21.33) verwiesen sein wollte, bleibt nebensächlich. Dem Sänger ging es darum, in Israels Versagen die ursächliche

---

[511] Zum Motiv der behütenden Macht Gottes mittels Engelwesen, die als Boten von Jahwe ausgesandt werden, vgl. Ps 34,8; 91,11; 103,20f. Vgl. den Übersetzungsversuch zu 63,8f bei B. F. Price, Questions and Answer, BiTrans 16 (1965) 123-127.

[512] P. Winter, Is LXIII.9 (GK) and the Passover Haggadah, VT 4 (1954) 439-441. Die griechische Übersetzung gibt unseren Begriff צָר ‚ Feind ‘ (Jes 63,9) mit πρέσβυς wieder, und folgt damit einer uns unbekannten Textvorlage. Interessanterweise verwendet die Passah-Haggadah dasselbe Wort.

[513] Die Struktur, 51-56.

[514] Vgl. J. J. Stamm, 36.

[515] M. Noth, Überlieferungsgeschichte des Pentateuch, 1948, 62ff.

[516] Mit 50 MSS lies in V. 10b והוא.

Vertikale für alle Rückschläge bis herauf in die extreme Not seiner Generation legen zu können.

Nun bedarf es nur noch einer Klammer bzw. der kurzen Überleitungsformel in V. 11a, um „ den eigentlichen ‚ Rückblick auf Gottes früheres Heilshandeln ' " (V. 11-14) „ zu einem in sich vollständigen Geschichtspsalm 7-14 " zu erweitern [517]. Wie noch gezeigt werden wird, sind die Verse 11bff ursprünglich spontane, in gottesdienstlicher Feier erklungene Rufe ; es sind bedrängende Fragen nach der Nähe des einst so heilswilligen und geschichtsmächtigen Gottes. Diese werden mittels V. 11a mit der vorhergehenden Strophe verbunden und in einem heilsgeschichtlichen Rahmen rückprojizierend lokalisiert. Das wegen seiner Widerspenstigkeit ins Unheil geratene Volk ‚ erinnerte sich jener Tage der Vorzeit ' (in bewußter Anlehnung an V. 9c), jener Huld und Erbarmung Jahwes (vgl. V. 7), und sucht nun sein Heil und seine Hilfe (vgl. V. 9a) wieder bei ihm. Da nicht Jahwe, sondern das Volk, die in Not geratenen Menschen Subjekt sind, ist וַיִּזְכְּרוּ zu lesen. Der MT verkennt die Traditionsschichten und führt die Imperf. cons. aus V. 8ff bis V. 11 weiter mit Jahwe als Sprecher [518]. Dieses ‚ Gedenken ' ist mehr noch als „ ein leidenschaftliches, ergriffenes Beschwören des Vergangenen " [519]. Ähnlich Ps 78,34f beschreibt ‚ gedenken ', dort in einer Linie mit דרש, שוב und שחר, die Bemühungen und den Willen des Volkes, sich Jahwe kultisch zu nähern und präsignifiziert so die folgenden Fragen als Bereitschaft und Sehnsucht nach jener Heilssituation der Frühzeit, nach der geschichtsmächtigen Nähe des einzigen Gottes, des ‚ Heiligen ' in Israel [520]. Wo-Fragen in 3. Pers. Sing. richten sich an jenen Gott, den Moses und das Volk als Retter und Befreier erfahren haben. Sie sind keine belebenden Stilmittel, sondern spontane Rufe heraus aus einer sinn- und ziellos gewordenen Existenz ; aus der Hoffnung auf einen Neuanfang appellieren sie an die Treue Gottes. Nur hier hat im AT in einer Exodustradition der Name ‚ Moses ' in Verbindung mit dem Hirtenmotiv (V. 11b ; vgl. Ps 80) Aufnahme gefunden. Dieses Hirten-

---

[517] Vgl. Cl. Westermann, TheolBü 24, 333.

[518] Vgl. T. H. Robinson, Note on the Text and Interpretation of Isaiah LXIII, 3, 11, ExpT 71 (1960) 383. Gegen C. S. Rodd, ExpT 71 (1960) 131ff, verficht er die bisherige Lesart.

[519] Theol. Bü 24, 333.

[520] Vgl. dagegen Ps 78,42. ‚ Gedenke ' findet sich als deprekatorischer Gebetsruf in den Klageliedern Ex 32,13 ; Jr 18,20 ; Ps 74,2.18 ; 89,48.51 ; 106,4 ; Th 5,1 ; Neh 1,8. Vgl. H. Gunkel – J. Begrich, Einleitung..., 128.

motiv beinhaltet wohl das Motiv der Errettung des Moses am Nil (vgl. Duhm).

In V. 11b liest man mit MSS, G, Vulg., Syr. הַמַּעֲלֵה, anstelle des Pl. Suff. ־ם. Nur hier wird weiters das Herausführungsereignis auf Gottes ‚heiligen Geist', im Sinn einer dynamischen Geschichtsmächtigkeit, zurückgeführt (vgl. V. 14b) [521] und zur prophetisch beamteten Führung des Volkes die Zurüstung des Moses mit diesem ‚heiligen Geist' betont. In V. 12 sind Vorstellungen verarbeitet, die sich mit ‚Moses' verbinden [522]. Der finale Schlußsatz V. 12bβ [523] wurde von Kissane zu Unrecht als Glosse bezeichnet. Ebensowenig kann man mit Köhler aus metrischen Gründen עולם tilgen. Denn gerade hymnisch steigernde Attribute und Prädikate, variierend mehreren Begriffen und Subjekten zugeteilt, sind ein literarisches Merkmal unseres Abschnittes [524]. Wie sicher und befriedet Jahwe damals sein Volk geleitete, veranschaulichen zwei Vergleichsbilder in V. 13f. Mit V. 12b war die Rede bereits in 3. Pers. Pl. auf das Volk übergeleitet worden. V. 13f überträgt gewisse Motive und Inhalte aus der Mosesüberlieferung (V. 10ff) auf das wandernde Gottesvolk. ‚Meerestiefen' (13a) nimmt מים aus V. 12b auf. תַּנְחֵם, so statt תניחנו mit G, entspricht im Effekt dem Geleitschutz von Jahwes mächtigem Arm (12a). Die Rede von seinem ‚heiligen Geist' (11c) beschließt auch V. 14bα. ‚Einen ewigen Namen' V. 12b variiert er von der Wendung in 12aß her zu שם תפארת ‚einen herrlichen Namen' (V. 14c).

V. 14bß.c fällt durch die direkte Anrede an Jahwe auf. ‚Dein Volk' hat den bisher beherrschende Begriff ‚seine Herde' abgelöst. Von seinem ganzen Charakter her erweist sich dieser Schlußsatz als rahmendes Glied des Geschichtspsalms. Er macht durch seine Gebetsform aus dem geschichtlichen Rückblick ein Loblied der Größe Gottes und ein Bekenntnis des Vertrauens auf Jahwes immerwährende Huld und Erbarmung. Sein Heilswille bewog ihn, dieses widerspenstige Volk stets neu unter seine Führung zu nehmen und seine so manifestierte Bundestreue hat seinem Namen zur Ehre und Verherr-

---

[521] Vgl. den Exkurs zu ‚Geist' bei P. Volz, 270f.

[522] Zur Vorstellung vom ‚gespaltenen Meer' vgl. Ex 14,16. 21f; Jos 4,23; Ps 78,13. Vgl. zum ganzen Themenkreis G. J. Botterweck, Israels Errettung im Wunder am Meer (Ex 13,17 – 14,31), BiLe 8 (1967) 8-33.

[523] Zum Begriff ‚Name' vgl. O. Grether, Name und Wort Gottes im A.T., ZAWBeih 64 (1934) 53.

[524] Vgl. ימי־עולם in V. 9c und 11a; zu מעולם 63,16 und 64,2.3. Dazu E. Jenni, Das Wort ʿōlām im A.T., ZAW 65 NF 24 (1953) bes. 18-20.

lichung verholfen (V. 14c). Indem dieser überzeitlich rezitierbare Geschichtspsalm bei einer kultischen Feier zum legitimen Ausdruck eigener Gotteserfahrung gemacht wird, tritt er in eine existentielle Entscheidungsaktualität. Man bedrängt Gott, daß er auch jetzt noch ungeschuldet seine fürsorgende חסד und lebenserhaltende רחם dem Volk angedeihen lassen möge [525].

b) Bitten und Klagen in 63,15-19a : Die Situation, in der diese Verse gesprochen wurden, ist mit den bedrängenden Wo-Fragen V. 11bff verzahnt [526]. Sie liefern den Kontrast zur unbegreiflichen Diskontinuität im Verhalten Gottes, angesichts der gegenwärtigen Zeitlage. Die Beter, die ihre Anliegen in der 1. Pers. Pl. zu Wort bringen, blicken enttäuscht und verständnislos auf die Machtdemonstrationen und den fürsorglichen Eifer Jahwes in der Frühzeit. Sie verstehen nicht, wie der im Himmel in Heiligkeit und Majestät Thronende so ruhig zusehen kann, wie s e i n Heiligtum (Possessivsuffixe der 2. Pers. Sing. !) zerstört und geschändet und sein Eigentumsvolk mißhandelt wird. Es geht vordergründig um die Frage, wie dieser Gott Jahwe, der für sich die ausschließliche Verehrung und Geschichtsmächtigkeit beansprucht, angesichts seines Schweigens und seiner Passivität sein Gottsein glaubwürdig vertreten kann ; denn nur der ist Gott, der sich als solcher erweist. V. 15bff geht es also um Jahwes Machtanspruch, wie auch V. 12. Thematisch ist zu V. 13f insofern ein feines Gefälle, als darin Gottes Führung am Volk beschrieben wurde. In der überlieferungsgeschichtlichen Fragestellung wird man dieses Moment beachten müssen.

In V. 15-19a bestimmt nicht ein rhetorischer Aspekt, sondern die Situation der gefährdeten Existenz den Ton und Fortgang der

---

525 Nach H. J. KRAUS, Klagelieder (Threni), BK XX, 62, umschreibt unter diesen göttlichen Verhaltungsweisen חסד „ die huldvolle Güte, die Jahwe im Bund seinem erwählten Volk erwiesen hat “, und רחם „ die tief aus Gott emporquellende Bewegung herzlichen Erbarmens mit dem, der in Not und Angst sich befindet “. A. JEPSEN, Gnade und Barmherzigkeit im Alten Testament, KuD 7 (1961) 261-271, findet, daß רחמים/רחם „ sich wesentlich auf ein Leben schützendes und erhaltendes Tun bezieht. “, חסד hingegen „ umfassender auf alles freundliche, helfende, rettende Handeln geht. “ Zur Begriffsklärung vgl. noch. N. GLUECK, Das Wort ḥesed im alttestamentlichen Sprachgebrauch als menschl. und göttliche Verhaltensweise, ZAWBeih 47 (1927). — H. J. STOEBE, Die Bedeutung des Wortes Häsäd im Alten Testament, VT 2 (1952) 244-254.

526 Ähnlich wie 63,15 setzt Ps 89 ein : Zuerst erfolgt ein Rückblick auf Gottes früheres Heilshandeln (V. 2-38) und erst in Vers 39 beginnt der eigentliche Klageteil.

Rede bezw. des Gebetes. In Anbetracht der unmittelbar miterlebten Katastrophe der ungeheuerlichen Zerstörung des Jahweheiligtums (V. 18a) und der Entmachtung (V. 19a) und Aufsplitterung des Volkskörpers (vgl. V. 16b) sind die harten Wo- und anklagenden Warum-Fragen (V. 15b und 17a.18a) verständlich. Die äußeren Umwälzungen sind so vordergründig, daß noch keine Reflexion über eine etwaige Selbstverschuldung oder Mitschuld in den Blick kommt. Diesen Abstand zu den Vorgängen können wir erst in 64,4bff beobachten. Hier in V. 15ff machen kausative Hifil-Formulierungen noch Jahwe selbst für die Abtrünnigkeit und Herzensverhärtung des Volkes ursächlich verantwortlich [527]. In ihrer Fassungslosigkeit klammern sie sich andererseits im Vertrauen und im Glauben an den anteilnehmenden Bundesgott, an Jahwe als ‚unseren Vater' und ‚unseren Erlöser' (V. 16a.c). Ihr Bekenntnis der Zuversicht ist ein steigerndes Motiv für Jahwes intendierte Zuwendung und sein neuerliches Eingreifen zugunsten des Volkes; in V. 17b argumentiert man von seiten der Menschen her, daß sie doch ‚deine Knechte' und ‚deine Erbstämme' seien. Im einzelnen ergibt sich folgender Aufbau:

In V. 15a versuchen synonym gereihte Hilferufe und Bitten, die Aufmerksamkeit des im himmlischen Wohnsitz Thronenden auf die eigene Bedrängnis zu lenken. In V. 15b.c ist der Textbestand umstritten. Von der Sache her legt sich nahe, mit G, 21 MSS und Köhler וּגְבוּרָתֶךָ zu punktieren und die Qinastrophe (3 + 2) als primär zu belassen. Die Wo-Frage richtet sich Verständnis heischend und bestürzt an Jahwe, wie es angesichts der Lage mit seinem Eifern und Aufbegehren bestellt sei. ‚Und dein Erbarmen', das Argument der Güte und des lebensspendenden Erbarmens, welches Elliger mit Oort und Köhler, das Metrum zu glätten, zum 2. Halbvers von 15b zieht (3 + 3), ist wohl aposteriori im Hinblick auf 63,7ff nachgetragen und analog zu den übrigen Überarbeitungsschichten zu einem auch theologisch vertretbaren Textbestandteil geworden. Strittig ist die darauffolgende Passage einschließlich V. 16a. Ehrlich streicht die beiden letzten Worte von V. 15 als sinnstörend. Kissane hält sich an G. Zumeist beschreitet man den Weg, der in der BH anhand von G und 64,11 vorgeschlagen wird, punktiert אַל־נָא תִּתְאַפָּק und vereint die Wendung mit V. 16a zu einem Doppeldreier [528]. Doch bleibt etwas

---

[527] Vgl. F. Hesse, Das Verstockungsproblem im Alten Testament, ZAW Beih 74 (1955).

[528] Vgl. K. Budde, er eliminiert נָא־ entsprechend J. Hempel, Hebr. Wörterb. 4, Vgl. die Polemik bei E. König.

vom Eindruck des Dublettenhaften bestehen; noch dazu, als in 63,15-19a die literarische Eigenart geübt wird, Bitte, Klage oder steigerndes Motiv als Sinneinheit jeweils in einem Stichos auszudrücken, was in V. 16a übergangen wäre, wo in einem Doppeldreier Bitte und Vertrauensmotiv in einer Zeile vereint würden. Auch ist im Hinblick auf V. 16c, wo vor אתה ein ו adv. zu lesen ist, das Vaterschaftsmotiv gedoppelt und in der Aussage ein wenig anders gelagert. In V. 16a hat es eine Nähe zum Ton des Erbarmens (רחם), in V. 16c steht es in Antithese zu V. 16b und parallel zum Begriff גאל, meint also eine Zuversicht, die von Jahwe im Sinn der väterlichen Auslösetätigkeit einen neuen Heilsakt erwartet, welcher der Erlösung aus dem Knechtland Ägypten entspricht (vgl. zu 59,20).

V. 16b enthält eine mit כי eingeleitete Klage. Die Verbindung mit Abraham, die an unserer Stelle abgelehnt wird, erinnert an die Tradition vom ‚Samen Abrahams' (vgl. Jes 51,2; Jr 33,26; Mi 7,20). Die Namen der Verheißungsträger Abraham und Israel verbinden sich in der Erinnerung mit den an sie ergangenen Heilsversprechen, an die Segensverheißung für Land und Volk, die fiktiv geworden und zur Fluchsituation umgeschlagen sind [529]. Hier will nicht die Ohnmacht und das Nichtwissen von Abraham und Israel umschrieben werden (vgl. Fohrer), ihr Unvermögen angesichts der Lage des Volkes. Der Vers hat vielmehr das Gewicht juristischer Trennungsformeln und meint den Abbruch dieser Segensverheißungen. Näheres muß die Formanalyse beibringen.

In V. 17ab ergeht die erste anklagende Warum-Frage an Gott. Das Thema ist die Verstockung des Volkes. Hier geht es um Rückschau auf die zerbrochene Gottesbeziehung, darum ist etwa die Übersetzung von Ehrlich: „Warum machst du uns irre an deinen Wegen?" zu farblos. Budde und Köhler streichen aus metrischen Gründen ‚Jahwe'. Doch wird auch V. 18.19a der Rhythmus 4 + 3 gelesen.

V. 17c läßt eine Bitte folgen mit eingeschlossenen Motiven für Jahwes Zuwendung, damit auch die Umkehr des Volkes zu Jahwe vonstatten gehen kann [530]. Man könnte die Möglichkeit benutzen und mit G parallel zu V. 17bc למען einschieben; man bekäme den Rhythmus 3 + 3.

---

[529] Vgl. J. Scharbert, Solidarität 228-235, bes. seine Literaturhinweise 230, welche auf die diesbezügliche Verkennung von V. 16b eingehen.

[530] Zu ‚dein Eigentum' vgl. G. von Rad, Verheißenes Land und Jahwes Land im Hexateuch, Zeitschr. des Beutschen Palästina-Vereins (1943) 191-204; Neudruck TheolBü 8 (1958) 87-100, bes. 88ff.

V. 18 formuliert die neuerliche Warum-Frage einen konkreten Tatbestand. Die Gottesvorstellung von der Heiligkeit Jahwes ist angesichts der ungestraften Verwüstung des Tempels (‚dein Heiligtum', ‚deine heilige Stätte') durch ‚Frevler', ‚unsere Gegner', ins Wanken geraten. Der Vers ist als synonymer Parallelismus gestaltet, der MT verworren. Bredenkamp hat bereits erkannt, daß kein Temporalsatz vorliegen könne. Seine Vermutung, die Konsonanten למ seien als לָמָּה zu lesen, verwertete Marti zur Textverbesserung למה צִעֲרוּ רשעים (Piel)-‚warum dürfen Frevler... verhöhnen (gering achten)'. Westermann hat sie mit Recht übernommen. Vgl. Condamin (צִעֲדוּ ‚ont-ils pénétré') und Driver (עִצְּרוּ ‚trampled down') [531].

V. 19a beschließt mit einer resignierenden Wir-Klage den ersten Teil des Liedes. Das Bundesverhältnis kommt gegenwärtig nicht zum Tragen, Jahwes Eigentumsanspruch auf das Volk scheint keine reale Entsprechung in der Erfahrung zu haben [532]. Es verbirgt sich in solchem Reden das Motiv, Gott auf seine Ehre hin anzusprechen und ihn mit dem Argument aus seiner Lethargie zu rütteln, wie er als Gott dieses geschändeten und entehrten Volkes vor den anderen Völkern dastehe.

c) Das Zwischenstück 63,19b – 64,4a: Elliger erachtete die Ursprünglichkeit dieser Verse (1-4) als „sehr fraglich" [533]; sicherlich hatte sie der Red. bereits vor sich, was offen läßt, ob sie ‚ursprünglich' sind. Gegenüber 63,15ff hat sich die Lage verhärtet; jede Selbsthilfe ist aussichtslos geworden. Allein eine Machtdemonstration in Art einer Epiphanie Jahwes, mit kosmischen Begleiterscheinungen und universaler Ausstrahlung auf die Fremdvölker, kann noch die Schicksalswende herbeiführen. Mit leidenschaftlich drängendem לוא ‚O wenn doch' wünscht der mit seiner Umgebung sich identifizierende Sprecher dieses Ereignis herbei. Läuft also das Gebet in 63,19b – 64,4a auf eine äußere Wende der Not hinaus, wird 64,4bff um die innere Wende der durch eigene Schuld heraufbeschworenen Gottferne bemüht sein. V. 4a ist dann bereits im Hinblick und als Überleitung zu V. 4b-6, bzw. 7f, einem Stück älterer Überlieferungsstufe, verfaßt.

Das Gebet hält sich im Aufbau und in seinen Redeelementen an das übliche Schema der Epiphanieschilderungen [534]. Die eröffnende

---

531 Vgl. G. Driver, JThSt (1955) 405.

532 Vgl. zum Begriff des ‚Ausrufens des Namens über...' H. Wildberger, Jahwes Eigentumsvolk, ATANT 37 (1960).

533 Einheit..., 29.

534 Vgl. Cl. Westermann, Das Loben Gottes..., 69-76.

Wunschbitte spricht aus, woher Gott kommen soll. Ohne ‚Jahwe' im Vokativ zu nennen, richtet sich der Ausruf V. 19b direkt an den als im Himmel thronend Gedachten (vgl. 63,15a). V. 19bß führt das Motiv der kosmischen Begleiterscheinungen ein (vgl. Ps 18,8). 64,1a bringt einen von vielen als sekundär erachteten Vergleich mit dem Feuer (vgl. Ps 18,9), V. 1b das Element, daß sich Gottes Kommen zuerst gegen seine Feinde richtet, um die Anerkennung zu erzwingen. V. 3b endet bei einer Art ‚Bekenntnis der Zuversicht', es „ist ein abschließendes Gotteslob, wie ein staunendes Stillestehen bei den gewaltigen Gotteswundern, von denen die Epiphanien sprachen", wie Westermann es ausdrückt [535]. Der Vers formuliert das Motiv, daß Jahwes Epiphanie für die Seinen, die auf ‚ihn harren' [536], zur Hilfe wird. Der Wunschsatz V. 4a aktualisiert das Gebet im Blick auf die Gemeinde. Westermann sieht darin den frommen Zusatz eines Lesers, „der erschrocken war vor der Kühnheit der Bitte ‚Ach daß du den Himmel zerrissest!' und seinen frommen Wunsch dagegen setzt, Gott möge in seinem Volk auf solche treffen, die gerecht handeln und seiner Wege gedenken" [537].

Sachliche Unterschiede vom Kontext und sprachliche Unklarheiten bedürfen noch einer näheren Beschäftigung. Getreu dem Konzept fehlt hier die im vorangegangenen Stück dominierende Berufung auf das Eigentums- und Vaterverhältnis zwischen Jahwe und dem Volk. Die Thematik von der Zerstörung des Heiligtums klingt nicht mehr an. Bezeichnenderweise sprachen die Beter V. 18ß von צרינו ‚unseren Volksfeinden' (zuvor von den רשעים ‚den Gottlosen'), 64,1b heißt es im Text: לצריך - ‚deinen Feinden'. Auffallend ist weiters das Reden in der 3. Person, nur V. 2a spricht ausdrücklich in der 1. Pers. Pl. An glossenhaften Erweiterungen, Dubletten und Textunebenheiten haben sich bereits viele Deutungen versucht [538]. V. 1a wird von Westermann wegen seiner Nähe zu Ps 18,9 zwar nicht gestrichen, aber die Möglichkeit offengelassen, daß der Vers nicht ursprünglich ist. Keßler nennt ihn einen „ausmalenden Zusatz" [539]. Köhler u.a. halten ihn für unübersetzbar [540]. Mir scheint der stei-

[535] ATD 19, 314.

[536] Vgl. Cl. WESTERMANN, TheolBü 24, 257ff.

[537] ATD 19, 314.

[538] Zu Jes 64,1-7 vgl. G. J. BOTTERWECK, Sehnsucht nach dem Heil, Is 64,1-7, BiLe 6 (1965) 280-285.

[539] 75, Anm. 14.

[540] Vgl. zu 64,1a bes. die Textverbesserungen von A. ZILLESSEN, ZAW 26 (1906) 272f; — Praetorius, ZAW 33 (1913) 91.

gernde Vergleich eine nachträgliche Textauffüllung zu sein. In V. 2b weist der Tatbestand klar eine Dublette aus 63,19 auf; G hat dies bereits erkannt (vgl. Duhm u.a.). Somit erhält man in V. 2a und 3a zusammen einen Stichos. Das anstößige שמעו wurde von Köhler in שמענו korrigiert, Kissane las entsprechend G und Abramowski שָׁמְעָה אֹזֶן. V. 3 würde somit bei לא האזינו beginnen, was wiederum Fohrer als Häufung zu לאשמעו ansieht und tilgt. Mit Duhm, Marti u.a. scheint jedoch die Leseanleihe aus 1 Kor 2,9 לֹא הֶאֱזִינָה אֹזֶן ‚kein „Ohr" hat gehört‘ noch am sinnentsprechendsten zu sein. Anmerkenswert ist der Vorschlag von Botterweck, V. 3c statt יעשׂה gemäß G יוֹשִׁיעַ ‚der Heil bringt‘ einzusetzen. Ehrlich mißdeutet das literarische Genus, wenn er aus V. 3 einen Umstandssatz in der Vergangenheit konstruiert.

Für V. 4f bietet G einen verkürzten Text, auch der MT ist verdorben. V. 4a ist für zwei Interpretationsweisen offen. Die einen verstehen ihn in Fortführung von V. 3b als eine Art synonymer, allgemeingültiger Feststellung, so zuletzt Botterweck: „Du nimmst dich jener an, die recht tun, deiner Wege gedenken" [541]. Die anderen setzen in Entsprechung zu 63,19b לוּ vor den Textanfang und kommen so hinsichtlich der literarischen Wirkung und der Lage der Gemeinde glaubwürdiger zu einer aktualisierenden Wunschbitte. Zum Rekurs in die Vergangenheit, der in der Reflexion über die Ursächlichkeit von Schuld und Geschick unvermittelt in V. 4b einsetzt, wird damit besser übergeleitet. So wäre etwa mit Fohrer zu übersetzen: „Ach, daß du solche träfest..." Andere wie Feldmann projizierten einen Vergangenheitsaspekt in den Vers und gewannen eine Erfahrungstatsache: „Du kamst entgegen denen...". Wieder andere tauschten die Radikale der Verb. fin. aus und ließen den Vers mit פָּקַדְתָּ ‚du suchst heim‘ (Volz) beginnen. Als Brücke zu V. 4b schien Ehrlich eine Klage intendiert: „Du trafst schwer die Bußfertigen...". In ‚der sich freut und‘ erkannte bereits Marti einen „vom Schreiber unkorrigierten Fehler" [542]. Mit G τοῖς ποιοῦσιν setze man entsprechend עֹשֵׂי ‚die (recht) tun‘; analog dann auch וּבִדְרָכֶיךָ יִזְכְּרוּ ‚die deiner Wege gedenken‘ (Oort u.a.).

---

[541] Sehnsucht nach dem Heil..., 281. Vgl. D. CONRAD, Zu Jes 64,3b, ZAW 80 (1968) 232ff, der den genannten Ritus aus spätbabylonischen Parallelen her erklärt. V. 3b wende sich gegen die aus Mesopotamien eingedrungene Verehrung von Himmelsgöttern auf dem Hausdach, bei der Rauchopfer auf Ziegelsteinen oder tönernen Gefäßen dargebracht wurden.

[542] Vgl. B. DUHM, T. K. CHEYNE, A. CONDAMIN, L. KÖHLER bis G. J. BOTTERWECK.

d) Der Redeteil 64,4b-8 : Er steht im Zeichen kritischer Selbstbetrachtung. In V. 4b-6 ist die Einsicht in die eigene Schuldhaftigkeit, welche der Zorn Gottes aufgedeckt hat, in Selbstanklagen artikuliert, die Verse 7f schließen Vertrauensmotive und Bitten an. Hinter V. 4b-6 verbirgt sich ein uns heute fremdgewordenes theologisches Denken. Es entspricht dem in 63,17 angeklungenen Theologoumenon von der Verstockung und Verhärtung der Herzen durch Jahwe. H. Blank [543] verseht einerseits richtig ונחטא als Imperf. cons., während etwa Fohrer und Botterweck ו adv. lesen, und er kritisiert mit Recht die Revised-King-James-Übersetzung , weil wir sündigten, hast du Zorn '. Doch seine eigene Übersetzung : „ siehe, weil du zornig warst, werden wir mutmaßlich schuldig sein " unterschiebt dem Text eine einseitig erkenntnistheoretische Problematik und eine an Hiob (vgl. 27,6) erinnernde hochmütige Anmaßung. Der mit הן eingeleitete Doppeldreier V. 4b gibt die Einsicht der Hörer wieder : Wo Gottes Zorn waltet, trifft er die sündigen Menschen und deckt auch die geheime Schuld auf. In der Katastrophe war ihnen nachträglich aufgegangen, daß sie selbst, , wir ', solche Menschen waren. Wenn sie nun Gott darüber aber nicht (auch) dem Tod überantwortet hat, gibt es für sie nur die eine , Alternative ', ihre Verfehlung und ihre Untreue öffentlich zu bekennen und Buße zu tun [544]. Man sieht den Abstand zu 63,8-10. Zorn und Feindschaft Gottes sind als Reaktion auf die Sünde des Volkes dargestellt. Der Ton liegt auf der Schilderung der Undankbarkeit und Untreue. Hier in 64,4bff zielt das Schuldbekenntnis auf eine Gerechterklärung durch Jahwe, wie es V. 7f deutlich machen wird, und in der Folge auf die Wiederaufnahme und die Kontinuität des göttlichen Heilsbeistandes (bes. V. 8b).

An V. 4bß ist noch eine Textkorrektur anzubringen. Condamin streicht kurzerhand die Passage : , durch sie von Urzeit und wir werden gerettet '. Doch ist der Text so wiederherzustellen, daß er dem Verhärtungsaspekt wie auch dem punktuellen Aussagewert von V. 4bc gerecht wird. Der Zeitaspekt ist überzählig. Er kam auf Grund jener späteren Überlegung in den Text, die auch 63,10 und 64,9f prägte, nämlich, daß auch die Vätersünden ins Sündenbekenntnis miteinbezogen werden müßten. Am besten ist darum Cheyne und Köhler (vgl. Westermann) zu folgen und בְּמַעֲלֵנוּ statt בהם עולם im Sinn von „ und wir sündigten , treulos ' " zu lesen [545].

---

[543] S. H. Blank, „ And All Our Virtues ". An Interpretation of Is 64,4b-5a, JBL 71 (1952) 148-154.

[544] Vgl. G. von RAD, Theol. I, 377. — M. Wittenberg, Gotteszorn und Menschensünde in alttestamentlicher Sicht, EvLuthKiZ 15 (1961) 250-255.

[545] Parallel zu , erzürnt sein ' liest K. Elliger וַיֵּחַם לְבָבְךָ , und es ent-

V. 5 illustriert den Bruch in der Gottesbeziehung. Kultunfähigkeit und das Schwinden der Lebenskraft zeichnen die Beter. In V. 5b ist entsprechend dem Targ. mit Klostermann וַנִּבֹּל (von נבל) zu lesen und mit der BH יִשָּׂאֻנוּ zu punktieren.

V. 6 umgreift mit einem Blick Vergangenheit und Gegenwart; in zwei synthetisch erweiterten Stichen wird die konkrete Lage skizziert (vgl. Jes 59,4ff; Jr 5,1; 8,6f; Ps 14). Auf V. 6a mag der Verfasser von 64,4b geschaut haben. Die Wendung ‚den Namen Jahwes anrufen' hat dasselbe Gewicht wie in 65,1. Sie schließt die Erwartung einer Antwort Jahwes ein (vgl. 1 Kg 18,24; 2 Kg 5,11; Jes 41,25 u.ö.). In 63,19 meint die Proklamation des göttlichen Namens ein Inbesitznehmen, zum Eigentum Jahwes erklären (vgl. Dt 28,10)[546]. V. 6b klagt darüber, daß die Nähe Gottes nirgends, auch nicht im Kult, erfahrbar sei. Mit dem Ausdruck ‚das Antlitz verbergen' kann aber auch der Zorn und die Abweisung Jahwes umschrieben werden (Mi 3,4; Ps 22,25)[547]. Dies brachte die Beter an den Rand des Abgrundes, da sie sich selbst und ihrer Schuld überlassen waren. וַתְּמַגְּנֵנוּ ‚und du gabst uns preis', wie mit G zu lesen ist, und בְּיַד־ ‚in die Gewalt...', und nicht im Sinn von ‚because of'[548] unterstreichen in V. 6b, daß einer in seiner Existenz unwahr wird, wo Gott ihn seiner Selbstentfremdung überläßt, weil er sich außerhalb der Bundesordnung begeben hat.

V. 7f ist die positive Entsprechung zum Vorhergehenden. Zum Vertrauen, daß Jahwes Huld sich beim Einbekenntnis der eigenen Schuld einstellen wird, gesellt sich das Bekenntnis der eigenen Kindschaft und Geschöpflichkeit, die Abhängigkeit und Geborgensein umfassen. Dahinter verbirgt sich das im obigen Abschnitt bereits vermerkte und heute weiter durchdachte Faktum der Wahrhaftigkeit

---

brannte dein Herz', bzw. וַנִּרְשָׁה ‚da wurden wir schuldig'. G. J. BOTTERWECK hält sich an G (vgl. BH[d-d]) ‚gegen dich, von Urzeit an, wurden treulos'.

[546] Vgl. H. A. BRONGERS, Die Wendung b^esēm jhwh im Alten Testament, ZAW 77 NF 36 (1965) 1-20, bes. 12f.

[547] פנים ist im AT eine Vergegenwärtigungsweise, die Form, in der Jahwe sich offenbart (vgl. Jes 63,9). Vgl. L. KÖHLER, Theologie..., 110f. ‚Gott verbirgt sein Antlitz vor jem.' bedeutet, ein solcher kann nicht ins Heiligtum kommen (Ex 23,15.17; Dt 16,16), ‚Gottes Antlitz sehen' Hi 33,26: im Sinn von Erhaltung des Lebens; Ps 11,7; 140,14: in Gottes Gnadennähe leben.

[548] So M. J. DAHOOD, Bib 44 (1963) 289-303; ebenso Bib 47 (1966) 403-410 entsprechend ug. byd und Mari īna qāti (Mél. E. TISSERANT, Civitas Vaticana, 1964, 90).

und das Bekenntnis zur vorgegebenen Bundesordnung. Wie das Tonstück zum Töpfer [549] nicht sagen kann, ich stelle mich außerhalb der mit zugedachten Funktion und Ordnung, ohne im Wesen unwahr zu werden, so wissen sich auch die Beter durch ihr Kindsein und Geschöpfsein von Gott her verpflichtet. Zugleich entbindet sie diese Vertrauenshaltung von der bedrohlichen Existenzangst. Solche Haltung, die sich unter Jahwes Vaterhand beugt, wird folgerichtig Gerechtigkeit und Vergebung bei Gott erwarten. V. 8a formuliert sie als Bitte um vergebende und gnädige Zuwendung, und V. 8b als Wende der Not, motiviert vom Eigentumsverhältnis her.

Der Dreier am Schluß von V. 7b wird, wie Fohrer richtiggestellt hat, in seinem Abschweifen auf die allgemeine Geschöpflichkeit der Menschen wohl nur spontaner Vermerk eines frommen Beters sein. הבט־נא in V. 8b greift auf 63,15 zurück und schließt so den Kreis. Allerdings ist הן in V. 8b fallenzulassen. Ehrlich sieht das Wort durch Dittographie entstanden, außerdem sei es vor einem Impt. undenkbar. G und Duhm schlagen statt dessen, analog zu V. 7a, ועתה vor. Man könnte ihnen aus metrischen Gründen (2 + 2) sowie durch einen Verweis auf V. 4b und 6b recht geben, insofern Anfang und Schlußteil aufeinander abgestimmt sind. Abzulehnen ist die andere Anregung von Ehrlich, זעמך כלנו ‚dein Grimm reibt uns auf' statt ‚dein Volk sind wir alle' zu lesen. Der Ausruf käme reichlich verspätet.

e) Der Abschluß in 64,9-11 : Marti und Odeberg deuteten Zweifel an der Ursprünglichkeit dieser Verse an. Doch haben sie nur insofern recht, als diese Verse erst bei der Endredigierung des Liedes, in deutlichem zeitlichen Abstand zur Grundaussage, niedergeschrieben wurden, als jüngstes Überlieferungsstück. Das Thema vom zerstörten Heiligtum und die Klage über das verödete Land haben nicht mehr den herausfordernden und aufbegehrenden Ton von 63,17f. Sie erinnern eher an Ps 79, an die ‚Wie-lange-noch-Fragen' V. 5. Die Sprache ist wenig wortreich (‚zur Wüste geworden' 9a und 9b) und originell, wenn man sich die Attribute ‚heilig' und ‚herrlich' V. 10a im Vergleich zu 63,7-14 ansieht, oder עד־מאד in 64,11 und 8, endlich V. 11aα und den Schluß in 63,15b. Der Blick führt den Betrachter vom weiten Umkreis der verödeten Städte (V. 9a), über das wehrlose, wie in einer Steppe allen zugängliche [550] Zion/Jerusalem (V. 9b) bis hin

[549] Vgl. zum Bild Jes 29,16 ; 45,9 ; Jr 18,1ff ; Hi 10,9.

[550] Der Begriff מדבר ist im Sinn von ‚unbestelltes, unbesätes Land' aufzufassen.

zu den Trümmern des Heiligtums (V. 10). Auf diesen Brandruinen bleibt der Blick haften ; sie werden, wie beim Betrachten eines einem teuer gewordenen Gegenstandes, in der Erinnerung transparent und zur Chiffre für eine Wirklichkeit, an der man sich aufrichtet und auf die hin man sich in Hoffnung öffnet. In 63,18 waren sie noch als ‚dein Heiligtum' bezeichnet und zum Gegenstand der Anklage Gottes und des Vorwurfs gemacht worden. In 63,18 war von ‚unseren Feinden' die Rede gewesen, hier fehlt jeder Verweis auf sie. Vielmehr wird von ‚unserem heiligen und herrlichen Haus' (V. 10a) und ‚unseren Lieblingsstätten' (V. 10b) gesprochen — als Wahrzeichen einer glorifizierten Vergangenheit. Doch haben diese Klagen Motivwert. Wenn V. 9a von ‚deinen heiligen Städten' redet, will die Anteilnahme Jahwes angeregt werden ; die Fragen V. 11 laufen eindeutig darauf hinaus, Gott zu bewegen, zum Eingreifen und gnädigen Zuwenden. In V. 9 liest G εἰς κατάραν, jedoch nicht, wie Ehrlich mit viel Phantasieaufwand dozierte, weil ihr קללה ‚Fluch' vorlag, (vgl. Duhm, Köhler), sondern weil sie die ‚Rezepta' falsch als שמתה las und dies mit dem talmudischen שמתא ‚Baum' kombinierte.

Wir werden nicht fehl gehen, wenn wir meinen, daß diese Schlußverse bereits in der zweiten Generation nach der Zerstörung des Tempels und Jerusalems abgefaßt und zum Vortrag gebracht wurden. ‚Unsere Väter' muß nicht, wie Westermann schreibt, ausschließlich die Generation der Väter eben nur bis hin zur Vernichtung des Tempels meinen ; die Formulierung kann sehr wohl den konkreten Sinn haben, daß die wirklichen Väter der Betenden dort noch ihr Gotteslob sangen. Die Stätten sind verödet ; das Verschweigen der Feinde besagt, daß sie keine unmittelbare Bedrohung mehr darstellen. Endlich V. 11, die Abschlußbitte, sie entspringt der Mutlosigkeit und verzagten Resignation über die Verhärtung der Lage. Sie fragt, um wie viel tiefer und anhaltender (‚ohne Maß') Gott die Klagenden noch zu demütigen gedenke, wie lange er noch als Antwort auf ihre Klagelieder seine Heilsankündigung zurückhalte, sich selbst in seiner Zuwendung und in seinem Eingreifen vorenthalte.

2. Form- und Gattungsanalyse.

Die Form des Liedes verweist 63,7 – 64,11 auf die Gattung der kollektiven Klagelieder. Wir haben unzweifelhaft ein Formular eines Volksklageliedes vor uns [551], dem wesensgemäß ein Hinweis auf Got-

[551] Vgl. zur Gattung der Volksklagelieder : E. BALLA, Das Ich der Psal-

tes früheres Heilshandeln, erweitert zu einem Geschichtspsalm (63,7-14), vorangestellt ist [552]. Andere typische Elemente, wie das Lobgelübde, die Gewißheit der Erhörung [553], fehlen; offensichtlich fehlt den Betern die Erfahrung der göttlichen Antwort, in Form einer Heilsankündigung [554], übermittelt durch einen Propheten. Das Volksklagelied als eine ‚ Liturgie ' zu bezeichnen, oder es zusammen mit Kap. 65 mit diesem Namen zu belegen, geht zu weit, noch dazu, wo der Begriff ‚ Liturgie ' noch zu ungenau definiert ist [555]. Ansonsten finden wir in 63,7 – 64,11 alle Merkmale eines Volksklageliedes vor: Klagen über äußere Vorkommnisse und innere Notstände (bes. 63,15ff und 64,4bff), Bekenntnisse der Zuversicht und des Vertrauens (63,16; 64,7f), Bitten (ab 63,15 eingestreut; 63,19b Bitte um eine Epiphanie, 64,4a um Zuwendung als Helfer, 7f.11 um Vergebung, Antwort und Eingreifen), endlich verschiedene Motive, Jahwe zum Eingreifen und zur Wendung der Not zu bewegen.

63,7-14 erhält durch V. 7 den Gegenwartsbezug. In die hymnische Selbstaufforderung bringt die Präfixkonj. an zweiter Stelle eine aktuelle Bedeutung. Wenn der Sänger „ die Hulderweisungen Jahwes in der Geschichte und Taten des Heils, mit denen Gott seine Bundestreue erwies " [556], angesichts der klagenden Kultgemeinde preisend bei Jahwe in Erinnerung bringt, will er indirekt verhindern, daß das Gotteslob verstummt und Gott gerade jetzt aufhört, seine Geschichte mit seinem Eigentumsvolk zu machen [557]. Synd. Relativsätze in der Stellung x-qatal im Sinn eines Punctualis in der Vergangenheit (V. 7bc)

---

men, Göttingen, 1912, 65-73; — H. GUNKEL – J. BEGRICH, Einleitung..., § 4; — H. E. von WALDOW, Dtjes, 73-82, 104-123; — Cl. WESTERMANN, Klage, 66 (1954) 44-80.

[552] Cl. WESTERMANN, Das Loben Gottes, 41f.

[553] Cl. WESTERMANN, Das Loben Gottes, 39-48; — RGG II, Art. ‚ Psalmen ', Nr. 14, S. 1615.

[554] Vgl. bes. 64,11.

[555] Von ‚ Liturgie ' reden T. K. CHEYNE, K. ELLIGER, H. ODEBERG, FISCHER, A. FEUILLET, L. GLAHN, J. MARTY u.a. Andere ziehen noch Kap. 65 dazu und bezeichnen den gesamten Komplex mit diesem Namen. So E. SELLIN, NKZ (1930) 86ff; — E. J. KISSANE (bis einschließlich 65,7); — H. W. WOLFF, Das Zitat..., 64ff, Anm. 14. Man vgl. die Erörterungen bei Th. CHARY, 105. Zum Problem ‚ Liturgie ' vgl. H. J. KRAUS, BK XX (1960) LVI: „ Der Begriff ‚ Liturgie ' ist ebenso umstritten und fragwürdig wie der Begriff ‚ Ritual ' ". Man wird sich trotz der Ausführungen von Cl. WESTERMANN, Das Loben Gottes, 48, daran halten.

[556] Vgl. H. J. KRAUS, Psalmen II, 618. Dazu Ps 89,2; 107,43.

[557] Vgl. Cl. WESTERMANN, Theol. Bü 24, 332ff.

machen Jahwes Huld und Erbarmen zum Ausgangspunkt der ab V. 8 aufgezählten Heilstaten am Volk. Die Zäsur in V. 11a trennt die im Indikativ stehenden Verben der Hauptsätze in V. 8-10 von den Partizipien in V. 11b-14bα. Die Imperf. cons. (V. 8-10) erzählen, daß Jahwes Wirken zwar für die Volkwerdung Israels allein konstitutiv war, die weitere Geschichte jedoch von Israels Untreue geprägt wurde. V. 8a zitiert ein Offenbarungswort, dessen erstes Glied nominal, der beigefügte verneinte Umstandssatz als x-yiqtol konstruiert ist ; die Aussage meint einen dauernden Zustand, bzw. eine zeitlos gültige Tatsache. Die Suffixkonj. in V. 9b und 9c haben bestimmte Heilstaten Gottes aus der Zeit der Herausführung im Auge. Nur in V. 10a ist das Volk Subjekt. ו adv. stellt den Vers in bewußte Antithese zu V. 8a : Die Reaktion des Volkes auf die Heilserfahrungen war unerklärlicherweise ein Treuebruch (x-qatal) und späterhin ständiges störrisches Aufbegehren gegen Gottes Willen (qatal-x). Eine Ḫamṭu-Inversion betont abschließend (V. 10b), daß diese Herausforderung zur Katastrophe führen mußte.

In V. 11a hat das Imperf. cons. die Israeliten zum Subjekt. In der heutigen Komposition wird damit auf eine preisende ‚ Rückschau auf Jahwes früheres Heilshandeln ‘ übergeleitet. Die verwendeten Partizipien würden formal auf einen hymnischen Text schließen lassen [558]. In Wirklichkeit aber scheinen die Wo-Fragen ursprünglich Ausdruck der Klage gewesen zu sein. Auf zwei mit ‚ wo ‘ eingeleitete Fragesätze (V. 11bc) folgen in V. 12ab attributive Partizipialkonstruktionen, final durch einen Infinitiv motiviert (V. 12bß) ; jeweils mit Jahwe als Subjekt und Moses bzw. das Volk als Objekt. In V. 13a setzt die Schilderung der göttlichen Führung des Volkes (Suff. der 3. Pers. Pl.) erneut mit einem Partizip des Kausativstammes (Hifil) ein und unterstreicht den Vergleich mit der sicher den Weg findenden Pferdeschar mit einem (glossenhaften) verneinten Umstandssatz (V. 13b). An den zweiten Vergleich mit der Rinderherde ist die abschließende Feststellung angeschlossen, die personifizierte ‚ ruah Jahwe ‘ habe in jener Frühzeit des Volkes die Führung übernommen gehabt ; die Präfixkonj. an zweiter Stelle meint die Dauer in der Vergangenheit (V. 14b).

Der mit כן eingeleitete Rahmenvers 14bß.c sticht formal dadurch hervor, daß er sich direkt an Jahwe wendet. Die Suffixkonj. im Piel

[558] Vgl. Cl. Westermann, Abriß der Bibelkunde. Altes und Neues Testament, Handbü. des Christen i.d. Welt, Bd. I, Stuttgart/Gelnhausen, 1962, 123 ; — H. J. Kraus, Psalmen I, XLII, c.

und der folgende Infinitiv machen aus dem bisher Vorgetragenen (V. 7ff) ein persönlich nachvollzogenes Bekenntnis des Vertrauens auf Gottes Führung, und bestätigen, daß der letzte Endzweck, die Verherrlichung des Gottesnamens mit jenen Heilstaten der Frühzeit, erreicht worden ist.

63,15-19a wird mit dem typischen Gebetsruf הבט eröffnet [559]. Der Redeteil ist von einem sehr klaren Prinzip geformt. Es wird in vier Doppelversen mit ebensovielen Gegensatzpaaren gearbeitet, deren zweites Glied jeweils eine Klage wiedergibt : V. 15a/15b ; 15c.16a/16b ; 16c/17a ; 17b/18. V. 19a faßt die gegenwärtige Situation der Beter in einer Schlußklage zusammen, indem sie diese von der Gottesbeziehung her interpretiert und wertet. Von den vier ersten Klagen, durchwegs Verbalsätze, kommen zwei zu reinen Bitten zu stehen, gebildet durch Imperative (V. 15a und 17b), dann nach einer Bitte, geformt aus einer mit אל verneinten Präfixkonj., und angeschlossenem nominalem Vetrauensbekenntnis (V. 15c.16a), und endlich nach einem Bekenntnis der Zuversicht, aus zwei nominalen Gliedern konstruiert (V. 16c).

Drei Subjekte wechseln : Gott (V. 15ff), die Feinde (V. 18), ‚ Wir ‘ (V. 19a). Dementsprechend scheinen die drei Glieder der Klage auf : Die ‚ Anklage Gottes ‘ (V. 15b.17a), das ‚ Sich-Beklagen ‘ (V. 16b ; bzw. die ‚ Wir-Klage ‘ V. 19a) und die ‚ Feind-Klage ‘, das ‚ Verklagen der Feinde ‘ (V. 18) [560]. Die Einsicht, daß je zwei Stichen aufeinander zugeordnet sind, eröffnet neue Interpretationsmöglichkeiten. Menschen, welche in der bedrückenden äußeren Not die Ferne ihres Bundesgottes erfahren haben, wollen ihn mit ihren Bitten bestürmen, sich in Anteilnahme ihnen zuzuwenden und im Hinblick auf sein Vaterverhältnis und seine einst geleistete Erlösertätigkeit abermals helfend und lebenserweckend einzugreifen. Diese zweigliedrige Bitte (transitiv und intransitiv) kennt ebenfalls den dreifachen Bezug : Gott, Feinde, Wir [561].

Der charakteristische Gebetsruf הבט (vgl. הביטה Ps 13,4) ist ein Impt. Hifil. Die Kausativform deutet bereits an, daß den Betern an einer effektvollen und dynamischen Zuwendung und Anteilnahme Jahwes gelegen ist (V. 15a). Die lobende Anerkennung des Erhabenen und Heiligen führt zur ersten איה-Wo-Frage : Wo ist angesichts der Katastrophe sein ‚ Eifern ‘ (Eifersucht, Affekt) ; seine

---

559 Vgl. H. J. Kraus, Psalmen I, 101 zu Ps 13.

560 Zu den Wo- und Warum-Fragen vgl. Cl. Westermann, Klage, 52-56.

561 Vgl. H. Gunkel – J. Begrich, § 4, Nr. 8, bes. 128.

Stärke und sein Aufbegehren (in der Formulierung הֲמוֹן מֵעֶיךָ nur hier), bzw. sein ‚Erbarmen' (spätere Überlieferungsschicht!)?

V. 15c.16a: Steigerung durch negativ formulierte Bitte, unterstrichen durch den Hinweis auf das bestehende Vaterverhältnis. Wenn in der Literarkritik über die Echtheit dieses Zuversichtsbekenntnisses Zweifel geäußert wurden, scheinen sie von der formalen Seite her überwunden zu sein. Die innere Notwendigkeit dafür, daß Jahwe aus sich herausgehen müsse, begründet die mit כִּי eingeleitete Klage in V. 16b. Ihre Präfixkonj. (an zweiter Stelle) weisen sie als Wesensaussagen über sich selbst aus. Die Klage in V. 15a entsprang der Verwunderung und dem Unvermögen, Gott zu begreifen, seine Souveränität und Toleranz in Einklang zu bringen. V. 16b begründet das Sich-Anklammern an Jahwe, daß er sein Vatersein doch unter Beweis stellen möge, mit dem Hinweis, daß sich die Beter als von den Segensverheißungsträgern Abgeschnittene erfahren. Es wird hier auf juristische Trennungsformeln angespielt sein, wie sie damals anläßlich der Ausstoßung eines Familienmitgliedes zur Anwendung gelangten [562]. Die Zeitlage ist ein Beweis dafür, daß Abraham und Israel (Jakob) ihre Solidarität mit ihren Nachkommen aufgekündigt haben [563]. Weshalb diese es getan haben mußten, wird zwar aus V. 17 dahin einsichtig, insofern sie als deren Nachkommen die von jenen begründeten Lebensordnungen nicht mehr einhielten. Doch dies ist nicht als Schuldbekenntnis formuliert, auch folgen keine Unschuldsbeteuerungen, eher spricht aus V. 17 eine Art Selbstgerechtigkeit, weil Jahwe für die Herzensverhärtung und Abirrung verantwortlich gemacht wird.

V. 16c/17a: Steht der Glaubensgrundsatz von Jahwes Treue zu sich und seinem Wort nicht im Widerspruch zu seinem jetzigen Verhalten? V. 16c ist eine Bekenntnisformel der Zuversicht. Die Wendung ‚Du, Jahwe, bist unser Vater' wird wohl im Laufe der Stoffanreicherung einerseits bei der Abfassung von 63,8a.64,7a und der Passus ‚unser Retter von Urbeginn, dein Name' für den Ansatz von Stellen wie 64,8b bzw. 63,9c das auslösende Moment abgegeben haben. Beide sind aus nominalen Satzelementen gebaut, wollen also dauernde Zustände und Befindlichkeiten des Subjektes beschreiben. Das Subjekt ‚Jahwe' wird hier im Vokativ erstmals ausdrücklich genannt. Der Name Jahwe bildet mit V. 17a die Achse für die Frage nach der

---

562 Vgl. D. DAUBE, Rechtsgedanken in den Erzählungen des Pentateuchs, ZAWBeih 77 (1958) 32-41, bes. S. 34.

563 Vgl. E. KÖNIG, 560. Zur Interpretation der Stelle außerdem J. SCHARBERT, Solidarität, 230-235.

Solidarität des Bundesgottes, den das Bundesvolk einst als Vater und Erlöser erfahren hat. Liegt nicht auf seiner Seite ein Treuebruch vor, fragt der ‚ warum ‘-Satz [564]. Diese ‚ Anklage Gottes ‘ in Art einer Warum-Frage wird von zwei Präfixkonj. im Hifil gebildet, führt also die Verirrung und Herzensverhärtung auf Gott zurück ; das erste Satzglied ist durativ (x-yiqtol), das zweite punctuell vergangenheitsbezogen (yiqtol-x), meint also die Wende zum Abfall, an dessen Auswirkungen man jetzt leidet. ‚ Verhärten ‘ in transitiver Bedeutung wird im AT nur hier verwendet.

In V. 17b/18 appelliert man mit dem Impt. ‚ kehre um ‘ ein letztes Mal an Jahwes Tatkraft. Von V. 18 her bekommt 17b den Horizont. Nicht huldvoll vergebende Zuwendung und väterlich sorgendes Eingreifen ist Inhalt der Bitte, sondern eine Anteilnahme als Machtdemonstration gegen die das Heiligtum schändenden Feinde, ‚ unsere Gegner ‘. Beide Suffixkonj. stehen in V. 18 an zweiter Stelle, haben also das einmalige Ereignis der Tempelzerstörung im Blick. Mit Recht hat König die farblose Übersetzung von Ehrlich „ werde anderen Sinnes “ (שוב) kritisiert (so nach Dt 23,14). ‚ Kehre um ‘ meint also nicht eine Bitte, Jahwes erster Schritt möge die Umkehr des Volkes ermöglichen und in die Wege leiten. Wie wir sahen, ist die Schuldeinsicht erst in einem späteren Stadium der Reflexion bewußt geworden. Mit ‚ um deiner Knechte willen ‘, ‚ deiner Erbstämme ‘ will man Jahwe Beweggründe liefern. Überhaupt fallen die sechs Possessivsuffixe der 2. mask. Sing. in V. 17ab.18 auf. Die beiden ersten (V. 17a) determinieren Begriffe, welche für die innere Beziehung zu Gott grundlegend sind. V. 17b.18 sind alle vier an äußere Größen angefügt und eignen diese Gott zu.

Im Schlußvers 19a definieren die Beter ihre eigene Existenzgrundlage mittels zweier von היינו abhängiger, mit לא verneinter, asynd. Relativsätze in der Stellung x-qatal im Sinn eines punctualis in der Vergangenheit. Der Vers ist nicht mehr als Frage, sondern als Aussagesatz gestaltet, als Wir-Klage. An keiner Wirklichkeit kann man jetzt ablesen und erkennen, daß das Volk in Jahwe einen ‚ Herrn ‘ und Eigentümer hat [565].

63,19b – 64,4a wird mittels einer Bitte um Jahwes Eingreifen, fußend auf zwei Suffixkonj., eröffnet (V. 19b) und auch ausgeleitet

[564] H. J. Kraus, Psalmen I, 515.

[565] Zur Formel ‚ nach deinem Namen benanntwerden ‘ vgl. Dt 28,10 ; 2C 7,14 (in Bezug auf den Tempel 1 Kg 8,43 ; Jes 7,10.11.14.30 ; 14,9 ; 32,34 ; 34,15 ; 2 C 6,23).

(V. 4a). Letztere aktualisiert für den Kreis der Beter, daß das erbetene epiphane Kommen Gottes sich nicht allein gegen die Gottesfeinde richte, sondern für die ausharrende Gemeinde einen Helfer erstehen lasse. An beiden Versanfängen ist לוּא- ,o wenn doch' zu lesen. Es wird um die Wende der äußeren Not gefleht. Das Gebet ist strukturiert vom formelhaften und schematischen Ablauf einer Epiphanieschilderung her [566].

63,19b haben die Suffixkonj. das einmalige Ereignis der kosmischen Epiphanie Gottes im Blick. ,Zerreißen' mit ,Himmel' als Objekt begegnet nur hier. ,Wanken' außer in der Dublette 64,2 nur noch Ri 5,5. 64,1a und 2b sind spätere Texteinschübe. 64,1b und 2a setzen je mit Infinitiven ein. In V. 1b sind die צריך ,deine (Volks-) Feinde' mit den גוים ,Fremdvölkern' (unter denen die Diasporajuden zu leiden haben) gedehnt. Die Präfixkonj. an zweiter Stelle hat innerhalb der Wendung ,daß Völker vor dir erbeben' (vgl. Ex 15,14; Dt 2,25; Jo 2,10) extratemporale Aspekte zur Folge. Bei den vom ,furchterregenden Eingreifen' abhängigen asynd. Relativsätzen in V. 2a und 3a führt der erste mit dem Verb קוה das Motiv ein, daß Gott über Menschenhoffen handelt [567]. In V. 3b.c lobt man Gott auf Grund des Vertrauens ob seiner Taten in der Vergangenheit (zweimal x-qatal in 3b) und ob seiner immerwährenden Hilfsbereitschaft an denen, die ausschließlich unter seine Hand sich beugen, allein von ihm die Wende ihrer Not erflehen (x-yiqtol als extratemporalis in 3c). Die Schlußbitte V. 4a hat zwei beigeordnete Objekte, welche Verhaltensweisen von Menschen benennen, denen die eben dargestellte Haltung eigen ist: daß sie ihr Recht von Jahwe erhoffen und sich unter seinen Willen beugen. Dies wird mittels einer nominalen Konstruktion, den Zustand und die Befindlichkeit ausdrückend, und einer Präfixkonj. an zweiter Stelle im Sinne einer extratemporalen Aussage wiedergegeben.

64,4b-8 hat zwei Teile, welche formal aufeinander zugeordnet sind. V. 4b-6 verwendet ausschließlich Präfixkonj., welche für das Subjekt ,Wir' den Verlust der Gottesbeziehung als Wesensentfremdung werten; Gottes Zorn hat erst ihr eigentliches Wesen aufgedeckt. V. 4b und 6b, worin Jahwe direkt angesprochen wird, betont die Aussage in Form einer Inversion (x-qatal yiqtol-x) im Sinn eines punctualis in der Vergangenheit. Jeweils das erste Glied, die Suffixkonj.

---

[566] Vgl. Cl. WESTERMANN, Das Loben Gottes..., 69-76.
[567] Vgl. Cl. WESTERMANN, Das Hoffen, bes. 238, 256ff.

an zweiter Stelle, bezieht sich auf ein am eigenen Leib erfahrenes göttliches Verhalten. הן in V. 4b erhebt als Tatbestand die gestörte Gottesbeziehung. V. 6b leitet כי in der kausativen Suffixkonj. הסתרת (aus סור mit ת- infix) einen Resultativ-Stativ ein, beschreibt also eine Verhaltensweise Jahwes in der Vergangenheit, welche für die Gegenwart der Sprechenden noch Bedeutung hat.

Die zweite Strophenhälfte V. 7-8 kreist um das Subjekt , Jahwe ', das direkt angeredet und im Vokativ (7a.8a) genannt wird [568]. Die Verse erhalten ihr Gepräge von der überwiegend nominalen Struktur der Sätze.

Näherhin zeigt V. 4b-6 noch folgende formale Elemente. Die Inversion verlangt die Streichung von ונושע (4b). Die Possessivsuffixe der 1. Pers. Pl und die Präfixkonj. in der 1. Pers. Pl geben dem Abschnitt als ganzem den Charakter unmittelbarer Erlebnisnähe. Das Schuldbekenntnis [569] vermeidet jede Bezugnahme auf eventuelle Vätersünden (vgl. Th 5,6.7) und deren Einflußnahme auf die gegenwärtige Situation. Die Stellen 63,10 und 64,9ff erweisen sich von daher als Worte der nächsten Generation. Weiters steht keine spezielle Sünde im Blickpunkt. עוננו (5b.6b.8a) meint hier , unsere Sünde ' bzw. Sündenschuld auf Grund unrichtiger Gesinnung, die mit Gottes Willen nicht im Einklang steht [570]. Im Einbekenntnis der Schuld ist die Distanzierung von den eigenen Sünden inbegriffen [571], ebenso das Bekenntnis zur totalen Abhängigkeit von Gottes Wirken. Im Bildvergleich der Wir-Klage V. 5a.b kommt dies zur Darstellung. Die erste Vershälfte, in der Stellung yiqtol-x im Sinn eines punctualis in der Vergangenheit, erläutert je im Bild, wohin das führte : sie wurden zu Unreinen, d.h. Kultunfähigen und Dahinsiechenden. Die zweite Vershälfte hat je durativen bzw. Zustands-Charakter. Der nominale Umstandssatz V. 5bß wertet , unsere Frömmigkeitsübungen ' [572]. Der Bildvergleich V. 6bß (vgl. Jes 1,30 ; 40,7.8 Jr 8,13 u.ö.) meint in der Stellung x-yiqtol eine Dauer in der Vergangenheit. Darin einen Hin-

---

[568] Vgl. zu , Jahwe ' im Vokativ, insbesondere am Beginn einer Bitte Jes 64,11 ; Ps 74,22 ; 79,12 ; 80,4 u.ö. Dazu H. GUNKEL – J. BEGRICH, Einleitung..., 121.

[569] H. J. BOECKER, Redeformen des Rechtslebens im AT, Diss. 1959, 132ff ; gedruckt in Neukrichen, 1964.

[570] Vgl. L. KÖHLER, Theologie..., 1953, 3. Aufl., 158ff.

[571] Vgl. J. SCHARBERT, Solidarität, 235.

[562] Vgl. zu , Gerechtigkeit ' zur oben angegebenen Literatur noch G. von RAD, Theol. I, 377ff ; — E. BEAUCAMP, La Justice de Yahwé et l'économie de l'Alliance, FrancLA 11 (1960/61) 5-55.

weis auf die äußere Diasporasituation zu sehen, hieße wohl, die Stelle überzubelasten. V. 6a besteht aus zwei mit Partizipien konstruierten und mit אין verneinten Sätzen, deren Vergangenheitsbezug der Kontext liefert. Die der kultischen Topik entstammende Formel ‚ und niemand ruft deinen Namen an ‘ ist uns von Jes 57,1.21 ; 59,4.8.15.17 ; 60,15 ; 63,3.5 und 66,4 her geläufig. Hinter dem Partizipium im Kausativstamm העיר kommt der Erweckungsgedanke zum Durchscheinen [573]. Der Inf. Hifil ‚ festzuhalten ‘ kommt entgegen Dtjes (41,6.7.9 V. 13 ; 42,6 ; 51,1 u.ö.) bei uns nur im religiösen Sinn vor (vgl. 56,2.4.6).

In V. 7 wird nach ועתה [574] mit zwei NS (7a.b) in einem Vertrauensbekenntnis zu Jahwe ‚ unserem Vater ‘ und ‚ unserem Töpfer ‘ [575] die Ausgangsbasis für die Bitte um gnädige Zuwendung und Vergebung gelegt. Diese Doppelbitte (V. 8a) ist mit אל verneint und mit je einer Präfixkonj. an zweiter Stelle konstruiert. Der Impt. Hifil enthält, 63,15b erneuernd, eine Kurzbitte (V. 8b). Parataktisch angefügt ist ein NS (V. 8bß), worin sich die Beter mit dem Vertrauensmotiv vor Jahwe empfehlen : ‚ dein Volk sind wir alle ‘. Ihre Zukunft erwarten sie nun in Hoffnung auf den Gesinnungs- und Haltungswechsel Jahwes.

In 64,9-11 wird unvermittelt die Rede auf äußere beklagenswerte Zustände im Land, die bereits aus der Zeit der Väter herüberdauern, gebracht. V. 9f beschreiben dies ausschließlich Suffixkonj. Die durch die Partikel ה in Frageform gekleidete Schlußbitte V. 11 enthält drei Präfixkonj., welche die künftige Wendung des Geschicks als dringlich und kaum mehr zu erwarten Jahwe anheimstellen und nahelegen [576]. An V. 9f fällt noch der häufige Gebrauch von היה auf (9ab.10b zweimal), endlich, daß entgegen 63,18 die Possessivsuffixe der 1. Pers. Pl. in V. 10 im Zusammenhang mit dem Tempel und seinen Attributen verwendet sind (vgl. dazu die Wortwahl in 63,15 !). Ansonsten halten

---

[573] Vgl. H. Bardtke, Der Erweckungsgedanke, bes. 15ff.

[574] Vgl. : A. Laurentin, We'attāh – kai nun. Formule caractèristique des textes juridiques et liturgiques (à propos de Jean 17,5), Bib 45 (1964) 168-197, 413-431 ; — H. A. Brongers, Bemerkungen zum Gebrauch des adverbialen we'attāh im Alten Testament, VT 15 (1965) 269-299.

[575] Vgl. zu den ‚ Beweggründen göttl. Handelns ‘ H. Gunkel – J. Begrich, Einleitung..., § 4, Nr. 10. Zum Part. act. Kal von יצר plus dem Possessivsuffix der 1. Pers. Pl. vgl. P. Humbert, Emploi et portée du verb yāṣar et de ses dérivés substantifs, ZAWBeih 77 (1958) 82-88.

[576] Vgl. J. Begrich, Studien (1938) 8f. — H. E. von Waldow, Dtjes, 80 nennt mit H. Gunkel – J. Begrich, Einleitung..., § 4, Nr. 8, 129, die Bitte in 64,11 die „ zaghafte Form einer Frage “.

sich die Wendungen in V. 9ff an vorgegebene Formulierungen und Fundstellen im Kontext ; so עד־מאד (64,11 und 64,8), oder der Auftakt der Schlußbitte V. 11c und 63,11c.

Auf Grund der bisherigen Ergebnisse steht außer Zweifel, daß das Lied in einem kultischen Rahmen Verwendung gefunden hat. Sein Ort war eine der bei Sa 7,1ff und 8,18ff erwähnten öffentlichen Volksklagefeiern am (und auch über das) Heiligtum, das in der Katastrophe von 587 v. Chr. zerstört und geschändet worden war [577]. Da der Grundbestand des Liedes eine erlebnismäßige Nähe zu diesen Ereignissen voraussetzt, andererseits mehrere Überarbeitungsschichten am Text bereits vermerkt werden konnten, wird man annehmen können, in 63,7 – 64,11 das Formular eines Volksklageliedes vor sich zu haben, dessen Grundbestand auf die Zeit unmittelbar nach 587 zurückgeht, der jedoch erst später progressiv zum heute vorliegenden Formular ausgebaut worden ist [578].

3. Überlieferungsschichten in 63,7 – 64,11.

Der bisherige Befund ergab mehrere Überarbeitungsstufen bzw. Textanreicherungen, jedoch nicht in dem Sinn, als ob eines der später angefügten Stücke zuvor selbständig umgelaufen und tradiert worden wäre. Fohrer meint, in 63,7 bis 64,11 liege ein Produkt ‚kultisch-populärer Berufsprophetie' vor [579]. Über welches Prinzip und über welche Stufen die heutige Größe jedoch erreicht wurde, findet sich nirgends erwogen.

Nun läßt sich aber eine Ausweitung der ersten spontaneren Fassung hin zum komplizierteren Reflektieren und kunstvollen literarischen Ausgestalten nachweisen. Die literarische Fixierung verlief analog zur wachsenden Einsicht in das komplexe, dynamische Prinzip der Geschichte des Gottesvolkes als der Koinzidenz von göttlichem Heils- oder Unheilshandeln und menschlicher Verschuldung bzw. seinem Willen zur Umkehr und zum Neuanfang. Es lassen sich einzelne Schichten und Blöcke herauslösen, die erst auf Grund objektiver Interpretation der verwirrenden Erfahrungstatsachen, im größeren zeitlichen Abstand vom ersten Schock, entstanden und ins Gebet der klagenden und büßenden Gemeinde eingebaut worden sind, um es für

---

[577] Vgl. : H. E. von WALDOW, Dtjes, 104 bis 123 ; — H. J. KRAUS, BK XX, 8ff.

[578] Vgl. H. GUNKEL – J. BEGRICH, Einleitung..., 139.

[579] G. FOHRER, ZAWBeih 99 (1967) 4

spätere Beter nachvollziehbar und vor Gott wirksamer zu machen. Am Handeln oder Schweigen Jahwes beginnt man den eigenen Standpunkt auf Tragfähigkeit hin zu überprüfen. Die Formulierungen der Klagen und Bitten zeigen bereits den Wandel in der inneren Haltung gegenüber Gott: Heraus aus der Haltung des Aufbegehrens und analog zu den herausfordernden und anklagenden Wo- und Warum-Fragen in 63,15-19a ertönen imperativische (הבט 15a, שוב 17b) und ungestüme Bittrufe. Später werden sie immer mehr zu einem demütigen und beharrlichen Erflehen (64,8a; der Impt. 8b nimmt zum Abschluß bewußt den Ton von 63,15a auf!), unterstützt durch Motive, die ebenfalls immer breiter und in ihrer Überzeugungskraft lebenswichtiger und unüberhörbar bedrängender formuliert werden (63,19b; 64,4a: als letzter Ausweg – Gebet um eine Epiphanie; Schlußbitte 64,11).

An folgenden Komplexen lassen sich mit größtmöglicher Wahrscheinlichkeit die besprochenen Stadien nachweisen: Heraus aus der Bestürzung über den unbegreiflichen Bruch im Verhalten Gottes, das im Kontrast zu den Herausführungstraditionen steht, über die Diskontinuität seines anfänglichen Engagements und seiner jetzigen Toleranz und Untätigkeit, ist der Grundbestand des Volksklageliedes entstanden: 63,11b-12 (vgl. die Qina-Strophe 3 + 2 als Rhythmus des Klagens!) und 63,15-19a. Die Verse 13 bis 14bα wirken ein wenig blumig und umständlich, mögen aber derselben Phase angehören. Dieser Grundbestand des Liedes ist ausschließlich nach außen hin orientiert und fragt in kompromißloser Härte nach der erfahrbaren Nähe und dem Machterweis des einst so geschichtsmächtigen Jahwe. Man zerbricht beinahe an der Tatsache seines scheinbaren Versagens.

In deutlicher Absetzung (vgl. bes. 63,17a) präsentiert sich 64,4b-8 als Produkt einer eingehenden Reflexion über die Ursächlichkeit von äußerem Niedergang und selbstverschuldeter Gottentfremdung. Der Status scheinbarer äußerer Ruhe und Verfestigung der Lage mag das Nachdenken über innere Strukturänderungen in der Gottesbeziehung gefördert haben. An der äußeren Katastrophe las man den offenbaren Zorn Gottes ab, an seinem andauernden Schweigen sah man das eigene sündige Wesen aufgedeckt; denn wo Gottes Zorn erfahren wird, tritt auch die Sünde des Menschen zutage, weil sein Zorn sie aufdeckt. Ein Schuldbekenntnis bedeutet dann Distanzierung und Voraussetzung für den Vergebungswillen Jahwes. Man zieht erst noch allein die eigene Sünde ins Kalkül, nicht auch die der Väter.

Eine dritte Überlieferungsschicht erwuchs aus der Sicht der zweiten Generation, für die die Tempelzerstörung keinen unmittelbaren

Erfahrungsinhalt mehr bedeutete (bes. 64, 10a); denen bewußt geworden war, daß einzig die Bitte um die universal sich auswirkende Epiphanie Gottes noch eine Änderung der Lage bewerkstelligen könnte. Die Beter haben zu einem gewissen kleinvölkischen Selbstbewußtsein zurückgefunden und schauen über den engen Gesichtskreis ihres zerstörten Heiligtums hinaus auf die der Verödung preisgegebenen Städte (64,9ff) und auf die גוים , die Fremdvölker ' (64,1b), vor denen jetzt im Hinblick auf die unter ihnen Zerstreuten eine Machtdemonstration Jahwes am dringlichsten wäre. Die Perioden 63,19b – 64,4a und 64,9 bis 11 wären in erster Linie hieherzurechnen. Das erste Stück fügt sich gut in den Zusammenhang, insofern es nach vorne durch das Stichwort צרינו (V. 18β) — צריך (64,1b) und ausweitendem רשעים ,Gottlose', (V. 18α) — גוים (64,1bβ) verklammert und mit V. 3b.4a offen ist für alle, die auf Jahwes Hilfe warten, im Land und in der Diaspora. Bereits 64,4b-8 hatte keineswegs kleinlich-separatistisch auf sich selbst geschaut, sondern war getragen gewesen vom solidarischen Fürbitt- und Vertretungsgedanken; dafür sprechen das oftmalige ,wir alle' und ,dein Volk' in V. 5b-8a. In dieser dritten Phase ist also der Blick bereits wieder auf äußere Erscheinungsweisen und Folgen der richtigen Gottesbeziehung gerichtet.

Die Endphase berücksichtigte vornehmlich die literarische Ausgestaltung und Ausschmückung und Abrundung des überkommenen Traditionsgutes. Die Endredaktion von 63,7 bis 14 als Geschichtspsalm gehört hieher. Der Ton der Zuversicht auf die kontinuierliche Führung Jahwes (vgl. durch Possessivsuffixe determiniertes עמי- ,mein Volk' V. 8a und עמך-, dein Volk' 14bβ), und das Wissen um die ständige Gefährdung, von Gott abzufallen, wie es schon die Väter taten (vgl. V. 10) signieren das Stück als späteres Produkt. Somit konnte jeder dieses Volksklagelied unverkürzt auch später nachsprechen, wenn er an der Verborgenheit Gottes zu scheitern drohte.

Jesaia 65

1. Literarkritik.

Bei Kap. 65 mußten sich die Exegeten grundsätzlich mit zwei Fragen beschäftigen: Erstens, wie ist es innerhalb des Kontextes abzugrenzen? Zweitens, wie ist es um seine innere Geschlossenheit bestellt? Man kam zu keiner Einigung, weil man entweder einseitig inneren, d.h. textkritischen und stilistischen Kriterien den Vorzug gab, oder Anklänge an zeit- und religionsgeschichtliche Fakten zum Auswahlprinzip erhob. Eine verschwindende Minderheit sah in 65,1ff die göttliche Antwort auf 63,7 – 64,11 [580], die repräsentative Mehrheit aber zog zwischen den beiden Abschnitten einen klaren Trennungsstrich [581].

In der Frage nach der Einheit des Kap. finden wir bejahende Stimmen [582], andererseits stoßen wir auf bemerkenswerte Gegenargumente. Kissane erachtete auf Grund seines Gesamtkonzeptes und Einteilungsprinzips V. 1-7 als Antwort auf Kap. 64 und begann erst mit 65,8 eine neue Strophe. Bedeutsamer ist der Beitrag von Westermann. Er rechnet 65,16b-25 „ zum Kern der Verkündigung Tritojesaja (57,14-21 ; 60 – 62) “ hinzu und erachtet 65,1-16a als selbstständige Einheit. Sie stelle „ den neuen Typ einer gleichzeitig nach zwei Seiten gerichteten Ankündigung dar. Den Frommen wird Heil, den Frevlern Unheil angekündigt “ [583].

Die zeitliche Zuordnung gewann man entweder aus der Identifizierung der beschriebenen Zuhörerschaft mit bestimmten Gruppen [584], oder auf Grund von Rückschlüssen aus den angedeuteten Götzenkulten. So kam es, daß manche in Kap. 65 vorexilisches Sprachgut wiederzuerkennen meinten [585], andere bis in die hellenistische Zeit hinabgingen [586].

---

[580] Vgl. H. Gressmann u.a. bis herauf zu C. Cuhl, 197. F. Feldmann hat jedoch die Unsicherheit einiger von ihnen selbst so formuliert : „ Man hätte allerdings, das ist nicht zu leugnen, eine andere Antwort erwarten können “, 271.

[581] Vgl. B. Duhm bis G. Fohrer. P. Volz : „ Das Kap. hat mit den vorhergehenden auch nicht das Geringste gemeinsam “, 281. Aus bibliographischen Gründen vermerke man : P. Viret (1511-1571) : Quatre sermons français sur És 65, hsgg. von H. Meylan, Lausanne 1961, Payot, 111 S.

[582] Vgl. P. Volz, 281 : „ Ich finde nichts, was gegen die Einheitlichkeit sprechen würde. “ Dazu K. Budde, 1922, 713f ; — K. Elliger meint, Kap. 65f sei eine „ kleine Sammlung “, und zwar „ sukzessiv entstanden “.

[583] 242.

[584] Knabenbauer identifizierte sie mit den Heiden, F. Feldmann mit den Exulanten, B. Duhm mit den Samaritern, E. Sellin mit der eingesessenen Landbevölkerung, P. Volz mit der jüdischen Kultgemeinde.

[585] J. Ziegler, Isaias, 14f, sah in 65,1-7 vorexilische Götzenkulte angeprangert.

[586] Vgl. P. Volz, 199. G. Fohrer, Einleitung, 425, vertritt die Ansicht, die Israeliten hätten diese Kulte wohl „ erst beim Vordringen der Nabatäer etwa im 4. Jh. kennengelernt “. W. Kessler, ThLZ (1956) Sp. 338, sagt hinwiederum : „ Die Datierung nach den Afterkulten v. 3-5 und 11 ist viel zu unsicher “.

Daß einer mit gutem Recht dem Brauch, Schweinefleisch zu essen und die Gottheiten Gad und Meni zu verehren, frühnachexilische Verbreitung einräumen kann, bezeugen neuerdings wieder de Vaux und Chary [587]. Somit kommt man nicht umhin, anhand der Literarkritik und Formanalyse eine neue Sachkritik zu erstellen.

Ein Blick in die Kommentare der letzten Jahrzehnte bis herauf zu Fohrer zeigt, daß Elligers Einteilungsprinzipien für Kap. 65 als zutreffend erachtet wurden [588]. So schreibt Fohrer im Anschluß an Elliger: „Der Abschnitt besteht aus drei lose miteinander verbundenen Prophetenworten, deren Abgrenzung sich aus den Einleitungsformeln in v. 8 und 13 ergibt". Diese drei Sprüche, V. 1-7, 8-12 und 13-25 seien jedoch aufeinander hin verfaßt worden, wobei sie „von vorneherein eine größere Einheit bilden sollten" [589].

Eine unvoreingenommene literarische Analyse im Sinne der Gattungsforschung ergibt, daß Jes 65 eine bewußte Komposition mit dem Ziel in V. 17-23 darstellt. Die Verse 2-23 sind eine kerygmatische Einheit, in welche entsprechend einer theologischen Gesamtkonzeption bestimmte vorliterarische Spruchfragmente einbezogen und zu einer rhetorischen Einheit verwoben wurden. In den Versen 1 und 24 haben wir die zukunftsgerichtete Klammer des Red. vor uns, worin er den Horizont des Kap. und dessen theologische Konzeption heraushob, um den neuen Hörern des Buches für ihre eigene Situation und im Hinblick auf die Endredaktion ein aktuelles Deutewort auf die unbeantwortet gebliebenen Bitten des vorausgehenden Volksklageliedes 63,7 – 64,11 zu geben. V. 25 ist als späterer apokalyptischer Zusatz einzustufen. Aufs Ganze gesehen wird das Kap. davon geprägt, daß der Sprecher sich in der 1. Pers. Sing. mit dem Ich der Gottesrede identifiziert. V. 2-10 wird von den Hörern in der 3. Pers. Pl. gesprochen, V. 11-16 sind sie direkt angeredet, V. 17-23 handelt von ihnen wiederum in der 3. Pers. Pl.

Die beiden ersten Strophen V. 2-10 und 11-16 zeigen nun dieselbe Struktur und dieselbe Ausrichtung auf V. 17-23 Der erste

---

[587] Th. CHARY, 100ff, 137f; — R. de VAUX, Les sacrifices des porcs en Palestine et dans l'Ancien Orient, ZAWBeih 77 (1958) 250-265. Zu ‚Gad' und ‚Meni' vgl. auch ZIMMERN, Simat, Sima, Tyche, Manat, Islamica 2 (1927) 574-584; — O. EISSFELDT, Tempel und Kulte syrischer Städte in hellenist.-röm. Zeit, AO, 40 (1941) 94f; — Die Art. ‚Gad' und ‚Meni' in H. HAAG, BL, Sp. 500 und 1104. Zur Ableitung des Namens ‚Gad' vgl. S. MOWINCKEL, ‚Rahelstämme' und ‚Leastämme', ZAWBeih. 77 (1958) 129-150, bes. 148f.

[588] Vgl. Einheit..., 33ff.

[589] 256f.

Strophenteil geht jeweils auf die verfahrene Gegenwartssituation der Hörer ein (V. 2-7 ; 11f). Der Ton der Rede ist anklagend und drohend zugleich. Sie haben die Gottesbeziehung gestört. Haben sie noch eine Zukunftschance ? Der Text drängt auf Entscheidung. Am Übergang zur zweiten Strophenhälfte steht je die Botenspruchformel (V. 8a und 13a). Die Aufmerksamkeit der Zuhörer soll auf eine Wirklichkeit gerichtet werden, die hinter den Vorgängen steht. Gottes Handeln wird sie aufdecken. Was aufhorchen läßt, ist, daß sie für Jahwes Knechte nicht auch das Gericht, sondern Verheißung und Hoffnung birgt. Diese zweite Hälfte (V. 8-10 ; 13-16) macht deutlich, daß die Gegenwart die Möglichkeit von Segen und Fluch offen läßt.

Während V. 8-10 und 13-16 sich gegenseitig interpretieren und ergänzen, geht die letzte Verkündigungsstufe V. 17ff über alles Erwartete hinaus. Die Anzeichen der Gegenwart werden durch die eschatologische Zukunft weit überhöht werden. In apokalyptischer Manier ist die Neuschöpfung von Himmel und Erde gemalt (V. 17). Parallel dazu werden von Jahwe der Heilsraum und das Heilsvolk neu geschaffen werden (V. 18ff). Die Segenssphäre wird eine ungeahnte Lebenssteigerung bewerkstelligen. Die Nutznießer werden ‚meine Erwählten' sein. Dieses Stichwort בחירי scheint wie ein roter Faden an den Zentralstellen der Rede durch (V. 9b.15a.22b). Im Dt ist בָּחַר „ein festumrissener dogmatischer Terminus" [590]. Israels Existenz gründet auf dem Ereignis der Erwählung durch Jahwe. Die neuen Segens- und Verheißungsträger, das eschatologische Eigentumsvolk Gottes, werden ihre Existenz inmitten der Frevler und Fremdvölker wiederum als Erwählungsakt Jahwes erfahren. Ihr freiwillig übernommener Jahwedienst ist ihre Antwort auf seinen Heilswillen. So ist es nicht von ungefähr, wenn V. 9b und 15a/b בחירי mit עבדי ‚meine Knechte' zerdehnt wird, V. 22b בחירי jedoch parallel zu עמי ‚mein Eigentumsvolk' zu stehen kommt. Sie und ihre Kinder werden ‚das Geschlecht der Gesegneten Jahwes' (V. 23b) sein. Von Anfang an lag das Hauptinteresse des Sprechers daran, ‚meinen Erwählten' eine Antwort auf ihre Existenzfrage zu geben. Haben die Knechte Jahwes überhaupt noch eine Lebenserwartung, und wie ist ihre Stellung inmitten der Frevler im Volk ? Der Schwerpunkt jeder Strophe liegt jeweils im zweiten Teil. Es ist darum wenig verwunderlich und kein Zeichen für einen neueinsetzenden Verkündigungsabschnitt, wenn ab V. 17 das Problem der Scheidung in Frevler und

[590] G. von Rad, Theol. I, 180.

Gottesfürchtige zurückgetreten ist, und nur mehr vom heilvollen Geschick des endzeitlichen Gottesvolkes geredet wird.

Im einzelnen weist die stilisierte Gottesrede 65,2-23 nur in der ersten und dritten Strophe stärker verderbte Textstellen auf. Sie verläuft meist im Rhythmus gedoppelter Zweier und Dreier. Vereinzelt steht die Qinastrophe (V. 2b.3a.7b.13b-14a.16b.c), gegen Schluß wird das Metrum breiter. Daß V. 1 und 24 auf Kosten des Red. gehen, wird gleich anschließend dargelegt werden. Der apokalyptische Zusatz V. 25 entstammt möglicherweise derselben Feder, die 66,24 angefügt hat. Die aus Jes 11,6f bekannte Paradiesesvorstellung bildet 65,25 ein Entsprechungsmotiv, welches den Friedens- und Heilszustand der Endzeit auf den Frieden unter den Tieren ausweitet. Die ausleitende Beteuerungsformel bindet den Vers enger an die vorangegangene Rede.

Die bewußte Anlehnung an vorgeformte Wortverbindungen verleiht dem V. 1 sekundären Charakter. Summarisch sind auswechselbare Begriffe und Umschreibungen für die Gottesbeziehung zusammengestellt. Die Aussagen beziehen sich auf künftige Vorgänge, nicht auf Vergangenes [591]. Der Red. stützt sich dabei auf die beiden Verse Jes 55,6 und 58,2. In V. 1a sind vier Begriffe zusammengestellt, von denen nur בקש ‚suchen' in Trjes ausschließlich 65,1 vorkommt [592]. בקש meint dasselbe wie דרש; es bezeichnet allgemein ein ‚Sich-Halten an Gott' [593]. Im asynd. Attributivsatz stehend, wird dieser Status den Betroffenen derzeit noch abgesprochen. נדרשתי (vgl. 55,6a und 58,2a) und נמצאתי (vgl. 55,6a) stehen parallel jeweils in der tolerativen Niphal-Form [594]. In 55,6 ist דרש als Imperativ und מצא mit ב als Infinitiv konstruiert. In 65,1a besagen diese Verben, daß Jahwe durch seine Zuwendung erst die Frömmigkeitshaltung der Menschen ermöglichen werde. Als Perfecta übersetzt, würden sie tatsächlich zu „nicht ganz durchsichtigen Ausdrücken" (Volz). דרש ‚fragen, suchen', mit Jahwe als Objekt noch in 58,2 (65,10; vgl. Jr 29,13; Ez 14,3), mit Zion als Objekt in 62,12. In der Bedeutung, daß

---

[591] A. Penna ist einer der wenigen, der V. 1 richtig eingeschätzt und in seinem Kommentar futurisch übersetzt hat.

[592] Über derartige Redewendungen vgl. G. Fohrer, ZAWBeih 99 (1967) 186f.

[593] Nach Cl. Westermann, KuD 6 (1960) 28, findet sich בקש (Piel oder Pual) 32 mal im AT mit מצא verbunden (vgl. bes. Jes 41,12a) für das Suchen bzw. (Nicht-)Finden von Gott.

[594] Vgl. Gesenius-Kautzsch, 26. Aufl., § 51c; — V. Christian, Untersuchungen zur Laut- und Formenlehre des Hebräischen, Österr. Ak. d. Wiss., Philos.-hist. Klasse, Sitzungsberichte, 228. Bd., 2. Abh., Wien, 1953, 78f.

der Leidende Jahwe ‚ sucht ', ist das Verbum ein Term. tech. für den Heiligtumsbesuch (vgl. 1 C 21,30 ; 2 C 1,5 ; Am 5,5). 32mal findet man בקשׁ (Piel oder Pual) mit מצא verbunden (vgl. bes. Jes 41,12a) ; es geht dabei jeweils um das Suchen und (Nicht-) Finden Gottes von seiten des Menschen [595]. Der erste asynd. Attributivsatz ist entsprechend G als לְלוֹא שְׁאָלוּנִי zu lesen [596]. שׁאל hat hier die Bedeutung von ‚ heischen ', erkundigend, verlangend fragen, ein Bitten um etwas, also im transitiven Sinn [597]. Gott ist bislang noch nicht der Gegenstand kultischen Erfragens.

V. 1b steht zu V. 2a im Parallelismus membrorum. Zuallererst fällt darin auf, daß in Kap. 65 sonst stets עם (ab V. 2a), V. 1b jedoch der Begriff גּוֹי verwendet wird [598] ; erst in Kap. 66 wird ausschließlich wieder גוי bevorzugt werden. V. 1b ist wohl von 58,2b her beeinflußt worden ; möglicherweise will der Attributivsatz zu אל־גוי bewußt auf 64,6 zurückweisen und sagen, daß nun die Antwort auf jenes Gebet vorliege. Man merkt typisch die Hand des Red. Er verweist seine Hörer auf die Zukunft. Das bußfertige Volk wird Jahwes heilvolle Zuwendung erfahren. ‚ Den Namen Jahwes anrufen ' [599] werden solche, die bislang die Verehrung Jahwes verabsäumt haben, sich nicht unter seinen Anspruch stellten, sich ihm nicht zugehörig fühlten und sich von ihm keine Hilfe erhofften. Sie werden Jahwe als ständigen Helfer erfahren. Die Vorstellung, daß Gott seinem Volk הנני - ‚ hier bin ich ' zuruft (lies Qal, Suffixkonj. bzw. Part. act.), findet sich in prophetischen Texten nur noch Jes 52,6 und 58,9. V. 1 erhält somit seinen vollen Horizont nur, wenn er zukunftsbezogen übersetzt wird. Von V. 1 aus wird zurück auf 64,11 und zugleich nach vorne auf den verheißenden Gesamthorizont von Kap. 65 geschaut. In den Augen des Red. sollte das Kap. im Kontext die Antwortfunktion auf das

[595] Im Qal : Jes 57,10 und 58,3.13 bedeutet מצא ein Verhalten des Menschen, insofern diese sich selbst zum Objekt ihres egoistischen und abwegigen Tuns erwählen, 65,8 meint es ein rein profanes Tun.

[596] Vgl. zu diesem asynd. Relativsatz GESENIUS–KAUTZSCH, § 155n ; — BROCKELMANN, § 143.

[597] Vgl. Cl. WESTERMANN, KuD 6 (1960) 9.

[598] Vgl. L. ROST, Die Bezeichnung für Land und Volk im AT, Festschr. Procksch, 1934, 125-148. Im Sing. steht גוי Jes 58,2 ; 60,22 (für Israel ; vgl. Gn 18,18 ; Ez 35,10 ; Ps 106,5) und 66,8.

[599] G übergeht ב vor שם. Paulus (Röm 10,20) bezog unsere Stelle auf die Heiden. E. KÖNIG beließ Pual, gab aber entsprechend dem ansonsten für diese Formel üblichen Nifal (Jes 43,7 ; 48,1) die Phrase passiv wieder : „ ... einer Nation, die noch (15b) nicht nach meinem Namen benannt war ".

bedrängende Klagen und bittende Fragen in 63,7 – 64,11 übernehmen. Vom zweiten Klammervers (V. 24) her wird das noch einsichtiger.

V. 24 ist gegenüber V. 1 übersteigert. Jedem menschlichen Rufen und Hilfeheischen wird Jahwes Zuwendung zuvorkommen. Diese Aussage wird vom Charakter der vorausgehenden dritten Strophe (V. 17-23) her verständlich. Darin geht es um die Heilserwartungen der Endzeit. Sie werden alle menschliche Vorstellung und Erwartung weit übersteigen und in den Schatten stellen. Diesem Motiv hat der Red. auch V. 24 dienstbar gemacht. Der Sekundärcharakter dieses Verses wird nun durch mehrere Momente erhärtet. So ist zwischen V. 23 und 24 ein Gedankensprung. In der ganzen vorausgehenden Strophe war mit keinem Wort das religiöse Verhalten der ‚Erwählten' Jahwes im Eschaton erwähnt worden. Andererseits hält sich der Vers zu auffällig an andere Textvorlagen. Wie in V. 1b ist 58,9a herangezogen worden. Unübersehbar aber ist die Anlehnung an 65,12b. Dieselben Verben werden in derselben Reihenfolge verwendet, nur daß sie unter umgekehrten Vorzeichen auf das Subjekt ‚Jahwe' umgepolt worden sind. Wie Jon 2,3 zeigt, war eine derartige Zusammenstellung von Begriffspaaren (קראתי - ויענני V. 3a; שועתי - שמעת V. 3b) in nachexilischer Zeit keine Seltenheit. Westermann nennt in unserem Zusammenhang „das Heilsein der Beziehung zwischen Gott und den Menschen" als das Allerwichtigste der Heilszeit. Es sei „das Heilsein des dialogischen Verhältnisses: daß auf das Rufen der Menschen die Antwort Gottes folgt, vgl. 58,9 und Hi. 14,15. Wenn dieser Zugang zu Gott in Wort und Antwort offen ist, liegt damit der Zugang zur Quelle des Lebens frei"[600].

Innerhalb der ersten Strophe V. 2-10 seien die Verse 2-7, so meint Kissane, in Unordnung geraten. Er reiht V. 1-2.5c-7b, mit der Beteuerungsformel als Mitte, dann V. 3-4.5ab. Die Funktion dieser Verse sei, auf 63,7 – 64,11 Antwort zu geben. Angesichts des vorwiegend drohenden Charakters dieses Stückes wäre es allerdings eine kümmerliche Antwort. Im Ganzen des Kap. haben V. 2-7 vielmehr die Funktion, die Situation der Hörer zu skizzieren und auf ihre Gottesbeziehung hin zu durchleuchten. Das Verhalten Gottes ist als Kontrastmotiv vorangestellt. Es ist mittels der Pielform ‚ich breitete aus' umschrieben und meint ein Verhalten, das auf der immerwährenden Bundestreue Jahwes fußt[601]. יד ‚Hand' bedeutet zugleich, was sie

[600] ATD 19, 326.

[601] פרשׂ meint Jes 1,15 einen Gebetsgestus, Jr 4,31 einen Klagegestus, Th 1,17 den eines Hilfesuchenden.

hat, nämlich Macht (vgl. Dt 32,36 ; Jr 16,21 u.ö.). Gottes Bemühen war vergeblich, weil sein Gegenüber, das Volk, sich als untreu und widerspenstig gebärdete. Das letzte Attribut ומוֹרָה ‚ widerspenstig ' ist mit Duhm u.a. entsprechend der G Lesart ἀπειθοῦντα καὶ ἀντιλέγοντα zu ergänzen. Außerdem gewinnt man so den Rhythmus eines Doppeldreiers.

Es ist von Anfang an klar, auf welcher Seite die Schuld liegt. V. 2b.3a erbringen konkretes Belastungsmaterial. Es regieren Partizipien. Die unbedingte Verneinung לא bewirkte in V. 2b, daß vor dem an sich determinierten Demonstrativum טוב der Artikel ausfiel [602].

In V. 3b-5a wird je in einem halben Stichos ein gottwidriges Verhalten angeprangert. Ein Zitat aus dem Mund der Götzendiener beschließt diese Partizipienreihe. Bei der an sich unklaren Ausdrucksweise in V. 3b wird man sich Marti, u.a. anschließen müssen. Sie verstehen על־הלבנים als Pluralwort von לִבְנֶה ‚ Weißpappel ' [603]. An die Schilderung des Höhendienstes schließt sich mit V. 4 eine Reihe weiterer kultischer Mißbräuche. Man denkt an Totenbefragungen und Inkubationsriten. In V. 4a bringt G mit ‚ und in den Höhlen ' das Verständnis vom MT ‚ und an verborgenen Stätten ' näher. Der Vortragende hatte aber wohl von ובין צורים ‚ und zwischen Felsen ' gesprochen [604]. διὰ ἐνύπνια ‚ wegen des Traumorakels ' ist erklärender Zusatz in G. Das Schweinefleischverbot (Lv 11,7) und die Enthaltung von kultisch Unreinem haben die Betroffenen ebenso nicht beobachtet. Mit IQIs^a Kere ist וּמְרַק ‚ und Brühe ' zu lesen (V. 4b). In V. 5a ist das Verb als Piel קִדַּשְׁתִּיךָ zu punktieren (vgl. Sym., Duhm) ; das Verbalsuffix im Sinn eines Dativs entspricht Jes 44,21 [605]. G beließ Qal ὅτι καθαρός εἰμι. V. 5b leitet zu einer neuen Stufe der Gottesrede über. Indem der Sprecher mit אלה das Gewicht der Epitheta zu העם (V. 3a) aufnimmt [606], charakterisiert er in zwei Bildern Gottes

[602] Vgl. Pr 16,29 ; Ps 36,5. Dazu BROCKELMANN, § 60b.

[603] G fügt τοῖς δαιμονίοις noch ἃ οὐκ ἔστιν bei. A. ZILLESSEN, 273, übersetzt dementsprechend לָאָוֶן (vgl. 66,3 מדרך און) und denkt an Am 5,5 (ὡς οὐκ ὑπάρχουσα). L. KÖHLER versteht den Begriff als „ Pflaster des Opferplatzes ". Nach B. DUHM hätte man an eine herabsetzende Bezeichnung eines Feldaltars zu denken. Über das archäologische Material vgl. M. DAHOOD, Textual Problems in Isaiah, CBQ XXII/4 (1960) 400-409.

[604] Vgl. A. B. EHRLICH, 227, und F. FELDMANN, 273.

[605] Vgl. GESENIUS–KAUTZSCH, § 121,4.

[606] E. J. KISSANE mißversteht die Stelle, wenn er עָלָה ‚ er steigt auf ' statt אלה liest.

Meinung und Reaktion auf das verkehrte Tun dieses Volkes (vgl. Dt 32,22 ; Jr 17,4 ; Ps 18,9).

Mit הנה lenken die V. 6-7 die Aufmerksamkeit der Hörer auf den Zielpunkt der bisherigen Botschaft. Ähnlich Jes 40,9 hat ‚ siehe ‘ hier einen konkreten, präsentativen Sinn. Mit seiner ursprünglichen deiktischen Kraft verweist es die Blicke der Zuhörer auf etwas Wahrnehmbares, wohl eine Schriftrolle. Der Redner hält sie ihnen in rhetorischer Unterstreichung der Unwiderruflichkeit und Endgültigkeit seiner Botschaft vor. V. 6aß meint dann : seht, da ist es vor mir verbrieft und niedergeschrieben [607]. Nun verkündet er, daß von seiten Jahwes kein Gesinnungswandel zu erwarten ist, ehe ihre Schuld, einschließlich der Vätersünden, nicht getilgt ist. Entsprechend der Lebendigkeit des ganzen Redeabschnittes ist die sonst als Ausleitung übliche Beteuerungsformel (vgl. 57,19.20 ; 65,25) zwischen Relativsatz und Beziehungswort in Parenthese gesetzt (V. 7a). Am Textbestand von V. 6f ist einiges zu beanstanden. So sind die letzten drei Worte von V. 6 als Interpolation aus V. 7c zu streichen (Duhm, Penna u.a.). Weiters ist entsprechend G den beiden von ‚ ich habe vergolten ‘ abhängigen Akk.-objekten das Suffix der 3. Pers. Pl. beizugeben (V. 7a). In V. 7c fehlt das sinnstörende ראשנה in G und Itala ; mit Ehrlich und Köhler ändere man es, ebenso auch על in אל (vgl. BHb,α). So entgeht man dem sachlich widersinnigen Aspekt, allein für die Vätersünden eine Strafandrohung vermerkt zu finden [608].

Die Botenspruchformel vor V. 8-10 zeigt, worin die eigentliche Stoßrichtung des göttlichen Offenbarungswortes zu suchen ist. Es deckt auf, was auf Grund der früher an die Väter ergangenen Verheißungen an Heilsmöglichkeit in diesem scheinbar ganz verkommenen und verderbten Volk noch schlummert. Ein Vergleich aus der Erfahrung erhöht die Hörbereitschaft. כאשר führt einen Winzerspruch als Allegorie ein (V. 8ab) [609]. כן in 8c bringt allerdings nicht deren Ausdeutung, sondern gleich die göttliche Tatfolge an ‚ meinen Knechten ‘. Sie sind die neuen Segensträger, ‚ meine Erwählten ‘ (9b), denn sie haben sich freiwillig unter die göttlichen Satzungen gestellt [610]. In

[607] Meist denkt man in unserem Zusammenhang an ein ‚ Erinnerungsbuch Jahwes ‘, vgl. Ex 32,32f ; Jes 4,3 ; Jr 22,30 ; Ma 3,16 ; Ps 69,29 u.ö.

[608] K. MARTI rekonstruierte die Stelle : und vergelten werde ich ihnen ihr Treiben auf den Kopf und messen ihren Lohn in den Busen.

[609] ואמר hat wie Jes 45,24 als ‚ man sagt ‘ ein unbestimmtes Subjekt.

[610] Vgl. zu den ‚ Knechten ‘ Jes 56,6. Auffallenderweise erscheint der Begriff bei Dtjes nur im Sing. (41,8.9 ; 42,1.19 ; 43,10 u.ö.), bei Trjes nur als Pluralwort (56,6 ; 60,15 ; 63,17 ; 65,8.9.13.14.15 ; 66,14).

ihnen ist der göttliche Segen als Wachstumskraft wirksam [611]. Sie werden in den Genuß der an die Väter ergangenen Verheißungen von Land und Nachkommenschaft gelangen ; es ist der , Same ', der Rest aus Jakob/Juda (V. 9). Der Friedens- und Heilsraum wird Saron/Achor sein, besagt der synthet. Parallelismus in V. 10a. Man könnte allerdings erwägen, anstelle der bereits jetzt als weidereich erfahrenen Saron-Ebene mit Ehrlich und Feldmann הַיְשִׁימוֹן , die Einöde ' zu lesen. G hat ἐν τῷ δρυμῷ.

V. 10b gibt einige Probleme auf. Von Duhm bis Fohrer haben ihn die meisten gestrichen. Volz und Westermann beharren auf seiner Ursprünglichkeit. Westermann argumentiert, eigentlich passe die ganze Verheißung V. 9-10 nicht in die Situation des Kapitels. Seien nach V. 9 doch erst die Nachkommen der jetzigen Frommen diejenigen, auf welche die Verheißungen zuträfen. Mit V. 9f sei „ ein Verheißungswort aus dem Exil aufgenommen... Allein durch den Satz V. 10b hat der Dichter des Kapitels diese übernommene Verheißung seinem Zusammenhang eingefügt " [612]. Doch scheint mir ein Hauptargument gegen die Echtheit dieses Verses zu sein, daß hier mit עמי der Terminus einer fest umrissenen Volksgemeinschaft verwendet wird, der von der Sache her innerhalb V. 8-10, ebenfalls in V. 13-16, noch verfrüht ist. Auch bezieht sich דרש offensichtlich aposteriori auf V. 1, das literarische Produkt des Red.

Die zweite Strophe V. 11-16 setzt mit ואתם ein (vgl. 57,3) und ergeht in direkter Rede (2. Pers. Pl.). Angeredet sind die Abtrünnigen. Mit vorgeprägten Wendungen im Stil alter Gerichtsankündigungen wird ihnen die Vernichtung angekündigt. Wenn auch Westermann in ähnlicher Weise urteilt und darüberhinaus meint, ähnlich V. 9f in V. 11-12a ein aus der Tradition übernommenes Gerichtswort vor sich zu haben, welches wiederum durch einen Zusatz (Vers 12b) dem Zusammenhang eingepaßt wurde, so scheint mir die Annahme bestätigt zu sein, daß V. 11f abermals der Situationsschilderung dienen sollte. Wie V. 13ff zeigt, liegt das Interesse des Sprechers wie in der ersten Strophe auf seiten der Heilsaussagen. V. 11f hat sein Ziel nicht in sich, sondern in der Fortsetzung V. 13ff ; und hier sind die Ankündigungen über , meine Knechte ' nicht ohne Absicht vorangestellt. Die gesamte Strophe sieht im Zusammenhang der hereinbrechenden Heilszeit nur das Problem der Beseitigung der Gottlosen

[611] Vgl. J. PEDERSON, Israel, its Life and Culture, London und Kopenhagen, I-II, 1926 und 1946, bes. I, 182-212

[612] ATD 19, 321.

und Götzendiener aus der israelitischen Kultgemeinde. Nach V. 11f scheint dies eine innergeschichtliche Gerichtssituation zu bewerkstelligen. Daß dies aber nur eine vom alten Gerichtswort her beeinflußte, schematische Redeweise ist, deuten die Verse 13-16. Durch ihren offenen Götzendienst, ihre Verachtung und Mißachtung des alleingültigen Jahwegottesdienstes haben sie sich in die Fluchsituation begeben. Der Fluch wird für sie selbstwirkend zum Gericht, wie andererseits ‚meine Knechte' den lebenssteigernden Segen erfahren werden. Das Neue dieser nachexilischen Prophetenbotschaft besteht vor allem darin, daß die Fluch- bzw. Segenssituation nicht mehr die Existenzfrage des gesamten Volkes, sondern des Einzelnen darstellt.

Text- und literarkritisch gesehen sind noch einige geringfügige Vermerke nachzutragen. Im Zusammenhang mit den zitierten Schicksalsgottheiten Gad und Meni fallen V. 11b und 12a die Wortspiele מני und מנה, ערך und כרע auf. V. 12bc kehrt wörtlich in 66,4, bloß in die 3. Pers. Pl. gesetzt, wieder (vgl. 56,4 ; 58,9 ; 65,24). Die Botenspruchformel V. 13a zerdehnt יהוה mit אדני. Wenn vor V. 13 לכן steht, dann deshalb, um das in V. 13ff Angekündigte als Tatfolge von V. 11f her aufzudecken. In bewußter Entsprechung zu V. 11a sind die Lebenserwartungen der Abt rünnigen V. 13f mit ואתם eingeleitet. V. 13a.b.c beschreiben die Stichen zusammen je in Antithesen die Geschicke ‚meiner Knechte' und der Götzendiener. Die Aussagen über erstere sind jeweils mit הנה eingeleitet. Das vierte Gegensatzpaar geht in einem antithetischen Parallelismus über die Verse 14a/14b. V. 15 ist die Reihenfolge gewechselt und durch eine verkürzte Fluchformel unterbrochen. Dieses unvollständige Fluchwort wird mit Marti und Budde [613] als eingerückte Randbemerkung zu eliminieren sein. Außerdem ist V. 15bα entsprechend G zu punktieren (vgl. BH[a-a]). Keineswegs wird man mit Fohrer V. 16a.b so einfachhin die „Umschreibungen für Segens- und Schwurformel" entsprechend V. 15 als Zusatz abfertigen können [614]. Immerhin kommt dem Begriff ‚Gott der Treue' im Zusammenhang einige Bedeutung zu [615]. Ein anderer Hinweis von Fohrer ist jedoch aufschlußreicher. Er zeigt

---

613 K. Budde, 1922, 713f.

614 Vgl. F. Horst, Der Eid im AT, EvTh 17 (1957) 366-371.

615 Vgl. G. Fohrer, 268, Anm. 67 ; — Zu Punktierungsversuchen von אמן : L. Köhler (vgl. Dt. 32,20), K. Elliger, E. J. Kissane. Vgl. E. Pfeiffer, Der alttestamentliche Hintergrund der liturgischen Formel ‚Amen', KuD 4 (1948) 129-141.

von einer anderen Sicht, daß V. 11-12 und 13-16 sachlich als Einheit gedacht waren. Fohrer denkt bei V. 13f an Kultmahlzeiten, nicht an das alltägliche Essen und Trinken..., wie die Ausdrücke sich freuen und jauchzen zeigen, die in solchen Zusammenhängen gebraucht werden (vgl. zu 35,1). Üblicherweise beurteilt man die Aussagen von V. 13-16, welche ‚ meine Knechte ' betreffen, als Ausmalungen des herrlichen endzeitlichen Lebens solcher, welche unter dem Segen Gottes stehen. Mit Fohrer würde aber die Betonung auf der Schilderung des kultischen Lebensbereiches liegen. Dies ergäbe eine Kontinuität zu V. 11f. Das Wesen der Frevler war in diesen Versen von der Gottesbeziehung, ihrem Götzendienst und ihrer religiösen Unansprechbarkeit her durchleuchtet und bewertet worden. Unter dem Fluch stehen würde für diese Abtrünnigen von V. 13ff her heißen, vom Jahwekult ausgeschlossen zu sein und gleichzeitig in der Erfahrung der Nichtigkeit und Wirkungslosigkeit der Götzen zu stehen [616]. Bezeichnenderweise dominiert ab V. 13 die Qinastrophe, das ehemals charakteristische Metrum der Klagelieder (3 + 2).

Der Blickwinkel, unter dem V. 2-10 und 11-16 das Volk Israel und den Einzelnen betrachtet hatten, war bestimmt vom Horizont ‚ jetzt ' und ‚ dann '. V. 16b leitet nun zur letzten Strophe (V. 17-23) über, die unter dem von Dtjes her bekannten Motto steht : das ‚ Frühere ' und das ‚ Neue '. Es geht um den kosmischen Anbruch der Endzeit. Analog zur Neuschöpfung von Himmel und Erde (V. 17) wird sich Jahwe aus dem Samen Israels ein neues Volk von Erwählten und in Jerusalem einen neuen Heilsraum für sein Handeln schaffen. Der Einfluß von Dtjes ist unverkennbar. Stellen wie Jes 43,18f ; 51,11 u.a. geben die Tradition an, aus der manche Überlegungen in V. 17ff stammen. Zugleich finden sich theologische Neuansätze. Apokalyptisches Gedankengut ist eingearbeitet. Der Gedanke der ‚ neuen Schöpfung ' ist uns aus Dtjes bekannt. Erstmals aber wird im AT vom ‚ neuen Himmel und einer neuen Erde ' gesprochen. Jes 66,22 ist diese Formulierung von 65,17 her wieder aufgenommen. Westermann versteht in seinem Kommentar das ‚ Neuschaffen ' im Sinn von ‚ wunderbarer Wandlung ' und Erneuerung, ohne daß das Frühere vernichtet würde. Für die atl. Eschatologie ist jedoch vor allem der

---

616 Zu den Wendungen ‚ Herzenslust ', ‚ Herzensweh ', ‚ Niedergeschlagenheit ' vgl. Jes 57,15 ; 61,1. ‚ Schreien ' V. 14b kommt aus einer konkreten Bedeutungssphäre. Das Wort meint „ die eruptive Äußerung eines tiefen Empfindens, sei es infolge eines Schrecks, Schmerzes, der Trauer ", vgl. W. RICHTER, BBB 21 (1964) 18f.

Gedanke wichtig, daß mit dem Ende der bestehenden Weltverhältnisse immer auch der Anfang einer neuen Welt gegeben ist [617]. Auffallend ist die Tatsache, daß bei dieser eschatologischen Neuschaffung wohl mit ‚Himmel und Erde' begonnen, dann aber einzig auf den Raum Jerusalem/Juda geschaut wird. Aber das ist insoferne gegenüber V. 2-16 kein Bruch, als auch dort nur von den Frevlern und Götzendienern im Volk, nicht aber von den Fremdvölkern gehandelt wird. Westermann versucht den immerhin noch immer auffälligen Abstand und Sprung von der Erneuerung des Kosmos zur Neuschöpfung Jerusalems dadurch zu heilen, indem er die Möglichkeit erwägt, „daß eine Heilsankündigung für Jerusalem und Juda durch V. 17a am Anfang und V. 25 am Ende zu einer apokalyptischen Schilderung abgewandelt wurde" [618]. Ein interessanter Diskussionsbeitrag, der allerdings dann auch fragen müßte, ob man V. 16b, womit Westermann den Abschnitt beginnen läßt, und V. 17b nebeneinander im Text belassen, oder nicht auch V. 17b als Häufung streichen sollte! Westermann bringt noch einen weiteren Texteingriff, indem er den Ruf zur Freude (V. 18a) an den Anfang des Stückes, also vor V. 16b, vorverlegt. Aber all diese Vorschläge geben mehr Schwierigkeiten auf, als sie lösen. Textglättungen sind nicht immer der Weg, auf dem man der Spontaneität eines Vortrages oder einer prophetischen Botschaft gerecht wird. Man wird V. 17ff einräumen, daß es gewissen Vorstellungsmustern (vgl. Jes 24,21 – 25,12) und Traditionen (das dtjes Reden vom Neuschaffen, dem Früheren und Neuen, dem Ruf zur Freude) verpflichtet ist, gleichzeitig aber zugestehen müssen, daß das eschatologische Drama nach neuen apokalyptischen Denkformen dargestellt worden ist.

In V. 17b besagt die Wendung, man werde ‚des Früheren nicht mehr gedenken' [619], daß die neuen Heilstaten die alten weit überbieten werden. In V. 18a ist allein durch die Lebendigkeit des Vortrages die Verwendung der beiden Imperative erklärt. Duhm liest mit G

---

[617] Vgl. J. Schreiner, Wort und Botschaft ..., 308ff. — W. Köhler, Prophetie und Eschatologie in der neueren alttestamentlichen Forschung, BiLe 9 (1968) 57-81. L. A. Heerboth, ‚New Creation' according to Is. 65, Conc. Theol. Monthly 5 (1934) 29-34. Zu חדש vgl. A. Jepsen, Siehe, ich schaffe Neues! Eine kurze Betrachtung zu einem alltäglichen Wort, TAik 72 (1967) 117-125; — P. Stuhlmacher, ‚Behold, I Make All Things New!', LuthW 15 (1968) 3-15.

[618] ATD 19, 324.

[619] ‚Gedenken' im Nifal bei Trjes nur hier. Im Qal 57,11; 63,11; 64,4.8. Im Hifil 62,6; 63,7; 66,3.

Präfixkonj. (ist BH^{a-a}) [620]. Gerade V. 18b ist zu wichtig, als daß man ihn mit Fohrer als Zusatz streichen könnte [621]. Das hier verwendete Stilmittel der Streckung ‚ Jerusalem ' — ‚ sein Volk ' ist V. 19a wiederholt : ‚ Jerusalem ' — ‚ mein Volk ' ; V. 22b steht ‚ mein Volk ' parallel zu ‚ meine Erwählten '. V. 19b (vgl. 51,11) enthält versteckte Hinweise auf die beklagenswerte Situation des Volkes in der Gegenwart.

V. 20 eröffnet seinen Sinn erst nach einer umfassenderen Textkorrektur. Elliger weist den gesamten Vers b einem „ zweiten Glossator ' (derselbe hat 60,12.17 angefügt) zu [622]. Sicher ist in V. 20c ‚ als Hundertjähriger ' als Dublette zur ersten Vershälfte zu streichen. Klärend wirkte Buhls Deutung von חטא als ‚ nicht erreichen, verfehlen ' [623]. Eine neue Schwierigkeit bot der letzte Ausdruck. Volz las יֵקַל ‚ geht mit raschem Schritt '. Am besten folgt man dem Verständnis von Feldmann und Ehrlich und übersetzt : ‚ ... gilt als verflucht ' [624]. Die endzeitliche Lebens- und Segensfülle schließt also nicht aus, daß es trotzdem den Tod geben wird (anders Jes 25,8). Der derzeitige Mangel, daß man den Ertrag seiner Hände nicht in Ruhe und Frieden genießen kann, wird dann jedoch behoben sein (V. 21f ; vgl. 62,8f). Doch wird das Volk der Heilszeit selbst das Land bebauen ; 61,5f bewerkstelligen es für sie die Fremden und Ausländer. Ein wenig schwerfällig wirkt es, wenn V. 22a die Aussage von V. 21 negativ wieder aufnimmt. V. 22b enthält nochmals das Motiv der Langlebigkeit und Gesichertheit ; V. 23a variiert dieses Thema. V. 23b bildet den wirkungsvollen Zielpunkt und Abschluß der bisherigen Darlegungen : dann wird sich erfüllen und bestätigen, daß ‚ meine Knechte ', ‚ meine Erwählten ' wirklich der ‚ Same der Gesegneten Jahwes ' sind. Deutlich ist V. 8f aufgenommen und V. 15b.16 miteinbezogen. Der Abschluß betont endgültig, worauf es für den Einzelnen im Volk ankommt : ausschließlich Jahwe zu dienen und so unter dem Segen und unter den Verheißungen des Bundesgottes Jahwe zu stehen [625].

---

[620] שִׂישׂ für ‚ sich freuen ' bei Trjes nur 61,10 ; 62,5 ; 64,4 ; 65,18f ; 66,10.14. A. PENNA paßt sich IQIs^a an ; EHRLICH liest hier Substantiva als weitere Subjekte zu den Verben in V. 17b und tilgt den Relativsatz V. 18aß als Variante zum darauffolgenden ‚ denn siehe, ich schaffe ' (V. 18b).

[621] 269, Anm. 68.

[622] Einheit..., 33. Vgl. Der Prophet, 41.

[623] BUHL, Hebräisches und Aramäisches Handwörterbuch, 17. Aufl., 223. — L. KÖHLER, 230. — G. DRIVER, JThSt 36 (1935) 405f.

[624] EHRLICH, 229f : Es wird ... „ wer dieses Alter nicht erreicht, als Verfluchter d.h. durch magische Kraft ums Leben Gebrachter, betrachtet werden " (Nu 22,12).

[625] J. SCHARBERT, Fluchen, 12, deutet diese Vorstellung als „ so glücklich

2. Formanalyse.

Hat dieses Volk Israel durch seine Untreue und Widerspenstigkeit die Erwählung durch Jahwe und somit seinen Segen endgültig verwirkt ? Hat Jahwe dem Volk als Ganzem seine Bundestreue aufgekündigt und bleiben seine Verheißungen uneingelöst ? Ob das abtrünnige Volk noch eine Zukunft hat, kann nur vom Wort Gottes her aufgedeckt werden. Diese Funktion erfüllt die stilisierte Gottesrede in Kap. 65. Sie kommentiert die Situation der Hörer auf ihre Zukunftserwartungen hin. Sie hat den einen Unheil und Fluch, den anderen Heil und Segen anzukündigen. Das Ziel der Rede liegt in den Versen 17ff, in der Schilderung vom Anbruch der Heilszeit. Dies wird durch die Rahmenverse 1 und 24 bestätigt. Ihre Marû-Form kündet die erhoffte Zuwendung Gottes als sichere Zukunft an. Was V. 1a mit zwei Suffixkonj. im tolerativen Nifal und V. 1b durch eine solche im Qal (je an erster Stelle), und V. 24 je nach adversativem ואני zweimal durch Präfixkonj. (an zweiter Stelle) vom künftigen Verhalten Gottes ausgesagt ist, wird alle menschlichen Erwartungen überbieten. Die beiden Verben im Nif. tol. haben punktuell vergangenheitsbezogene, verneinte asynd. Relativsätze bei sich, welche sich im Status der Substantivierung befinden [626]. Die beiden הנני in V. 1b meinen das sichere und beständige Rettungsangebot Gottes. Das Objekt גוי hat einen partizipialen Attributivsatz bei sich.

In V. 24 besteht kein Grund, mit Elliger am Satzanfang והיה zu streichen. Vielmehr ist das Wort (ähnlich Hos 2,18) zum Zeitadverb ‚ dann ‘ erstarrt. In 65,10 erfüllt es jedoch seine volle verbale Funktion. Die ersten Satzhälften in V. 24 sind synonym gebaut ; die erste als x-yiqtol, die andere als NS. Beide Male geht es um die kultischen Annäherungsversuche des Menschen, denen Gott in der Endzeit durch seinen Heilswillen zuvorkommen wird. ‚ Antworten ‘ und ‚ erhören ‘ sind Zentralbegriffe des priesterlichen Heilsorakels [627].

In V. 25 erzählen vier Präfixkonj. an zweiter Stelle in apokalyptischen Farben von der endzeitlichen Eintracht unter den Tieren. Der Vers entnimmt sein Entsprechungsmotiv den Paradiesesschilde-

---

sein, daß andere, wenn sie segnen, darauf hinweisen und ein ähnliches Glück wünschen. “ — Ders. : Solidarität, 228-235. — J. Plöger, BBB 26 (1967) 192-217.

[626] Vgl. Brockelmann, § 143.

[627] Vgl. J. Begrich, Das priesterliche Heilsorakel, ZAW 52 (1934) 81-92. Zu ‚ antworten ‘ vgl. Hos 2,18 ; 14,9 ; Ps 34,5 u.ö. ; zu ‚ erhören ‘ vgl. Jes 59,1.2.

rungen (vgl. Jes 11,6ff; Hos 2,20). Die beiden letzten Sätze sind mittels der unbedingten Verneinung לא gesteigert und stehen im klimaktischen Parallelismus. Der Schaltsatz ‚ aber die Schlange ernährt sich vom Staub ‘ ist ein Motiv der Fluchentfaltung; es stimmt mit der Topik altorientalischer Fluchsprüche überein. Der Schaltsatz fällt nun durch seine nominale Konstruktion aus dem Rahmen. Von da her ist es gerechtfertigt, wenn Duhm, Köhler u.a. ihn als theologische Glosse, die über Jes 11,6ff hinausgehe, ausscheiden. Die Beteuerungsformel am Schluß sollte den Vers fester an das übrige Kap. binden [628].

V. 2-10 spricht von den Betroffenen in der 3. Pers. Pl. Die qatal-x Stellung in V. 2a meint eine Dauerhaltung Jahwes in der Vergangenheit. V. 2b-5a bilden Partizipien weitere Attribute zum ‚ abtrünnigen und widerspenstigen Volk ‘ (V. 2a) [629]. In V. 3b stehen die Partizipien ohne Artikel, weil sie einen Umstandssatz zu V. 3a bilden. In V. 4aß übernimmt eine Präfixkonj. an zweiter Stelle die Funktion, ein länger dauerndes Verhalten in der Vergangenheit zu schildern. Die in V. 5a durch ‚ sie sind sprechend ‘ eingeführten Kurzzitate enthalten einen Imperativ [630], eine Präfixkonj. an zweiter Stelle im Sinn einer aktuellen Warnung und einen begründenden כי-Satz, dessen Suffixkonj. eine kultische Verunreinigung androht. V. 5b formulieren zwei NS das Werturteil Gottes über das abtrünnige Volk mit seinen Götzenkulten. V. 6f kündigt an, daß Jahwe gewillt ist, ihnen ihre Abgötterei heimzuzahlen. Sein Vergeltungswille ist ‚ verbrieft ‘. Die unbedingt verneinte Präfixkonj. hat extratemporalen Sinn, die Suffixkonj. an zweiter Stelle sieht auf den unbestimmten Punkt in der Zukunft, wo die angekündigte Strafe erlitten sein wird (V. 6). Der NS V. 7a trägt zwei von ‚ ich habe vergolten ‘ abhängige Akk.-objekte nach: ‚ ihre Sünden ‘ und die ‚ Sünden ihrer Väter ‘. Durch die Beteuerungsformel getrennt, führen in V. 7b synd. Relativsätze in x-qatal Stellung zwei solcher typischer Vätersünden auf (vgl. Hos

---

[628] Zur eschatologischen Segensfülle gehört der ewige Friede in Menschen- und Tierwelt (Jes 2,4; 9,4; 11,6-9; Sa 9,10; Ps 46,10). — Vgl. W. Eichrodt, Die Hoffnung des ewigen Friedens im alten Israel, 1920; — G. Fohrer, Glaube und Welt im Alten Testament, 1948, 230-258; — Ders.: ZAWBeih 99 (1967) bes. 47ff; — H. Gross, Die Idee des ewigen und allgemeinen Weltfriedens im Alten Orient und im Alten Testament, 1956; — J. A. van Hamel, Een irenische puzzle. Van de wolf en het lam, Hermeneus 35 (1964) 270-273.

[629] Zu den Pluralkonstruktionen, welche vom Kollektivbegriff העם abhängig sind, vgl. O. Grether, § 93q.

[630] Die erste Phrase קרב אליך (LXX: πόῤῥω ἀπ' ἐμοῦ) ist einmalig im Alten Testament.

4,13; dazu Jes 57,7; Ez 6,13 u.ö.). V. 7c bekräftigen zwei qatal-x Sätze die radikale Verwirklichung des in V. 6a angedrohten Strafvollzuges.

Die Botenspruchformel eröffnet V. 8 das eigentliche Offenbarungswort Jahwes. Es beginnt mit einem Vergleich aus der Winzerwelt. Jeder weiß aus der Erfahrung (x-yiqtol), daß der Winzer acht gibt auf die Frucht, weil Gottes Segen in ihr liegt (NS). Auf das Volk bezogen, besagt diese Allegorie, daß der Bundesgott Jahwe am Volk ebenso handelt, weil sein einmal ausgesprochener Segen darin noch immer wirksam ist. Segensträger sind die ‚Knechte' Gottes, ‚meine Erwählten'. Ihnen wird V. 8c bis 10a in Marû-Form die sichere Heilszukunft angekündigt. Die Hifil-Formen in V. 8cß.9a betonen von der Form her, daß Jahwe das verursachende Moment ist. V. 9b ist durch seine Inversion (qatal-x x-yiqtol) besonders hervorgehoben. והיה markiert V. 10a Strukturänderungen im Land, als sichere Vorbedingungen für den kommenden Heilszustand. Die Form bestätigt V. 10b als Glosse. Der x-qatal-Satz fällt aus dem bisherigen Rahmen.

Die zweite Strophe V. 11-16 wird durch die direkte Anredeform geprägt. Sie betrifft die Abtrünnigen. Was ihnen angekündigt wird, setzt jeweils mit ואתם ein (V. 11; 13f). Ihr Standort wird V. 11 mit Partizipien umschrieben. Das göttliche Strafurteil ist V. 12a in eine Inversion gefaßt (qatal-x x-yiqtol). Mit dem Augenblick der Verkündigung beginnt dieser Unheils- und Fluchprozeß wirksam zu werden. V. 12b tragen vier Suffixkonj. die Beweggründe Gottes nach. Diese Leute haben sich dem Anruf Gottes verschlossen und sind ihm die religiöse Antwort und die Frömmigkeitshaltung schuldig geblieben. Eine Inversion (yiqtol-x x-qatal) betont abschließend, daß sie ihr Leben nach eigenen Prinzipien gestaltet haben (V. 12c). Der Sprecher wird einen konkreten Tatbestand im Auge gehabt haben.

‚Darum' setzt für V. 13ff den Tatfolgezusammenhang [631]. Die eigentliche Botschaft zugunsten der Knechte Gottes wird wiederum durch eine Botenformel eingeleitet. Die Ankündigung an ‚meine Knechte' steht, eingeleitet durch ‚siehe', je an erster Stelle (3. Pers. Pl.) [632]. ואתם eröffnet den Abtrünnigen, jeweils in Antithese nach-

---

[631] H. W. Wolff, BK XIV (1961) 42: „לכן leitet im Prophetenspruch die Ankündigung der Maßnahmen Jahwes ein; sie erscheinen damit als durch menschliche Taten oder Leiden veranlaßt... Bei den älteren Propheten bezeichnet לכן fast immer den Übergang vom Schuldaufweis zur Androhung der Strafe."

[632] Zu הנה als Einleitungspartikel zur ‚Gewißheit der Erhörung' vgl. J. Begrich, Studien, 10.

getragen, ihr gegenteiliges Geschick. Die Gegensatzpaare in V. 13b-14b enthalten ausnahmslos Präfixkonj. an zweiter Stelle. Die sichere Zukunft betreffen auch die Aussagen in V. 15a (qatal-x) und 15b (x-yiqtol). Die glossenhafte Fluchformel V. 15aß beginnt mit einer Suffixkonj. [633]. Der ‚treue Gott' wird künftige Norm der Segens- und Schwurpraxis sein (V. 16ab ; x-yiqtol). Eingeleitet mit כי bringt V. 16c in zwei x-qatal Sätzen (Nif.) den Abschluß und das Ziel der bisherigen Erörterungen.

Anstelle einer Botenformel eröffnet כי־הנני die dritte Strophe (V. 17-23). Dieselbe Einleitung wie in V. 17a ist V. 18b wiederholt. Außerdem sind beide Stichen mit Partizipien konstruiert. Sie sprechen vom Anfang der eschatologischen Heilsereignisse. V. 17b redet (in x-yiqtol Stellung) vom Standpunkt des Eschaton aus. Die Imperative V. 18a fordern jetzt schon zum Jubel auf, wie es ja auch Jahwe bereits tut (V. 19a). V. 19b.20 sprechen Präfixkonj. an zweiter Stelle von den Heilsaspekten für die ‚Erwählten', das künftige Gottesvolk. Von der damit verbundenen Lebenssteigerung erzählen in V. 21 vier Suffixkonj., und in V. 22 vier z.T. mit לא verneinte Präfixkonj. (an zweiter Stelle). Um die Dauer und Fülle der künftigen Lebenszeit auszudrücken, ist der Vergleich in V. 22b in einen NS und einen x-yiqtol-Satz gefaßt. Zwei Präfixkonj. an zweiter Stelle (mit לא verneint) setzen die Heilsschilderung fort. Ein nominaler כי-Satz beschließt in V. 23b die Rede. Sie war konisch auf dieses Ziel und Charakteristikum zugelaufen. Das Heilsvolk der Zukunft wird den großen Segensträgern der Vergangenheit entsprechen. Sie sind ihr legitimer Same. Auch ihre Kinder werden in diesem Segenszustand leben [634].

---

[633] W. Schottroff, Fluchspruch, 152-162, rechnet 65,15 bezüglich der Form der Fluchentfaltung zur Fluchtype d. Diese Fluchworte entsprechen der Struktur : ‚Jahwe tue NN X an' (vgl. Nm 5,21 ; Dt 28,20-22 ; Jr 18,21.23 u.ö.). — ‚Zum Fluch werden' bedeutet nach J. Scharbert, ‚Fluchen', 12, „ein so schreckliches Schicksal erfahren bzw. bereiten, daß darauf im Fluch verwiesen wird." Vgl. dort weitere Literaturhinweise. Beachte bes. S. Mowinckel, Segen und Fluch in Israels Kult- und Psalmendichtung, Psalmenstudien V, 1924, 14-33 ; — J. Hempel, Die israelitischen Anschauungen von Segen und Fluch im Lichte altorientalischer Parallelen, ZDMG 79 NF 4 (1925) 20-110 ; — Ders. : Althebräische Literatur..., 44-81 ; — A. Lods, 37-41 ; — Cl. Westermann, Grundformen, 140ff.

[634] Zur Segensformel vgl. W. Schottroff, Fluchspruch, 163ff ; dort auch weitere Literaturhinweise. Zum Indikativ als ursprünglichem Modus der Segensformel vgl. 164, Anm 4. Feststellungen ähnlich V. 23 (Gn 24,31 u.a.) „lassen den Segensbesitz deutlich als Folge vergängiger Segnung erscheinen oder verweisen auf ihn als Grund für die Unmöglichkeit des Fluches (Nm 22,12)".

3. Gattungsanalyse.

Die Gattungsbestimmung durch Elliger war bis herauf zu Fohrer's Kommentar tonangebend : Kap. 65 enthält drei Botensprüche ; davon sind V. 1-7 eine Schelt- (1-5a) und Drohrede (5b-7), V. 8-12 eine Verheißungs- und Drohrede, V. 13-25 Drohung und Verheißung. Westermann findet einen neuen Typ prophetischer Ankündigung vor : sie richte sich zugleich an die Frevler und Frommen (V. 1-16a). V. 16b-25 seien reine Heilsankündigung.

Die vorliegende Untersuchung kam auf eine einheitliche Rede (V. 2-23) von drei Strophen (V. 2-10 ; 11-16 ; 17-23). Als stilisierte Gottesrede will sie die gegenwärtige Situation in Israel auf ihre Zukunftsträchtigkeit hin deuten. Wie aber konnten darin an sich nicht korrespondierende Gattungen zu einer Einheit verbunden werden ; Gattungen aus den Gerichtsreden (V. 2-7 ; 11f) und Stücke mit Strukturelementen der Heilsankündigung ? Wenn sie einem Gesamtaspekt zugeordnet sind, welche Funktion haben die einzelnen Gliedgattungen ?

Man wird dem Charakter des Stückes nur gerecht, wenn man die Fragen in dieser Reihenfolge stellt und behandelt : Was wollte der Sprecher mit seiner Verkündigung erreichen und wie konnte er seinen Hörern auf ihre Fragen die bestmögliche Antwort geben ? Seine Umwelt war geprägt von Leid und Enttäuschung über das Ausbleiben der Heilswende. Wie so oft hat sich das Volk der Hilfe fremder Götter versichert. Angesichts des Jahwebundes bedeutet dies, daß es sich in der Unheils- und Fluchsphäre befindet. War dieses Volk noch das Eigentums- und Bundesvolk Jahwes ? Fragen die bereits bei Jeremia und Ezechiel akut waren [635] und Dtjes beschäftigten, schließen sich daran : Hat Jahwe seine geschichtlichen Segnungen zurückgenommen? War er nicht gewillt, seine großen Heilsversprechen einzulösen? Wie aber ist es dann mit der Bundestreue Jahwes bestellt ?

Das Exil und die Ereignisse danach hatten an der glaubwürdigen Tragkraft und geschichtlichen Realisierbarkeit des Jahwebundes (vgl. Jes 55,3) Zweifel geweckt [636]. Wenn der Sprecher nun beginnt, seine theologischen Reflexionen über das Bundesverhältnis anzustellen, schöpft er aus bestimmten Traditionen. Man sah damals das Gottesverhältnis in den rechtlichen Kategorien einer beiderseits verpflichtenden Bundespartnerschaft. Von dieser Bundestheologie her fragt er nach der Sinnhaftigkeit des göttlichen Geschichtswaltens, welche

[635] Vgl. G. von Rad, Theol. II, 275-285.
[636] Vgl. G. von Rad, Theol. II, 279ff.

Zukunftspotenz die Gegenwart in sich bergen könnte, wie es um das eigene Durchhalten in Treue bestellt ist. Von der Bundestheologie bekommen die verwendeten Formen, Motivassoziationen, Gedankengänge und vorgeprägten Spruchfragmente und Begriffe ihr Gewicht und ihre Sinngebung. Nun wird verständlich, warum etwa der Begriff ‚meine Erwählten' wie ein roter Faden an den Zentralstellen der Strophen auftaucht (V. 9b; 15a; 22b). Wurde doch seit dem Dt בחר als terminus technicus für die Erwählung zum Bundespartner verwendet (Dt 7,6ff; 10,15 u.ö.)[637].

Auf welche Hauptfragen war den Zuhörern angesichts der Unheilssphäre von der Bundestheologie her ein klärendes Wort zu geben? Der Sprecher versucht es mit einer dreifachen Thematik: Wie verträgt sich unsere Lage

a) mit Gottes Bundestreue und mit seinen Heilsversprechungen,
b) mit Jahwes Absolutheitsanspruch (Kult),
c) mit seiner Geschichtsmächtigkeit in eschatologischer Sicht?

Im Ich der Gottesrede autorisiert er die Gültigkeit seiner Botschaft und den daraus resultierenden Anspruch auf bundesgemäßes Verhalten.

Allein ein Bundesbruch konnte selbstwirkend die anhaltende Unheils- und Fluchsphäre ausgelöst haben. Um einen solchen Bruch der Bundesverpflichtungen am Rechtspartner aufzudecken, bediente man sich der Form der Anklagerede. Im AT fand sie als spezielle Gattung unter den ‚prophetischen Gerichtsreden' Aufnahme[638]. Für unseren Zusammenhang ist dieser Traditionszusammenhang der Bundestheologie mit den prophetischen Gerichtsreden von großer Bedeutung[639]. Er erklärt, weshalb sich der Sprecher im Eröffnungsstück V. 2ff der Form der ‚Anklagerede' bedient[640]. Weil er die Stelle

---

[637] Vgl. J. Plöger, BBB 26 (1967) 214f; — R. Schnackenburg, Art. ‚Erwählung', LThK III, 1959, Sp. 1061-1063.

[638] Vgl. H. E. von Waldow, Gerichtsreden, 10ff.

[639] Im Anschluß an E. Würthwein, Der Ursprung der prophetischen Gerichtsrede, ZThK 49 (1952) 1-16, schreibt H. E. von Waldow, Gerichtsreden, 20: „Formal betrachtet wurzeln die prophet. Gerichtsreden im profanen Rechtsleben der hebr. Rechtsgemeinde. Aber inhaltlich gesehen weisen sie zurück auf die Tradition vom Bund Gottes mit Israel."

[640] Der von K. Elliger u.a. verwendete Begriff ‚Scheltrede' ist hier zu farblos und verrät nichts vom tieferen Engagement des Spruches. Nach H. J. Boecker, 162, müßte man überdies, da die 3. Pers. des Betroffenen genannt wird, von „Scheltaussage" reden.

Gottes vertritt, befindet er sich in der Position des Klägers. Aus diesem Grund spricht er die Beschuldigten in der 3. Pers. Pl. an [641]. In den Augen der Hörer erhebt hier also Jahwe die Anklage, indem er sich eingangs eines Motivs bedient, das ansonsten der Erweiterung der Anklage dient : er verweist auf sein eigenes Verhalten in der Vergangenheit, auf seinen früheren Heilswillen (vgl. Am 2,9-17). Das ‚Ausbreiten' seiner Hände bezeugt seine eigene Bundestreue [642]. Der schuldhafte Tatbestand der Abtrünnigen wird V. 2b-5a mit Partizipien erhärtet. Dem Rechtspartner werden kultische Vergehen angelastet. V. 5a ein Zitat aus dem Mund der Beschuldigten als ‚Entfaltung der Anklage' [643]. Es muß den Zuhörern spätestens jetzt klar geworden sein, daß der jedem Rechtsbruch folgende Fluch ihre Situation heraufbeschworen hat. Mit אלה eingeleitet, wird die Charakteristik der Hörer [644], auf denen Gottes Zorn lastet, in V. 5b verschachtelt. Elliger ließ ab V. 5b bereits das ‚Drohwort' beginnen. Nun identifiziert Westermann diesen Begriff mit Tei III der sog. „Gerichtsankündigung gegen Israel" [645], wobei in der Grundstruktur eine Botenformel vorangestellt war ; häufig kam an deren Stelle bloßes ‚siehe' zu stehen [646]. Mit הנה wird aber erst 65,6 eingeleitet [647]. V. 6 enthält in zwei Kurzsätzen den Skopus der gesamten Anklagerede : die gegenwärtige Unheilssituation wird solange währen, bis die Strafe für den permanenten Ungehorsam, seit der Zeit der Väter (V. 7), gegenüber den Bundesverpflichtungen getilgt ist [648]. V. 7b wird als rhetorische Chiffre in Art eines Summariums auf zwei solcher vorexilischer Delikte verwiesen. Jahwe ist somit nicht bloß Ankläger, son-

---

[641] Vgl. H. J. Boecker, 75ff.

[642] Vgl. zu ‚Jahwes Treue' als Streitgegenstand einer Gerichtsrede Jes 43,22-28 ; 50,1-3.

[643] Vgl. Cl. Westermann, Grundformen, 43f.

[644] Nach Kl. Koch, 236ff wird dieser Teil : ‚Ziel einer Unheilsankündigung' ansonsten mittels כי eingeleitet.

[645] Grundformen 120ff : Teil II umfaßt das Eingreifen Gottes und die Folge des Eingreifens.

[646] Vgl. 2 S 12,11 ; 1 Kg 11,31 ; 13,2 ; 20,36 ; Jr 20,3 ; 29,11. Dazu Cl. Westermann, Grundformen, 102.

[647] Vgl. Kl. Koch, 237, Anm. 5. Er schlägt für derartige Fälle die Bezeichnung „Ankündigung mit Präsentativ" vor. Dabei bezieht er sich auf J. Blau, VT 9 (1959) 130-137, wo belegt wird, daß mit dem Präsentativ הנה oft Drohworte eingeleitet werden.

[648] Zum Tatbestand der Solidarität mit den Vätersünden vgl. Jes 43,27 ; 48,8, und deren Nachwirkungen Jes 57,3 ; 64,4ff ; Da 9,8.16 ; Bar 1,15-19.

dern auch Richter [649]. Als solchen erfährt ihn das Volk, wenn es auf Grund des eigenen Bundesbruches in der Unheilssphäre steht. Sie ist die Tatfolge aus der Schuld.

Daß damit noch nicht alles über Jahwes Bundestreue ausgesagt ist, verkünden die Verse 8-10. Durch die Botenformel wird die Aufmerksamkeit der Hörer erneut wachgerufen. Sie hören, daß an den ‚Knechten' Jahwes, seinen ‚Erwählten', sich seine Bundestreue als kontinuierliches Heilshandelns auswirken wird. Wie es typisch ist für die Heilsankündigung, wird von ihnen in der 3. Pers. Pl. gesprochen. ‚Um meiner Knechte willen' wird Jahwe den abtrünnigen Bundespartner nicht ganz ‚verderben'. Offensichtlich ist in den Begriff ‚meine Knechte' dtjes Traditionsgut hineinverwoben, ähnlich dem prophetischen Fürbitter, dem leidenden Gottesknecht (Jes 52/53). Nicht bloß der Fluch, sondern auch der ‚Segen' ist ein Instrument göttlicher Vergeltung, insofern er als erhofftes Heilsgut zur Auswirkung kommt, wenn der Bundespartner die Bedingungen erfüllt hat [650]. ‚Meine Knechte' und ‚meine Erwählten', so impliziert V. 8, verhalten sich dem Bund gemäß, darum wird sich an ihnen Jahwes Segen realisieren. Somit wird die innere Korrespondenz von Segen und Fluch zur gemeinsamen Basis von Sprüchen mit scheinbar miteinander unvereinbaren Gattungsmerkmalen. Dieses theologische Schema zieht sich auch durch die anderen Strophen. So kommt Westermann von der gattungsgeschichtlichen Fragestellung aus für das Stück V. 13-16 zum selben Ergenis : „V. 13 bis 16a ist an die Stelle der geschichtlichen Gerichts- und Heilsankündigung die Ankündigung von Segen und Fluch getreten (vgl. etwa Dt. 27f)" [651]. Im letzten wird auch die Heilszeit in V. 17ff so geschildert, daß ‚mein Volk' unter dem

---

[649] Vgl. H. E. von WALDOW, Gerichtsreden 18 : „In sämtlichen prophet. Gerichtsreden ist Jahwe selbst der Richter, ganz gleich ob er nun identisch ist mit dem Ankläger oder mit dem Verteidiger." 24 fügt er hinzu : „Die Identität von Ankläger und Richter erscheint jetzt also als ein ganz selbstverständlicher Bestandteil der Bundestheologie."

[650] Vgl. J. PLÖGER, BBB 26 (1967) 214, in Bezug auf Dt 28 : „Dieses durch die Verkündigung eingeprägte theol. Schema der inneren Korrespondenz von Segen und Fluch, das in der dtr Bearbeitung der Geschichte Israels Norm der Beurteilung und Mittel zur Erklärung der nationalen Katastrophe wurde, ist ein drängender Appell, alle Bundesverpflichtungen in vollkommenem Gehorsam gegen Gott gewissenhaft zu erfüllen." Vgl. weiters 194ff. Zu den Segens- und Fluchformulierungen im Anschluß an Bundes- bzw. Vertragsformulare siehe H. E. von WALDOW, Gerichtsreden, 23.

[651] ATD 19, 322.

göttlichen Segen stehen und ihn als lebensmehrend und lebenssteigernd erfahren wird [652].

In V. 11-16 geht es um Jahwes Ausschließlichkeitsanspruch [653]. Mit ואתם setzt die direkte Rede ein ; die Richter pflegten so ihr Urteil zu verkünden. V. 11 skizziert Jahwe, der hier als Richter sprechend gedacht ist, die Situation im Volk. Mit partizipialen Sätzen konstatiert er die Abtrünnigkeit des Volkes und dessen Verstrickung im Götzenkult. V. 12a ist der eigentliche Urteilspruch [654]. Er bezieht die gegenwärtige Fluchsphäre mit ein : ‚Euch habe ich fürs Schwert bestimmt, und ihr alle sollt zur Schlachtung zusammenbrechen'. ‚Weil' eröffnet in V. 12bc die Begründung für Jahwes Verwerfungswillen.

In typischer Manier leitet ‚darum' auf die Tatfolgebestimmung über (V. 13ff) [655]. Sie beginnt mit der Botenspruchformel und faßt jeweils das konträre Schicksal der ‚Knechte' und der Abtrünnigen auf einmal in den Blick. Die erste Hälfte ist stets eine Heilsankündigung, bestehend aus הנה und einer Präfixkonj. der 3. Pers. Pl. Die Antithese bilden Kurzankündigungsformeln, gestaltet mittels ואתם und einer Präfixkonj. der 2. Pers. Pl. (z.B. ‚ihr aber sollt hungern !'). In V. 15 ist die Reihenfolge geändert. Ausdrücklich wird der Segens- und Fluchaspekt V. 15f genannt. Doch steht im Vordergrund die Auswirkung auf kultische und religiöse Praktiken der Zukunft. Jahwes Absolutheitsanspruch wird dann in diesem Bereich gewahrt sein. V. 16ab weist mit der Formel ‚Gott der Treue' auf die Bundestheologie der ersten Strophe zurück. V. 16c beendet in charakteristischer Weise mit Teil III die Heilsankündigung : es ist das mit כי eingeleitete Ziel der Strophe [656]. Er spricht zugleich deutlich aus, was in V. 8 nur entfernt durchscheint, nämlich, daß eine Klagesituation den Spruch mitveranlaßt hat.

Die Heilsankündigung V. 17-23 verkündet, wie Jahwes Geschichtsmächtigkeit im Kosmos und im kleinen Heilsraum Jerusalem/Juda

---

[652] Vgl. F. HORST, 23ff ; — J. SCHARBERT, Art. ‚Segen' LThK IX, 1964, 2. Aufl., Sp. 590-592. Er verweist auf eine „durch das Segenswort frei gewordene Heilspotenz, die dem Gesegneten Gesundheit, Fruchtbarkeit, Glück, Erfolg verleiht."

[653] Nach H. E. von WALDOW war ‚Jahwes Ausschließlichkeitsanspruch' ein vorwiegender Streitgegenstand der dtjes Gerichtsreden.

[654] Vgl. J. BOECKER, 125ff ; — H. E. von WALDOW, 28, Anm. 15.

[655] Vgl. Ri 10,13. Dazu J. BOECKER, 145ff.

[656] Vgl. Kl. KOCH, 238f.

im Eschaton erfahren werden wird [657]. Deiktisches כִּי und die Präsentativformel הִנְנִי verankern die Garantie für das sichere Eintreffen in der Gegenwart (V. 17a.18b). In eschatologischer Schau fordert der Sprecher seine Zuhörer auf, wie über etwas bereits Erfahrenes in den eschatologischen Jubel einzustimmen (V. 18a) [658]. Das Bundesdenken konsequent durchhaltend, erhält die Rede ihr Ziel und ihre Charakteristik im כִּי-Satz V. 23b. Die Kontinuität des göttlichen Segens wird auch die Nachkommen der ‚Erwählten', ‚meines (Eigentums-) Volkes', miteinbeziehen.

Auf dem Hintergrund der Bundestheologie ist V. 2-23 zu einer kerygmatischen Einheit gestaltet worden. Die verwendeten Formen sind selbst schon Kerygma, nicht bloße Stilmittel. Jahwe bringt seine Bundestreue als Ankläger, Richter und Urteilsvollstrecker, aber auch als Segens- und Heilbringer zu Wort. Sein Offenbarungswort deckt das Brüchige in der Existenz des Volkes auf, es zeigt aber auch den Weg der Heilung. Das letzte Wort, auch der beiden ersten Strophen, ist jeweils eine Heilsankündigung. Der Red. hat der Schwerpunkt der Rede richtig eingeschätzt, wenn er sie mit Versen verheißenden Inhaltes rahmte (V. 1 und 24). Sie unterstreichen das Motiv der Übersteigerung: Jahwes Heilswille wird in der Endzeit alle Erwartungen überbieten. Dies ist Verheißung und Anspruch zugleich: die Existenz des Volkes ist mit dem Jahwebund verknüpft. Wer sich außerhalb des Bundes stellt, verfällt dem Fluch.

Der Spruch wurde in einer Zeit verkündet, wo man die alten Gattungsgesetze bereits freier handhabte. Neue Verkündigungseinheiten entstanden aus verschiedensten Gliedgattungen, die ihr Eigengewicht mitbrachten [569]. Der Tempelbau scheint noch nicht begonnen worden zu sein. Ein genauer Sitz im Lebens ist gleichfalls nicht mehr zu rekonstruieren. Ein kultischer Vorgang scheidet aus (V. 11f).

---

[657] Ein ‚Anzeigen' in Art früherer beklagenswerter Situationen etwa auf Grund eines Bundesbruches wird es in dieser Endzeit nicht mehr geben. Auf einen solchen rechtlichen Sinn mag ‚nicht gedenkt man mehr' V. 17b anspielen.

[658] Vgl. zu dieser prophet. eschatologischen Redeweise Cl. WESTERMANN, TheolBü 24, 157ff.

[659] Nach Cl. WESTERMANN, TheolBü 24, 92-170, hat bereits Dtjes es in großzügigem Stil praktiziert, aus verschiedenen Formen, die ihr Eigengewicht mitbringen, in größeren Kompositionen neue Verkündigungseinheiten zu bauen.

Jesaia 66

1. Literarkritik.

Kein anderes Kapitel des trjes Buches wurde in der Frage der Einheitlichkeit und der Versanordnung so unterschiedlich beurteilt wie das letzte. Feldmann hatte noch erwogen, die Verse 17-24 könnten später sein als die Einheit V. 1-16. Heute ist man sich darüber einig, in Kap. 66 keine Verkündigungseinheit vorgegeben zu haben. V. 1-4 sehen die meisten Übersetzer als selbständiges Stück an. Ab V. 5 wird die Lage verworren. Nach Fohrer etwa besteht der Abschnitt V. 5-24 „ aus drei lose miteinander verbundenen Prophetenworten, die jedoch als eine große, umfassende Einheit gedacht sind “ : V. 5 und 17 (gegen die Abtrünnigen) ; V. 6-16 (über das Glück der frommen Gemeinde) und V. 18-24 (über die Folgen des Endgerichtes) [660a]. Bereits Budde hat V. 5 unmittelbar zu V. 17 (bis 24) gezogen ; beide Verse seien auch in Prosa geschrieben. Cheyne und Dillmann – Kittel verbanden V. 5 und V. 17.18aα. Marty hinwiederum sah in diesen beiden letzten Versen (V. 17.18aα) Glossen zu 66,3f (bzw. 66,16). Man ersieht aus diesen wenigen Beispielen die Unsicherheit bezüglich der Ausscheidungskriterien. In vielen Kommentaren findet sich der Diskussionsstand von Elliger übernommen. Er urteilte, V. 5 gehöre als Einleitungsvers zu V. 6-16, V. 17 sei ein selbständiges Prosastück [660b] und V. 18 bis 24 habe der Redaktor (und Schreiber von 56,3-8) verfaßt. Wohl weil Duhm und Marti eine Unterteilung in V. 5 bis 11 und 12-17 vornahmen, räumte auch Elliger ein, es könne das Stück mit V. 11 geschlossen haben. Später habe der Prophet das Thema von V. 5d wieder aufgenommen und den Zusatz V. 12-16 verfaßt [660c]. Ist die Reihenfolge der Verse in Unordnung geraten ? Abramowski bejaht dies. Er streicht V. 17 als Einschub eines Lesers von Kap. 65, isoliert V. 5 und reiht den übrigen Spruchbestand in V. 6 und 14b-16a vor V. 7-14a ; V. 16b sei ein Zusatz. Weiters unterteilt er in V. 18-22 und 23-24 [661]. Was bei Keßler nur unter Vorbehalten über die Zusammengehörigkeit bestimmter Versgruppen gesagt wird, ist bei Westermann zu einem klaren Urteil ausgereift zu finden. Keßler, der sich

---

[660a] 274f.
[660b] 1933, 289.
[660c] Einheit, 38.
[661] 115ff.

an Volz orientierte, erwog als Sprucheinheiten : V. 5.6.14.15 ; V. 7-13 ; V. 16 und 17 mit V. 24 als Abschluß ; V. 18-21 und (eventuell) V. 22 ; endlich stünden V. 23f in gewisser Nähe zu V. 16f [662]. Unsere Überlegungen aber haben sich am letzten Stand, an Westermann zu orientieren. Er hält auch die Verse 1-4 nicht für eine „ fest geschlossene Einheit " ; er unterteilt in V. 1-2. 3-4a mit 4b.c als Anhang. V. 5 sei „ ein in sich geschlossener Text ". Über V. 6-16 sagt er : „ ... das in sich einheitliche und eindeutig zum Kern von Tritojesaja gehörende Stück V. 7-14 ist in eine Weltgerichts-Epiphanie V. 6 und V. 15-16 gerahmt ". V. 17 sei abermals eine Einheit für sich. Bei den folgenden Schlußversen gehörten zusammen : V. 18.19.21 und V. 20.22-24 [663].

Ein Vergleich aus der Natur veranschaulicht am besten den Charakter des Schlußkapitels : wir haben ein Spruchkonglomerat vor uns, bei dem es gilt, das alte Traditionsgut aus dem redaktionellen Bindematerial herauszuschälen. Es wird zu allererst zu zeigen sein, daß in Jes 66 keine zufälligen Textanreicherungen und Überlagerungen vorliegen, wie man oft vertreten hat, sondern daß ein Buchschluß angestrebt wurde, dem eine durchgehende Gedankenführung zugrunde liegt. Wir werden einräumen müssen, daß es dort unvermeidbar zu Nahtstellen und kleineren Gedankensprüngen kommen muß, wo selbständige Worteinheiten, Einzelzitate und Spruchfragmente zu einem eindrucksvollen Schlußakkord zusammengeschweißt werden. Ein Problem sind die auffallend gehäuften Einleitungs-, Zwischen- und Schlußformeln, von denen man in Jes 66 insgesamt zehn (bzw. elf) zählt. Wir werden auch bedenken müssen, daß es vielleicht bei mancher ursprünglich selbständig umlaufenden Einheit durch den Einbau in den Kontext zu leichten Sinnverschiebungen, Schwerpunktverlagerungen, vor allem aber zu einer ersten Interpretation gekommen sein wird. Es fällt bereits bei einer ersten oberflächlichen Durchsicht auf, daß der Red. mit Zitaten z.T. sehr frei umgegangen ist, um bestimmte Höhepunkte aus vorausgehenden Kapiteln nochmals anklingen zu lassen und wenn nötig noch zu ergänzen. Von der Gesamtschau der Gedankenführung her ergeben sich für Jes 66 folgende drei Hauptthemen :

a) Die Anteilnahme des Einzelnen am Heil : Ob einer jetzt bereits im Heil steht oder ob ihm die Verwerfung droht, entscheidet sich daran, ob einer sich nur um die Perfektionierung und Regelung äußerer

[662] 101f.
[663] ATD 19, jeweils z. St.

religiöser Praktiken bemüht oder ob es zu einer echten personalen Gottesbeziehung kommt. V. 1-4 gibt das Kriterium dafür an: nicht die Erfüllung kategorialer, religiöser Übungen bringt den Kontakt mit Gott ein, sondern einzig dies, daß einer die Intention Gottes zur eigenen macht. Nicht Tempelfrömmigkeit und Opferfrömmigkeit erbringen die Zuwendung Gottes, sondern jene innere Haltung und jenes Tun (etwa in der Art eines Wortgottesdienstes), worin das betroffene Ich personal auf den Schöpferanspruch Jahwes antwortet. Es bleibt unausgeführt, was im einzelnen zu tun wäre, es geht einzig um die Ebene des Vertrauens, der menschlichen Intention. Hieher wären die Verse 5 und 17 zu rechnen. Sie haben Überleitungs- und Ergänzungsfunktion. Wiederum geht es um die gegenwärtige Haltung Einzelner bzw. einzelner Gruppen. V. 5 hat seinen Schwerpunkt auf der positiven Aussageebene; er muß in den Ohren der neuen Hörer besonders aktuell geklungen haben. V. 17 trägt zu V. 15f nach, daß das Gericht Jahwes nicht bloß den Völkern, sondern auch solchen beschieden sein wird, welche sich jetzt in synkretistischen Umtrieben ergehen. Damit kommt das Moment der Scheidung der nachexilischen Jahwegemeinde in die Schlußüberlegungen hinein.

b) Die endzeitliche Heilsgemeinde in Jerusalem erlebt jetzt ihre Anfänge: Der Blick der Verse 7-14 ist ausschließlich auf Jerusalem gerichtet, in den rahmenden Versen 6 und 15f kommt in apokalyptisch gefärbter Darstellung das Moment des Endgerichtes Jahwes über die Völker ins Bild, aber auch dieses nimmt vom Tempel seinen Ausgang. An der kultischen Komponente besteht in diesem Spruch keinerlei Interesse. Es geht um das ‚Jetzt' und ‚Dann' der Jahwegemeinde, um ihr Glück und ihre Freude über das künftige Heil. Diese Ereignisse werden der Machterweis (vgl. V. 14) des in der Höhe Thronenden (V. 1f) sein. Beachtenswert ist die Gottesvorstellung, insofern das Bild der tröstenden Mutter (V. 13) einen weiblichen Zug, eine fürsorgliche und liebende Komponente an Jahwe zum Klingen bringt. Auch dieser Spruch hatte für die neuen Hörer höchste Aktualität. In den Aufrufen ‚Freuet euch!', ‚jubelt!' und ‚frohlockt' wußten sie sich mitbetroffen (vgl. V. 10). Man wird erwägen können, ob der als „erklärender Zusatz" ausgebene Schluß von V. 13: ‚Und in Jerusalem sollt ihr getröstet werden' nicht auf den Red. selbst zurückgeht und ein neues kleines Mosaiksteinchen für das Bild der Adressaten des trjes Buches abgibt [664].

---

[664] 334.

c) Die universal anerkannte Kultgemeinde in Jerusalem: Im dritten Abschnitt V. 18-23 wird der Blick über Jerusalem hinaus auf die umliegende Völkerwelt geführt. Die beschriebenen Ereignisse liegen noch alle in der Zukunft. Der Tempel ist sicher bereits erbaut. Das Stück ist in der Überzeugung niedergeschrieben, daß es in der durch Jahwes Epiphanie eingeleiteten Endzeit ein geregeltes Kultleben geben wird — eine Interpretation der Eingangsverse des Kapitels: der Red. scheint tatsächlich nicht an einer radikalen Kultpolemik, sondern an der positiven Aussage von V. 1-4 interessiert gewesen zu sein. Die Ereignisse in Jerusalem werden weltweite Anerkennung finden auf Grund der universalen Bekanntmachung der Herrlichkeitstaten und Machterweise Jahwes durch die dem Gericht ‚Entronnenen‘ (vgl. V. 19).

War bis V. 16 eine Rhythmik der Sprache zu erkennen, so fällt dieser dritte Teil V. 18ff durch seine Prosaform auf. Elliger machte dafür die Hand des Red. verantwortlich. Entstammen alle Verse seiner Feder? Mir scheint, daß die durch Abschlußformeln markierten Verse 21 und 23 z.T. verstümmelte Stücke aus einer uns nicht mehr bekannten Sammlung von Tora-Sprüchen sind, die der Red. in seine eigenen Schlußbemerkungen einbaute. V. 24 scheint das Produkt einer späteren Hand zu sein. Erstmals wird im AT vom ewig dauernden Gerichtszustand gesprochen.

Bei der Beurteilung von 66,1-4 hat man meist eine Frage zum Hauptproblem hochgespielt: welchen Tempelbau wollte dieses Jahwewort ablehnen? Richtete es sich gegen einen exilischen Tempel in Babylon, oder gegen einen solchen in Elephantine (5. Jh) oder in Leontopolis (3. Jh.) in Ägypten [665]? War der samaritische Tempel auf dem Garizim gemeint? Elliger war zuerst der Ansicht, das Wort lehne einen Tempel der in Jes 57,3ff und 65 bekämpften Volksgenossen ab [666], später schloß er sich Sellin an und vertrat nun, die Verse wendeten sich gegen deren Mitbeteiligung am Jerusalemer Tempelbau (519 v. Chr.) [667]. Heute sehen manche, wie Fohrer, darin eine grundsätzliche Ablehnung eines jeden Tempelbaues, die meisten aber denken bei der Frage nach der unmittelbaren Veranlassung des Spruches an den von den Propheten Haggai und Sacharia vorangetriebenen Tempelbau (um 520 v. Chr.) in Jerusalem [668].

---

665 Vgl. M. HALLER, 1914, 126.

666 Einheit, 105f.

667 Vgl. E. SELLIN, Tritojesaja, 84ff. Dazu K. ELLIGER, Der Prophet, 132.

668 Ähnlich A. LODS, The Prophets and the Rise of Judaism, übers. aus dem Franz. von S. H. HOOKE, London, LTD, 1937; 1955, 3. Aufl., 267. Eine

Man wird den Aussagewert eines Spruches verkennen, wenn man seine literarische Art unberücksichtigt läßt. Diesen Fehler aber hat man bei Jes 66,1-4 gemacht. Erst Westermann hat darauf aufmerksam gemacht, „ daß V. 1a.2a.2b eigentlich Psalmworte sind..., in die 1. pers. umgesetztes Gotteslob " darstellen. Man dürfe daher auch keine Polemik gegen einen bestimmten Tempelbau herauslesen, „ die Sätze sind vielmehr so allgemein gemeint, wie die Sprache der Psalmen überhaupt " (man vergleiche etwa Ps 50) [669]. Man wird allerdings nicht leugnen können, daß die Pointe des Spruches die Ablehnung eines falschen Tempelvertrauens, das alles Heil vom Wiederaufbau des Tempels erwartete (vgl. Hg 2,19), verlangt. Diese Pointe wäre nun zwar mit V. 1f gegeben, sie tritt aber durch die Fortsetzung des Spruches mit V. 3f deutlicher ans Licht. Wir haben sie oben bereits hervorgehoben : ins Einvernehmen mit Gott, in der Nähe Jahwes kommt derjenige zu stehen, welcher die Intention Gottes zur eigenen macht, d.h. hier, dessen Antwort auf Gottes Wort und Anspruch aus seiner Personmitte kommt. Westermann hält mit Recht daran fest, daß V. 1f eine geschlossene Einheit umfaßt. Doch scheint mir, daß die Verse 3f den beiden vorausgehenden doch relativ nahe stehen, ja, daß ihr Horizont erst von V. 1f her auszumachen ist. Wir werden in der Einzelexegese darauf zu sprechen kommen.

Der Spruch V. 1-4 wird in seiner ersten Hälfte von der einleitenden Botenspruchformel und von der Bekräftigungsformel — hier Zwischenformel — geprägt. Es fällt auf, daß der Schluß bzw. das Schlußkapitel des trjes Buches dem Einleitungskapitel entspricht : auch 56,1 wird mittels einer Botenformel eröffnet. 66,1f folgt im Aufbau den Motiven des „ beschreibenden Lobpsalms " [670] : der in seiner Weltüberlegenheit in der Höhe thronende Gott (vgl. Jes 6,1ff ; 57,15 ; 58,14 ; 63,19b) ist zugleich derjenige, welcher auf den Demütigen blickt (vgl. Ps 113,5f). Bei Elliger war es zur Fehlinterpretation gekommen, weil er ‚ dies alles ' und ‚ machen ' nicht, wie es richtig gewesen wäre, auf Himmel und Erde (vgl. 57,16), sondern auf den Tempel und den Hl. Berg bzw. auf Menschen (wie 60,21 ; 64,7) bezogen hatte ; von der Gemeinde der Frommen und nicht von den Götzendienern wolle Jahwe seinen Tempel erbaut sehen [671]. Hier geht es

---

eingehendere Zusammenstellung aller Deutungsversuche wird bei J. MUILENBURG, The Book of Isaiah, Ch. 40 – 66, IB V, 1956, z. St., gegeben.

[669] 327.

[670] Vgl. Cl. WESTERMANN, ATD 19, 327f.

[671] Der Prophet 132. — Zu Kap. 66 vgl. auch M. H. GOSHEN-GOTTSTEIN, Aramaic Bible Versions. Comparative Selections and Glossary, Including Un-

jedoch um die Aussage, daß Jahwe der alleinige Schöpfergott ist. So wird man in V. 2a ‚ und mir ... zu eigen ‘ (vgl. BHα nach G, Lowth u.a.) zu lesen haben. Eine Ausnahme bildet unsere Stelle dahin, daß die Erde als Fußschemel Gottes bezeichnet wird. Ansonsten wird die Lade (vgl. 1 C 28,2 ; Ps 132,7 u.ö.) oder der Tempel (Jes 60,13 ; Ez 43,7 u.ö.) damit in Verbindung gebracht. In V. 2b wird die Formulierung, die mit Elliger u.a. zu חרד אל־ (statt ‚ zittern wegen ‘) ‚ und der (zu meinem Wort) hin zittert ‘ zu lesen ist, an eine Art Wortgottesdienst denken lassen, wie er im Exil aufgekommen war [672].

Den Aussagen in V. 3f wird die auch für das AT ungewöhnlich harte Spitze gegen den Opferkult entzogen, wenn man sie parallel zu V. 1f liest. Man hat viel an den vier Halbzeilen V. 3a.b, die mit Partizipien konstruiert sind, herumgerätselt. So regte man an, zwischen ‚ Speiseopfer ‘ und ‚ Schweineblut ‘ in 3b noch ein Partizipium zu ergänzen, etwa נוֹסֵךְ (Marti, Begrich u.a.). Wenn auch die meisten meinen, hier werde gegen synkretistische Praktiken der Jahweverehrer polemisiert (vgl. V. 17) — was die Verse 3f merklich von V. 1f abrücken würde —, wird man doch dem Verständnis der Vulg. folgen und eine bewußte polemische Gleichsetzung der legitimen Opferkulte mit den Götzenkulten als ursprünglich gemeint ansehen [673]. Aber man wird die negative Aussage nicht isoliert für sich werten, auch wenn die mit V. 3c.4a angefügte Gerichtsankündigung und deren Begründung (V. 4b.c) dies als vordergründiges Anliegen nahelegen würden. V. 3c.4 klingen übrigens viel zu konstruiert, als daß man in ihnen ein echtes Beispiel dieser Redeform akzeptieren könnte ; hier wurde wohl nur die Form entliehen, um dem Kontrastspruch ein größeres Gewicht zu verleihen.

Der Schlüssel zum Verständnis der Zielsetzung von V. 3f ist der Begriff בחר ‚ erwählen ‘, zweimal vom Menschen (v. 3c und 4c) und einmal von Gott (V. 4a) gebraucht. Den betreffenden Menschen wird abgesprochen, daß sie das Richtige gewählt haben — sie haben sich nach der eigenen Gesinnung gerichtet und sind darum vor Gott schuldig geworden. Positiv ausgedrückt aber heißt dies : sie hätten sich die Intention Gottes zur eigenen machen müssen. Sie haben wohl die äußeren, kategorialen Seiten ihrer Religiosität bis zur Perfektion beob-

---

published Chapters from the Palestinian Targum, Jerusalem 1963, Mif'al Hashichpul.

[672] Vgl. P. Volz und Cl. Westermann z. St.

[673] Zum Begriff ‚ Schweineblut ‘ vgl. D. Leibel, דם חזיר, BethM 9/3f (1964) 187-197.

achtet, aber trotzdem die Nähe Gottes verscherzt, denn sie haben die personale Ebene der Frömmigkeit übersehen und nicht sich selbst engagiert. Gemeint sind nicht rubrizistische oder soziale, moralische und ethische Forderungen. Es geht Gott primär nicht um das Tun sondern um das Du. Es geht um die personale Beziehung, die vom Menschen her durch die Vertrauenshaltung dem Schöpfergott gegenüber grundgelegt wird, und nicht um das rein äußere Engagement. Der Kehrvers 4b.c, nach 65,12 u.a. Stellen zu schließen ein vorgeprägter Satz aus der Kultprophetie, enthält als Anliegen das religiöse Vollengagement des Menschen. Das ו adv. in V. 2a zeigt, wo Gott anzutreffen ist, wo er seine Nähe gewährt: wo es zu einem zwischenpersonalen Gespräch zwischen ihm und dem Menschen kommt. Trotz der harten und ablehnenden Redeweise enthält weder V. 1f die totale Ablehnung eines Tempelbaues, noch V. 3f die Verwerfung des Opferkultes. Hinter diesen Zeilen steht die Überzeugung, daß nicht alles, was religiös ist, auch schon Ausdruck gläubiger Haltung ist, sondern egozentrisch verkehrt und personal entleert sein kann.

V. 5 ist eine Einheit für sich. Der Aufmerksamkeitsruf ‚hört!' leitet eine Proklamation ein. Diese enthält eine Doppelaussage, nämlich für die Menschen, die direkt angeredet werden und über deren ‚Brüder', von denen jene ‚gehaßt' und ‚weggedrängt' werden. Die Gerichtsankündigung an diese letzteren impliziert eine verheißungsvolle Bestätigung für die Hörer des Jahwespruches: ihre Vertrauenshaltung gegenüber Jahwe und seinen Heilsversprechen wird nicht enttäuscht werden. Wer sind die Angeredeten? Ihre Gottesbeziehung wird mit der Formulierung wiedergegeben: sie sind solche, ‚die hinzittern zu seinem Wort'. Wir kennen diese Phrase aus Jes 66,2 und Esr 9,4; 10,3. Nach Westermann ist sie wohl eine kurz nach dem Exil üblich gewesene „gottesdienstliche Bezeichnung der Frommen", der späteren „Gottesfürchtigen"[674]. Es muß innerhalb der nachexilischen Jahwegemeinde ernste Schwierigkeiten und prinzipielle Divergenzen wegen der Verzögerung des Heilsanbruches gegeben haben. Die Gegner derer, an die sich der vorliegende Spruch ursprünglich gerichtet hat, werden ‚eure Brüder, die euch hassen, die euch wegdrängen um meines Namens willen' genannt. Mit dem Begriff ‚wegdrängen' wird ein Wort aufgenommen, das später term. techn. für die Exkommunikation, das Ausstoßen bzw. den Ausschluß aus der Synagoge wurde. Erst das Zitat V. 5c.d aus dem Mund dieser mißgün-

---

[674] 330.

stigen Gemeindemitglieder erhellt den springenden Punkt der Vorgänge. In realistischer Einschätzung der Gegenwartssituation haben sie nur Spott für solche übrig, die ihr Vertrauen noch auf einen künftigen Machterweis Jahwes setzen und an seinen Heilsversprechen festhalten. In der ersten Zitathälfte ist mit G sinnvollerweise Nifal יִכָּבֵד ‚er möge sich verherrlichen' zu lesen. Welche konkreten Sprüche damit bedacht werden sollten, läßt sich nicht mehr ausmachen. Westermann denkt an Jes 60 – 62 näherhin an 60,1ff und 61,10. Das Wort schließt mit einem drohenden Aspekt für die höhnenden ‚Brüder'.

Weshalb der Spruch vom Red. hier eingefügt wurde, ist im Hinblick auf die neuen Hörer des trjes Buches unschwer zu durchschauen. Offensichtlich identifiziert er die Lage seiner Adressaten mit derjenigen der Erstbetroffenen, denen ebenfalls die Gemeinschaft vorenthalten und verweigert wurde. V. 5 enthält eine so prinzipielle und lebenswichtige Aussageweite für die neuen Hörer, daß er noch in den Text hineinmußte. Der Ausdruck ‚hinzittern zu seinem Wort' mag das Stichwort nach vorne abgegeben haben, und der Begriff ‚Freude' kann eine Verankerungsmöglichkeit im folgenden Stück (bes. V. 10) erleichtert haben.

Mit V. 6-16 wird der Schritt vom Einzelnen zur Gemeinde getan. Die künftige Heilsgemeinde wird sich aus der gegenwärtig im Anfangsstadium sich befindlichen Jerusalemer Gemeinde rekrutieren. Diese verheißende Aussage (V. 7-14) wird von den Versen 6 und 15f gerahmt; sie sprechen vom Gericht Jahwes an seinen Feinden. Westermann hat auf eine Parallele in Dt 33 verwiesen. Auch hier wird der mittlere Abschnitt (der ‚Mosesegen') von einer Epiphanie (V. 2 und 26f) gerahmt. Die Rahmenverse 66,6 und 15f haben apokalyptisches Gepräge.

In V. 6 fordert ‚horch!' auf, dem Kriegslärm, der aus Jerusalem, aus dem Tempel, herüberhallt (man vergleiche den Standort des Sprechers), die Aufmerksamkeit zuzuwenden. Jahwe verursacht ihn; er übt Vergeltung (vgl. Jo 4,9ff; dazu Jes 13,4 und 59,18). Da die Verse 7-14 keinerlei Hinweise auf eine etwaige Scheidung innerhalb der Gemeinde geben, andererseits ‚Vergeltung üben' auch in den zitierten Parallelstellen äußere Feinde Israels betrifft, werden auch in V. 6 die Völker gemeint sein. Darin ist Westermann gegen Fohrer zuzustimmen. V. 6 ist außerdem dahin zu interpretieren, daß der Jerusalemer Tempel bereits wiedererbaut ist.

V. 15f setzt mit ‚denn fürwahr, siehe' ein. In diesen beiden Versen wird die eigentliche Epiphanie Jahwes geschildert. Mit יבוא

wird ein Zentralbegriff aus den Epiphanieschilderungen aufgegriffen. Sein ‚Kommen' bringt ausschließlich das Gericht (vgl. 63,1-6; Ob 15f). In anderen Zusammenhängen deckt sich derselbe Sachverhalt mit der Redeweise vom Tag der Rache Jahwes (vgl. zu 61,2). Von den übrigen Epiphanieschilderungen hebt sich unsere Stelle besonders dadurch ab, daß Jahwes Kommen nicht bloß das Gericht über Israels Feinde, sondern ‚über die ganze Erde' — so ist mit G dann zu ergänzen (V. 16a) — und über alle Völker bringt. Die erregende Erscheinung Gottes wird mit Bildern umschrieben, wie sie auch in anderen Beispielen dieser Erzählform anzutreffen sind: Feuer (etwa Jes 30,27f; Ps 50,3), Sturmwind (Jes 29,6), seine Kriegswagen (Ha 3,8; Ps 68,18). In V. 15a ist כאשׁ ‚wie Feuer' (G ὡς) zu lesen. Ehrlich schlug die Lesart בְּרַעַשׁ vor. Man wird Fohrer nicht zustimmen können, der aus den anschließenden Versen folgert, es handle sich hier „um ein die Frevler ausschaltendes Läuterungsgericht", nicht aber um ein Vernichtungsgericht[675]. So differenzierend reflektiert der Text noch nicht. Die Redeweise von den ‚Erschlagenen' kehrt in Jr 25,33 und Ze 2,12 wieder.

Das Mittelstück V. 7-14 ist in die Verse 7-11 und 12-14 unterzuteilen. Die mit כי eingeleitete Botenformel markiert den Übergang (V. 12a). Die erste Hälfte (V. 7ff) ist beherrscht vom Bild der Gebärenden und sagt aus, daß jetzt die Zeit der Wehen ist, ja daß für Jerusalem eben erst die Wehen eingesetzt haben, die wunderbarerweise augenblicklich zur Geburt eines Sohnes führen[676]. Bislang war die Situation Jerusalems beherrscht von Trauer, jetzt soll ihre Klage von Freude und Lobgesang abgelöst werden (vgl. V. 10f). Das eigentliche Zukunftswort beginnt mit הנני V. 12a. Es wird geschildert, daß Jahwe die Garantie für die Zukunft Jerusalems übernommen hat, weil er es liebt wie eine Mutter und es darum trösten wird, und wie er seinen Machterweis durchzuführen gedenkt.

V. 7ff setzt die Bildrede Jes 49,20f und 54,1 voraus; Zimmerli hat auf die dabei aufgetretenen gedanklichen Verschiebungen aufmerksam gemacht[677]. Das Moment des wunderbaren Geburtsaktes des Zion-Volkes erhält in V. 7b durch ein Hifil-Prädikat eine drastische

---

[675] 282.

[676] Zu V. 7f vgl. C. M. Edsman, The Body and Eternal Life (Jes 66,7-8), Horae Soederblomianae, 1946, 33-104. Als Beispiel einer mariologischen Eisegese vgl. zu V. 7.8b: Lyranus: Adinolfi M., De mariologicis Lyrani postillis V.T. miscellanea, FrancLA 9 (1958f) 199-250.

[677] 68.

Pointierung. ‚ Entschlüpfen lassen ' steht ansonsten ausschließlich für den Geburtsvorgang bei Tieren (vgl. Jes 34,15). In 66,7 wird das tertium comparationis dieses Begriffes benötigt. Man will ausdrücken, eine derartige Geburt sei als leicht und unkompliziert bekannt. In V. 8 wird das Bild auf ‚ Land ' und ‚ Volk ', die neue Heilsgemeinde am Zion übertragen. Wenn dabei ארץ maskulinisch konstruiert wird, dann deshalb, weil der Sinn von ‚ Volk ' unterlegt ist. V. 9 zwei Fragen im Ich-Stil der Jahwerede je mit einer ausleitenden Formel, der Beteuerungsformel und אמר אלהיך, wobei auch beim erstenmal mit Seb 16 MSS (Elliger u.a.) אמר statt יאמר zu lesen ist. Die beiden Fragesätze bestreiten die Unterstellung, Jahwe sei offensichtlich nicht gewillt, die hoffnungsvollen Anfänge der ersten Heimkehr aus dem Exil durch ein kontinuierliches Heilshandeln zu Ende zu führen und ein neues kräftiges Volk um Jerusalem erstehen zu lassen. Wie wir aus Neh 7,4 (vgl. 11,1f) wissen, hatte Jerusalem auch noch um die Mitte des 5. Jh.s v. Chr. alles eher als Übervölkerungssorgen. Um so eher sind für die frühnachexilische Zeit die Befürchtungen verständlich, es könnte bei den kläglichen ersten Anfängen der Volkwerdung, das von Dtjes verheißene volle Heil also bloß eine Utopie bleiben.

In der Art von 65,18 werden in 66,10 die Hörer aufgefordert, über das zu erwartende Heil jetzt schon in Jubel und Freude auszubrechen. Jes 61,10 wäre ein Beispiel dafür, wie man sich ein derartiges eschatologisches Loblied vorzustellen hätte. Jerusalem und die Hörer, das Volk in dieser Stadt, sind einander gegenübergestellt : weil sie diese Stadt lieben, trauern und klagen sie über ihre gegenwärtige heillose Situation. Ähnlich Jes 65,19 wird man בה nicht mit ‚ in ihr ' (Duhm), sondern mit ‚ über sie ' (Ehrlich) wiedergeben, da diese Präposition zur Konstruktion von גיל gehört. In einem Bild, das nur mehr wenig mit der dtjes Vorlage (in 49,23a) gemeinsam hat [678], wird in V. 11 der Grund für den Stimmungsumschwung der Hörer angegeben : Jerusalem wird, so schildern Bilder des Überflusses, in Überfülle die Tröstungen Jahwes erfahren, und an diesen sollen die Angeredeten ihren Anteil bekommen. V. 11a ist nach der BH מִשַּׁד ‚ an der Brust ' (vgl. 60,16) zu punktieren. ‚ Trösten ' (vgl. dazu 57,18 ; 61,2), ein von Dtjes her geläufiges Wort (40,1 ; 49,13 u.ö.), steht hier parallel zu ‚ trauern ', einem Begriff, der wohl sechsmal bei Trjes, doch nie bei Dtjes aufscheint. ‚ Sich laben ' begegnete bereits 58,14 (vgl. 55,2). זיז wird als ‚ Zitze, Euter ' zu verstehen sein.

---

[678] W. Zimmerli, 66, Anm. 12.

V. 12-14 beschreibt parallel zu V. 7-11, in welcher Weise die Heilszuwendungen Jahwes an Zion sich ereignen werden. Der Abschnitt ist durch die einleitende Botenformel und das Ich der Jahwerede als göttliches Botenwort ausgewiesen. Hinter dem Bildwort in V. 12 steht Jes 48,18. Wiederum ist durch die trjes Verarbeitung eine Akzentverschiebung vorgenommen worden, insofern ähnlich Jes 60,5ff das Bild vom herannahenden Strom nicht mehr das Heil an sich, sondern eine Seite im eschatologischen Drama ausschmückt : den heranströmenden Reichtum der Völker. Zur Vorstellung vom ‚Überfließen' vgl. Jes 8,8 und Ct 8,7. Außerdem verlangt V. 12c nach einer Textkorrektur. Entsprechend G lese man mit Condamin u.a. unter Anpassung an אליה (V. 12a) besser וְיוֹנַקְתָּה und demgemäß mit Duhm תִּנָּשֵׂה und תְּשַׁעֲשַׁע ; zur Sache vgl. 49,22 und 60,4. Die Worte ‚und in Jerusalem sollt ihr getröstet werden' sind ein beteuernder Zusatz des Red. In V. 14b ist mit Duhm u.a. וְזַעְמוֹ ‚sein Zorn' zu lesen. V. 14a verheißt ‚Freude' und Lebenssteigerung als Folge und Reaktion auf das göttliche Eingreifen hin ; ja, sie sind selbst ein eschatologisches Heilsgut, die Grundbefindlichkeit der Heilszeit geworden (vgl. 60,5). Die Redeweise vom ‚Sprossen' der Gebeine ähnlich frischem Grün ist die positive Entsprechung zur Sprache der Klagelieder (vgl. Ps 31,11 ; 32,3). V. 14b bestätigt abschließend, daß die eben beschriebenen Vorgänge in Jerusalem im Zusammenhang mit einem universalen machtvollen Selbsterweis Jahwes stehen werden. Von V. 15f her erhält dieser Überleitungssatz seine Ausrichtung : entsprechend dem Schema der Epiphanieschilderungen wird den ‚Knechten' machtvolle Hilfe verheißen, d.h. das Volk wird die helfende Hand Jahwes ‚erfahren', jedoch die Völker — darunter sind hier die ‚Feinde' zu verstehen — trifft sein Gericht. Mit ‚kund werden' (14bα) kommen noch einige andere Stellen zum Klingen. Jes 56,1 bezieht sich dasselbe Verbum auf Jahwes ‚Gerechtigkeit' (vgl. Ps 98,2), Jes 60,2 auf seinen ‚kabod' (vgl. 66,18f). Ähnlich Jes 40,5 sind alle Aussagen von der Erwartung getragen, Jahwes Machtanspruch werde durch einen weltweiten Eingriff in die Geschichte Anerkennung finden.

Die kleine Einheit V. 17 greift unvermittelt auf eine ähnliche Materie wie 65,3bff zurück. Der Vers hat Ergänzungscharakter. Er trägt zum vorausgehenden Stück V. 6 bis 16, das bloß den Aspekt des Gerichtes über die Völker kennt, das Moment der Notwendigkeit einer Scheidung innerhalb der jetzigen Gottesvolkes nach. Man hat oft erwogen, V. 17 an seinen ursprünglichen Platz zu versetzen und ihn mit 65,3-5a zu verbinden. Über die dort aufgeführten Götzenkulte hinaus findet sich eine uns heute nicht mehr verständliche Formulierung: ein Reinigungsritus, der vollzogen wurde ‚hinter einem in der Mitte' her. Man vergleiche die bei Feldmann angeführten Deutungsversuche[679]. Kissane hat diese Phrase als אחד אחד יכרתו ‚one by one shall be cut off' gelesen. Wirklich Zutreffendes können wir heute nicht mehr sagen. Sicherlich ist mit Duhm u.a. השרץ ‚Gewürm' statt ‚Greuel' einzusetzen, und ‚ihre Taten und ihre Gedankengänge' aus V. 18 vor יחדו zu verlegen. Der Vers schließt mit der Bekräftigungsformel.

Der Schlußabschnitt V. 18-24 ist ausschließlich zukunftsgerichtet und positiv; bloß der Abschlußvers 24 ist negativ orientiert. Der Tempel wird als erbaut, und dementsprechend ein geregelter Opferkult als selbstverständlich vorausgesetzt. Im Mittelpunkt dieser Schlußüberlegungen steht bezeichnenderweise die Lösung des Diasporaproblems und die Frage der universalen Anerkennung Jahwes, dessen Kabod über Jerusalem sichtbar und schaubar werden und so die Bewegung der Völker hin zum Zion auslösen wird. In diesem Abschnitt weist einiges deutlich auf das Einleitungsstück des Buches zurück: Jahwes künftiges Handeln wird als ‚sammeln' bezeichnet (V. 18; vgl. dazu 56,8). Auffällig die Hervorhebung des Sabbat, wenn in 66,23 auch unter einem anderen Aspekt als in 56,2.4.6. Von ‚meinem heiligen Berg' wird 66,20 wie in 56,7 gesprochen. Zu ‚Haus Jahwes' 56,5.7. Die Darbringung verschiedener Opfer im Tempel wird 66,20 wie 56,7 vorausgesetzt. Was wird den Hörern dieser Schlußbemerkungen direkt und speziell angekündigt? Ihr ‚Same' und ‚Name' werde vor Jahwe Bestandhaben! Zwei Begriffe, die entweder wörtlich oder in der Sache auch in 56,3-7 im Zielpunkt der Rede stehen, — und somit eine Perspektive, die in den Ohren der zeitgenössischen Separatisten in Jerusalem ketzerisch und anstößig klingen mußte. Westermann erwägt, 59,21 zwischen 66,20 und 22 (V. 21 versetzt er zwischen V. 19 und 20) einzusetzen. Mit der Rede vom ‚Bund' würde ein weiteres Stichwort aus dem Einleitungsstück (56,4.6) auftauchen und die Überlegung rechtfertigen, in 66,18ff die vom Red. bewußt formulierte Klammer zur trjes Spruchsammlung vorgegeben zu haben. Dem Sprecher bzw. Schreiber schwebt dabei offensichtlich ein uns aus Jes 45,14. 22ff; 51,4f; Ze 3,9f vertrauter Gedankengang vor, nämlich, daß einmal ebenso alle Völker sich zu Jahwe bekehren und ihn als alleinigen Gott anerkennen werden, wie es jetzt bereits diese kleine Gruppe von Eunuchen und Ausländern tut (56,3-7).

---

[679] 293.

V. 18 setzt gleich wie 59,21 ein : ‚Ich aber'; das ו adv. macht darauf aufmerksam, daß die eigentliche Wende durch Jahwes ‚Kommen' ausgelöst werden wird. ‚Ihre Taten und ihre Gedanken' haben wir bereits zu V. 17 vorgezogen, nun ändert man auch besser das Part. fem. באה in בָּא. Mit der Rede vom ‚Kommen' Jahwes rückt der Red. seine Schlußbemerkungen an V. 6-16 heran ; V. 15 spricht im Zusammenhang mit der weltweiten Epiphanie Jahwes davon, daß ‚er kommt'. Wie Westermann m.E. hinlänglich begründet hat, rechtfertigt derselbe Blick auf das in V. 15f angekündigte Völkergericht, die Aufzählung der Völker in V. 19 (vgl. bes. Gn 10 ; Ez 27 und 38f) als ursprünglich zu erachten. Köhler u.a. hatten in V. 19 diesen Völkerkatalog zusammen mit der Passage ‚auf Rossen ... und Dromedaren' und ‚Jerusalem' (V. 20) als späteres Interpretament gestrichen. Beides ist im Text zu belassen, lediglich in V. 18 ‚Pul' in ‚Put' zu ändern (vgl. Jr 56,9) und die G-Lesart statt der verderbten MT-Version ‚Bogenspanner' (vgl. BH^{b-b}) zu nehmen. Zu V. 18 ist noch eine Beobachtung nachzutragen. Jahwes ‚Kommen' löst hier die universale Heilswende und nicht ein Gericht (V. 15f) aus. Sie wird eingeleitet durch die Sammlung ‚aller Völker und Zungen' (vgl. Sa 8,23 ; Da 3,4). In 56,8 gibt der Red. in seinem Einleitungsstück einen Spruch wieder, der ursprünglich bloß die ‚Sammlung' der Zerstreuten Israels, der Diaspora im Auge hatte. Hier in 66,18 kommt zum Ausdruck, daß Jahwe seine anfänglichen Verheißungen universal überbieten wird. Dies gilt für den gesamten Abschnitt 66,18-23 gegenüber 56,1-8. Noch eines betont dieser V. 18 : daß in der Endzeit der Blick der ganzen Welt auf Jerusalem gerichtet sein wird, denn nur hier wird die göttliche ‚Herrlichkeit' geschaut werden können ; ein Ausdruck, der im kultischen Raum beheimatet ist. Jahwes Kommen, seine Bewegung auf die Menschen zu, seine personal Öffnung auf den Menschen hin wird erst das Kommen dieser Völker, die Antwort des Menschen ermöglichen. V. 19 erläutert, daß Gott sich durch sein Wort, das die von ihm zu allen Völkern gesandten ‚Entronnenen' verkünden werden, den Menschen öffnen und zuwenden wird. Rinaldi hat versucht, den Begriff פליטים ‚Entronnene' zu erhellen. Wie in Jes 45,20 (vgl. 56,6) sei dieser Begriff ohne Bezug zum Gericht zu verstehen. Also nicht dem Völkergericht ‚Entronnene', sondern mit den Juden vereinigte Gojim würden in der Endzeit zu den anderen Völkern in der Ferne als Verkündiger der Herrlichkeit Jahwes ausgesandt werden [680]. Diesen Überlegungen ist jedoch die Zustimmung

[680] Vgl. G. RINALDI, Gli ‚scampati' di Is. 66,18-22, Bibliotheque de la

zu versagen. Der Zusammenhang (mit 66,6-16) und der Rückverweis auf 45,20ff legt gerade die Gerichtssituation zugrunde. Die dem Völkergericht Entronnenen werden nicht bloß zum Heil eingeladen (45,22), sondern selbst zu Boten Jahwes. Westermann hat den missionarischen Aspekt unserer Stelle hervorgehoben : „Hier ist zum erstenmal ganz eindeutig von Mission in unserem Sinn die Rede ... Nicht die Vernichtung aller Völker in einem großen Weltgericht ist das Letzte, aber auch nicht der Weg aller Völker zum Zion und ihr Aufgehen in der Zion-Gemeinde, sondern der Weg des Wortes durch die Boten seiner Herrlichkeit zu denen draußen, den Völkern der Welt". Damit rücke unser Wort in die Nähe von Jes 45,20-25 und von Sätzen „in den Gottesknechtsliedern, in denen der Knecht zum Licht der Völker bestimmt ist und Gottes Rechtsentscheid zu ihnen hinausbringen soll"[681]. Diese ‚Entronnenen' sind durch ihre Rettungstat Zeugen der Herrlichkeit Jahwes geworden. In dieser Situation, in der sie sich selbst bereits verloren geben werden, wird die Wende passieren : sie werden zu Jahwe durchstoßen, ihm ihre Anerkennung zollen, aber zugleich auf die anderen Völker hin orientiert werden ; die in einer Gerichtssituation wurzelnde Gotteserfahrung soll nicht auf sie beschränkt bleiben, vielmehr soll durch ihre existentielle Erfahrung allen Völkern die Möglichkeit der Hoffnung eröffnet werden. Wir sind hier auf eine bleibende biblische Tradition gestoßen. Für den Glaubenden ist die Erfahrung der Errettung aus einer Todes- bzw. Extrem-Situation immer zugleich der Aufruf und Anlaß, diese Erfahrung mitzuteilen als konkrete Hoffnung auch für die anderen. Man vgl. im NT etwa die Paulus-Brief-Anfänge, bes. 2 Kor 1.

V. 20 wird von Westermann als bewußte Korrektur an den Versen 18f.21 gewertet. „Das Wirken Gottes durch seine Boten an den fernen Völkern wird auf die Bedeutung für Israel eingeschränkt : die große Bewegung zu den Völkern hin in V. 19 soll nur dazu dienen, daß die Völker alle noch in der Ferne weilenden Israeliten zurückbringen"[682]. Daß der Vers auf Kap. 60,4ff zurückgreift, ist unbestritten. Der springende Punkt liegt jedoch darin, daß V. 20 den Schwerpunkt der Aussage durch einen Vergleich aus dem sakralen Raum (V. 20 Schluß) merklich verlagert. Westermann hat zwar darauf hingewiesen,

---

Faculté Catholique de Theologie de Lyon 8, Mémorial A. Gelin, (1961) 109-118. So übersetzt er V. 20 : „sie werden all eure Brüder (die Diasporajuden) aus allen Nationen als Opfer für Jahwe ... auf meinen heiligen Berg ... führen".

[681] 337.

[682] 339.

das Wort ‚Opfergabe' am Anfang und Ende von V. 20 bezeichne das Zurückbringen der Israeliten als einen sakralrechtlichen Vorgang, er hat aber den wichtigen Aspekt übergangen, daß damit das Tun der Völker eine bedeutsame Wertung erfahren hat: die Entronnenen und die sich auf Grund ihres Zeugnisses Jahwe zuwenden und ihn anerkennen, werden hier für kultfähig erklärt. Der Vers scheint mir keineswegs eine Einschränkung des Vorausgehenden zu sein, sondern vielmehr eine Vorbereitung auf V. 21, der eine ungeahnte Steigerung bringt. Sie werden durch V. 20 nicht bloß für kultisch rein erklärt, sondern es wird ihnen durch V. 21 sogar zugesichert, daß einige von ihnen ‚Priester und Leviten' (beachte ל vor ‚Leviten'), d.h. Diener am Heiligtum (Westermann), werden sollen. V. 21 vor V. 20 zu setzen besteht somit keine Veranlassung. ‚Eure Brüder' (V. 20; vgl. 66,5) steht hier für Diasporajuden. V. 20 erinnert stark an 56,7. Anstelle der Völker ist hier Jahwe das handelnde Subjekt. Auf eine bemerkenswerte Parallelität, auf welche Elliger verwiesen hat, könnte an dieser Stelle noch Bezug genommen werden. Der Schreiber des Einleitungs- und Schlußteils des trjes Buches setzt mit Vorliebe das Wort כל־; man vergleiche 56,2b.6b.7c und 66,18.20.23.(24)[683]. Wenn sich V. 21 im Kontext etwas spröde und abrupt ausnimmt, wird dies daher kommen, daß der Red. einen ihm vorliegenden Entscheid in seinen Gedankengang eingebaut hat.

V. 22 bekräftigt, eingeleitet mit כי, die Beständigkeit der künftigen Jahwegemeinde. Der aus 65,17 herangezogene Vergleich vom ‚neuen Himmel und der neuen Erde', die Jahwe zu machen gedenkt, schließt mit der Bekräftigungsformel (vgl. V. 17).

V. 23 markiert mit והיה den Neueinsatz eines Spruches. Ausgeleitet wird er mittels der Beteuerungsformel. Der Hinweis auf den ‚Sabbat' macht es wahrscheinlich, daß mit diesem Wort vom Red. selbst die Schlußpointe des Buches gesetzt worden ist; auch im Einleitungsteil (56,2.4.6) bildet der Begriff ein zentrales Kriterium der Gottesbeziehung. Im Ganzen meint der Vers, es werde zu einem Zustand kommen, in dem die gesamte Menschheit sich regelmäßig in Jerusalem zum Jahwedienst einfinden werde. „Die absolute Stetigkeit des Tempelkultes, an dem ‚alles Fleisch' teilnimmt, ist das Ziel der Geschichte", formuliert Westermann[684]. Zur Bezeichnung „alles Fleisch' vgl. Jes 40,5.6; 49,26; 66,16.24; bes. Jr 25,31; Ps 65.3.

---

683 Vgl. Der Prophet, 140.

684 339. Vgl. zu den kultischen Feiern am Neumond und Sabbat, H. J. Kraus, Gottesdienst..., 96ff.

V. 24 spricht vom ewigen Gerichtszustand. Der Gedanke an eine ‚ewige Verdammnis' hat vorher im AT keine Parallele. Die Kommentare vermerken zur Stelle, daß von hier das Wort für Hölle, den Ort der ewigen Qual abgeleitet worden ist: die Leichname der Abtrünnigen liegen außerhalb von Jerusalem. Dabei dachte man an das Hinnom-Tal, südlich von Jerusalem; aus גֵּיא הִנֹּם aber wurde ‚Gehenna'. Die Reaktion der Jahweanbeter auf das Gericht an den Abtrünnigen wird ‚Abscheu' (vgl. Da 12,2) sein. Wir wissen aus der Masora, daß in der Synagoge nach der Verlesung von V. 24 nochmals V. 23 wiederholt wurde, um nicht mit jenem schauerlichen Gerichtswort zu schließen.

2. Form- und Gattungsanalyse.

Nach Elliger haben wir eingangs eine klar gebaute Tora (Weisung: V. 1-3b) mit angehängtem Drohwort (V. 3c.4) in Form eines Botenspruches vor uns [685]. Nun ist aber die gattungsmäßige Zuordnung von 66,1-4 keineswegs leicht und eindeutig vorzunehmen, weil die Redeweise weder typisch prophetisch, noch ausschließlich der priesterlich geprägten Tora-Praxis zuzueignen ist. Fohrer vermerkt, der Prophet spreche „in einer eigentümlich verstandesmäßigen Art, die an die Beweisführung in Ps 50 erinnert und eher der Weisheitslehre als der Prophetie gemäß ist" [686]. Formal ist der Abschnitt bestimmt von der einleitenden Botenspruchformel. V. 1 ist nominal strukturiert; er sagt aus, in welchem Zustand das Subjekt ‚Jahwe' sich befindet. Der Attributsatz innerhalb V. 1bα redet vom Handeln des Menschen; er allein ist verbal konstruiert mit einer Präfixkonj. an zweiter Stelle. Die Suffixkonj. an zweiter Stelle in V. 2a sind ein Resultativ-Stativ. Dieser erste Teil der Jahwerede wird beschlossen durch die Bekräftigungsformel. Die Präfixkonj. an zweiter Stelle (H.fil) in V. 2b hat extratemporalen Sinn. Die Partizipienreihe in V. 3a.b wertet die kultischen Praktiken von Leuten, von denen ab V. 3c in der 3. Pers. geredet wird. Entsprechend ihrem verkehrten Tun (V. 3c: zweimal x-qatal im Sinn punktueller Vergangenheitsaussagen) gedenkt Jahwe das Gericht über sie heraufzuführen (V. 4a: zweimal x-yiqtol). Der Kehrvers 4b.c begründet und entfaltet, eingeleitet durch ‚denn', daß die eigenwilligen Taten der Menschen die fehlende Gottesbeziehung verraten und, daß diese Menschen der göttlichen Strafe nicht entgehen werden.

685 Einheit..., 36.
686 272.

Bereits in Kap. 58 und 59 haben wir gewisse Beeinflussungen und methodische Anklänge hinsichtlich der Art konstatiert, wie sie in der Weisheitslehre gepflogen wurde (vgl. auch zu Jes 56,1ff). 66,1-4 ist durch die Botenformel (V. 1) geprägt. Elemente der Psalmensprache und der Torapraxis, aber auch der prophetischen Unheilsankündigung, wenn auch sehr schematisiert, geben das Gerüst des Spruches ab. Um mit Fohrer (vgl. oben) zu reden, mutet die Art des Vortrags wie eine weisheitlich geprägte Gedankenführung an. Das Moment der größeren Durchschlagskraft und Publikumswirkung wird eingeplant gewesen sein. Aber letztlich geht es um die Spitze dieses Wortes und um die Umstände, welche es veranlaßten, aber auch, in welchem Rahmen es vorgetragen wurde. Das Anliegen aber ist doch echt prophetisch : der Sprecher richtet sich gegen eine Entpersönlichung der religiösen Sphäre und gegen eine Entsakralisierung oder Säkularisierung der personalen Sphäre, d.h. die personale Nähe Gottes öffnet sich für einen dort, wo einer sich im Innersten an Gott freigibt, indem er sich selbst und sein Geschick dem Willen Gottes überläßt (vgl. bes. 66,2b und 3c.4). Der Spruch setzt sich also grundsätzlich mit dem Problem der Stellung und Beziehung von Gott und Mensch auseinander und bleibt nicht bei einer vordergründigen Tempel- und Kultpolemik stehen. Den Rahmen der Verkündigung wird allerdings eine zum Gottesdienst versammelte Gemeinde abgegeben haben, welche auf eine prophetische Weisung oder priesterliche Tora zur Frage ‚Wiederaufbau des Tempels und Werthaftigkeit ihrer Opfer vor Jahwe‘ wartete. Ein derartiger positiver Kultbescheid auf eine Laienfrage mag auch erfolgt sein (vgl. Mi 6,6f). Doch in 66,1-4 haben wir so etwas Ähnliches zu verstehen wie den paränetischen Kontrastspruch eines Propheten — ähnlich der Situation, wie sie in Jr 28 geschildert ist. Der Schwerpunkt des kurzen Spruches und der damals wohl typische Jargon anläßlich kultischer Versammlungen bestimmten auch die eigenartig variierende Redeweise von 66,1-4. Zeitlich mag das Wort ungefähr den Problemen des Jahres 520 v. Chr. entsprechen.

V. 5 ist ein Wort für sich. Eröffnet durch einen Imperativ, der die Aufmerksamkeit auf die folgende Botschaft lenken will, werden die Hörer näherhin mittels einer Partizipialkonstruktion von ihrer Gottesbeziehung her eingestuft. V. 5b-d folgt indirekt eine Heilsankündigung für die Angeredeten, eingekleidet in eine „prophetische Gerichtsankündigung“, die jedoch „stark abgewandelt“ ist, schreibt Westermann [687]. Diese Unheilsankündigung gegen ‚eure Brüder‘ ist

[687] 329.

eigentlich nur in den beiden letzten Worten des Verses in Form einer Präfixkonj. an zweiter Stelle im Sinn der sicher eintreffenden Zukunft enthalten. Sie ist im letzten eine Bestreitung dessen, was momentan deren scheinbare Stärke ausmacht. Weil es sich um eine Gegenwartserfahrung der Hörer handelt, wird sie mittels einer Suffixkonj. an erster Stelle (V. 5b) eröffnet. Das höhnende Zitat aus dem Mund dieser feindlichen ‚Brüder' wird mittels einer Präfixkonj. an erster Stelle im Sinn eines punctualis in der Zukunft begonnen. Ob das Verheißene eintrifft, wird erst die Zukunft erweisen. Doch erfüllt sich das Wort bereits jetzt, wenn sich die getreuen Jahweanhänger dadurch aufmuntern lassen, in ihrem Glauben an die Heilsankündigungen Jahwes und deren Einlösung weiterhin festzuhalten. Also ein prophetischer Appell an den Glauben seiner Hörer — entstanden aus dem eigenen Glauben des Sprechers, daß dort, wo dieser Appell gehorsam angenommen wird, sich die äußere Situation zwar nicht wendet, der Gläubige jedoch die Kraft bekommt, diese Situation durchzustehen. So erhört Gott die Bitten um die Wende der Not. Der Sitz im Leben von V. 5 wird eine öffentliche Klagebegehung gewesen sein.

Die Verkündigungseinheit 66,6-16 besteht aus dem Mittelstück V. 7-14 und ist, wie Westermann klar erkannt hat, mit V. 6 und 15f in eine apokalyptisch gefärbte „Weltgerichts-Epiphanie" gerahmt [688]. V. 6 besteht aus nominalen Satzelementen und wird in V. 6a und b durch den Aufmerksamkeit erregenden Ruf ‚horch!' eröffnet. V. 7 setzt neu mit zwei Temporalsätzen ein. Die Präfixkonj. an zweiter Stelle in V. 7a wird synonym durch eine ebensolche in V. 7bα fortgeführt. Die Hauptaussage bringt der qatal-x-Satz in V. 7bß. Diese Inversion in V. 7b setzt an den Anfang ein rätselvolles Ereignis, dessen wunderbarer Vorgang durch die rhetorischen Fragen in V. 8a-c noch eindrucksvoller herausgestrichen wird. Punktuellen Vergangenheitswert haben die beiden ersten מי-Fragen (jeweils x-qatal) in V. 8a, auf einen empirischen Sachverhalt aber verweisen die Präfixkonj. an zweiter Stelle in den Fragesätzen V. 8b.c. Des Rätsels Lösung bringen die beiden Suffixkonj. an zweiter Stelle im Sinn eines Resultativ-Stativs (V. 8d). Mit V. 9 wird ein zweiter Fragenkomplex ‚in Art einer Bestreitung' angefügt. Die beiden Fragesätze werden je durch האני und אמ־אני eingeleitet und mittels einer Schlußformel abgegrenzt. V. 9a und b sind in kunstvollem Wortspiel aufeinander abgestimmt. V. 9a hat zweimal die Form x-yiqtol, V. 9b folgt auf

[688] 332.

eine Partizipialkonstruktion, welche den Befriff ‚ gebären lassen ‘ vom vorausgehenden Versende aufnimmt, auf ein ו-adv. eine Suffixkonj. Beide Sätze sind im Ich der Jahwerede gehalten. In V. 10 fordern drei Imperative die Hörer auf, die Wende von der Trauer und Klage zur Freude und zum Loblied zu vollziehen. Dieser „ Aufruf zur Freude “ [689] wird in V. 11 in zwei synonym gebauten Sätzen verbreitert, wobei eschatologische Erwartungen in Bildvergleichen ausgeschmückt werden. Am Satzanfang steht jeweils למען, darauf folgt stets eine Präfixkonj. (an zweiter Stelle !) und ein ihr entsprechendes Perf. cons. Wir sehen, die V. 7-11 sind rhetorisch wirkungsvoll gebaut.

V. 12-14 sind formal als Heilsankündigung bestimmt. Die Verba finita sagen durchgehend über die sicher eintreffende Heilszukunft aus. V. 12ff sind durch begründendes ‚ denn ‘ mit dem Vorausgehenden verbunden. Einleitend die Botenspruchformel ; sie fordert für die Botschaft göttliche Autorität. Diese setzt mit הנני ein, einer Formel, welche die Zuwendung und Erhörungsbereitschaft Jahwes betont. Sie erfüllt zugleich die Bedingung, daß Jahwe sein Wort einlösen wird. Wenn Jahwe mit ‚ siehe hier bin ich ‘ seine personale Nähe und Anwesenheit den Hörern bekundet, erfüllt er zugleich die primäre und grundlegendste all ihrer Bitten in ihren Klageliedern. Geht es darin doch in erster Linie nicht um Fakten, worum gebeten wird, sondern um die zwischenpersonale Gesprächssituation des betroffenen Ich's dieser Menschen und Jahwe, der erhört, indem er sich als nahen Gott erfahren läßt.

Die nominale Konstruktion von V. 12a.b drückt aus, daß der ‚ Friede ‘ und ‚ die Herrlichkeit der Völker ‘, die Jahwe dem endzeitlichen Gottesvolk zuwenden wird, als dauernder Zustand verstanden werden will. V. 12c-13 stehen Präfixkonj. im Sinn der sicheren Zukunft. Sie beschreiben Jahwes künftiges Heilshandeln. Die Reaktion der Heilsgemeinde ist betont in die Form einer Inversion (zweimal qatal-x + x-yiqtol) gefaßt (V. 14a). Der Vergleich geht auf Motive aus den Klageliedern zurück. Das Moment der dadurch ausgelösten universalen Endoffenbarung des alleinigen Machtanspruches Jahwes — als qatal-x konstruiert — leitet als legitimer Bestandteil der Gerichtsreden in V. 14b auf die Rahmenverse 15f über. Die ‚ Epiphanie ‘ Jahwes

[689] Crüsemann, 55-65, findet für den ‚ Aufruf zur Freude ‘ aus Jes 54,1 und in der Umkehrung Hos 9,1 einen noch klar erkennbaren ursprünglichen Sitz im Leben ; „ ein Heilszuspruch im Bereich des Sexual- und Fruchtbarkeitskultes “. Er richtete sich primär an Frauen. „ Diese Gattung wird dann von der Heilsprophetie aufgegriffen und auf Israel bzw. Zion übertragen “, 65.

wird sich im dauernden Glück der endzeitlichen Heilsgemeinde — in diesem Spruch erfährt ausschließlich sie die helfende Hand Gottes — und im Zorngericht gegen seine Feinde (die Völker) erzeigen.

V. 15f setzt mit כי־הנה ein. Auf diese Präsentativ-Formel folgen Wendungen, welche ihren Ort in den Epiphanieschilderungen haben. Jahwes ‚Kommen' gilt ausschließlich dem Vernichtungsschlag gegen den gottlosen Machtanspruch der Völker. V. 15 folgt auf eine Präfixkonj. an zweiter Stelle eine Infinitivkonstruktion. V. 16 ist abermals mit כי eingeleitet. Darin werden nur Suffixkonj. verwendet.

Elliger hat V. 5-16 eine ‚Liturgie' genannt, mit V. 5 als Einleitung, auslaufend in V. 12-16, einer Verheißung und Drohrede [690]. Für Westermann ist 66,6-16 eine „zum Kern von Tritojesaja" gehörende Heilsverheißung, die in eine „Weltgerichts-Epiphanie" (V. 6 und 15f) gerahmt ist [691]. Damit sind erstmals die Textschwierigkeiten bezüglich der Übergänge von V. 6 zu V. 7 und V. 14 zu V. 15f befriedigend gelöst und erklärt worden. Doch müssen wir darüber hinaus nach dem ‚Sitz im Leben' und den Traditionszusammenhängen des Stückes fragen, um dem eigenwilligen Stil und Charakter dieser Verkündigung gerecht zu werden.

E. von Waldow ist in seiner Untersuchung ‚Der traditionsgeschichtliche Hintergrund der prophetischen Gerichtsreden' auch den Gerichtsreden gegen die Heidenvölker bei Deuterojesaia nachgegangen [692]. Seine Ergebnisse auf 66,6-16 angewandt, helfen uns in der Beurteilung des Stückes wesentlich weiter. Er geht davon aus, daß der Gedanke vom Gericht des Gottes Israels über die Heidenvölker ursprünglich in der Jerusalemer Kulttradition verhaftet war. Dtjes habe nun in seinen Gerichtsreden über die Heidenvölker diese alte Tradition zwar aufgenommen, sie aber zugleich mit gewissen Merkmalen und charakteristischen Formelementen der israelitischen Weisheitsüberlieferung zusammengebracht und zu einer neuen Einheit verschmolzen. Von den Redeformen aus der profanen Gerichtsverhandlung sei hier nichts mehr zu spüren. Dagegen sind rhetorische Fragen aufgenommen, wie wir sie vom Redestil der Weisheitslehrer, näherhin aus dem Bereich der Naturweisheit kennen (vgl. Jes 41,2.4.26; 43,9; 44,7). Somit kommen diese dtjes Gerichtsreden in die unmittelbare Nähe zu den Dispuationsworten zu stehen (vgl. 40,12-17), wo

---

690 Einheit, 37ff. Vgl. Odeberg, 25.
691 243f und 332ff.
692 bes. 46-53.

dieser eigentümliche Fragestil ein Wesensmerkmal darstellt. Mit derartigen rhetorischen Fragen, die zudem ironisch gemeint waren, hat der Weisheitslehrer seinen Kontrahenten zum Schweigen gebracht. Nach v. Waldow sind bei Dtjes diese Fragen „ ganz der Verherrlichung Gottes dienstbar gemacht " worden [693]. Ein weiterer Berührungspunkt zwischen den Gerichtsreden und der weisheitlichen Disputation sei der „ subjektive Erkenntnisakt " als Ziel des Prozesses. Beim Prozeßgegenstand gehe es „ um den Erweis der einzigartigen und alleinigen Gottheit Israels. Sie soll dem Angeklagten einsichtig werden, er soll sie erkennen und damit anerkennen " [694]. Was ist davon nun rein methodisch und unter Berücksichtigung der spezifischen Eigenart des Stückes auf Kap. 66,6-16 übertragbar ?

Der Sprecher von 66,6-16 ist in der Freiheit, ursprünglich artfremde Redeelemente zu einer Einheit zu verschmelzen, noch ein gutes Stück über Dtjes hinausgegangen. Wir haben bereits bei Kap. 58 und 59 bemerkt, daß ein starker Einfluß von seiten der Weisheitslehre mitgespielt hat. In 66,6-16 aber kommt es zu einer Neuinterpretation des Heilswortes. Wie mehrere Anklänge nahelegen, war der Sitz im Leben dieses Spruches eine Volksklagefeier, eine Klagebegehung. Die göttliche Antwort aus dem Mund eines Propheten aber hielt sich nicht mehr an die herkömmlichen Strukturelemente der Heilsankündigung. Der Spreches wollte nicht bloß ein Botenwort übermitteln, sondern seine Hörer zur Zustimmung bewegen. So bediente er sich der Methodik der Weisheitslehre, die nach dem Exil offensichtlich immer größeren Anklang fand. Er hat aus den beiden Traditionen der Gerichtsankündigung gegen die Heidenvölker und der Disputation geschöpft und sie der Redeform der Heilsankündigung dienstbar gemacht. V. 7-9 wird mit rhetorischen Fragen in Art der Weisheitslehre argumentiert. Es werden fast nur Fragen verwendet. Sie sind rhetorisch mit einem ironischen Unterton zu fassen ; der dargelegte Sachverhalt ist so einsichtig und sinnvoll, daß sich jede Antwort oder Gegenargumentation erübrigt. Der Prophet spricht aus der Einsicht in die tieferen Zusammenhänge der göttlichen Heilspläne und der Heilsgeschichte. Der Spruch ist als Jahwerede stilisiert, weil man der Überzeugung war, daß letztlich die Weisheit Jahwes „ auch die verborgene Quelle alles sinnvollen Geschehens " darstellt (vgl. Pr 8,15f) [695].

---

[693] 48.

[694] 50.

[695] v. Waldow, 51.

In V. 7ff aber wird der Schritt von der gegenwärtig erst in den Anfängen sich befindenden Jahwegemeinde hin zur eschatologischen Verherrlichung der endgültigen Heilsgemeinde als sinnvoll vorauszusehendes Geschehen dargestellt. Der erste Schritt ist getan (Tempelbau). In einer Linie mit den Völkergerichtsreden bei Dtjes wird daran festgehalten, daß die Endoffenbarung Jahwes bevorsteht. In selbstbewußter Rhetorik fragt Jahwe, ob er das Begonnene selbst aufhalten sollte. Der Tatbestand liegt offen zutage: das wäre unsinnig. Wie V. 14b betont, wird zur Anerkennung gebracht werden, daß Jahwe der alleinige Gott ist. Das Moment des subjektiven Erkenntnisaktes ist allerdings von der Gerichtsrede auf die Vorgänge übertragen, welche mit der Heilsankündigung im Zusammenhang stehen. Die eschatologische Verherrlichung der Heilsgemeinde wird diesen Erkenntnisakt bewerkstelligen. Wenn die Heilsankündigung von der ‚Weltgerichts-Epiphanie', von Aussagen über das Völkergericht gerahmt wird, so nicht bloß, weil diese Tradition im Hintergrund steht, sondern vornehmlich, weil damit ausgesagt werden will, daß diese Vorgänge in Jerusalem eingebaut sind in die tieferen Ordnungen des universalen Geschichtsplanes Jahwes. Von einem Prozeß, wo Jahwe als Ankläger auftreten würde, ist auch gar nicht die Rede. Auch das endzeitliche Völkergericht ist ein Tatbestand, über den nicht diskutiert wird, der einfach Anerkennung verlangt. ‚Zorn' und ‚Schelten' Jahwes wird über sie kommen.

Noch einige Nebenbeobachtungen: Es wird nicht von ungefähr sein, daß etwa eingangs mit ‚gebären' ein Bild aus der Natur verwendet ist. ‚Entschlüpfen lassen' bezieht sich, wie wir gesehen haben, im Stil der Naturweisheit auf eine Naturbeobachtung. Es meint den Geburtsakt bei den Tieren und drückt hier die Leichtigkeit dieses Vorganges aus. Ebenso verhält es sich mit der Geburt des neuen Gottesvolkes. Wie von Waldow belegt, ist die Naturbeobachtung aber bereits bei Dtjes der Verherrlichung Jahwes dienstbar gemacht worden[696]. Bei ihm ist die „theologisierende Weisheit" bereits eine Gegebenheit, bei Trjes hat sie weitere Bereiche auch der gottesdienstlichen Belange beeinflußt.

Weitere Beobachtungen: V. 7 hält die Hörer bewußt durch die rätselartige Feststellung in Spannung. Erst in V. 8d wird die Deutung und Anwendung gegeben. V. 9 nennt Westermann „eine Art Bestreitung: Bestreitung der Skepsis, die das volle Heil nicht mehr erwar-

---

[696] Vgl. 49, Anm. 21.

tet“ [697]. Aus dem oben Gesagten ist einsichtig, wie diese Art zu fragen hier ihren Platz gefunden hat. Auf diesen zweiten Fragenkomplex in V. 9, der in der Disputationsrede seinen Platz hat, folgt auf Grund der Einsichten aus V. 7-9 die Aufforderung zum eschatologischen Lob. Hier wird die Späre des Intellekts verlassen und die personale Konsequenz auf Grund der zwingenden Evidenz des eben Dargelegten gefordert. V. 12-14 die an das herkömmliche Schema sich haltende Heilsankündigung in Form eines Botenspruchs. So erleben wir in 66,6-16 das Ringen einer gläubigen Gemeinde mit dem Problem, daß die von Dtjes verkündete kosmische Endoffenbarung im Zusammenhang mit der Heimkehr und dem Einzug in Jerusalem (vgl. 52,7-12) von seiten Jahwes uneingelöst blieb. Der Prophet erneuert diese Heilsbotschaft, indem er sie in Art eines Weisheitslehrers aktualisiert und zugleich ein Bekenntnis zur Treue Jahwes zu seinem einmal gegebenen Wort ablegt. Wir werden das Wort auf die Zeit kurz nach dem Tempelbau einordnen können.

V. 17 wird von Elliger als „selbständiger Drohspruch“ angesehen [698]. Der Vers bringt die Scheidung innerhalb der Gemeinde zum Ausdruck. Die Delikte und verkehrten Verhaltensweisen dieser Synkretisten sind mit Partizipien konstruiert, die eigentliche Unheilsankündigung, mit der Bekräftigungsformel als Abschluß, hat die Stellung x-yiqtol.

Die Schlußbemerkungen V. 18-23 (24) sind im Ton der Heilsankündigung gehalten. Ihre Eigenart besteht nicht bloß darin, daß ihre heutige Gestalt literarischen Ursprungs ist, sondern, daß die Verheißungen zum Großteil nicht die Jerusalemer Gemeindemitglieder, sondern die Diaspora und die Bekehrten unter den Heidenvölkern betreffen. Die Verse sind durchgehend im Ich der Jahwerede verfaßt. Besondere Beachtung verdient ihr Einsatz mit ואנכי in V. 18. Wir haben es mit einem ו- adv. zu tun. Es expliziert, daß die eigentliche Heilswende in Form der universalen Öffnung der gegenwärtig eher separatistisch eingestellten Kultgemeinde durch das ‚Kommen‘ Jahwes eingeleitet werden wird. Was der Red. am Schluß seiner Sammlung ausführt, ist für die neuen Hörer des Buches eine befreiende Horizontöffnung. War doch aus den vorhergehenden Stücken immer wieder der kleinliche, unmissionarische und andererseits in synkretistischen Machenschaften sich rückversichernde Geist gewisser Kreise der nachexilischen Gemeinde in Jerusalem aufgeklungen.

---

[697] 333.

[698] Dtjes, 289.

Formal sind die Verse 18f von Suffixkonj. im Sinn der Heilszukunft geprägt. In V. 20 hat die Suffixkonj. an erster Stelle denselben Horizont. Der dazugehörige Vergleichsatz — getrennt durch die Botenformel (Zwischenformel) — hat die Stellung x-yiqtol; er bringt eine Erfahrungstatsache aus dem unmittelbaren Anschauungsbereich des Schreibers, den Opferbetrieb am Tempel. V. 21 und 23 sind mit Präfixkonj. an zweiter Stelle im Sinn der sicheren Heilszukunft konstruiert und jeweils mit der Beteuerungsformel ausgeleitet. Der Gegenstand ist für beide Verse die Kultmaterie. Der Red. wird dabei auf Vorlagen zurückgegriffen haben. In V. 22 folgt auf einen partizipial konstruierten Vergleichssatz nach der Bekräftigungsformel (Zwischenformel) eine für die neuen Hörer lebensnotwendige Heilsaussage in Form einer Präfixkonj. an zweiter Stelle. V. 24 schildern zwei Suffixkonj. die negative Seite, den ewigen Gerichtszustand, mit den Augen des Menschen. Darauf folgt in apokalyptisch gefärbter Redeweise ein Begründungssatz (zweimal x-yiqtol und einmal qatal-x). Eine Schlußformel fehlt.

Teil II.

Das prophetische „ Erweckungsbuch " Jes 56 - 66 seine Komposition und der Anlass seiner Entstehung

1. Ueberblick über die redigierten Sprucheinheiten

Bevor wir nach den Grundzügen der Verkündigung und von da nach der Einheit des Buches fragen, müssen wir uns nochmals kurz auf den speziellen Horizont der einzelnen Sprüche besinnen. Was war ihr ursprünglicher , Sitz im Leben ' — aus welchem Daseinsvorgang sind sie entstanden ?

In Jes 56,1-8 kommt der Red. zu Wort. Mittels der vorangestellten Botenspruchformel weist er das gesamte Buch als autorisierte Gottesbotschaft aus. Sein paränetisches Anliegen hat der Red. in Form einer Mahnung, Verheißung und eines Makarismus in V. 1f und 8 niedergelegt. Darin hat er z.T. vorgegebenes Wortgut um den eigentlichen Kern des Abschnittes (V. 3-7) gruppiert und literarisch fixiert und so das programmatische Vorwort zu Jes 56 – 66 gestaltet. V. 3-7 enthält einen prophetischen Kontrastspruch in Form einer Heilsankündigung an , Fremde ' und , Eunuchen ', denen ein falscher priesterlicher Torabescheid die Hoffnung auf die Zugehörigkeit zur Jerusalemer Jahwegemeinde zerstört hatte. Die Klagerufe dieser , Exkommunizierten ' hatten den Propheten mit seiner Verkündigung auf den Plan gerufen. Der , Ort ' ist wohl innerhalb des neuerbauten Tempelbezirkes zu suchen. Die Zeit wäre kurz nach 515 v. Chr. (spätestens 510) als geeignetste anzusehen. Neben V. 1f und 8 haben wir auch den Schachtelsatz , besser als Söhne und Töchter ' (V. 5bß) und die Phrase , und daß sie ihm Knechte seien ' (V. 6b) als voraussichtliche Textauffüllung durch den Red. ausgemacht.

Sowohl 56,9-12 als auch 57,1-13 waren ursprünglich selbständige Verkündigungseinheiten. Der erste Spruch enthält eine Gerichtsankündigung gegen die verantwortungslosen Führungsschichten im Volk, der zweite setzt als Leichenklage über den Tod eines , Gerechten ' ein. Er geht in eine Gerichtsankündigung gegen das synkretistische Volk über und schließt in V. 13b mit einer bedingten Verheißung; diese hat das Gewicht eines prophetischen Erweckungswortes, insofern sie verkündet, Jahwe werde trotz des Abfalls seines Bundespartners ‚dennoch‘ seinen Heisplan verwirklichen und seine Heilsverheißungen einlösen. Zugleich wird das wichtige Thema einer notwendigen Scheidung im Volk angeschlagen. Beide Male war kein kultischer ‚Sitz‘ zu erheben. 56,9ff mag am Tor der Stadt, und 57,1ff am Grab eines ‚Gerechten‘ gesprochen worden sein. Man muß die Worte mit Westermann nicht unbedingt in vorexilische Zeit datieren. Sie sind gut aus den Verhältnissen um 520 heraus erklärbar. Die Hand des Red. konnten wir nur bei 56,10 mit einiger Wahrscheinlichkeit nachweisen. Durch die Anfügung an 56,1-8 bekommt die absolut gesetzte Formulierung לא ידעו einen neuen Bedeutungshorizont (vgl. z. St.). Endlich haben wir von der Form und Sache her den abschließenden Fragesatz in 57,6 als Fremdkörper gestrichen.

Die Einheit 57,14-19 hat in ואמר eine redaktionelle Überleitungsformel vorangestellt. Der Spruch vermittelt eine Heilsankündigung (mit aufgelockerter Struktur) und geht auf einen kultischen Sitz im Leben der Hörer, auf eine öffentliche Klagebegehung zurück. Die Gedankenführung erinnert an Dtjes. Die Imperative verraten die Absicht, die Hörer zu bestärken, in der Hoffnung auf die nahe Heilswende in der Gegenwart durchzuhalten. Die Initiative der Geschichte liegt nicht, wie es scheinen möchte, in den Händen der Abtrünnigen, sondern Jahwe lenkt die Geschichte zielstrebig auf den eschatologischen Friedens-Zustand für die jetzt noch ‚Trauernden‘ hin. Nach 57,15 könnte das Wort kurz nach 515 v. Chr. gesprochen worden sein.

57,20f trägt den Stil der Weisheitslehre und geht auf eine spätere Hand, wohl nicht auf die des Red., zurück.

Innerhalb 58,1-12 scheint V. 1-9a im voraus literarisch konzipiert (mit dem Skopus in V. 6f) und nach einem nicht überlieferten Zwischenruf durch V. 9b-12 spontan erweitert worden zu sein. In Anlehnung an den Redestil der Weisheitslehrer bedient sich der Sprecher der katechetischen Methode, um ausgehend von der entpersönlichten Fasten- und Bußpraxis die mitmenschliche und personale Komponente einer auch vor Gott anerkannten ‚Gerechtigkeit‘ einzuschärfen. In einer wegen ihrer konditionalen Form von vielen als unglücklich empfundenen Motivierung wird in V. 8f und 10bff je eine bedingte Heilsankündigung angefügt. Sie möchte einer der akutesten Fragen im Leben der Hörer, nämlich dem Problem der Heilsverzögerung und, ob Jahwe versagt hat (vgl. V. 3a), begegnen. Meist nimmt man an, der Rahmen der Rede sei ein kultischer gewesen; eine Volksklagefeier, ein im Exil aufgekommener Buß- und Fasttag. Doch scheint mir kein kultischer Sitz mehr vorzuliegen, sondern bloß eine relative zeitliche Nähe zu einer derartigen frühnachexilischen, kollektiven Klagebegehung, der die göttliche Antwort in Form einer Heilsankündigung versagt geblieben war. Darin ist der Anstoß dafür zu sehen, daß die Teilnehmer in ‚Anklagen Gottes' ausbrachen, deren Berechtigung hinwiederum vom Propheten bestritten wurde. Der Spruchbestand ist ziemlich treu überliefert. Bloß die Bekräftigungsformel (V. 6aß) ist als Textauffüllung aus G wegzulassen, und V. 8b als geschickte Interpolation (zugunsten der neuen Hörer in Babylon) anzustreichen.

58,13f ist eine ‚Gebotsparänese' zum Thema ‚Sabbat' aus der Hand des Red.

Aus Kap. 59 sind die Verse 5-8 als spätere Textauffüllung (zugleich mit 57,20f ?), der letzte Dreier in V. 18 als Häufung, und V. 21 als red. Abschlußvers mit dem Thema ‚Bund' aus der ursprünglichen Verkündigungseinheit auszuscheiden. Wiederum ist die Betrachtungs- und Darstellungsweise weisheitlich orientiert. Das Stück hat eher das Gewicht eines Diskussionsbeitrages zum vordringlichen Glaubensproblem von der ausgebliebenen Endtheophanie Jahwes als das einer offiziellen Gottesbotschaft. Die Sünden der Gegenwart, die Gehorsamsverweigerung gegenüber dem Bundesgott wird als Ursache der Heilsverzögerung dargelegt. Doch wird keine Gliedgattung, angefangen bei der einleitenden Bestreitung, über Elemente eines kollektiven Klageliedes, bis zur abgewandelten Epiphanie (worin Jahwes Kommen ‚gegen' äußere Feinde umgebogen ist in ein Scheidungsgericht innerhalb der Gemeinde, in einen Akt der eschatologischen Reinigung der Gemeinde), rein durchgehalten. Wir haben wohl eine prophetische ‚Erweckungspredigt' vor uns, welche zwar durch eine Volksklagefeier ausgelöst, aber außerhalb eines kultischen Rahmens verkündigt worden sein wird.

Bei der ‚kleinen Sammlung' Jes 60 – 62 haben wir einen wichtigen Eingriff des Red. konstatiert: Er hat Kap. 60, das ursprünglich auf Kap. 62 folgte, vor Kap. 61 gestellt. Als ursprüngliche Einheiten konnten wir Jes 61,1-9.11; 62,1-9 und 60,1-22 ausmachen. 62,10 wurde vom Propheten selbst verfaßt, als er für 60,1ff eine Überleitung benötigte. Im gleichen Arbeitsgang hat er das eschatologische Loblied 61,10 in Kap. 61 eingeschoben. Zu diesem Zeitpunkt war 60,22 der gemeinsame Abschluß der Sammlung. Als nun der Red. Kap. 60

voranstellte, stand der Vers 62,10 wiederum isoliert da. So verfaßte der Red. als Zusammenfassung der vorausgehenden Kapitel und als Übergang zum übrigen Kontext die Verse 62,11f. Ihr sekundärer Charakter ist am neuen Horizont und auch daran erkennbar, daß die in 62,11f summarisch zusammengestellten Formulierungen und Begriffe z.T. über die in 62,1-9 vorkommenden hinausgehen. Insofern der Gedanke an die allgemeine Rückführung der Diaspora mitschwingt, wird es noch schwerer sein, den tendenziösen Ton dieser Verse zu leugnen. An sekundären Einschüben aus späterer Zeit haben wir in Kap. 60 die Verse 6c ; 12 ; 14ay ; 17b und 19c gestrichen. In Kap. 60 – 62 ist vornehmlich die in Auflösung begriffene Struktur der Heilsankündigung grundgelegt. Die Verbindung mit kultischen Vorgängen kann nur mehr eine lockere gewesen sein. In allen drei Kapiteln ist die Klagesituation des Volkes vorausgesetzt. Kap. 60 nannten wir eine erweckende, prophetische Heilspredigt. In Kap. 61 ist die Struktur der Heilsankündigung vielleicht am konsequentesten durchgehalten. In 62,1-9 sind mehrere Redeformen, dominierend aber Elemente der Heilsankündigung, in eine Heilspredigt eingebaut worden. Die Kurzverse 62,10 sind als stilisierte ‚ Wächterrufe ‘ zu betrachten, die Heilsankündigung an die ‚ Tochter Zion ‘, d.h. die Diaspora, ist als Botenspruch eingeleitet (62,11f). Die drei Kapitel sind etwa um das Jahr 520 v. Chr. entstanden. Sie enthalten die Spitze und das Kernstück des trjes Buches.

Jes 63,1-6 ist nach Westermann der Redeform der ‚ Postenfrage ‘ oder der ‚ Erkundung eines Wächters ‘ zuzuordnen. Ein kultischer ‚ Sitz ‘ ist nicht gut vorstellbar. Früher hat man öfter vertreten, dieses Stück sei ursprünglich mit 59,15b-20 verbunden gewesen. Doch weist seine apokalyptische Färbung auf einen anderen Verfasser.

Bei 63,7 – 64,11 ist als kultischer Sitz im Leben eine Klagebegehung unbestritten. Wir haben ein liturgisches Formular eines Volksklageliedes vor uns, dem in 63,7-14 ein Geschichtspsalm vorangestellt ist. Der heutige Textbestand geht in seinem Grundstock auf die Katastrophe des Jahres 587 v. Chr. zurück und wurde in mehreren Überarbeitungsstufen angereichert. Ein red. Eingriff konnte nicht konstatiert werden.

In Kap. 65 sind die Verse 2-23 als ursprüngliche Verkündigungseinheit anzusehen. Die drei Strophen V. 2-10 ; 11-16 und 17-23 sind eine bewußte Komposition mit dem Ziel in V. 17-23. Die literarische Eigenart — daß nämlich Redeelemente der Gerichtsreden und der Heilsankündigung mit je ihrem Eigengewicht nebeneinander zu stehen kommen — findet ihre Erklärung in der Bundestheologie. Durch alle Teile zieht sich wie ein roter Faden der Verweis auf ‚meine Erwählten'. Der Glaube der Hörer steht angesichts ihrer Klagesituation vor der Existenzfrage, ob diesem Volk noch eine Zukunftschance einzuräumen sein kann, wie es bestellt ist um seine Erwählung, sein Eigentums- und Bundesverhältnis gegenüber Jahwe. Von einer dreifachen Sicht her wird darauf eine Deutung gegeben. Zeitlich fällt diese Verkündigung vor den Beginn des Tempelneubaues, für einen kultischen Rahmen fehlen konkrete Kriterien. V. 1 und 24 erkannten wir als zukunftsgerichtete, verheißende Klammer des Red. Darin gibt er den Adressaten seines Buches ein aktuelles Deutewort auf ihre bedrängenden Fragen und auf die unbeantwortet gebliebenen Bitten in 64,11. V. 10b ist als spätere Glosse auszuscheiden, ebenso V. 25. Letzterer führt die Redeweise der Apokalyptik.

Gegenüber dem Vorausgehenden ist Kap. 66 ein spezifisches Gebilde, ein echtes Spruchkonglommerat. Auffallend viele ursprünglich selbständige Spruchеinheiten (mit ebenso vielen Einleitungs-, Zwischen- und Endformeln) sind in diesem Schlußkapitel zu einem Resümee verwoben, dem ein klarer Gedankenfortschritt zugrunde liegt. Thematisch geht es um die Anteilnahme des Einzelnen am Heil (über das Einvernehmen mit Gott entscheidet, ob einer die Intention Gottes zur eigenen macht). Weiters geht es um die eschatologische Vollendung der jetzt ‚trauernden' Jahwegemeinde (eingefaßt in die Weltgerichtsepiphanie, mit einer Aspektausweitung auf die Reinigung der Gemeinde in V. 17), und endlich um die universal anerkannte Kultgemeinde in Jerusalem (im Eschaton wird Jahwes Absolutheitsanspruch und Geschichtsmächtigkeit sich durchgesetzt haben). 66,1-4 ist ein paränetisch orientierter Kontrastspruch eines Propheten zum Stichwort Gottesbeziehung (des Einzelnen). Auffallend der Einfluß der Weisheitslehre und der Psalmensprache. Er mag einem kultischen Rahmen verpflichtet gewesen sein. Als Entstehungszeit käme das Jahr 520 in Frage. V. 5 und 17 sind selbständige Worte und haben Überleitungs- und Ergänzungscharakter. V. 5 enthält innerhalb einer prophetischen Gerichtsankündigung eine indirekte Heilsankündigung an die treuen Jahweanhänger, welche an den Heilsverheißungen Jahwes festhalten. Der Sitz des Spruches war möglicherweise eine öffentliche Klagebegehung. Die Unheilsankündigung V. 17 trägt zu V. 6-16 das Thema Scheidung innerhalb der Gemeinde nach. Innerhalb V. 6 bis 16 ist die (weisheitlich geprägte) Heilsankündigung in V. 6 und 15f durch eine Weltgerichts-Epiphanie gerahmt, welche die eschatologischen Vorgänge in Jerusalem in den großen Sinnzusammenhang der Endtheophanie Jahwes (mit dem Gericht über die Völker) stellt. Als Sitz im Leben des Spruches käme eine Volksklagefeier in Betracht. Als Abfassungszeit legt sich das Jahr 515 (oder kurz danach) nahe. Endlich ist V. 13c als beteuernder Zusatz des Red. einzustufen bzw. aus dem primären Textbestand auszuklammern. In den eigentlichen Schlußbemerkungen, die durchwegs die Strukturelemente der Heilsankündigung verwenden (V. 18-23), hat der Red. mindestens in V. 21 und 23 (vielleicht auch in V. 20) auf vorgeformtes Traditionsgut zurückgegriffen. V. 24 ist die Anfügung eines späteren (apokalyptisch orientierten)Lesers.

Will man die Aussagetiefe von Texten ausschöpfen, stellt man üblicherweise drei Fragen an sie : Wer kommt hier zu Wort, an wen richten sich die Sprüche, und worüber und in welcher literarischen Art (und Meisterschaft) wird gesprochen ? Keine Frage ist unabhängig von den anderen und ohne dauernden Rückverweis auf die anderen zu beantworten. Wenn etwa der Prophet in 61,1ff und 62,1 (und 6) von sich zu reden scheint, will er bereits wiederum Wesentliches über seine Hörer verkündigen und zugleich ihre Glaubensbereitschaft einfordern.

Beginnen wir mit einem relativ leichter überschaubaren Kriterium, der zeitlichen Einordnung der Sprüche. Den sichersten Anhaltspunkt liefern immer noch die Hinweise auf den Tempel — ob er eben zerstört wurde, noch immer in Trümmern liegt oder bereits wieder aufgebaut ist. Die angeprangerten Götzenkulte oder aus anderen Quellen bekannte Zeitprobleme (kurz nach dem Exil) sind bereits schwerer zum Auswahlprinzip zu erheben, weil ihre Verbreitung nicht immer auf eine spezielle Epoche allein beschränkt gewesen sein mußte. So kamen wir bei 63,7 – 64,11 (in der ersten Fassung) auf das Jahr 587 bzw. kurz danach, bei den meisten anderen Stücken auf den Zeitraum kurz vor 520 bis kurz nach 515. Die Stellen 56,5.7 ; 66,6 und 66,20 (vgl. 57,15) haben auf jeden Fall bereits das Ereignis der Tempeleinweihung (515 v. Chr.) hinter sich. Jes 63,1-6 könnte später sein. Wenn wir mit Galling annehmen können, daß die erste Heimkehr erst im Jahre 521 v. Chr. erfolgte und es in der Folge über Jahrzehnte hinweg viele kleinere Heimkehrerzüge gab [699], werden wir in Jes 56 – 66 Tra-

[699] Vgl. K. GALLING, Von Naboned zu Darius, ZDPV 69 (1953) 42-64 ; 70 (1964) 4-32, bes. 26ff ; — Ders. : Esra 1 – 6, ATD 12 ; — Ders. : Politische Wendungen in der Zeit zwischen Nabonid und Darius, Studien zur Geschichte Israels im persischen Zeitalter, 1964, 1-60, bes. 56ff.

ditionsgut vor uns haben, welches die Problematik der frühnachexilischen Jerusalemer Gemeinde seit der Ankunft der ersten Heimkehrerzüge bis etwa um das Jahr 510 v. Chr. widerspiegelt (auch 63,7 – 64,11 war noch ‚aktuell').

Läßt nun der Charakter der Sprüche, nach Inhalt und literarischer Art miteinander in Vergleich gesetzt, auf einen oder mehrere Verfasser und von da her auf die Einheitlichkeit des Buches schließen? Die vorgefundenen Worte sind weder sachliche Berichte noch literarische Kunstprodukte. Es waren durch bestimmte Vorgänge in der Gemeinschaft provozierte Sprüche, die eine ganz konkrete Funktion im Leben der nachexilischen Jahwegemeinde erfüllen wollten. Im Vordergrund stand das Anliegen, bestimmte Situationen Einzelner oder des ganzen ‚Volkes' auf Gott hin, bzw. die Gesamtsituation in ihrer Heilsträchtigkeit zu deuten. Bedeutsam ist das Interesse an der Zugehörigkeit des Einzelnen am Heil (wie er jetzt im Einvernehmen mit Gott stehen, d.h. den Glauben realisieren kann), das in der Endtheophanie Jahwes der gereinigten Gemeinde aufstrahlen wird. Andererseits stehen auffallend ungereimt eng nationale, separatistische neben solchen Worten, worin das eschatologische Heil nicht bloß dem jüdischen Volk, sondern universal allen Völkern offensteht. Wenn nun die Farben, in denen diese Ereignisse beschrieben werden, sich z.T. eng an dtjes Vorstellungen halten, aber in wesentlichen Punkten wiederum divergieren, wenn weiters typisch paränetisch orientierte Stücke neben solchen angeführt werden, die noch rein den kultischen Sitz oder bereits ganz die Vortragsweise der Weisheitslehrer widerspiegeln, wenn rein prophetische Texte neben gottesdienstlichen Formularen zu stehen kommen, wird man weder H. J. Kraus mit seiner (von Elliger übernommenen) Einheitshypothese eines Trjes, noch F. Maass rechtgeben, der mit dem Argument des Standortwechsels Dtjes zum Verfasser des Grundbestandes unserer frühnachexilischen Worte macht [700]. Man wird es, nur um ein Beispiel zu bringen, einem einzigen Autor kaum zumuten, daß er etwa einmal die Heilsankündigung ganz in der strengen Formauffassung, dann wiederum vermischt mit Elementen der Weisheitslehre oder gar in der aufgelockerten bzw. aufgelösten Form einer Heilspredigt verwendet hat. Die Verfasser der in Jes 56 – 66 zusammengetragenen Stücke wirkten zwar innerhalb eines relativ kleinen Zeitraumes (ausgenommen derjenige von

[700] Vgl. H. J. Kraus, Endtheophanie. — F. Maass, ‚Tritojesaja'?, bes. 162f. Nach ihm wären die Stücke 57,14-19; 58,1-3. 9-21; 60 – 62 und 66,1-16 mit Sicherheit Dtjes zuzuschreiben.

63,7 – 64,11, vielleicht auch der von 63,1-6), schöpften aber aus z.T. recht verschiedenen Traditionen, aus kultischen, prophetischen, weisheitlichen und apokalyptisch gefärbten. Wie eine einheitliche Verfasserschaft ausscheidet, so auch ein einheitlicher (kultischer) Sitz im Leben ; die Vermutung von Kraus, eine formgeschichtliche Untersuchung würde ihn im Gottesdienst der nachexilischen Gemeinde entdecken, hat sich also nicht bestätigt.

Den nächsten Punkt, die Frage nach der Komposition des Buches, stellen wir vorerst noch zugunsten einer skizzenhaften und stichwortartigen Übersicht über die Vorstellungen und Bilder zurück, welche in Jes 56 – 66 bevorzugt wurden, um über Gott, seine Beziehung zu den Menschen, das Selbstverständnis der nachexilischen Gemeinde und des einzelnen Glaubenden, und über die Völker Legitimes auszusagen. Es ist anzunehmen, daß es angesichts der angekündigten, aber ausgebliebenen Endtheophanie Jahwes und der traurigen Zustände im nachexilischen Jerusalem zu einer Neuinterpretation der alten Heilsverheißungen gekommen ist. Man mußte sich der Frage stellen, wie man angesichts der neuen Situation die Bundessatzungen realisieren und den Bestand der neustrukturierten Jahwegemeinde absichern könnte. Die Frage nach dem Absolutheitsanspruch und der Geschichtsmächtigkeit Jahwes, nach seiner Bundestreue und seinem Heilswillen, vordringlich aber das Problem der Erwählung mußte vom Glauben her neu interpretiert werden.

2. Theologische Ansätze in den ‚trjes' Verkündigungseinheiten

Methodisch gesehen müssen wir mit einer Prämisse an die Texte herangehen : Man darf nicht aus dem Auge verlieren, daß das Buch Trjes kein einheitlich theologischer Wurf ist ; es gibt keine ‚trjes Theologie' im Sinn einer systematischen Behandlung der damaligen Glaubenseinsichten. Allerdings wäre es eine lohnende Aufgabe, analog zu den neun Zehnteln eines Eisberges in einzelnen Schichten jene theologische Tiefe zu erheben, die hinter dem Artikulierten, den die eigenen Wirklichkeiten interpretierenden Glaubenszeugnissen, verborgen zum Tragen kommt. Die hier vorgetragenen Überlegungen wollen, vorläufig und nur im Ansatz, bloß die theologischen Blickrichtungen anpeilen, auf die ein meditierender Leser des trjes Buches verwiesen wird. Man kann immerhin im voraus vermuten, daß es allein schon durch den Vorgang der red. Auswahl, gegenseitigen Inbeziehungsetzung und Komposition der Sprüche zu einer theologischen Schwerpunktsetzung gekommen ist. Es mag sich zwar keine trjes. Theologie aber doch so etwas wie ein theol. Horizont des Red. zeigen.

Das alttestamentliche Gottesvolk hat seine Geschichte als Mitgehen Gottes verstanden. „Dieses Mitgehen Gottes aber wurde immer in dem Spannungsfeld zwischen einer offenbar gewordenen Verheißung einerseits und der zu erwartenden Einlösung dieses Versprechens andererseits gesehen"[701]. Man wußte auch, daß jede ‚Erfüllung' zugleich die Verheißung neu interpretierte, bestätigte und neu ausweitete. So war nun das nachexilische Volk vielleicht in die ärgste Glaubenskrise seiner Geschichte gekommen, als die großartigen dtjes Heilsverheißungen, die mit der Heimkehr verknüpft waren, keinerlei Wirklichkeitsdeckung und Entsprechung gefunden hatten. Es mußte die Versuchung bewältigen, die gegenwärtige Erfahrung gegen die Glaubwürdigkeit und Treue Jahwes auszuspielen und so erneut in den Ungehorsam gegen Gott zu verfallen. Die Erfahrung, unter der man litt, zeitigte die ernste Frage : wie kann man die Spannung durchhalten, eine so und so strukturierte Gemeinde und dieser Mensch zu sein, zugleich aber vom Glauben her zu kennen, was man auf Grund der Hoffnung und Verheißung sein sollte. Eine Spannung, die sich angesichts der oft magischen Auffassung des Kultbetriebes, der letztlich den Menschen nicht tragen konnte, und der vereinfachten eschatologischen Naherwartung verstärkt als Krisis des Glaubens auswirken mußte. Wo öffnet sich ein Weg in die Zukunft, um jetzt in Treue durchhalten zu können ? Was tun wir, um nicht auch wie die Gottlosen ‚im Kreise zu gehen', sondern durch die Hoffnung auf Gott hin offen zu bleiben ?

Würde man für eine derart qualifizierte Situation einen Modellfall suchen, wie sie sich im Wort niedergeschlagen hat, könnte man den Vorgang am besten anhand des Volksklageliedes 63,7 – 64,11 verdeutlichen. An einer äußeren Not erfährt das Volk die innere Not, die Gottverlassenheit. Es stößt die Frage aus : Wo ist Gott, mit seiner Treue und Verheißung ? Kann angesichts der Katastrophe der Tempelverwüstung und der Zerstreuung des Volkes Jahwe noch den Absolutheitsanspruch stellen, kann noch von seiner Geschichtsmächtigkeit gesprochen werden ? Nun sehen wir, daß sich diese Glaubenskrise nicht in einem neutralen Feld, sondern in Auseinandersetzung mit Jahwe selbst, in Form eines Gebetes austobt. Das betrof-

---

[701] J. Moltmann, Theologie der Hoffnung, EvThBeitr hsgg. v. E. Wolf, Bd. 38, München, 1966, 6. Aufl., 96. Vgl. außerdem bes. 92ff.

fene Ich schreit zu dem Gott, dessen Nähe es vermißt. Es appelliert an Jahwe, den Gott Israels, und dieser Anruf des Namens ‚Jahwe‘ aktualisiert bereits die Hoffnung, appelliert bereits an eine zukunftsträchtige Verheißung. Die Beter wissen, daß in der Zukunft die Chance der Gottesbegegnung liegt. Im weiteren Gebet selbst geschieht denn auch schon die Wende der Not, wenn im Bekenntnis der Zuversicht im ‚du aber‘ zu Gott hin durchgestoßen wird. In diesem ‚aber‘ wird die innerweltlich verschlossene Situation durchbrochen und es wächst aktuelle Hoffnung, welche befähigt, die Bewältigung der Zukunft in Angriff zu nehmen. Es ist uns bewußt, daß damit erst eine ‚verkürzte‘ Sicht eröffnet worden ist. Doch genügt sie, um den Einstieg in die eigentliche Problematik dieses Abschnittes zu erleichtern [702].

Jede Zeit und jede Generation ist von ihrem Selbstbewußtsein und ihrem Selbstverständnis her gewissen Gottesvorstellungen mehr verpflichtet als anderen, weil nicht jedes Gottesbild eine spezifische Situation gleich gut zu deuten vermag. Wir fragen also zuerst nach den tragfähigen Gottesvorstellungen auf die hin in Trjes die Jerusalemer Gemeinde angesprochen wird. Unter welche Traditionen können die verwendeten Epitheta Gottes subsumiert werden ? In einem weiteren Schritt fragen wir nach der Situiertheit und dem Selbstverständnis der durch die ‚trjes‘ Verkündigung angesprochenen Hörer. Wie trifft Gottes Wort den Menschen an ? Ein nächster Punkt wäre, was ebenfalls nur angedeutet werden kann, auszuführen, was es konkret bedeutet, daß Gott in seiner Bundestreue ‚dennoch‘ handelt, d.h. trotz der dauernden Widerspenstigkeit zu seinem Volk, bzw. seinen ‚Erwählten‘ steht. Was heißt das, wenn Gott jetzt ein Gott für uns ist, wo wird — vom Einzelnen und der Gemeinschaft — sein ‚Mit-sein‘ aktuell erfahren, wo bricht für den Menschen das Vertrauen, die Quelle der Hoffnung auf ? Gibt es Ansatzpunkte für die theologische Einsicht, daß Gott und die Menschen nicht in Konkurrenz stehen ? Damit gelangt man zur Frage nach den Heilsverheißungen, dem Ziel seines Geschichtswaltens und der eschatologischen Endtheophanie.

a) Gottesvorstellungen

‚Jahwe‘ ist der Eigenname des Gottes Israels, der einen übernationalen und ausschließlichen Anspruch auf Verehrung erhebt. Er „ist ein Gott ‚mit Futurum als Seinbeschaffenheit‘, ein Gott der

[702] Vgl. K. PAURITSCH, Art. ‚Klagegebet‘, PBL, Sp. 624.

Verheißung und des Aufbruches aus der Gegenwart in die Zukunft, ein Gott, aus dessen Freiheit das Kommende und Neue quillt. Sein Name ist ... ein Verheißungsname, der neue Zukunft erschließt, dessen Wahrheit in Geschichte erfahren wird, sofern seine Verheißung ihren Zukunftshorizont erschließt", definiert Moltmann [703]. Dieser biblische Gott verweist und sendet in die Zukunft hinein. Am Sinai hat er sich als Bundesgott, als tätiger, wirkender und lebendiger Gott geoffenbart, als ‚Ich bin, der Ich bin' bzw. mit M. Buber wiedergegeben als ‚Ich werde sein, als der Ich da sein werde', in welcher Erscheinung immer, wie ich sein will. D.h. in der Form des ‚Mit-seins' ist er mit seinem Volk verbunden und er ist für sein Volk da und wird es sein in der Weise, die seine Weise ist. Im trjes Buch werden nun diese für die Hörer aktuellen Erscheinungsweisen mit Bildern und Epitheta angeführt, wie sie uns aus den Glaubenstraditionen Israels geläufig sind. Man nennt Jahwe den ‚Heiligen Israels' (60.9.14; vgl. 57,15); ‚du unser Töpfer, Bildner' (64,7); in der Redeweise der Epiphanieschilderungen den ‚in der Höhe', im Himmel und zugleich bei den ‚Demütigen' Wohnenden (vgl. 57,15; 63,19b; 66,1f dazu den Einfluß der Psalmensprache); ‚dein Licht' (58,8; 60,1), ‚dein ewiges Licht' (60,19f); ‚dein Erlöser' (60,16b), ‚Erlöser für Zion und für die vom Abfall Bekehrten' (59,20), ‚Erlöser von Anbeginn' (63,16); ‚der Starke Jakobs' (60,16b); ‚dein Helfer' (60,16b; vgl. 63,8; 59,11b; 62,1). Dazu alle Aussagen, in denen Jahwe geschildert wird als einer, der heilt, tröstet, zur Ruhe bringt (57,18), Danklieder entlockt (57,19), geleitet und lenkt (58,10b; vgl. 63,14), in Liebe, Erbarmen und Milde hilft, erlöst, errettet und trägt (vgl. 63,7ff); der — im Bild des Hirten gesprochen — die Diaspora und die Völker in Jerusalem ‚sammelt' (56,8 und 66,18f); der Himmel und Erde und auch Jerusalem neu ‚erschafft' (65,17f; dazu 66,22 jedoch mit einem anderen Vergleichspunkt); der ‚meine Erwählten' mit Segen bedenkt (vgl. Kap. 65); der mit starkem ‚Arm' für sein Volk kämpft (vgl. 59,16 und 62,8), aber auch gegen seine Feinde (vgl. die Epiphanieschilderungen und Unheilsankündigungen, bzw. zu Kap. 59, Vers 15bff die Tradition des ‚Heiligen Krieges' [704]; der den ewigen Friedenszustand heraufführt (60,17; 66,12), einen ‚ewigen Bund' zu schließen gedenkt (61,8; vgl. 59,21). Für Jahwes eschatologisches

---

[703] 25.

[704] Zur Tradition des ‚Heiligen Krieges' vgl. G. v. RAD, Der Heilige Krieg im alten Israel, 1958, 2. Aufl.; — R. SMEND, Jahwekrieg und Stämmebund, 1963.

Erscheinen in ‚Herrlichkeit' werden verschiedene Begriffe gesetzt: Heil, Gerechtigkeit, Licht, Glanz (vgl. 56,1b; 58,8; 59,9b.11b; 60,1ff; 61,11; 62,1f; 62,11f; 66,18ff). Andere Aussagen betreffen Jahwes Vergebungsbereitschaft (vgl. 57,14ff), seine Treue (vgl. 61,8; 63,7), sein Eifern, seine Stärke, die Regung seines Innern (63,15). Beachtenswert sind endlich jene Stellen, welche ein innigeres Verhältnis zwischen Jahwe und seinem Volk nennen. Er wird genannt ‚unser Vater' (63,16; 64,7); der Jerusalem ‚wie eine Mutter trösten wird' — ein für das AT ungewöhnlicher Aspekt am Gottesbild — (66,13); schließlich wird der Wiederaufbau Jerusalems als neuerliches ‚Brautwerben' Gottes interpretiert (62,4f).

Aus dieser undifferenzierten Aufzählung sollen kurz jene Bilder herausgehoben und interpretiert werden, die das Glaubensverständnis der nachexilischen Gemeinde besonders prägten.

Wir können im Vergleich zu Dtjes eine interessante Beobachtung machen: Gegenüber Jes 40 – 55 ist in Trjes das Zeugnis von der Heiligkeit Jahwes und seiner Schöpfertätigkeit stark in den Hintergrund getreten. So treffen wir die Bezeichnung ‚der Heilige Israels', die zwölfmal in Jes 1 – 39 und zehnmal in 40 – 55 steht, nur im dtjes-beeinflußten Kap. 60, Vers 9 und 14 (vgl. 57,15; 63,10.11) an. Wohl aber stoßen wir relativ häufig auf das Attribut ‚heilig'[705] und auf die Vorstellung vom Kabod Jahwe. Innerhalb derselben Tradition, die auf die Tempelvision Jes 6 zurückgeht, findet sich häufig der Name ‚Jahwe Zebaoth'. In Jes 1 – 39 kommt er 45mal, bei Dtjes an sechs Stellen, in 56 – 66 nie vor. Ebenso würden wir in Trjes vergebens nach der für Dtjes wichtigen Formel ‚Jahwe ist König' bzw. ‚König ist dein Gott' (52,7) suchen.

Die Vorstellung von Jahwe als dem ‚Schöpfer' nahm in Dtjes einen breiten Raum ein. In Trjes wird der term. techn. für ‚erschaffen' in 65,17f (nicht aber 66,22), das Bild des ‚Töpfers' in 64,7 gebraucht. Das Bild sagt aus, daß Gott den Menschen ganz umfaßt. Er hat ihn in seiner Macht. Er hat die Macht, ihn zu gestalten und neu zu gestalten, d.h. er hat es auch in seiner Gewalt, diesen Ton, sein Volk, den Menschen zerbrechen zu können, wenn er Gottes, des ‚Töpfers' Vorstellungen nicht mehr entspricht, weil er sich außerhalb der ihm von Gott vorgegebenen Ordnung gestellt hat und so ‚unwahr'

[705] Vgl. die Formulierungen ‚mein heiliger Berg' (56,7; 57,13; 65,11.25; 66,20; dazu Jes 11,9; 27,13); ‚deine heiligen Städte' (64,9); ‚meine heiligen Verhöfe' (62,9); ‚mein heiliger Tag' (58,13); die ‚heilige Stätte' (63,18); ‚unser heiliges Haus' (64,10); ‚heiliges Volk' (62,11).

geworden ist (vgl. Jr 18). In diesem Bild wird ein Bekenntnis zur Macht Jahwes und zur Unterwerfung des Menschen als Kreatur laut. Das Bekenntnis des Vertrauens und der Zuversicht (64,7) aber wird in einer Zeit der ärgsten Glaubenskrise gesprochen und nachgesprochen, in der man fast an der Frage zerbricht: Wo ist unser Gott — angesichts der Erniedrigung Israels? Hier aber wird bekannt: Dieser Gott, der schweigt und aus seiner Verborgenheit nicht hervortritt, bleibt dennoch unser Gott. Er hat sein Volk dennoch in seiner Hand. Er kann es jetzt neu schaffen, weil er es von Anfang an getan hat. Aber damit ist das Bild noch nicht in seiner ganzen Fülle ausgedeutet. Gott ist der Wirkende, der Bildende, er bleibt, wie ein Künstler zu seinem Werk, auch weiterhin mit seinem Geschöpf in Beziehung, denn dieses Verhältnis zwischen Schöpfer und Geschöpf ist kein unpersönliches, sondern ein personales. Gott ist der aus Liebe und Freiheit heraus Schaffende und Wirkende. Nicht umsonst wird darum in 64,7 in einem Atemzug von Gott als dem Töpfer und ‚unserem Vater' gesprochen.

Von diesem Horizont her fällt ein neues Licht auf Jes 65,17f, auf die ‚Neuschaffung' von Himmel und Erde und von Jerusalem. Der Begriff ברא legt nahe, die Stelle so zu interpretieren, als wolle der Nachdruck darauf gelegt werden, ‚Himmel und Erde' und analog dazu ‚Jerusalem' würden in einem eschatologischen Ereignis ganz neu geschaffen werden; in einer Tat Gottes, die etwas ganz Neues hervorbringt. Letztlich meint der Sprecher jedoch, Jahwe werde eine neue Beziehung zu ihnen schaffen, zu ihnen in einem neuen Verhältnis stehen. Jes 66,22 hat einen anderen Bezugs- und Vergleichspunkt. Hier geht es um den ewigen Bestand des ‚Namens' und ‚Samens' der Jahweanhänger.

Ein zweiter wichtiger Aspekt in der damaligen Gottesvorstellung ist folgender: Jahwe ist nicht nur der aus Liebe und Freiheit Bildende und Wirkende, er ist immer auch der Schenkende. Er schenkt sich stets neu in einem personalen Verhältnis, wir sagen, er ist der Bundesgott Israels. In der Bundesvorstellung haben wir das zentrale Gottesbild vor uns. Wir sagen, Gott hat sein Volk im Bund zu seinem Partner gemacht. Seither gibt es zwischen Gott und den Menschen ein interpersonales Verhältnis; so etwas wie ein Verhältnis der Liebe zwischen Gott und den Menschen und zwischen Gott und dem Menschen. Weil Jahwe in Treue zu diesem Bund steht, ist er ständig bereit zu vergeben (vgl. 57,14ff; 60,10b u.ö.), für sein Volk zu kämpfen, und trotz dessen dauernder Widerspenstigkeit und ständigen Bundesbruches einen ‚ewigen Bund‘ (61,8) mit ihm zu schließen, eine ständige Liebesgemeinschaft mit den Seinen einzugehen, würden wir in der heutigen Theologensprache sagen. Hier könnten wir alle Stellen subsumieren, die vom dialogischen Verhältnis zwischen Gott und den Menschen als der eigentlichen Form des Heilseins reden (vgl. bes. 65,1.24; dazu 59,21) [706].

In diesem Zusammenhang sei darauf verwiesen, daß in Trjes im Gegensatz zu Dtjes von ‚Erwählung‘ bzw. ‚meinen Erwählten‘ im Zusammenhang mit der Bundestheologie gesprochen wird (vgl. zu Kap. 65). Dtjes hatte den Erwählungsbegriff aus der deuteronomistischen Theologie übernommen und die Erwählung aus der Schöpfung begründet (vgl. 43,1; 43,15; 44,2 u.ö.). Er verknüpfte ihn nicht mit dem Bundesgedanken, wie dieser bei ihm überhaupt stark in den Hintergrund getreten war [707].

Das Gottesbild des trjes Buches weist Jahwe nicht nur als den Bildenden und Wirkenden bzw. als den Schenkenden aus, sondern hat noch einen dritten adäquaten Zug an sich: Gott ist der Lenkende und Leitende; er ist der Herr der Geschichte. Hieher gehört in erster Linie das Bild vom Hirten, der seine Herde ‚sammelt‘ und für sie sorgt. Dieses Bild scheint dem Red. besonders treffend gewesen zu sein. Er nennt Jahwes Tätigkeit als ‚Sammeln‘ am Anfang und Ende des Buches (56,8 und 66,18); eine heilvolle Tätigkeit an den ‚Ausgestoßenen‘, an der Diaspora und an den Völkern. Wie er in der Vergangenheit hinter der Geschichte des Volkes stand (vgl. den Geschichtspsalm 63,7-14), geht er auch jetzt mit ihm; man vgl. 65,2, die Interpretation des Wiederaufbaues in 62,4ff, die Argumentation in 66,9, daß er ‚gebären läßt‘, endlich, wo gesagt wird, daß er lenkt, leitet, heilt, tröstet, zur Ruhe bringt usf. Er ist es aber auch, der die Zukunft erschließt und gemäß seinem Geschichtsplan die Heilszeit heraufführen wird. Nach der Weltgerichts-Epiphanie (vgl. 66,6.15f; dazu 59,15bff; 63,1ff), die zugleich eine Reinigung der Gemeinde bewirkt (vgl. 66,17 u.ö.), wird er es sein, der den Lebensunterhalt seines Volkes sichert, die Erben des Landes und Besitzer des Heiligen Berges bestimmt (57,13b; vgl. 58,13f u.ö.), und anderes mehr. Dann wird Jahwe als alleiniger Herr der Geschichte feststehen. Wenn wir abschließend fragen, was das letzte Motiv seines Wirkens und Lenkens ist, können wir gemäß Kap. 62 argumentieren: weil er ‚Jerusalem‘

---

706 Vgl. dazu K. PAURITSCH, Art. ‚Bund‘, PBL, 155-158.
707 Vgl. G. FOHRER, 1967, 284.

liebt, bejaht er trotz aller Abstriche seine Gegenwart und garantiert für seine Zukunft. Jahwe ist der treue Bundesgott, der aus Liebe und in Freiheit bildet und wirkt, (sich) schenkt und leitet.

b) Wie trifft Gottes Wort den Menschen an, was wird in Trjes über seine Situiertheit gesagt ?

In 60,2 heißt es, ‚Finsternis' bedecke die Erde und ‚Dunkel' die Völker. Die gesamtmenschliche Situation wird also als Ausweglosigkeit, Hoffnungslosigkeit und Friedlosigkeit hingestellt. Auch die Hörer interpretieren ihre Situiertheit als ‚Dunkel', ‚wir gehen im Finstern' (59,9b) ; sie lesen an ihrer äußeren Situation, an der Vergeblichkeit ihres kultischen Bemühens, an der Zerrissenheit und inneren Spaltung und Eigenmächtigkeit des Volkes, an der herrschenden Rechtlosigkeit und Bedrückung, also an der zerstörten Mitmenschlichkeit ihre Gottverlassenheit ab. So überwiegen in Trjes die Aussagen von den ‚Trauernden' in Zion (57,19 ; 61,2.3 ; vgl. 65,19), die sich in ihrer Not Gott mit Klageliedern zuwenden, jenem Gott, dessen Nähe sie vermissen. Man beachte die Bildaussagen in 59,10f : Wir tappen dahin wie Blinde, brummen wie die Bären und gurren wie die Tauben. Jerusalem wird beschrieben als geschmäht, bedrückt, verlassen, verhaßt, ohne Helfer (vgl. 60,14f), mit der tieferen Sinndeutung in 62,4 : Weil Gott nicht als ‚nahe' erfahren wird, nennt man Stadt und Land ‚Verlassene' und ‚Einsames'. In diese Situation hinein, in der Weinen und Geschrei herrschen (vgl. 65,19), die davon geprägt ist, daß man sich umsonst um den gesicherten Lebensunterhalt müht, daß ‚für den Schrecken' geboren wird (65,23), daß die Rechtlosigkeit obsiegt (59,9ff), ergeht die Botschaft Gottes. Sie deckt die Ursache auf, weshalb es zu diesem Unheils- und Fluchzustand gekommen ist, in dem der ‚Gerechte' unbeachtet zugrunde geht (57,1f) : Die Betroffenen haben sich des Bundesbruches schuldig gemacht. Man mißachtet, die Bundessatzung und die gemeinschaftsstiftende Gerechtigkeit. Man sichert sich ab, bzw. versucht sich abzusichern, durch Götzendienst (57,3ff ; 59,1ff und 65,1ff ; 66,17) und rücksichtslose Eigenmächtigkeit und Übervorteilung der niederen Volksschichten (vgl. 56,9ff ; 58,4ff.9b.10 ; 59,1ff. u.a.). Besonders Kap. 59 nennt die Tatsachen beim Namen : Im Volk ist Rebellion, Abfall und Untreue da ; man ist abgewichen von der Nachfolge Gottes (bes. V. 13). In 65,2 werden diese Menschen als ‚widerspenstig' bezeichnet.

Nun enthalten aber die trjes Kapitel für die heutige Theologie, welche in der Frage der ‚Erbsünde' bei der Sünde der Welt, bei der allgemeinen Situiertheit des Menschen ansetzt, einige fruchtbringende Aspekte [708]. Die Wertblindheit der angesprochenen Generation, daß sie einfach nicht sehen, was gegenüber der Gemeinschaft und gegenüber Jahwe als Gebot der Stunde zu ‚wählen' wäre (vgl. 65,12; 66,3f; dazu 56,9ff; 58,5ff), wird mit den ‚Vätersünden' in Zusammenhang gebracht. Bereits in der Frühzeit wandte sich das Volk von Gott ab; sie empörten sich, kränkten seinen heiligen Geist (63,10), die Nachkommen aber tun es ihnen nach. Sie werden in 57,3f sogar ‚Söhne der Zauberin', ‚Brut der Ehebrecherin und Hure', ‚Kinder des Frevels, Same des Trugs' (übers. nach Westermann) genannt. Das heißt letztlich nichts anderes als dies, daß die Situation der Väter, die vom Bundesbruch und von der Abwendung von Jahwe her zur Fluch- und Unheilssituation geworden war, in der jetzigen Generation weiterwirkt, insofern die Sünden der Väter fortgesetzt werden in freier Entscheidung. Durch ihre ‚Sünde' aber wird Jahwes Heilsplan behindert (vgl. 59,1ff), ja, ihre Sünde ist im letzten ein ‚nein' zu Jahwes Heilsplan, zur vollendeten Gemeinschaft zwischen Gott und seinem Volk. Weil die jetzige Generation aber in freier Entscheidung ja sagt zu einer Situation, die bestimmt ist von der sündigen Entscheidung der Vorfahren, kann es in 65,6f heißen: ‚Ich zahle heim in ihren Busen ihre Sünden und die Sünden ihrer Väter'.

Unter den Hörern der trjes Verkündigung sind jedoch nicht bloß solche, denen Gottes Wort zum Gericht wird, sondern vornehmlich auch solche, für die jetzt schon die Heilssituation besteht, insofern sie unter dem Worte Gottes leben. Ab 65,8 wird als Tatsache hingestellt: Es ist noch Segen im Volk! ‚Meine Erwählten', meine ‚Knechte' werden als das neue Gottesvolk das Land erben (vgl. 57,13b), sie sollen der ‚Same' sein, den Jahwe gesegnet hat (61,9 und 65,23; vgl. 66,22). Dann werden alle im Volk ‚Gerechte' sein (vgl. 60,21). Um die Frage kurz einzublenden: Wie nennen die Sprecher der trjes Stücke die jetzige Volksgröße? Im Gegensatz zu Dtjes fehlt die Zerdehnung Jakob/Israel. Die Heilsgemeinde kann nicht mehr mit der Zwölfstämmeamphiktionie in Deckung gebracht werden, darum vermeidet man möglichst das Wort ‚Israel'; es kommt nur in älteren, bzw. vorgeformten und dtjes- beeinflußten Einzelsprüchen vor (56,8; 63,7.16; 66,20; vgl. 60,9.14). Oft stößt man auf den Namen ‚Jakob', der mit verschiedensten Begriffen zerdehnt wird (vgl. 58,1.14; 59,20; 60,16;

---

[708] Zur Information vgl. P. SCHOONENBERG, AT, NT und Erbsündelehre, ThPQ 117/2 (1969) 115-124.

65,9). Wenn in 63,7 – 64,11 von ‚Volk' gesprochen wird, ist immer der Eigentumsanspruch Jahwes über dieses Volk mitgedacht (vgl. bes. 63,19a ; 64,8).

An zwei Stellen werden Menschen angesprochen, die ‚hinzittern zum Worte Gottes' (66,2 und 66,5). In 66,5 wird deutlich gemacht, daß es Menschen sind, die an den Heilsverheißungen Gottes festhalten und deshalb von ihren ‚Brüdern' gehaßt und ‚weggedrängt', offiziell aus der Kultgemeinde ausgeschlossen werden. Sie sind sachlich in eins zu sehen mit den ‚Demütigen' und ‚Zerschlagenen' ; diesen allein sichert Gott seine Nähe zu (vgl. 57,15 und 66,1f). Sie sind in ihrer Haltung identisch mit den ‚Armen', denen die Frohbotschaft zukommt, daß Jahwe seine heilende Aufmerksamkeit der Not jedes Einzelnen von ihnen schenkt [709]. Denn diese ‚Armen', Menschen zerbrochenen Herzens, Gefangene, Gefesselte, sozial Benachteiligte und so auch auf die Ausrufung des Sabbatjahres Harrende, die Trauernden, sind es, die Anrecht haben auf die sorgende Liebe Gottes (61,1f). Sie beugen sich unter die schützende Hand Gottes, weil sie wissen, daß sie hier Gerechtigkeit und Erbarmen finden. Sie ‚schreien zu Gott', weil sie in ihm ihren Helfer sehen. Darum sind sie nicht verzweifelt und verbittert, sondern demütig, still und geduldig, weil ihre Sache bei Gott liegt. Es sind solche, die etwa in der Art von 64,7 ihre Abhängigkeit und Kreatürlichkeit mit den Worten bekennen: ‚Wir sind der Ton und du unser Bildner, und das Werk deiner Hände sind wir alle'. Im Sinn des Red. sind es dann zugleich solche, die seine Mahnungen (56,1f) befolgen, die bundesgemäß leben, Jahwe dienen, den Sabbat halten und (negativ ausgedrückt, den Mitmenschen gegenüber) nichts Böses tun. Ihre hingebeugte Haltung Gott gegenüber und ihr Vertrauen auf seine Hilfe läßt sie also nicht die Hände in den Schoß legen. Vielmehr werden sie durch sein verheißendes Wort erst voll zur Hoffnung entbunden, so daß sie nun fähig sind, die Gestaltung der eigenen Zukunft in die Hand zu nehmen und den Weg in die Zukunft zu gehen.

Damit haben wir ein Thema angerührt, das ausdrücklich behandelt werden muß, wenn man nicht an der Bedeutung des Gebetes für den alttestamentlichen Gottesfürchtigen achtlos vorbeigehen will.

---

[709] Zum Vorstellungskreis vgl. etwa L. van der PLOEG, Les pauvres d'Israel et leur piété, 1950 ; — R. MARTIN-ACHARD, Jahwé et les 'anāwīm, ThZ 21 (1965) 349-357 ; — L. HARDICK, Art. ‚Armut', LThK I, 1957, Sp. 878-883, — E. BAMMEL, Art. ‚πτωχός', Kittel, ThWNT VI, 1959, 885-915 ; — K. PAURITSCH, Art. ‚Anawim', PBL, Sp. 34-35.

c) Woraus erwächst dem Glaubenden aktuelle Hoffnung?

Wir müssen kurz rekapitulieren: Die glaubende Gemeinde erfährt an der äußeren Not die innere Gottverlassenheit. Fassungslos fragt sie zuerst: Wo ist Gott? Warum ließest du uns abirren, Jahwe, von deinen Wegen? Verhärtetest unser Herz, daß wir dich nicht fürchteten? (Übers. Westermann) (63,17). In einer späteren Reflexionsstufe erkennen sie in der eigenen Sünde die Ursache für die Unheilssituation (vgl. 64,4b). Sie wissen um ihre Vergebungsbedürftigkeit. Aber Jahwe schweigt (vgl. 64,11). Die Situation bleibt verfahren und innerweltlich verschlossen. Woher nehmen nun diese Menschen die aktuelle Hoffnung für ihr Leben? Aus dem Gebet! Darin stößt der bzw. stoßen die Beter zu Gott durch. Wie und an welcher Stelle geschieht dies? Wir haben bereits eingangs kurz darüber nachgedacht. Die eigentliche Wende wird im Gebet durch das ו-adv. markiert. Im ‚du aber‘ bricht die Zuversicht auf (‚Du aber bist unser Vater‘ u.a.). In der Rückschau auf das Heilshandeln Jahwes in der Vergangenheit und im Bewußtsein der Treue Gottes wächst das Vertrauen, daß Gott auch jetzt wieder helfend eingreifen wird (vgl. 63,7-14). Man wendet sich der Zukunft hoffend zu, weil man Gott vor sich weiß. Dabei kennt das Gebet eine genaue Reihenfolge. Zuerst wird nicht um Fakten, um etwas gebeten, sondern um seine personale Zuwendung, um seine Nähe. Die eigentliche Wende der Not geschieht für die Menschen schon, wenn sie solche geworden sind, die Gott hört, wenn das dialogische Verhältnis wiederhergestellt ist. Dann erst erfolgt die Bitte, daß die äußere Notsituation geändert werde.

Gott ändert nun die äußere Lage nicht, aber er erhört, indem er die Kraft gibt, die Situation auszuhalten und ihr nicht zu entfliehen. Aber letzlich werden die Beter erst durch den Heilszuspruch bzw. die Heilsankündigung, die göttliche Antwort auf das Klagelied, zur Bewältigung der Zukunft befähigt. Hoffnung gibt es nur auf das erweckende Gotteswort hin. In der Hoffnung wird das persönliche Heil ergriffen, das Gott in seinem Verheißungswort anbietet. Hoffnung zu haben bedeutet für den Menschen nicht Umkehr, sondern Aufbruch und Auszug in die Zukunft, in seine konkrete Heilszukunft. Diese aber muß er selbst in die Hand nehmen, die Verheißung Gottes entbindet ihn nur zu freiem Tun.

Wir sehen, daß es dieser biblischen Welt völlig fern ist, an eine Konkurrenz zwischen Gott und dem Menschen zu denken. Gott nimmt dem Menschen die Weltverantwortung nicht ab. Er steht hinter dem Tun, aber so, daß die ‚Schöpfung‘ dort, wo Gott am Werk ist, erst mit ihren Kräften freigesetzt wird. Das heißt in unserem konkreten Fall: Er nimmt dem nachexilischen Volk die Wiederherstellung des Landes nicht ab. Aber auf Grund seiner Verheißung wächst ihre aktuelle Hoffnung und sie nehmen den Wiederaufbau der Städte in die Hand (bes. 61,4ff; vgl. 58,12). Dies ist die oft nicht einsichtige Weise, wie Gott und Welt zusammenarbeiten. Gott ist ‚mit' dem Menschen, aber so, daß die menschliche Aktivität wirklich bestehen bleibt. Vielleicht ist die Stelle Jes 60,1 auch für diesen Bedeutungshorizont offen, daß die Aufforderung an Zion: ‚Auf, werde licht!' meint, stelle dich unter das deine eigene Existenz lichtende und deine Wirklichkeit deutende Wort Gottes, unter die Wirklichkeit Gottes, die als ‚Licht' aufstrahlt, und die im Verheißungswort begegnet und ergriffen werden kann.

Es scheint angebracht, im Zusammenhang mit dem Gebet nach der Stellung der in Trjes zu Wort kommenden Propheten zum Kult überhaupt zu fragen. Sehen sie eine Möglichkeit, im Kategorialen Gottes Nähe zu erfahren? Angesichts der Stellen 58,2ff und 66,1ff scheint eine kultfeindliche Einstellung vorzuherrschen. Doch erweist sich dieser erste Eindruck als Irrtum. Es wird nicht der Kult kritisiert, sondern der kultische Mensch. In 58,2ff wird ihm angelastet, daß die gemeinschaftsbezogene Komponente der Gottesbeziehung fehle, und in 66,1ff wird aufgedeckt, daß es das Um und Auf und die Voraussetzung für das Einvernehmen mit Gott — auch in der kultischen Begegnung — sei, die Intention Gottes zur eigenen zu machen und seine Gesinnung auf die Gesinnung Gottes einzustellen. Im übrigen wird etwa in 61,6 verheißen, die Israeliten würden ‚Priester Jahwes' und ‚Diener unseres Gottes' genannt werden; Jes 66,21 weitet den Aspekt sogar universal aus. In Jes 56,7; 66,20 und 66,23 wird wie selbstverständlich von einem geregelten Kultbetrieb gesprochen. Schließlich sei erwähnt, daß die Vorstellung von Haggai, der neue Tempel werde die Stätte der eschatologischen Herrlichkeitserscheinung Jahwes sein (Hg 2,6ff), mindestens auch in Jes 60,1ff im Hintergrund steht. In 66,18ff ist die Naherwartung zwar durch die Erfahrung korrigiert worden, aber es bleibt bestehen, daß die ‚gesammelten' Völker in Jerusalem den Kabod Jahwe schauen werden. Mit dem Begriff vom ‚Kabod Jahwe' haben wir das Stichwort für den letzten Punkt unserer Überlegungen genannt, nämlich die Frage nach dem Prinzip und dem Ziel des Geschichtswaltens Jahwes, und welche Anstrengung das Volk zur Erreichung dieses Zieles zu leisten hat.

In 56,1 wird die dtjes Verheißung aktualisiert: Das Heil ist nahe (vgl. Jes 46,13). Gemeint ist die Endtheophanie Jahwes, das eschatologische Aufstrahlen des Kabod Jahwe. Angesichts der trostlosen Lage seines Volkes aber steht seine Ehre auf dem Spiel (vgl. 59,21). Kann man gegen diesen Augenschein die Behauptung aufrecht erhalten, daß er noch der Herr der Geschichte ist und alleinigen Anspruch auf Verehrung hat ? Das Volk fragt : Ist Jahwe noch unser Bundesgott. Wie steht es mit seiner Bundestreue ? So wird im Schlußkapitel 66 beteuert, daß es einfach sinnwidrig wäre, anzunehmen, Jahwe würde den Geburtsvorgang — die Neugestaltung der Heilsgemeinde nach dem Exil — wohl einleiten aber nicht zu Ende führen. Die endgültige Verherrlichung der Jahwegemeinde aber wird eingefaßt sein in die Weltgerichts-Epiphanie Jahwes (66,6 bis 16). ‚Dann' aber wird sich auch der Absolutheitsanspruch und die Geschichtsmächtigkeit Jahwes überzeugend durchsetzen (vgl. 66,18ff).

Israels Gegenwart wird gedeutet als Zeit der Wehen, als ein Durchgangsstadium. Wie bei Dtjes kommt auch in Trjes das zweigliedrige eschatologische Schema zur Anwendung : aus dem ‚Entweder-Oder' der früheren Prophetie ist ein zeitliches ‚Vorher-Nachher' geworden [710]. Man unterscheidet die Zeitperiode des Unheils und des eschatologischen Heils (vgl. bes. 57,14ff; den ‚ewigen Bund' in 61,8 ; 65f). Israels Untreue, der Bundesbruch, hat selbstwirkend die gegenwärtige Fluchsituation ausgelöst. Nun wird aber durch das Prophetenwort aufgedeckt, daß Gott die Initiative trotzdem nicht aus der Hand gegeben hat (etwa 57,14ff), daß in seinen ‚Erwählten', den ‚Knechten', noch immer der göttliche Segen wirksam ist (vgl. Kap. 65), daß sein Heil in Anfängen bereits jetzt realisiert wird. Was bewegt nun im letzten Jahwe, ‚dennoch' seine Geschichte mit dem Volk zu machen, mit ihm zu gehen, d.h. trotz dessen Sünde und Widerspenstigkeit jetzt schon im Volk durch sein Verheißungswort erlösend da zu sein ? Aber nicht bloß jetzt die Menschen durch Erweckung der Hoffnung zu befreien, sondern auch endgültig die Vollendung und Verherrlichung Zions herbeizuführen ? Es ist die endgültige Liebe Jahwes zu seinem einmal erwählten Bundespartner. Zu jenem Partner, der sich seither nicht mehr als ‚Ich', sondern nur mehr als ‚Du' selbst versteht und auch seine Geschichte ständig von Jahwe her und auf ihn, als seine Zukunft, hin interpretiert.

Diese Wirklichkeit kommt besonders hinter Kap. 62 zum Vorschein. Weil der Prophet und die ‚Wächter', die Beter, Jerusalem lieben, treten sie mit ihrer Fürbitte vor Gott hin, er möge das Ein-

---

[710] Vgl. G. FOHRER, 1967, 32ff.

treffen des Heils beschleunigen. Sie handeln aus dem Wissen, daß auch Jahwe seine Stadt liebt und darum für ihre Zukunft garantiert. Er war ‚von uran unser Erlöser' (vgl. 63,16), darum wird er in seiner Treue — und darin gipfelt die Hoffnung — auch einmal ungebrochen und ständig ‚ein Gott für uns' sein. Dann wird der ‚ewige Bund' realisiert (61,8; vgl. 59,21) und der Friedenszustand hergestellt sein (vgl. 60,17 und 66,12). Diese Heilsbotschaft vom ‚Frieden' Jahwes aber soll den ‚Fernen und Nahen' verkündet und erlebte Wirklichkeit werden (vgl. 57,19). Sie realisiert sich jetzt bereits dort, wo einer die Wirklichkeit Gottes, die sich ihm hier im Prophetenwort anbietet, im Glauben annimmt und in der Hoffnung lebt, indem er selbst den Frieden lebt und aufbaut. So hat Israel immer gewußt, daß sein Schicksal nicht unabhängig ist von seinem Tun (vgl. daraufhin 56,1ff, oder auch die Möglichkeit einer Neuinterpretation von der ‚anstößigen' konditionalen Formulierung in 58,8ff), daß es gilt, in Treue auszuhalten. Steht doch auch Jahwe in Treue zu seinem Bundesvolk. Allerdings deckt sich dieses soziologisch gesehen erst wieder mit jener Größe, die die eschatologische Reinigung bestanden haben wird; eine Gemeinschaft von Menschen, die jetzt schon an ihrer inneren Gesinnung und oft auch an jenem Kriterium erkannt werden können, daß sie von den korrupten, tonangebenden Jerusalemer Kreisen mit Abschätzung und Exkommunikation bedacht werden.

Am Schluß dieser Überlegungen sei auf zwei Kurzformeln verwiesen, in denen sich der Glaube an die oben besprochenen Wirklichkeiten ein sprachliches Kleid verschafft hat. Sie stehen in den Mittelstücken und an den Höhepunkten des Buches. Es sind die Formeln אני יהוה, die Offenbarungsformel bzw. Formel der göttlichen Selbstvorstellung genannt, und וידעת כי אני יהוה, die sog. Erkenntnisformel. Beide sind nominal konstruiert.

Die Formel der ‚göttlichen Selbstvorstellung' אני יהוה steht in 60,22b und in 61,8. In 60,22b faßt sie die gesamten Sachankündigungen des Kapitels zusammen: ‚Ich (bin) Jahwe, (habe es gesagt), zu seiner Zeit werde ich es eilends durchführen!' Alle vorausgehenden Epitheta Gottes sind hier zusammengefaßt in einem Rückverweis auf die Heilsverheißungen und Heilserweise, die Machterweise des Bundesgottes Jahwe. Seine Bundestreue garantiert, daß in Kontinuität dazu Jahwe die eschatologische Verherrlichungstat an der Stadt auf dem Berge ausführen, und sich so im Aufstrahlen des Kabod Jahwe der machtvolle Selbsterweis, die volle Selbstoffenbarung seines Machtanspruches ereignen wird. In 61,8 wird die Formel durch begründendes כי eingeleitet. Wiederum geht es um einen Rückverweis auf die Machterweise Jahwes in der Vergangenheit. Darin hat er sich als der die Bundessatzungen und den Bestand der Gemeinschaft schützende Bundesgott bezeugt. Dies garantiert, daß er in seiner Bundestreue dem Heilsvolk vor den Völkern Recht, Anerkennung und Genugtuung verschaffen, ihm den ‚Lohn' zukommen lassen und einen ‚ewigen Bund' mit ihm schließen wird.

In den prophetischen ‚Worten des göttlichen Selbsterweises', im ‚Erweiswort', findet sich als drittes Element jeweils als Zweckaussage die sog. ‚Erkenntnisformel' ידעת כי אני יהוה. Sie steht in Jes 60,16b und hinter 66,14. In 60,16b steht sie mit Epitheta Gottes zusammen, die auf die Herausführungstraditionen zurückgreifen: ‚Und du wirst erkennen (erfahren), daß ich Jahwe (bin), dein Helfer und dein Erlöser, der Starke Jakobs'. Wie er im ersten Befreiungsakt das Volk aus dem Land der Knechtschaft geführt hat, so wird er sich in der Zukunft durch eine neue heilsgeschichtliche Tat (die erste in ihrer Bedeutung sogar überbietend) selbst als derselbe Bundesgott erweisen und darin seinen Machtanspruch zu erkennen geben. Von der Erfüllung her wird man erkennen können und anerkennen müssen, daß derselbe Gott die Verheißung ergehen ließ, der sie einlöste. Doch vollzieht sich hier kein bloß erkenntnistheoretischer Vorgang. ‚Erkennen', ‚erfahren' meint, das Geschichts-Ereignis so aufnehmen, daß man den darin ergehenden Machtanspruch im Gehorsam anerkennt und annimmt. Für die Hörer heißt dies, die eigene Geschichte eingefaßt zu sehen in den universalen Heilsplan des treuen Bundesgottes Jahwe, der trotz der dauernden Ausbruchversuche das Volk seit der Herausführung aus Ägypten ‚dennoch' kontinuierlich auf jenes geschichtliche Ereignis hinführt, durch welches er sich vor aller Welt offenbaren wird als der ‚Mächtige', wie es sein Name besagt. Es ist das in Kap. 60 verheißene eschatologische Ereignis des Aufstrahlens des Kabod Jahwe, der Endtheophanie Jahwes. Sie wird die dauernde Zeit der Gerechtigkeit, des Segens und Friedens eröffnen [711]. Jes 66,14 wäre von diesem Horizont her zu werten.

Wir sahen, daß die Sprecher der trjes Sprüche aus verschiedensten geistigen und religiösen Strömungen geschöpft haben, daß sie aber die überkommenen Traditionen angesichts der gewandelten Zeitlage oft auch neu interpretieren mußten. Es zeigte sich bezüglich der Art der Darlegung eine immer stärker werdende Beeinflussung durch

---

[711] Vgl. J. Moltmann, 101ff.

die Weisheitsschule. Wir konstatierten Weisen der Gedankenführung, wie sie der dtjes Theologie geläufig waren, andere, die typisch der deuteronomistischen (Anrechnungs- und Verstockungs-)Theologie zuzuzählen sind. Wir erkannten, daß man damals für die Deutung der eigenen Situation je etwa den Erwählungs-, Herausführungs- und Bundestraditionen unterschiedliche Bedeutung beimaß, ebenso den verschiedensten Gottesvorstellungen und kultischen Überlieferungen. Endlich sei nicht übersehen, daß der gesamte Verkündigungskomplex der Denkweise der eschatologischen Theologie verpflichtet ist.

3. Entstehung und Komposition des trjes Buches

Wir sind bisher induktiv vorgegangen. Wir haben die einzelnen Einheiten analysiert und nach dem Aufbau und der Gliederung der Texte, und von da nach dem Sitz im Leben zurückgefragt (vgl. Punkt 1). In einem nächsten Arbeitsgang haben wir zu klären, welches Verhältnis die Teile zueinander haben, und was das uns heute vorliegende Buch in seiner Gesamtheit sagen will. Steht hinter dieser Komposition ein bestimmtes Konzept ; wenn ja, wer hat es gestaltet, an wen richtet sich das Buch, wer sind die neuen Hörer ? Was war überhaupt die auslösende Ursache der schriftlichen Fixierung, die Situation, aus der heraus das Buch entstanden ist ? Welche Situation wird bei den Adressaten vorausgesetzt und was wollte mit dieser Schrift erreicht werden ? Hand in Hand geht damit die Frage, ob der ursprüngliche Zweck der Verkündigungseinheiten und wieweit dieser mit dem Zweck übereinstimmte, den der Red. erreichen wollte. Hat er nicht durch Textinterpolationen und eine bestimmte Reihung der Sprüche eine Uminterpretation, eine neue Schwerpunktsetzung und Horizonterweiterung vorgenommen ? Hat der Red. dabei bestimmte Redeformen bevorzugt und welcher Mittel hat er sich bedient, um die Nahtstellen zwischen den Sprüchen möglichst zu glätten ? Wir haben unser Augenmerk dabei vornehmlich auf Anfang und Schluß der Sprüche, auf die Einleitungs-, Zwischen- und Schlußformeln zu richten.

a) Nach welchem Konzept wurde das Buch zusammengestellt ?

Die heutige Anordnung der Sprüche folgt weder der zeitlichen Reihenfolge ihrer Entstehung, noch ist sie das Produkt zufälliger Textanreicherungen aus mehreren Jahrhunderten. Vielmehr hat ein

Red. mündlich und schriftlich überkommenes Wortgut nach einem bestimmten Plan zusammengestellt. Bei Jes 58,1-9 und 65,2-23 (vgl. 65,6) haben wir z.B. konstatiert, daß diese Stücke bereits vor der Verkündigung schriftlich konzipiert worden sein mußten. Andererseits wissen wir, daß man etwa Orakelsprüche niederschrieb, um ihre Kraft zu konservieren. Schließlich stoßen wir auf größere Spruchkomplexe, die schriftlich fixiert wurden, weil sie auch weiterhin aktuell waren, vielleicht wegen des Sprechers, vornehmlich aber wegen der zutreffenden Sinndeutung der eigenen Situation des Sammlers der Worte. An solchen Sammlungen, die meist im Stichwort- oder Sachzusammenhang kompiliert waren, lagen dem Red. sicherlich einmal die Kap. 60 – 62 (damit verbunden wohl 57,14-19, eventuell auch 66,6-16) vor. Meist nimmt man an, daß auch Jes 56,9-12 und 57,1-13 gemeinsam tradiert worden sind. Wegen des gemeinsamen weisheitlichen Einschlages mögen dem Red. auch die Kap. 58, 59 und 65,2-23 bereits vereint in die Hand gekommen sein. Außerdem scheint der Red. eine Sammlung von Kurzsprüchen vor sich gehabt zu haben, die vornehmlich die Gemeinschaft unter dem Blickwinkel der Kultgemeinde im Auge hatte. Es waren eine Art Kurzweisungen, die er in seine eigenen Ausführungen einbauen konnte.

Wir können uns erst einmal auf zwei bisherige Ergebnisse stützen. Bei der Sammlung 60 – 62 stellten wir fest, daß die jetzige Kapitelanordnung die Hand des Red. verrät. Ursprünglich hieß die Reihenfolge Jes 61,1-11 ; 62,1-9.10 und 60,1-22. Der Red. hat Kap. 61 in die Mitte gestellt, bzw. Kap. 60 nach vorne verlegt. Andererseits sind die Stücke 56,1-8 und 66,18-23 die übergreifende Buchklammer, bzw. das gesamte Kap. 66 erfüllt diese zusammenfassende Funktion. Außerdem haben wir im ersten Zwischenergebnis festgehalten, daß im Einleitungsstück Jes 56,1-8 für das gesamte Buch sachliche und formale Schwerpunkte gesetzt worden sind.

Cl. Westermann hat in seinem Kommentar auf Seite 237 bis 246 bereits richtungsweisende Überlegungen über ‚Aufbau und Komposition von Kapitel 56 – 66‘ niedergelegt. Wir fanden darin bei unseren Untersuchungen in wesentlichen Punkten Bestätigung und weitere Anknüpfungsmöglichkeiten. So bilden im Konzept des Red. die Kap. 60 – 62 den Kern des Buches, mit Kap. 61,1ff als Spitze und Aussagemitte. Diese Texte verheißenden Charakters wurden durch Kap. 59 (bes. V. 9ff) und 63,7 – 64,11 von Worten gerahmt, deren Grundaussage die kollektive Klage (bzw. Selbstanklage) ist. Wir wissen, daß Volksklagelieder und Heilsverheißungen im Sinnzusammenhang stehen.

Durch die Rahmenverse 65,1 und 24 hat der Red. aus Kap. 65,2-23 ein aktuelles Deutewort auf die unbeantwortet gebliebene Frage 64,11 gestaltet und so Kap. 65 an das Volksklagelied 63,7 – 64,11 angefügt. Jes 59 aber ist nicht nur gegenüber 60 – 62 offen, sondern hat zugleich Binde- und Abschlußfunktion gegenüber Kap. 56,9 – 58,12 (13f). Kap. 59,1ff erklärt das Ausbleiben der Endtheophanie Jahwes durch die Sünde, den Bundesbruch des Volkes. Zugleich nennt er mit משפט und צדקה zwei Stichworte, die in 56,1 ausdrücklich und thematisch (hinsichtlich Kap. 56,9 – 57,13 und Kap. 58) vorangestellt sind (vgl. 59,9 und 14). Die Verantwortungslosigkeit der Führungschichten und der Götzendienst des Volkes (56,9 - 57,13) werden zuerst behandelt, weil dadurch die Bundessatzung, die von Jahwe erlassene Kult- und Lebensordnung, verletzt worden ist. 57,13b und erweitert 57,14 bis 19 heben dagegen hervor, daß Jahwe dennoch gewillt ist, seinen Heilsplan auszuführen ; die Abtrünnigen haben nur scheinbar die Initiative in der Hand. In Kap. 58 ist das zweite Stichwort zum Tragen gekommen : An der verkehrten Haltung der fastenden und büßenden Menschen wird aufgedeckt, daß zur echten Gottesbeziehung wesentlich die gemeinschaftsbezogene, mitmenschliche Komponente gehört, die gemeinschaftsstiftende Gerechtigkeit. Somit ist in den beiden ersten Kapiteln die Struktur der Gemeinde umrissen — der Verfall wird auf den Ausfall der Führenden zurückgeführt. Es gibt solche, die sich bei den Götzen absichern, aber auch ebensolche, die , auf mich vetrauen ' (vgl. 57,13b) ; die Scheidung der Gemeinde hat sich angebahnt. Wie Jes 63,1-6 in den Kontext gekommen ist, bleibt im Ungewissen. Vielleicht ist hier das eschatologische Schema angewandt worden, wonach die Drohungen gegen die Fremdvölker dem Vollmoment in der Verwirklichung der Heilszeit entsprechen. Auch 66,6-16 findet sich die Heilsankündigung für Zion in das Ereignis der Weltgerichts-Epiphanie gekleidet und hineinprojiziert. Westermann meint, 63,1-6 stelle eine bewußte Korrektur an der positiven Einstellung gegenüber den Völkern in 60 – 62 dar. Wie kam schließlich Kap. 66 zum Kontext ? Es enthält in seiner Gesamtheit ein ausführliches Resümee des Red., worin er mehrere Einzelsprüche zur Entwicklung seines Konzeptes verwendet hat.

Zusammenfassend können wir sagen : 56,1-8 gibt das Motto an, unter dem die folgenden Stücke zu betrachten sind. Das eigentliche Corpus des Buches ist 56,9 – 65,24. Unter Beiziehung von Kap. 66 ist das Buch so angelegt, daß es auch optisch (Kap. 56 – 60 und 62 – 66 enthalten beinahe denselben Versumfang) in 61,1ff seinen Höhepunkt erreicht"; von Anfang und Schluß her laufen die Aussagen (wo liegt die Heilschance von seiten des Menschen und von seiten Gottes) konisch auf 61,1ff hin zu. Auf die Frage ‚wo ist Gott?‘ (wie ist es mit seinem Heilswillen bestellt, wenn seine Endtheophanie nicht mit dem Wiederaufbau des Tempels eintrat) gibt das Buch zu bedenken: Das Volk ist bundesbrüchig (das hat die Endtheophanie aufgehalten), aber dennoch steht Gott in seiner Treue zu ihm, d.h. präzisiert, zu denen, die sich demütig und still unter seine Hand beugen, zu den ‚Armen‘ und Zurückgestoßenen. Jahwe realisiert seine Bundestreue, indem er seine besondere Sorge der ureigensten Not des Einzelnen zuwendet (man beachte die anderen zentralen Aussagen in Kap. 61 über ‚das Gnadenjahr Gottes‘ und den ‚Tag der Rache‘, den ‚ewigen Bund‘ u.a.). Für die Gottesbeziehung, das Einvernehmen mit Gott, ist die persönliche Haltung und Gesinnung von seiten des Menschen die grundlegende Voraussetzung.

b) Welcher red. Hilfen hat sich der Verfasser bedient?

Als wir das Einleitungs- und Schlußstück des Buches analysierten, wurde bereits einiges über die Arbeitsweise des Red. gesagt. Bei der Darlegung seines Anliegens griff er gerne vorgeformte Worte auf. Derartige Kurzsprüche sind etwa 56,1b.8. Mit ihnen rahmte er das Mittelstück V. 3-7. Im Schlußteil von Kap. 66 werden es die Verse 21 und 23 (und 20?) sein. Doch wo treffen wir noch seine Schriftzüge?

Bei der Stelle 56,10 vermuteten wir einen red. Eingriff (vgl. z.St.). Texteinfügungen des Red. notierten wir in 56,5 (6?); 58,8b und 66,13c. Sie explizieren je eine bestimmte Beziehung zu ‚Jerusalem‘. Um den Anschluß an das vorausgehende Stück zu erleichtern, setzte der Red. in 57,14 die Formel ואמר. Dieselbe Funktion hat 65,1. Sie ist zusammen mit 65,24 eine richtungsweisende Klammer des Red. Die umfangreichsten Textauffüllungen findet man am Ende der Sprüche. Neben 65,24 sind dies die Stellen 58,13f (eine Gebotsparänese über den Sabbat), 59,21 (Bund als Ausdruck der bindenden Gottesbeziehung) und 62,11f (ein Summarium zu Kap. 60 – 62). Mit ‚Sabbat‘ und ‚Bund‘ hat der Red. also zwei seiner Hauptanliegen aus dem Vorspruch (56,1ff) nochmals betont herausgestellt. Wir werden später noch zu fragen haben, welches Licht durch diese red. Textauffüllungen auf die Adressaten des Buches fällt.

In der Zusammenschau enthüllen diese Stellen bemerkanswerte Eigenheites des Red. Die größeren Textauffüllungen haben ausnahmslos verheißenden Inhalt. Die Verheißungen aber sind der Paränese dienstbar gemacht. Zudem gehen alle dtjes Zitate, die außerhalb Kap. 60 (vgl. V. 4.9.16) vorkommen, zu Lasten des Red.: 56,1b (46,13); 58,8b (52,12); 62,11 (40,10b = 60,4). Man beachte auch die Anklänge und Anleihen in 65,1 und 24. Bei der Formulierung entwickelte er keinen typischen Stil. 59,21 und 66,18ff hat er in Prosa verfaßt, 58,8b geschickt mittels einer Inversion pointiert in den Kontext (der ebenfalls verheißend ist) verwoben, in 58,13f hat er sich analog zum Vorausgehenden der Palindromie bedient, in 65,1 endlich hat er Doppeldreier und in 65,24 Doppelzweier verwendet.

Auf spätere Glossatoren müssen wir außer den kleineren Interpolationen die Stellen 57,20f; 59,5-8; (63,1-6); 65,25 und 66,24 zurückführen.

Einige neue Aspekte gewinnt man, wenn man eine formkritische Untersuchung jener Stellen vornimmt, an denen Einleitungs-, Zwischen- und Schlußformeln gesetzt sind. Im Vergleich zu Dtjes spielen sie jedoch eine untergeordnete Rolle. Fast immer finden sie sich im Verein mit NS oder sog. Marû-Sätzen.

Die Botenspruchformel כה אמר יהוה findet sich in der reinen Form in 56,1; 65,8 und 66,1. Nach einleitendem כי in 56,4 und 66,12, mit zerdehntem Gottesnamen in 57,15 und 65,13. Unter diesen Belegstellen folgt nur in 56,1 auf die Formel ein Imperativ, also ein Ḫamṭu (eine Mahnung). Sie entstammt als Buchüberschrift der Hand des Red. Ansonsten markiert sie den Beginn eines verheißenden Botenwortes. Stets wird in Form eines NS oder in Marû-Stellung fortgefahren [712].

Die ‚Bekräftigungsformel' נאה (אדני) יהוה steht beachtenswerterweise nur im Anfangsteil (56,8) und im Schlußkapitel (66,2a; 66,17; 66,22) und einmal in 59,20. In 56,8 (ursprünglich am Anfang); 66,2a und 66,22 hat sie die Funktion einer Zwischenformel, in 59,20 und 66,17 markiert sie den Schluß des Spruches. Bei einer umfangreicheren Sprucheinheit unterstreicht sie deren Höhepunkt. Sie bekräftigt und hebt diesen Vers hervor, der die zentrale Tatsache nennt,

[712] Vgl. H. Wildberger, Jahwewort und prophetische Rede bei Jeremia, Zürich, 1942, Theol. Diss. 2; — L. Köhler, Deuterojesaja, stilkritisch untersucht, Gießen, 1923, 102-109; — Ders.: Kleine Lichter, Zwingli-Bücherei 47 (1945) 11-17; — Cl. Westermann, Die Formen der prophetischen Rede, München, 1960. Er untersucht und vergleicht die Botenaufträge in den Mari-Texten; — Nach Wildberger ist „die Formel ko 'amar jahwä aber selbst schon Bestandteil des Jahwewortes" (48).

um deretwillen Jahwe in der Zukunft je zum Heil oder Unheil der Betroffenen handeln wird. Außer in 59,20 (NS) ist dabei die Pointe jeweils in einem Marû-Satz wiedergegeben [713].

Relativ häufig stoßen wir auf die Beteuerungsformel אמר יהוה. Dtjes hat die Formel nur in 41,21 (vgl. G); 48,22 (vgl. 57,21) und 54,1. In Trjes steht sie in 57,19; 59,21 (zweimal); 65,7; 65,25; 66,9a; 66,20.21.23. Sie steht ausnahmslos in zukunftsgerichteten Worten. Die Formel aktualisiert die Verheißung in bezug auf die Situation der Hörer. Doch steht die Formel nur in 57,19; 65,7 und 66,9 in Stücken, bei denen auch heute noch der ursprüngliche Sitz im Leben erkennbar ist. 65,25 ist eine spätere Glosse, ansonsten hat der Red. die betreffenden Stellen in einen neuen Kontext versetzt. Die Formel erscheint sowohl in Parenthese, als auch an den Schluß der Worte gesetzt. Wiederum entdecken wir im Kontext nur Marû-Sätze und NS. Darin wird jeweils ein bestimmter Gedanke erörtert und abgeschlossen. Einen ähnlichen Sachverhalt liefert Jes 66,9b, wo die Formel אמר אלהיך einen rhetorischen Fragesatz abschließt. Die Funktion einer Zwischenformel erfüllt אמר אלהי in der nominal konstruierten Glosse 57,21 (vgl. 48,22).

Schließlich finden sich noch zwei seltene Formeln. Die eine leitet in der Form des Heroldsrufes שמעו דבר־יהוה die kleine Einheit Jes 66,5 ein. Die andere beschließt in der aus Jes 40,5 bekannten Formulierung כי פי יהוה דבר den red. Spruch 58,13f. Voraus gehen Marû-Sätze im Sinn einer bedingten Heilsankündigung [714].

c) Aus welcher Situation heraus ist das Buch entstanden?

Im ersten Zwischenergebnis (Seite 57ff) stellten wir von den Nöten der neuen Hörerschaft her in deduktiver Methode eine Arbeitshypothese auf, die wir im folgenden, induktiv vorgehend, erhärten konnten. Das in Trjes gesammelte Wortgut ist im Hinblick auf eine neue Hörerschaft in Babylon konzipiert, die in den ‚Eunuchen‘ und ‚Fremden‘

---

[713] K. v. RABENAU, nennt diese Formel ‚Bekräftigungsformel‘. Bei Ezechiel heißt sie stets נאם אדני יהוה. Sie gehört ebenfalls zum Wort Gottes (so gegen W. ZIMMERLI, Ich bin Jahwe..., 185).

[714] Vgl. H. WILDBERGER, 49. Hier nennt er die Formel einen ‚Aufruf‘. Vgl. 12, Anm. 34; 73, 75, 102f; — J. LINDBLOM, Die literarische Gattung der prophetischen Literatur, UUÄ Theologi 1 (1924) 1, 3f, 23f nennt sie ‚Predigtformel‘; — K. v. RABENAU, Die Entstehung des Buches Ezechiel in formgeschichtlicher Sicht, WZ 5 (1956) 678. Er spricht von ‚Heroldsruf‘, wodurch einer sich Gehör verschafft mit der göttlichen Botschaft.

(von 56,3-7) eine Delegation nach Jerusalem geschickt hatten, um wegen der Chancen einer Zugehörigkeit zur Jerusalemer Kultgemeinde anzufragen. Der neuerbaute Tempel schien die Gelegenheit zu begünstigen. Ein abschlägiger priesterlicher Tora-Bescheid schien bei diesen Jahweanhängern alle Hoffnung zu begraben. Ein Prophet (vielleicht der Red. selbst ?) erweckte ihnen durch einen Gegenspruch in Form einer Heilsankündigung neue Hoffnung. Beiden Seiten aber war offensichtlich die Botschaft des Dtjes gut bekannt, zugleich aber angesichts der tatsächtlichen Vorgänge in und um Jerusalem zu einer echten Glaubensfrage geworden. Wenn die angekündigte Endtheophanie nicht realisiert worden war, wie stand es dann mit der Bundestreue Jahwes ? Wo ist seine Nähe zu erfahren ? Gewährt er sie am Kultort ? Hat er sie nur bestimmten sozialen Kreisen in Jerusalem vorbehalten ? War die Heilsbotschaft des Dtjes durch deren Nichteinlösung nun als Botschaft eine falschen Propheten ausgewiesen worden ? Wenn nicht, in welcher Weise löst sie Jahwe jetzt schon ein, und welcher Anspruch ergibt sich daraus für die Betroffenen ? Diese und ähnliche Fragen standen als Anlaß hinter der Niederschrift des trjes Buches. Das Buch wurde dann offensichtlich den Fragestellern bereits persönlich mit nach Babylon gegeben.

Wir haben bisher versucht, den ursprünglichen , Sitz im Leben ' und den , Sitz in der Rede ' an den einzelnen Stücken zu ergründen, und in einem nächsten Schritt nach dem Konzept der uns vorliegenden Komposition weiterzufragen. Durch die gezielte Zusammenstellung der Sprüche mußte es zu einer gegenseitigen Horizonterweiterung und zu einem neuen Interpretationsstand gekommen sein. Was können wir von daher über den konkreten Zweck des Buches und seine spezifische literarische Art erfahren ?

Es schreibt einer, der sowohl in prophetischen (vornehmlich dtjes) als auch in kultischen Traditionen, aber auch in der Methode der Weisheitsschule bewandert ist. Man vergleiche etwa so geringfügige Hinweise wie das vorangestellte ואני in 59,21 und 66,18, ein typisches Stilelement der Priesterschrift (vgl. z. St.), oder den Makarismus in 56,2 u.a. Sein Grundanliegen ist ein paränetisches (vgl. 56,1, oder die Form der bedingten Heilsankündigung in 58,13f). Er will vom Glauben her Wirklichkeiten aufzeigen, welche die eigene Situation deuten und aufschließen und so den Weg einer möglichen Rettung aus der innerweltlich verschlossenen Situation erschließen sollen. Er stellt sein Buch unter die Botenspruchformel und fordert damit Autorität für die dargelegte Botschaft und Anspruch auf Gehorsam, d.h. die

Ausformung des Gehörten in die eigene Wirklichkeit hinein. Sein Buch will ein richtendes Wort sein, d.h. ein ausrichtendes und aufrichtend-befriedendes. Es geht ihm um die Heilschance des Einzelnen, der Jerusalemer Gemeinde und das universale Heil. Insofern entsprechen sich Jes 56,1-8 und Kap. 66 und interpretieren, ergänzen und verdeutlichen sich gegenseitig. Er hat jedoch einen universaleren Wurf (vgl. 56,7f; 66,18ff) als etwa der Sprecher der Kap. 60 – 62, dessen Interesse konzentriert bleibt auf das Schicksal Zions. Allerdings bleibt bestehen, daß allein in Jerusalem der Kabod Jahwe geschaut und Jahwe kultisch verehrt werden kann (vgl. dieselben Belegstellen). Aber das Motto seiner Botschaft ist: Das Heil ist nahe! Er will die Botschaft des Dtjes aktualisieren und zugleich auf die neue Lage der nachexilischen Gemeinde und der Adressaten hin interpretieren. Es bleibt bestehen: Die Weltgerichts-Epiphanie Jahwes steht nahe bevor. In ihrem Gefolge aber wird es auch zur eschatologischen Reinigung der Gemeinde kommen. Somit ist sein Wort eine Provokation für gewisse separatistische, nationale Jerusalemer Kreise, deren Gesinnung gleich zu Anfang durch den Prophetenspruch 56,3-7 aufgedeckt wird. Er will zeigen, daß es in dieser Gemeinde eine geheime und offene Auflehnung gegen Gottes Heilsplan gibt, und daß diese der tiefere Grund für Jahwes Verborgenheit ist (vgl. die diesbezügliche Funktion der Gerichtsworte). Als befreiend aber kann er zugleich verkünden: Gott handelt dennoch zum Segen; Zion liegt nur in Wehen! Jahwe ‚sammelt‘ sich eine neue Gemeinde von treuen Anhängern, ‚Arme‘ und ‚Ausgestoßene‘ finden dort ihren Platz.

In 59,21 könnte ein Hinweis auf die soziologische Strukturierung der Umwelt der Adressaten enthalten sein (zumindest hat der Red. dieses Leitbild vor sich). Im Vergleich zu Ex 20,10 wird bei der Besprechung der Sabbatheiligung nur vom städtischen Geschäftsmilieu, nicht auch von der Welt des Bauern und Handwerkers her argumentiert. Wollte der Schreiber seiner Intention nicht untreu werden, mußte er auch hier die Situation seiner Hörer im Blick behalten und auf sie hin seine Gebotsparänese abgestimmt haben.

Ein weiterer Punkt ist der örtliche Abstand zwischen dem Schreiber (in Jerusalem) und den Adressaten (in Babylon), der auffallend häufig in den red. Stellen anklingt. In 56,7 heißt es: ‚Ich werde sie (von außen) zu meinem heiligen Berg ‚herbeibringen‘. 58,8b beschreibt diesen Vorgang vom Aspekt der Führung durch Jahwe (Wüstenzugmotiv! Vgl. dazu die Begriffe aus 62,11f). Oder in 56,8 und 66,18 der Begriff ‚sammeln‘ mit dem Sinn ‚von außen herbeischaffen, herbeiholen ‘. Das Ziel ist jeweils Zion/Jerusalem. So kann in 66,13c gesagt werden: ‚Und in Jerusalem sollt ihr getröstet werden ‘ (vgl. die Namen, die Zion auf Grund der Völkerwallfahrt, welche auch die Diaspora mit herbeischaffen wird, zugelegt werden; oder 66,20).

Auch die besondere Hervorkehrung der Sabbatheiligung als Kriterium der Jahwezugehörigkeit (Vgl. 56,1ff; 58,13f; 66,23) verweist auf die Diasporasituation der Adressaten. Hier wirkte sie sich als Bekenntniszeichen ins öffentliche Leben hinein aus. Dagegen liegen keine kultischen Forderungen (bezüglich der Opferdarbringung) an sie vor. Der Opferkult wird ihnen vielmehr immer nur in Aussicht gestellt (vgl. 56,7; dazu 66,21) während ihn die ‚Kinder Israels ‘ (vielleicht betont und bewußt gesetzt) jetzt bereits eifrig ausüben (vgl. 66,20).

Die Situation, aus der heraus das Buch entstanden sein mag, haben wir bereits zu klären versucht, ebenso, in welchen Fragestellungen die Botschaft auf ein bereites Ohr treffen würde. Der Red. scheint überhaupt eine große Hörbereitschaft für seine Botschaft zu erwarten. Er wird nicht von ungefähr Stücke aufgenommen haben, die von solchen handeln, ‚die hinzittern zu meinem Wort ‘ (vgl. 66,2 und 66,5). Auf die Situation der neuen Hörer angewandt, scheint die zitierte Phrase einen Optimalzweck erfüllt zu haben. Auch sie sind offensichtlich solche, die von ihren ‚Brüdern ‘ gehaßt und um des Namens Jahwes (seiner angeblichen Bundessatzung ?) willen ‚weggedrängt ‘ werden (vgl. 66,5), weil sie an seinen einmal ergangenen Heilsverheißungen festhalten. Sie sind mit eingeschlossen in die Bezeichnung ‚Tochter Zions ‘ (für die Diaspora) (62,11). Auf sie trifft zu, was vom ‚Knechtsein ‘ und von den ‚Knechten ‘ (vgl. 56,6 u.ö.) ausgesagt wird. Aufs Ganze gesehen setzt er bei den Hörern seiner gesammelten Botschaft wohl die Haltung der ‚Armen ‘ und ‚Gedemütigten ‘ voraus (vgl. 61,1ff). Auch seine Verfassertätigkeit ist ein ‚Frohbotschaften ‘; mit 61,1ff als der Mitte und Spitze seines Buches trifft und deutet er genau ihre Situation. Er spricht endlich das konkrete Ziel ihrer Hoffnung aus, wenn er abschließend den immerwährenden Bestand ihres ‚Samens ‘ und ‚Namens ‘ verheißt (66,22). Es ist die positive Entsprechung zu den Klagerufen in 56,3 (vgl. 56,4ff). Sie sollen teilhaben am Genuß des Erbes Jakobs, d.h. am Besitz des Landes (vgl. 58,14), sowie am geregelten Tempelkult Jerusalems (vgl. 56,7 und die Überhöhung in 66,21).

Somit stehen wir vor der endgültigen Formulierung der Frage, welche Intention den Red. geleitet hat und welches Ziel er mit seinem Buch erreichen wollte, und damit verbunden, welche literarische Form er seiner Komposition gegeben hat, um aus den gesammelten Sprüchen den Optimalzweck für seine eigene Botschaft herauszuholen [715].

Jes 56 – 66 ist ein frühnachexilisches, prophetisches Erweckungsbuch, adressiert an eine Gemeinschaft von Jahweanhängern in Babylon, die ihre Rettung und ihr Heil durch die Aufnahme in die Jerusalemer Kultgemeinde zu erlangen versuchten. Das Ausbleiben der von Dtjes angekündigten Endtheophanie, und die Zurückweisung und der Ausschluß der Fragesteller durch einen priesterlichen Tora-Bescheid hatte für die Betroffenen eine verzweifelte Situation heraufbeschworen; ihre Zukunft schien ausweglos und verbaut zu sein. Das trjes Buch aber sollte sie nun mehr als bloß trösten, oder zur Umkehr aufrufen. Es wollte bestärken und aktuelle Hoffnung wecken. Es wollte Wirklichkeiten aufzeigen und so die Bewältigung der Gegenwart ermöglichen. Aus diesem Grund stellte der Red. die Botenformel und die Paränese (das Mahnwort) in 56,1a an den Anfang. Seine Forderung aber begründete er mit einem Verheißungswort, das die dtjes Heilsbotschaft aktualisierte (56,1b). Er hat sie seiner Paränese dienstbar gemacht. Ihm ging es in erster Linie nicht um das Aufzeigen neuer Heilsaspekte, sondern um die Bildung einer neuen Haltung bei seinen ‚Hörern' (das Buch war ja zum Vorlesen bestimmt!). Ihnen waren gewisse gottesdienstliche Bereiche (Opferkult im Tempel) derzeit noch verschlossen (wohl hatten sie das Wortelement), darum wird das bundesgemäße Verhalten (neben der Sabbatforderung) auch besonders von der mitmenschlichen Komponente her eingeschärft (56,2; 58,13f). Immer aber steht im Blickpunkt die ‚Sammlung' der neuen Heilsgemeinde (vgl. 56,8). Es mußte den Hörern klar werden: Die innere Struktur der jetzigen Jerusalemer Gemeinde ist geprägt vom Bundesbruch. Aber dennoch ist Jahwe in seiner Bundestreue bildend, schenkend und leitend am Werk. Seine besondere Sorge gilt der speziellen Not des ‚Armen'. Aber er ist verborgen gegenwärtig [716]. Darum gilt

---

[715] Nach H. J. KRAUS, müsse 56 – 66 (und die Entstehung des Judentums — vgl. 321) aus der gespannten Situation heraus erwachsen sein, da auch mit dem Tempelbau die angekündigte eschatologische Theophanie nicht eintrat und so die eschatologische Naherwartung in die kultische Wirklichkeit integriert werden mußte (vgl. 320ff). So seien etwa in 66,18 und 66,23 das eschatologische Moment und der kultische Aspekt einander gegenübergestellt (vgl. 330).

[716] H. J. KRAUS, fragt ebenfalls, wie Jahwe gegenwärtig gewesen sei: „Es ist eine verborgene Weise. Die Paränese gilt zerbrochenen Menschen" 324.

es festzuhalten an seinem Verheißungswort. Insofern es aktuelle Hoffnung schafft und so die Zukunft eröffnet, kommt dem Element der Verheißung in Trjes auch eine tragende Rolle zu.

Neue Formen und Gattungen haben immer in den Funktionen und Nöten einer bestimmten Gemeinschaft ihren Ursprung. So ist es in der nachexilischen Zeit auf Grund der neuen Verhältnisse (Ausbleiben der Endtheophanie, die Frage der Tragfähigkeit des Kultes, Fragen des Alltags, wofür man kein direktes Gebot hat u.a.) zur Auflösung alter Redeformen und zu einer Weiterentwicklung alter Redeelemente auf neue Verkündigungsarten und literarische Gattungen hin gekommen. In Trjes konnten wir diesen Prozeß verfolgen. Ein reines Heilsorakel, ein Heilszuspruch fehlt ganz (vgl. die Bedeutung dieser Gattung bei Dtjes !). Auch die Heilsankündigung wird freier gehandhabt. In Kap. 65 steht sie parallel zur Gerichtsankündigung. Beide Gliedgattungen behalten ihr Eigengewicht und beleuchten von der Bundestheologie her das Problem einer Neuinterpretation des Begriffes ‚ Erwählung ‘. Besonders beachtenswert ist die Verquickung mit weisheitlichen Elementen und die Fassung in eine Weltgerichts-Epiphanie in 66,6-16. Ein nächster Schritt führte zur ‚ Heilspredigt ‘ und zur ‚ Erweckungspredigt ‘. Doch schließen sich die Elemente der beiden Redeformen gegenseitig nicht so aus, daß die Grenze immer leicht zu ziehen wäre. Man könnte sagen, daß wohl in beiden (überkommene ?) Heilsverheißungen neu interpretiert und an der gegenwärtigen Situation gedeutet werden, daß jedoch bei der ‚ Heilspredigt ‘ der Hauptton mehr auf der aktualisierten Botschaft selbst liegt, bei der ‚ Erweckungspredigt ‘ mehr die Haltungsbildung, was durch die Verkündigung erreicht werden will, im Vordergrund steht. Doch können diese Kriterien nur Anregungen für eine eingehende Analyse und Differezierung sein.

Der Sinnzusammenhang, in den die trjes Botschaft hineingestellt werden muß, ist das Wissen des AT um zwei Wirklichkeiten, die für das Gottesvolk immer bedeutsam waren : Die Realität des Bundes und der Sünde. Die Freundschaft, welche Gott im Bund anbietet, muß sich ständig in der Zusammengehörigkeit untereinander im Volk bewähren. Aber aus der eigenen Geschichte wird klar, daß im letzten die persönliche Untreue des Volkes daran hindert, daß Gott seinen Heilsplan voll ausführt, der in der vollkommenen Liebesgemeinschaft seinen Ausdruck finden würde.

Wir nennen Jes 56 – 66 ein prophetisches ‚ Erweckungsbuch ‘, weil das interpretierte Gotteswort darin so dargeboten wird, daß es zur

Entscheidung herausfordert. Wo es aber in freier Entscheidung und im Gehorsam angenommen wird, hält und realisiert es auch, was es verheißt. Es verheißt, daß Gott trotz des ständigen Bundesbruches entschlossen ist, treu zu seinem Bundespartner zu stehen, und daß dieser Gott eben jetzt, wenn auch in verborgener Weise, am Handeln ist. Wer in der Haltung des ‚Armen‘ diese frohe Botschaft (vgl. 61,1ff) annimmt, erfährt, wie seine Hoffnung wächst und daß er nun fähig und beauftragt ist, an die Bewältigung seiner Gegenwart und Zukunft zu gehen.

Zusammenfassung

Zuerst wurde eine eingehende literar-, form- und gattungskritische Untersuchung der in Jes 56 – 66 vereinigten Einzelstücke angestellt. Im Hinblick auf konkrete Lebensvorgänge in der Jerusalemer Gemeinde wurde jeweils eine Auskunft über den möglichen ‚Sitz im Leben' zu geben versucht. Dann haben wir nach dem Verhältnis der Worte zueinander, und von da nach der Ganzheit der ‚trjes' Verkündigung gefragt. Die Frage der Einheitlichkeit mußten wir verneinen. Die Texte gehen auf mehrere Verfasser zurück, die großteils zwischen den Jahren 521-510 v. Chr. zu Wort gekommen sind. Nur 63,7 – 64,11 geht im Grundbestand auf die Zeit um 587 v. Chr. zurück. Über die Ein- und Zuordnung von 63,1-6 blieben starke Zweifel offen. Von einem ausschließlich kultischen ‚Sitz im Leben' der prophetischen Stücke kann ebenfalls keine Rede sein. Vielmehr ist ein starker Einfluß der Weisheitsschule zu verzeichnen. Ort der Verkündigung war Jerusalem.

Wie kam die vorliegende Komposition zustande ? Wir fanden die Auslöseursache anhand von 56,3-7. ‚Fremde' und ‚Eunuchen', Abgesandte einer Gemeinschaft von Jahweanhängern in einem städtischen Milieu Babylons, hatten nach einem abschlägigen priesterlichen Tora-Bescheid von einem Propheten (dem Red. selbst ?) eine Heilsankündigung erhalten, die ihnen und ihresgleichen die eben verwehrte Aufnahme in die nachexilische kultische Heilsgemeinde durch ein geschichtliches, göttliches Eingreifen verhieß (term. ad quem : 515 bis 510 v. Chr.). Dies mußte den Stein ins Rollen gebracht haben. Denn offensichtlich kannten die Fragesteller die dtjes Heilsweissagungen. Wie aber stand es nun angesichts der Jerusalemer Zustände um die angekündigte Endtheophanie Jahwes, ja um seinen Heilswillen überhaupt ? Wo war seine Nähe noch erfahrbar ? In Antwort darauf kam es im Trjes-Buch so zu einer ersten Interpretation der dtjes Botschaft und zu einem Aufweis der gegenwärtigen und künftigen Gemeindestrukturen. Das Urteil des Red. lautet : Der Bundesbruch und das unsoziale und heilsegoistische Verhalten des Volkes halten zwar gegenwärtig Jahwes Endtheophanie auf, deren Eintritt man gleichzeitig mit dem Wiederaufbau des Tempels erwartet hatte. Aber ‚ dennoch ‘ ist Jahwe nicht untätig und er steht in Treue zu seinen ‚ Erwählten ‘, die in den Augen führender Kreise Jerusalems aber nur ‚ Arme ‘ und ‚ Ausgestoßene ‘ sind. Diesen erweist sich Jahwe als persönlich nahe.

Nun entwickelt der Red. folgendes Konzept : Er macht die Verheißung der Paränese dienstbar. Aus ihm zur Verfügung stehenden und zweckdienlich scheinenden Einzelstücken und Spruchsammlungen gestaltet er sein ‚ Erweckungsbuch ‘ für die Fragesteller und ihre Gemeinschaft von Jahweanhängern in Babylon, die jene entsandt hatten. Darin will er vom Gotteswort her ihre eigene Situation deuten, ihnen aktuelle Hoffnung erwecken und somit den Ansporn zu einer neuereröffneten Zukunft geben. Mit 56,1-8 gibt er das Motto an, unter dem die folgenden Stücke zu betrachten sind. Von diesem Einleitungsstück und der Schlußklammer (Kap. 66) her baut er das Buch (dessen eigentliches Corpus also 56,9 – 65,24 ist) so, daß es optisch (Kap. 56 – 60 und 62 – 66 enthalten beinahe denselben Versumfang) und sachlich in seinen Aussagen (wo liegt die Heilschance von seiten des Menschen und von seiten Gottes) konisch auf 61,1ff hin zuläuft. Hier aber wird die Antwort darauf gegeben, wo Gott zu finden ist, wo er am Werke ist : bei denen, die sich demütig und still unter seine Hand beugen, bei den ‚ Armen ‘. Er realisiert seine Bundestreue, indem er seine besondere Sorge der ureigensten Not des Einzelnen zuwendet. Er erweist sich aber auch als universaler und geschichtsmächtiger Gott, insofern er daran ist, eine universale Heilsgemeinde zu ‚ sammeln ‘. Entscheidend ist nun als grundlegende Voraussetzung für die Gottesbeziehung und das Einvernehmen mit Gott die persönliche Haltung und Gesinnung des Menschen. Mit 61,1ff als Höhepunkt gibt das Trjes-Buch die ‚ Armen ‘ als Leitbild an. Zugleich aber setzt die darin ergehende ‚ Frohbotschaft ‘ jene Hoffnung frei, die es dem Menschen ermöglicht, diesem Anspruch gegenüber Gott und im sozial-mitmenschlichen Bereich zu entsprechen.

Literaturverzeichnis

Abramowski, R., Zum literarischen Problem des Tritojesaja, ThStKr 96/97 (1925) 90-143.

Adinolfi, M., De mariologicis Lyrani postillis in V. T. miscellanea, FrancLA 9 (1958f) 199-250.

Albright, W. F., The Archaeology of Palestine and the Bible, New York, 1932.

Allis, O. T., The Unity of Isaiah, Philadelphia, 1950.

Alt, A., Der Gott der Väter, Stuttgart, 1929.

Arvid, B., Jesaja. Eine rhythmische und textkritische Untersuchung, Stockholm, 1953.

As, J. J. van, Skuldbelydenis en Genadeverkondiging in die Oude Testament, Proefschrift Utrecht, 1961.

Asch, S., Isaie, Paris, 1957.

ASS 41 (1908) 613f : De libri Isaiae indole et auctore.

Auerbach, E., Der Aufstieg der Priesterschaft zur Macht im Alten Israel, VTSuppl 9, Leiden, 1963, 236-249.

Auvray, P. – Steinmann, J., Isaïe, La Sainte Bible, JerusB, Paris, 1951 ; 1957, 2. Aufl.

Balla, E., Das Ich der Psalmen, Göttingen, 1912.

Bammel, E., Art. ‚πτωχός ‘, ThWNT VI, 1959, 885-915.

Banwell, B. O., A Suggested Analysis of Isaiah XL.-LXVI., ExpT 76 (1964/65) 166.

Bardtke, H., Der Erweckungsgedanke in der exilisch - nachexilischen Literatur des AT, Festschr. für O. Eißfeldt, ZAWBeih 77 (1958) 9-24.

Barth, Chr., Die Errettung vom Tode in den individuellen Klage- und Dankliedern des AT, 1947.

Barton, G. A., The Haverford Symposium on Archaeology and the Bible, hsgg. von E. Grant, New Haven, 1938.

Baudissin, W. W. Graf von, Einleitung in die Bücher des Alten Testaments, Leipzig, 1901, 387-412.

Baumgärtel, F., Die Formel n^{e}'um jahwe, ZAW 73 (1961) 277-290.

Beaucamp, E., La Justice de Jahwé et l'économie de l'Alliance, FrancLA 11 (1960/61) 5-55.

Becker, J., Isaias — der Prophet und sein Buch, SBS 30, Stuttgart 1968, 81 S.

Beer, G. – Meyer, R., Hebräische Grammatik I und II, Sammlung Göschen Bd. 763/763a/764, Berlin, 1955.

Begrich, J., Das priesterliche Heilsorakel, ZAW 52 (1934) 81-92.

—, Die priesterliche Tora, ZAWBeih 66 (1936) 63-88.

—, Studien zu Deuterojesaja, BWANT 77 (1938) 1-136 ; Neudruck in : Theol. Bü 20 (1963) 1-179.

—, Sōfēr und Mazkīr, ZAW 58 (1940/41) 1-29.
BEHM, J., Art. νῆστις, ThWNT, IV, 1942ff, 925-935.
BENTZEN, AA., Inleding til det Gamle Testamente, 3 Bde, Kopenhagen, 1941. Englisch in London, 1953, 3. Aufl.
BERGMEIER, R., Das Streben nach Gewinn des Volkes, ZAW 81 (1969) 93-97.
BERRY, G. R., The Apocalyptic Literature of the Old Testament, JBL 62 (1943) 9-16.
BEWER, J. A., The Book of Isaiah, New York, 1950.
BLEEK, F., Einleitung ins Alte Testament, 1878, 4. Aufl.
BLANK, S. H., „ And All Our Virtues ". An Interpretation of Is 64,4b-5a, JBL 71 (1952) 149-154.
—, Prophetic Faith in Isaiah, Detroit 1967, Wayne State Univ. Pr., 241 S.
BOECKER, H. J., Redeformen des Rechtslebens im AT, Diss. Bonn, 1959 (danach zitiert !). Gedruckt in Neukirchen, 1964.
BOER, P. A. H. de, De Voorbede in het Oude Testament, OTSt 3 (1943) 156-170.
—, Second-Isaiah's Message, OTSt 11 (1956) 126 S.
—, Gedenken und Gedächtnis in der Welt des Alten Testaments. Franz Delitzsch-Vorlesungen 1960, Stuttgart, 1962, W. Kohlhammer Vlg., Franz Delitzsch-Vorlesungen 1960, 76 S.
BOHREN, R., Prophet in dürftiger Zeit. Auslegung von Jesaja 56 – 66. Bibliothek der Lesepredigten, Bd. 2, Neukirchen-Vluyn, 1969, 196 S.
BOMAN, TH., Das hebräische Denken im Vergleich mit dem griechischen, Göttingen, 1959, 3. Aufl.
BOTTERWECK, G. J., Sehnsucht nach dem Heil, Is 64,1-7, BiLe 6 (1965) 280-285.
—, Israels Errettung im Wunder am Meer (Ex 13,17 – 14,31), BiLe 8 (1967) 8-33.
BOX, G. E., The Book of Isaiah, 1908.
BRAYLEY, I. F. M., Yahweh is the Guardian of His Plantation. A Note on Is. 60,21, Bib 41 (1960) 275-286.
BREDENKAMP, C., Der Prophet Jesaja, 1887.
BRIGGS, An Analysis of Isaiah 40 – 62 in OT and Semitic, Studies in Memory of W. R. Harper, I, 1908.
BROCKELMANN, C., Hebräische Syntax, Neukirchen, 1956.
BRONGERS, H. A., Bemerkungen zum Gebrauch des adverbialen we'attāh im Alten Testament, VT 15 (1965) 269-299.
—, Die Wendung besem jhwh im Alten Testament, ZAW 77 (1965) 1-20.
BROWNE, L. E., Early Judaism, Cambridge, 1920.
BUDA, J., Evanjelium Starého Zákona, Trnara, 1942.
BUDDE, K., Geschichte der althebräischen Literatur, Leipzig, 1906, 176-183.
—, Das Buch Jesaja, in : Kautzsch–Bertholet, Die Heilige Schrift des Alten Testaments, Bd. I, Tübingen, 1922, 4. Aufl., 693-720.
BUHL, F., Jesaja, 1912, 2. Aufl.
—, Hebräisches und Aramäisches Handwörterbuch über das A. T., Berlin, 1959 unveränderter Neudruck der 17. Aufl., 1915, von W. Gesenius.
BUSE, The Markan Account of the Baptism of Jesus and Isaiah 63, JThSt 7 (1956) 74f.
CASPARI, W., Der Geist des Herrn ist über mir (Jes. 61,1), NKZ 40 (1929) 729-747.
CHARY, TH., Les Prophètes et le Culte. À Partir de l'Exil, in : Bibliothèque

de Théologie, Série III. Théologie Biblique, hsgg. von L. Cerfaux – A. Gelin – H. Cazelles, Vol. III, Tournai, 1955.

Cheyne, T. K., Introduction to Isaiah, Jewish Religions Life after the Exil, 1894. Deutsch von J. Böhmer, Gießen, 1897; New York und London, 1901.

Cannon, W. W., ‚Isaiah 61,1-3 an Ebed-Jahweh poem ‘, ZAW 47 (1929) 284-288.

—, Isaiah c. 57,14-21. CC. 60 – 62, ZAW 62 NF 11 (1934) 75-77.

Causse, A., Le Mythe de la nouvelle Jérusalem du Deutéro-Esaie à la IIIe Sibylle, RHPR (1938) 377ff.

—, La vision de la nouvelle Jérusalem (Ésaïa LX) et la signification sociologique des assemblées de fête et des pèlerinages dans l'orient sémitique, Mel. Syriens, Dussaud II (1939) 739-750.

Christian, V., Untersuchungen zur Laut- und Formenlehre des Hebräischen, Österr. Ak. d. Wiss., Philos.-hist. Klasse, Sitzungsberichte, 228. Bd., 2. Abh., Wien, 1953.

Closen, G. B., Rezension in Bib 21 (1940) 330-333, zu J. Coppens, L'Histoire critique de l'Ancien Testament, ses origines, ses orientations nouvelles, ses perspectives d'avenir, Tournai–Paris.

Cobb, W. C., On Integrating the Book of Isaiah, JBL 20 (1901) 77ff und 92ff.

—, Where was Isaiah XL – LXVI written in ? JBL 27 (1908) 48-64.

Condamin, A., Le livre d'Isaïe, Études Bibliques IX, Paris, 1905.

Conrad, D., Zu Jes 64,3b, ZAW 80 (1968) 232-234.

Coppens, J., Ephemerides theologicae Lovanienses, Nov. 1937, 672.

—, Histoire Critique des Livres de l'Ancien Testament I, Louvain, 1942, 3. Aufl.; II, 1950; III, 1950, 2. Aufl.

Couard, Gibt es einen Tritojesaja ? Kirchl. Wochenschrift, 1901, 642-645.

Cramer, K., Der geschichtliche Hintergrund der c. 56 – 66 im Buche Jesaja, Dorpat, 1905.

Crüsemann, F., Studien zur Formgeschichte von Hymnus und Danklied in Israel, WMANT 32 (1969).

Dahl, G., Some Recent Interpretations of Second Isaiah, JBL 48 (1929) 362-377.

Dahood, M. J., Textual Problems in Isaiah, CBQ XXII/4 (1960) 400-409.

—, Hebrew–Ugaritic Lexicography I, IV. Bib 44 (1963) 289-303; 47 (1966) 403-419.

Danker, F. W., Mk 8,3, JBL 82 (1963) 215f.

Daube, D., Rechtsgedanken in den Erzählungen des Pentateuchs, ZAWBeih 77 (1958) 32-41.

Delitzsch, F., Der Prophet Jesaia, 1889, 4. Aufl.

—, Babel-Bibel II, 1903ff, zitiert nach E. König, 518.

Dennefeld, L., Isaïe, La sainte Bible, Bd. VII, hsgg. von L. Pirot und A. Clamer, Paris, 1946.

—, Les grands prophètes, 1946.

Denzinger, H., Enchiridion Symbolorum Definitionum et Declarationum, Freiburg i.Br., 1911, Nr. 2115-2119.

Devescovi, U., ‚Camminare sulle altare ‘, RBibIt 9 (1961) 235-242.

Dietrich, E. K., Die Umkehr im AT und im Judentum, Stuttgart, 1936.

Doederlein, J. Chr., Esaias. Ex recensione textus hebraei ad fidem codd. quorundam mss. et versionum antiquarum latine vertit notasque varii argumenti subiecit, Altdorf, 1775. Nürnberg und Altdorf, 1789, 3. Aufl.

DRIVER, G. R., Linguistic and Textual Problems : Isaiah XL – LXVI, JThSt 36 (1935) 396-406.

—, Notes on Isaiah, ZAWBeih 77 (1958) 42-48.

—, Isaianic Problems, Festschrift für W. EILERS, Vlg. O. Harrassowitz, Wiesbaden, 1967, 43-57.

DUBSHANI, M., Die Bilder von Frau und Kindern in den Büchern Jesaja und Jeremia, BethM 12 (1966/67) 83-93.

DUHM, B., Das Buch Jesaia, HAT III, Göttingen, 1892. In 5. Aufl. (Neudruck) 1967, von W. BAUMGARTNER.

DÜNNER, A., Die Gerechtigkeit nach dem AT, Bonn, 1963.

EATON, J. H., Commentaries on the Book of Isaiah, Theology 60 (1957) 451-455.

—, The Origin of the Book of Isaiah, VT 9 (1959) 138-157.

EDSMAN, C. M., The Body and Eternal Life (Jes 66,7-8), Horae Soederblomianae, 1946, 33-104.

EERDMANS, B. D., The Religion of Israel, Leiden, 1947.

EHRLICH, A. B., Randglossen zur hebräischen Bibel. Textkritisches, Sprachliches und Sachliches. 4. Bd. : Jesaia und Jeremia, Leipzig, 1912.

EICHHORN, J. G., Einleitung in das Alte Testament, Leipzig, 1780-1783. Göttingen, 1823/25, 4. Aufl.

—, Die hebr. Propheten, 3 Bde, 1816-1819.

—, Art. ‚ Isaias ‘, RGG, 1. Aufl.

EICHRODT, W., Die Hoffnung des ewigen Friedens im alten Israel, 1920.

EISSFELDT, O., Tempel und Kulte syrischer Städte in hellenist.-röm. Zeit, AO 40 (1941) 94f.

—, Einleitung in das Alte Testament, Tübingen, 1964, 3. neubearbeitete Aufl.

ELLIGER, K., Die Einheit des Tritojesaja (Jes. 56 – 66), BWANT 45, 3. F., H. 9 (1928) 126 S.

—, Der Prophet Tritojesaja, ZAW 49 (1931) 112-141.

—, Deuterojesaja in seinem Verhältnis zu Tritojesaja, BWANT 4. F., H. 1 (1933) 307 S.

—, Ich bin der Herr, — euer Gott, Festschr. für K. Heim, 1954, 9-34.

EWALD, H., Die Propheten des Alten Bundes, III, 1868, 2. Aufl.

ELMSLIE, W. A., How Came Our Faith, Cambridge, 1948.

FAHLGREN, K. HJ., Sedākâ, nahestehende und entgegengesetzte Begriffe im AT, Uppsala, 1932.

FELDMANN, F., Das Buch Isaias, Vol. II, in : Exeg. HAT, Bd. 14, Teilbd. 2, Münster i.W., 1926.

FEUILLET, A., Isaïe, in : Dictionnaire de la Bible, Suppl. T. IVe, Paris, 1949, Sp. 647-729.

FICHTNER, J., Art. ‚ Berufung ‘, RGG I, 1957, Sp. 1084f.

FISCHER, J., Das Buch Isaias, Die Heilige Schrift des Alten Testaments, Bd. VII, Teilbd. II, Bonn, 1939.

FLEMING, J., Personalities of the Old Testament, New York, 1939.

FLIER, A. van der, Isaias, Texte und Untersuchungen zur Geschichte der altchristlichen Literatur, II, Leipzig, Berlin, 1926.

FOHRER, G., Neuere Literatur zur alttestamentlichen Prophetie, ThR 19 (1951) 277-346 ; 20 (1952) 193-271, 295-361 ; 28 (1962) 1-75, 235-297, 301-374.

—, Über den Kurzvers, ZAW 66 NF 25 (1954) 199-236. Neudruck ZAWBeih 99 (1967) 59-91. Vgl. ThR 20 (1952) 206.
—, Das Buch Jesaja, 3. Bd. Kapitel 40 – 66, Zürcher Bibelkommentare, Zürich/ Stuttgart, 1964.
—, Studien zur alttestamentlichen Prophetie (1949-1965), ZAWBeih. 99 (1967).
—, Die Struktur der alttestamentlichen Eschatologie, ZAWBeih 99 (1967) 32-58.
—, Prophetie und Magie, ZAWBeih 99 (1967) 242-264.
Friedlaender, M., The Commentary of Ibn Ezra on Isaiah. With Notes and Glossary, London, 1877.
Galling, K., Von Naboned zu Darius, ZDPV 69 (1953) 42-64; 70 (1964) 4-32.
—, Die Bücher der Chronik, Esra, Nehemia, ATD 12, 1954.
—, Politische Wandlungen in der Zeit zwischen Nabonid und Darius, Studien zur Geschichte Israels im persischen Zeitalter, 1964, 1-60.
Geiger, A., Wissenschaftliche Zeitschrift für Jüdische Theologie 2 (1836) 553-557.
Gelin, A., Les pauvres de Yahvé, Paris, 1953, 182 S.
Gesenius, W., Hebräische Grammatik, völlig umgearbeitet von E. Kautzsch, 1902, 26. Aufl.
Giglioli, A., Nuova versione di , sql ‘ in Is 5,2 ; 62,10, RBibIt 15 (1967) 385-392.
Ginsberg, H. L., The Arm of YHWH in Is 51 – 63 and the Text of Os 53,10-11, JBL 77 (1958) 152-156.
Glahn, L., Hjemkomst Profeten, Endheden af Jesajabogens Kp. 40 – 66, Diss. Kopenhagen, 1929.
—, Quelques remarques sur la question du Trito-Esaïe et son état actuel, RHPR 12 (1932) 34-46.
—, Der Prophet der Heimkehr, Bd. I, Gießen, 1934.
Glueck, N., Das Wort ḥesed im alttestamentlichen Sprachgebrauch als menschliche und göttliche gemeinschaftsgemäße Verhaltungsweise, Gießen, ZAW-Beih 47 (1927).
Goettsberger, J., Einleitung ins Alte Testament, 1928.
Goshen-Gottstein, M. H., Aramaic Bible Versions. Comparative Selections and Glossary, Including Unpublished Chapters from the Palestinian Targum, Jerusalem, 1963.
Gozzo, S., De catholicorum sententia circa authenticitatem Is 40 – 66 inde ab anno 1908, Ant. 32 (1957) 369-410.
—, La dottrina theologica del libro di Isaia. Studio critico-exegetico, Bibliotheca Pontificii Athenaei Antoniani 11, Rom, 1962.
Grelot, P., Une Parallèle Babylonienne d'Isaïe LX et du Psaume LXXII, VT 7 (1957) 319-321.
—, L'Épître (de la Fête de l'Épiphanie) Is 60,1-6, ASS Seign 13 (1962) 19-30.
—, L'exégèse messianique d'Isaïe, LXIII, 1-6, Rev. Bib. 70 (1963) 371-380.
—, La procession des peuples vers la nouvelle Jèrusalem, Is 60,1-6, AssSeign 2,12 (1969) 6-10.
Greenfield, J. C., The Prepositions B... Tahat in Jes 57,5, ZAW 73 (1961) 226-228.
Gressmann, H., Über die in Jesaja 56 – 66 vorausgesetzten zeitgeschichtlichen Verhältnisse, Göttingen, 1898.

—, Der Ursprung der israelitisch-jüdischen Eschatologie, Göttingen, 1905.

—, Der Messias, FRLANT 43 (1929).

Grether, O., Name und Wort Gottes im Alten Testament, ZAWBeih 64 (1934) 53.

—, Hebräische Grammatik für den akademischen Unterricht, München, 1955.

Grockett, L. C., The OT in the Gospel of Luke ; with Emphasis on the Interpretation of Is 61,1-2 (vol. 2), Diss. Brown Univ. 1966, 384 S. (DissAbstr 28 (1967f) 764).

Gross, H., Die Idee des ewigen und allgemeinen Weltfriedens im Alten Orient und im Alten Testament, 1956.

—, Zur Wurzel zkr, BZ NF 4 (1960) 227-237.

—, , Doch für Sion kommt er als Erlöser ' (Jes 59,20), Conc 3/12 (1967) 813-818.

Gunkel, H. - Begrich, J., Einleitung in die Psalmen, Göttingen, 1933.

—, Einleitung zu : Die großen Propheten, hsgg. von H. Schmidt, 1915.

—, Die Propheten, Göttingen, 1917.

Haller, M., Das Judentum, in : Die Schriften des Alten Testaments, II. Abt., 3. Bd., Göttingen, 1914 ; 1925, 2. Aufl., 127-154.

Hamel, J. A. van, Een irenische puzzle. Van de wolf en het lam, Hermeneus 35 (1964) 270-273.

Hänel, J., Das Erkennen Gottes bei den Schriftpropheten, BWANT Nf 4 (1923).

Haran, M., The Literary Structure and Chronological Framework of the Prophecies in Is XL – XLVIII, VTSuppl 9 (1963) 127-155.

—, Between Rishonot and Ḥadashot, Is 40 – 66, Jerusalem, 1963, 107 S. Besprechung v. H. L. Ginsberg, in JBL 84 (1965) 88ff.

Hardick, L., Art. , Armut ', LThK I, 1957, Sp. 878-883.

Hauret, Ch., Note d'exégèse, Isaïe 58,9, RScPhilT (1961) 369-377.

—, Lo stendere il dito, BiblOr 4/5 (1962) 164-168.

Heerboth, L. A., , New Creation ' according to Is. 65, Conc. Theol. Monthly 5 (1934) 29-37.

Heinisch, P., Die Totenklage im AT, BZfr 13 (1931) 64-82.

Hempel, J., Die israelitischen Anschauungen von Segen und Fluch im Lichte altorientalischer Parallelen, ZDMG 79 NF 4 (1925) 20-110.

—, Die althebräische Literatur und ihr hellenistisch-jüdisches Nachleben, Potsdam/Wildpark, 1930-1934.

—, Hebräisches Wörterbuch zu Jesaja, Berlin, 1936, 2. Aufl.

—, Die Lichtsymbolik im Alten Testament, Stud. Gen. 13 (1960) 352-368.

Herzog, Zum Verständnis des Propheten Jesaja, Schweiz. Kirchenzeitung, 1915, 136-138.

Hesse, F., Die Fürbitte im AT, Diss. Erlangen, 1951.

—, Das Verstockungsproblem im Alten Testament, ZAWBeih 74 (1955).

—, Wurzelt die prophetische Gerichtsrede im exilischen Kult ? ZAW 65 (1953) 45-53.

Hessler, B., Sion im Glanze der Herrlichkeit Jahwes nach Is 60,1-3, BiKi 16/4 (1961) 101-103.

Hill, W., Book of Isaiah, New Cath. Enc. 7 (1967) 666-671.

Hofheinz, W. C., An Analysis of the Usage and Influence of Isaiah Ch. 40 – 66 in the NT., Diss. Columbia Univ., 1964, 677 S. (DissAbstr 26,1 (1965) 513f).

Hofius, O., , Bis dass er kommt ' : 1 Kor 11,26, NTS 14 (1967f) 439-441.

Hölscher, G., Die Profeten, Untersuchungen zur Religionsgeschichte Israels, Leipzig, 1914.

Hoonacher, H. van, Questions de critique littéraire et d'exégèse touchant les chapitres XL sq. d'Isaïe, RevBib (1910) 557-572 ; (1911) 107-114, 279-285.

Höpfl, H., Introductionis in sacros utriusque Testamenti libros compendium, Vol. II, Rom, 1931. In 6. Aufl. von S. Bovo, Neapel, 1963.

Horst, F., Der Eid im AT, EvTh 17 (1957) 366-371.

Huey, F. B., Jr, Great Themes in Is 40 – 66, SWJT 11 (1968) 45-58.

Humbert, P., La formule hébraique en h i n n e n i suive d'un participe, Opuscules d'un Hebraîsant, Mémoires de l'Univ. de Neuchâtel 26 (1958) 54-59.

—, Emploi et potrée du verb yāṣar et de ses dérivés substantivs, ZAWBeih 77 (1958) 82-88.

Hurst, J. C., Guidelines for Interpreting OT Prophecy Applied to Isaiah 40-66, SWJT 11 (1968) 29-44.

Irwin, W. H., „ The Smooth Stones of the Wady " ? Isaiah 57,6, CBQ 29 (1967) 31-40.

Jahnow, H., Das hebräische Leichenlied im Rahmen der Völkerdichtung, ZAWBeih 36 (1923).

Jefferson, G. H., Notes on the Authorship of Isaiah 65 and 66, JBL 68 (1949) 225-230.

Jenni, E., Das Wort ' ōlām in A.T., ZAW 65 (1953) 1-35.

Jensen, I. R., Studies in Isaiah and Jeremiah : Bible Self-Study Series, 1969, Moody, 112 S.

Jepsen, A., Gnade und Barmherzigkeit im Alten Testament, KuD 7 (1961) 261-271.

—, Berith. Ein Beitrag zur Theologie der Exilszeit, in : Festschr. für W. Rudolph, Tübingen, 1961.

—, צדק und צדקה im AltenTestament, in : Gottes Wort und Gottes Land, Festschr. für H. W. Hertzberg hsgg. von H. Graf Reventlow, Göttingen, 1965, 78-89.

—, Siehe, ich schaffe Neues ! Eine kurze Betrachtung zu einem alltäglichen Wort, TAik 72 (1967) 117-125.

Johnson, A. R., The primary of גאל, VTSuppl 1 (1953) 67ff.

Jones, D. R., Isaiah 56 – 66 and Joel, Torch Bible Com., London 1964.

Jonge, M. de – Wonde, A. S. van der, 11Q Melchizedek and the NT, NTS 12 (1965f) 301-326.

Kaiser, O., Der königliche Knecht. Eine traditionsgeschichtlich-exegetische Studie über die Ebed-Jahwe-Lieder bei Deuterojesaja, FRLANT 70 NF 52 (1959).

—, Art. , Jesajabuch ', RGG, 1959, 3. Aufl., Sp. 601-611.

Kalt, E., Das Buch Isaias. Übersetzt und erklärt, Kaldenkirchen, 1927.

Kaminka, A., Le développement des idées du prophète Isaïe et l'unité de son livre, REJ 80 (1925) 42-59, 131-169 ; 81 (1925) 27-48.

Katz, E., Qumran-Text und eine schwierige Maimonides-Stelle, RevQ 4/13 (1963) 107-110.

Kaulen, F., Einleitung ins Alte Testament und Neue Testament, 2. Teil, Freiburg i.Br., 1899. Neubearbeitet von G. Hoberg, 1913, 5. Aufl.

Kennett, R. H., The Composition of the Book of Isaiah in the Light of History and Archaeology, The Schweich Lectures, 1909 ; London, 1910.

KESSLER, W., Zur Auslegung von Jesaja 56 – 66, ThLZ 81 (1956) Sp. 335-338.
—, Studie zur religiösen Situation im ersten nachexilischen Jahrhundert und zur Auslegung von Jesaja 56 – 66, in : WZ 6 (1956/57) 41-73.
—, Gott geht es um das Ganze. Jesaja 56 – 66 und Jesaja 24 – 27 übersetzt und ausgelegt, in : BotAT, Bd. 19, Stuttgart, 1960.
KISSANE, E. J., The Book of Isaiah, Vol. II, Dublin, 1943.
KITTEL, R., Der Prophet Jesaja, erklärt von Aug. Dillmann, Kurzgef. exeget. Handbuch, 5. Bd. In 6. Aufl. von R. KITTEL, Leipzig, 1898.
KNABENBAUER, J., Commentarius in Isaiam prophetam, Cursus Scripturae Sacrae I-II, 1887-1888 ; 2. Aufl. von F. ZORELL, Paris, 1923.
KOCH, Kl., Was ist Formgeschichte ? Neue Wege der Bibelexegese, Neukirchen-Vluyn, 1964.
KOCH, R., Geist und Messias, Wien, 1950.
KÖHLER, L., Deuterojesaja, stilkritisch untersucht, Gießen, 1923.
—, Das Buch Jesaja Kap. 56 – 66 textkritisch und metrisch behandelt, 2. Bd. zu L. GLAHN, Der Prophet der Heimkehr, Gießen, 1934.
—, Theologie des Alten Testaments, 1936.
—, Kleine Lichter, Zwingli-Bücherei 47 (1945) 11-17.
KÖHLER, W., Prophetie und Eschatologie in der neueren alttestamentlichen Forschung, BiLe 9 (1968) 57-81.
KÖNIG, E., Das Buch Jesaja, Gütersloh, 1926.
KOSMALA, H., Form and Structure in Ancient Hebrew Poetry, VT 16 (1966) 152-180.
—, Form and Structure of Is 58, ASTI 5 (1967) 69-81.
KOSTERS, W. H. A., Deutero- en Trito-jezaja, ThT 30 (1896) 577-623.
KRAUS, H. J., Gottesdienst in Israel, EvThBeitr, hsgg. v. E. Wolf, Bd. 19 (1954). München, 1962, 2. Aufl.
—, Klagelieder (Threni), BK XX, Neukirchen, 1960, 2. Aufl.
—, Psalmen, BK XV, Neukirchen, 1961, 2. Aufl.
—, Die Königsherrschaft Gottes im A.T., BHTh 13 (1951).
—, Die ausgebliebene Endtheophanie. Eine Studie zu Jes 56 – 66, ZAW 78 (1966) 317-332.
KUENEN, A., Hist. krit. Ouderzoek, 1885-1889, 2. Aufl. in deutsch 1892.
KUHL, C., Die Entstehung des Alten Testaments, Sammlung Dalp 26, Bern/München, 1953. In 2. Aufl. v. G. FOHRER, 1960.
—, Israels Propheten, München 1956.
KUTSCH, Salbung als Rechtsakt im Alten Testament und im Alten Orient, ZAWBeih 87 (1963) 78 S.
LAGARDE, P. de, Semitica I, Göttingen, 1878, 1-32.
LAMBERT, G., Le Livre d'Isaïe parle-t-il des Chinois ? NRTh 85 (1953) 965-972.
LAURENTIN, A., We'attāh – kai nun. Formule caractèristique des textes juridiques et liturgiques (à propos de Jean 17,5), Bib 45 (1964) 168-197, 413-431.
LASSALLE, St., Y-a-t-il dans Isaïe un cinquiènne chant du serviteur ? Bulletin Renan 98 (1963) 3-4.
LEFEVRE, A., L'Épître (de l'Ouverture du Carême) (Is 58,1-14) : Jour de jeûne, jour de grâce, AssSeign 25 (1967) 19-32.
LEIBEL, D., דם חזיר, BethM 9/3f (1964) 187-197.

LEVY, R., Deutero-Isaiah, London, 1925.
LEY, J., Historische Erklärung des zweiten Teils des Jesaia, Cp. 40 bis Cp. 66, nach den Ergebnissen aus den babylonischen Keininschriften..., Marburg, 1893, 133-156.
LIAS, J. J., The Unity of Isaiah, BS 72 (1915) 560-591 ; 75 (1918) 267-274.
LIEBREICH, L. J., The Compilation of the Book of Isaiah, JQR 46 (1955/56) 259-277 ; 47 (1956/57) 114-138.
LINDBLOM, J., Die literarische Gattung der prophetischen Literatur, UUA, Theologi 1 (1924) 1ff.
—, The Charakter of the Prophetic Literature, ET 52 (1940/41) 126-131.
—, Profetisk bildsprak, AcAcadAboensis, Hum XVIII, Festschr. für R. Pipping, 1950, 208-223.
LINZ, M., Anwalt der Welt. Zur Theologie der Mission, Stuttgart, Kreuzverlag, 1964, 239 S.
LITTMANN, E., Über die Abfassungszeit des Tritojesaja, Freiburg i.Br., 1899.
LODS, A. Histoire de la littérature hébraïque et juive des origines à la ruine de l'état juif, Paris, 1950.
—, The Prophets and the Rise of Judaism. Engl. von S. H. Hooke, London, LTD, 1937 ; in 3. Aufl. 1955.
LOEB, I., La Littérature des pauvres, 1892.
LOISY, A., La consolation d'Israel (Second Isaïe), Paris, 1927.
MAASS, F., ,, Tritojesaja " ? in : Das ferne und nahe Wort, Festschr. für L. Rost, ZAWBeih 105 (1967) 153-163.
MAERTENS, T., Épiphanie (Mt 2,1-12 ; Is 60,1-6), ParLi 44 (1962) 716-722.
MARGALIOTH, R., The Indivisibile Isaiah, 1964.
MARTIN-ACHARD, R., Jahwé et les 'anāwīm, ThZ 21 (1965) 349-357.
MARIANI, P. B., Introductio in libros Sacros Vet. Test., Rom, 1958.
MARTI, K., Das Buch Jesaja, Tübingen, 1900.
—, Rev. Ausgabe von A. KAYSER, Theologie des A. T., 1894, 2. Aufl.
MARTY, J., Les chapitres 56 – 66 du livre d'Esaïe, étude critique, Paris, 1924.
MAYER, R., Zur Bildsprache der alttestamentlichen Propheten, MüTZ (1950) 55-65.
MCCULLOUGH, W. S., A Re-examination of Isaiah 56 – 66, JBL 67 (1948) 27-36.
MEINHOLD, J., Einführung in das Alte Testament, Gießen, 1919.
MICHEL, D., Zur Eigenart Tritojesajas, TViat 10 (1966) 213-230.
MÖLLER, W., Die Einheit des Jesajabuches, eine Forderung des Glaubens und der Wissenschaft, in : Nach dem Gesetz und Zeugnis 35 (1935-1936) 206-217.
—, Grundriß für eine Alttestamentliche Einleitung, Berlin, 1958.
MOLTMANN, J., Theologie der Hoffnung, EvThBeitr, Bd. 38, 1966, 6. Aufl.
MONTGOMERY, J. A., Ras Shamra Notes IV, IAOS 55,3 (1935).
MORGENSTERN, J., Two Prophecies from 520-16 B.C., HUCA 22 (1949) 365-431.
—, Is 63,7-14, HUCA 23 (1950f) 187-203.
—, Two Prophecies from the Fourth Century B.C. and the Evolution of Yom Kippur, HUCA 24 (1952/53) 1-74 ; 27 (1956) 101-179 ; 28 (1957) 15-47; 31 (1960) 1-29.
—, ,, Isaiah 49 – 55 ", HUCA 36 (1965) 1-35.
—, Further Light from the Book of Isaiah upon the Catastrophe of 485 B.C., HUCA 37 (1966) 1-28.

Mowinckel, S., Segen und Fluch in Israels Kult- und Psalmendichtung, Psalmenstudien V, Kristiania, 1924, 14-33.
—, Psalmenstudien II, Kristiania, 1922.
—, Neuere Forschungen zu Deuterojesaja, Tritojesaja und dem Äbäd-Jahwe-Problem, AcOr 16 (1937) 1-40.
—, Prophecy and Tradition, Oslo, 1946.
—, Der metrische Aufbau von Jes 62,1s und die neuen sogen. „Kurzverse" (von E. Balla und G. Fohrer), ZAW 66 (1954) 167-187.
—, He That Cometh, übers. ins Engl. v. G. W. Anderson, Oxford, 1956.
—, ‚Rahelstämme' und ‚Leastämme', ZAWBeih 77 (1958) 129-150.
—, „Den kurrende due", NTT 65 (1964) 187-194.
Muilenburg, J., The Book of Isaiah, Ch. 40 – 66, H. S. Coffin, IB, V, 1956.
Murphy, R. T., Second Isaias : the literary problem, CBQ 9 (1947) 170-178.
Neuhausler, E., Art. ‚Berufung', LThK, Bd. II, 1958, 2. Aufl., Sp. 280-283.
—, Berufung. Ein biblischer Grundbegriff, BiLe 8 (1967) 148-152.
Noth, M., Überlieferungsgeschichte des Pentateuch, 1948.
—, Amt und Berufung, Bonn, 1957.
—, Gesammelte Studien zum Alten Testament, Theol. Bü 6 (1957).
—, Die Welt des Alten Testaments, Berlin, 1962, 4. Aufl.
Nötscher, F., Art. ‚Gerechtigkeit', BThW, 1959, 283-291.
Obersteiner, J., Die Christusbotschaft des A. T., Wien, 1947.
Odeberg, H., Trito-Isaiah (Isaiah 56 – 66). A literary and linguistic Analysis, UUA, Theologi 1 (1931) 1-285.
Odendaal, D. H., The Eschatological Expectations of Is 40 – 66 with Special Reference to Israel and the Nations. Diss. Westminster Theol. Sem. 1966, 331 S. (DissAbstr 28 (1967) 1514-A).
Oesterley, W. O. E. – Robinson, Th. H., An Introduction of the Old Testament, London, 1958, 9. Aufl.
Oettli, S., Der Prophet Jesaja Kap. 40 – 66, Calw/Stuttgart, 1913.
Pauritsch, K., Art. ‚Klagegebet', PBL, Sp. 624.
—, Art. ‚Bund', PBL, Sp. 155-158.
—, Art. ‚Anawim', PBL, Sp. 34-35.
—, Art. ‚Berufung', PBL, Sp. 120-124.
Payne, D. F., Characteristic Word-play in ‚Second-Jsaiah': A Reappraisal, JSS 12 (1967) 207-229.
Payne, J. B., Eighth Century Israelitish Background of Isaiah 40 – 66, WTJ XXIX/2 (1967) 179-190 ; XXX (1967f) 50-58, 185-203.
Pederson, J., Israel, its Life and Culture, London/Kopenhagen, I-II, 1926 und 1946.
Penna, A., Isaia, La sacra Bibbia, Vecchio Testamento, hsgg. von P. G. Rindali CRS, Turin/Rom, 1958.
—, Isaiah, New Cath. Com. on H. C. Scrip., London, 1969, 568-600.
Peirce, F. X., The problem of the Servant in Is. 40-66, Eccl. R (1935) 83-95.
Peters, J. P., The Psalms as Liturgies, London, 1922.
Peters, N., Das Trostbuch Israels. Isaias, ausgewählt und übertragen, Dokumente der Religion, Paderborn, 1923.
Pfeiffer, E., Der alttestamentliche Hintergrund der liturgischen Formel ‚Amen', KuD 4 (1948) 129-141.

—, Die Disputationsworte im Buche Maleachi, EvTh 12 (1959) 546-568.
PFEIFFER, R. H., Introduction to the Old Testament, New York, 1948, 2. Aufl. ; London, 1953, 3. Aufl.
PLOEG, L. van der, Les pauvres d'Israel et leur piété, 1950.
PLÖGER, J., Literarkritische, formgeschichtliche und stilistische Untersuchungen zum Deuteronomium, BBB 26 (1967).
POPE, M., Isaiah 34 in Relation to Isaiah 35. 40-66, JBL 71 (1952) 235-243.
—, Die Einheit des Buches Jesaja, Schrift und Bekenntnis 9,33-39.
PORÙBČAN, St., Il Patto nuovo in Is. 40-66, AnBib 8, Rom, 1958.
PRAETORIUS, F., Zum Text des Tritojesaia, ZAW 33 (1913) 89-91.
PRESS, R., Jahwe und sein Gesalbter, ThZ 13 (1957) 321-334.
PRICE, B. F., Questions and Answer, BiTrans 16 (1965) 123-127.
PROCKSCH, O., , Christus im AT ', NKZ 44 (1933) 72ff.
—, Theologie des Alten Testaments, Gütersloh, 1950.
RABENAU, K. von, Die Entstehung des Buches Ezechiel in formgeschichtlicher Sicht, WZ 5 (1956) 670ff.
RAD, G. von, Die falschen Propheten, ZAW 51 (1933) 109-120.
—, Verheißenes Land und Jahwes Land im Hexateuch, ZDPV, Leipzig, 1943, 191-204. Neudruck TheolBü 8 (1958) 87-100.
—, Die Stadt auf dem Berge, EvTh 8 (1948/49) 439-447. Neudruck Theol Bü 8 (1958) 214-224.
—, Hiob 38 und die altägyptische Weisheit, VTSuppl. III (1955) 293-301. Neudruck TheolBü 8 (1958) 262-271.
—, Der Heilige Krieg im alten Israel, ATANT 20 (1951) 84 S. 1958, 2. Aufl.
—, Theologie des Alten Testaments, Bd. I-II, München, 1960.
RAMLOT, L., Le jeûne qui plaît à Dieu, BiViChr 40 (1961) 16-32.
RENDTORFF, R., Zum Gebrauch der Formel n^{e}'um jahwe im Jeremia, ZAW 66 (1954) 27-37.
—, Die Offenbarungsvorstellungen im Alten Israel, in : Offenbarung als Geschichte, KuDBeih 1 (1961) 21-41.
REVENTLOW, H. Graf von, Wächter über Israel, ZAWBeih 82 (1962).
RICHTER, H., Die Naturweisheit des A.T. im Buche Hiob, ZAW 70 (1958) 1-20
RICHTER, W., Traditionsgeschichtliche Untersuchungen zum Richterbuch, BBB 18 (1963).
RIDDERBOS, J., Het godswoord der profeten, II : Jesaja, Kampen, 1932.
RIENECKER, F., Hsgg. des , Lexikons zur Bibel ', Art. , Jesaja ', Sp. 685-689, Brockhaus Vlg., Wuppertal, 1960 ; 4. Aufl., 1962.
RINALDI, G., Gli , scampati ' di Is. 66,18-22, Bibliotheque de la Fac. Cath. de Theol. de Lyon 8, Mémorial A. Gelin, 1961, 109-118.
—, Zākar, BieOr 5 (1963) 112-114.
RINGGREN, K. V. H., König und Messias, ZAW 64 (1952) 120-147.
—, Literarkritik, Formgeschichte, Überlieferungsgeschichte. Erwägungen zur Methodologie der alttest. Exegese, ThLZ 91 (1966) 641-650.
RISSI, M., Das Judenproblem im Lichte der Johannesapokalypse, ThZ 13 (1957) 241-259.
ROBERT, A. – FEUILLET, A., Introduction à la Bible, Tome I, Tournai, 1957 : A. Gelin, Les Livres prophétiques postérieurs, S. 566-569. In deutscher Übersetzung : Einleitung in die Heilige Schrift, Bd. 1, Wien/Freiburg/Basel, 1963.

ROBINSON, G., The Book of Isaiah, in fifteen studies, Rev. ed. Chic., 1938.
ROBINSON, T. H., Note on the Text and Interpretation of Isaiah LXIII, 3, 11, ExpT 71 (1960) 383.
RÖSSLER, O., Besprechung zu : H. WAGNER, Das Verbum in den Sprachen der britischen Inseln. Ein Beitrag zur geographischen Typologie des Verbums, Buchreihe der ZCPh 1 (1959) in ZCPh 28 (1960) 141-147.
—, Die Präfixkonjugation Qal der Verba I^{ae} Nûn im Althebräischen und das Problem der sog. Tempora, ZAW 74 (1962) 125-141.
ROST, L., Die Bezeichnung für Land und Volk im AT, Festschr. für O. Procksch, 1934, 125-148.
ROWLEY, H. H., The Growth of the Old Testament, London, 1958, 4. Aufl.
RUBINSTEIN, A., Word-Substitution in Isaiah LXII,5 and LIX, 16, JSS 8/1 (1963) 52-55.
—, Isaiah LVII 17 — הַסְתֵּר וְאֶקְצֹף and the DSIa Variant, VT 4 (1954) 200-201.
RUDOLPH, W., Der exilische Messias, ZAW 43 (1925) 90-114.
RÜTHY, A. E., Wächter und Späher im A.T. ThZ 21 (1965) 300-309.
SAUER, F., Neubearbeitung von : HUDAL-ZIEGLER, J., Kurze Einleitung in die Heiligen Bücher des Alten Testamentes, Graz/Wien, 1948, in 6. Aufl.
SAYDON, P. P., The Authorship of the Book of Isaiah. Value of the Scripture Evidence. Scr 3 (1952) 55-59.
SCHARBERT, J., Solidarität in Segen und Fluch im AT und in seiner Umwelt, BBB 14 (1958).
—, ‚Fluchen' und ‚Segnen' im AT, Bib 39 (1958) 1-26.
—, Art. ‚Segen (segnen)', BThW 1959, 691-699.
—, Art. ‚Segen', LThK IX, 1964, 2. Aufl., Sp. 590-592.
—, Heilsmittler im Alten Testament und im Alten Orient, Quaest. Disp. 23/24 (1964).
—, Das Entstehen der prophetischen Bücher, in : Bibel und zeitgemäßer Glaube, Bd. 1, A.T., hsgg. v. K. SCHUBERT, Klosterneuburg, 1965, 191-237.
SCHEGG, P., Der Prophet Isaias, München, 1850.
SCHELHAAS, J., De lijdende Knecht des Heeren, Groningen 1933.
SCHILDENBERGER, J., Die Bedeutung von Sir 48,24f für die Verfasserfrage von Is 40 – 66, in : Atl. Stud., F. Nötscher zum 60. Geb., dargebr. v. H. Junker und G. J. Botterweck, BBB 1 (1950) 188-204.
—, Das neue Jerusalem, Isaias 60,1-22, BenM 19 (1937) 404-412.
—, Die Gottesstadt Jerusalem (Is 60,1-6), Am Tisch des Wortes 7 (1965) 21-26.
SCHLÖGL, N., Das Buch des Propheten Jesaja, 1915.
SCHMIDT, H., Die großen Propheten, übersetzt und erklärt, in : H. GRESSMANN, Die Schriften des AT.s in Auswahl neu übersetzt, 1923, 2. Aufl.
SCHMIDT, K. L., Jerusalem als Urbild und Abbild, Eranos-Jahrbuch, 1950, 207ff.
SCHNACKENBURG, R., Art. ‚Erwählung', LThK, III, 1959, Sp. 1061-1063.
SCHNUTENHAUS, F., Das Kommen und Erscheinen im Alten Testament, ZAW 76 (1964) 1-22.
SCHOONENBERG, P., AT, NT und Erbsündelehre, ThPQ 117/2 (1969) 115-124.
SCHOTTROFF, W., Der altisraelitische Fluchspruch, Diss. Habil. Mainz 1968. WMANT 30 (1969).

—, , Gedenken ' im Alten Orient und im Alten Testament. Die Wurzel zākar im semitischen Sprachkreis, WMANT 15 (1964).

SCHREINER, J., Sion-Jerusalem, Jahwes Königssitz. Theologie der Heiligen Stadt im Alten Testament, München, 1963.

—, Das Ende der Tage. Die Botschaft von der Endzeit in den alttestamentlichen Schriften, BiLe 5 (1964) 180-194.

—, Das Buch jesajanischer Schule, in : Wort und Botschaft, hsgg. von J. Schreiner, Würzburg, 1967, 143-162.

SCOTT, R. B. Y., The Literary Structure of Isaiah's Oracles, Studies in the OT-Prophecy, Edinburgh, 1957, 175-186.

SEINECKE, L., Der Evangelist des Alten Testaments, Erklärung der Weissagung Jesaias c. 40 – 66, Leipzig, 1870.

SELLIN, E., Studien zur Entstehungsgeschichte der jüdischen Gemeinde nach dem babylonischen Exil, Bd. II, Leipzig, 1901.

—, Der alttestamentliche Prophetismus, Drei Studien, Leipzig, 1912.

—, „Tritojesaja, Deuterojesaja und das Gottesknechtsproblem", NKZ 41 (1930) 73-93, 141-173.

SELLIN, E. – FOHRER, G., Einleitung in das Alte Testament, Heidelberg, 1965, 10. Aufl.

SKINNER, J., The Book of the Prophet Isaiah, Cambridge, 1908. 1917, 2. Aufl. 1954, 8. Aufl.

SLOTKI, I. W., Isaiah, The Soncino Press LTD, London, 1966 in 5. Aufl.

SMART, J. D., History and Theologie in Second Isaiah. A Commentary on Isaiah 35,40-66, Philadelphia, 1965. London, 1967.

—, A New Interpretation of Isaiah 66,1-6, ExpT 46 (1934/35) 420-424.

SMEND, R., Alttestamentliche Religionsgeschichte, 1893.

SMEND, R., Jahwekrieg und Stämmebund, FRLANT 84 (1963).

SMITH, G. A., The Book of Isaiah, II, 1927, 2. Aufl.

SNAITH, N. H., Isaiah 40 – 66. A Study of the Teaching of the Second Isaiah and its Consequences, VTSuppl 14, London, 1964.

SODEN, W. von, Grundriß der akkadischen Grammatik, AnOr 33 (1952).

SQUILLACI, D., La conversione delle Isole predetta da Isaia, Pal. Cl 41/11 (1962) 603-607.

STADE, B., Biblische Theologie des Alten Testaments, I, Tübingen, 1905.

STAMM, J. J., Erlösen und Vergeben im AT, 1940.

STEIN, B., Der Begriff k^{e}bod Jahweh und seine Bedeutung für die atl. Gotteserkenntnis, Diss. Münster, ersch. Einschetten i.W., 1939.

STEINMANN, J., Le prophète Isaïe, Paris, 1955.

—, Le livre de la consolation d'Israël et les prophètes du retour de l'exil, LeDiv No 28 (1960) 7-312.

STEUERNAGEL, Einleitungs ins Alte Testament, Tübingen, 1912.

STOEBE, H. J., Die Bedeutung des Wortes Häsäd im Alten Testament, VT 2 (1952) 244-254.

STUHLMACHER, P., , Behold, I Make All Things New ! ', LuthW 15 (1968) 3-15.

STUHLMUELLER, C., Deutero-Isaiah, JerusB 1 (1968) 366-386.

—, The Book of Isaiah, Chapt. 40 – 66, OT Reading, Guide 20, Collegeville 1965. 161 S.

STUMMER, F., Die Psalmengattungen im Lichte der altorientalischen Hymnenliteratur, Journal of The Soc. of Or. Research, Washington (1924) 123-134.
—, Einige keilschriftliche Parallelen zu Jes. 40 – 66, JBL 45 (1926) 171-189.
THEXTON, S. C., Isaiah 40 – 66, Epworth Preacher's Commentaries, London, 1959.
TOBAC, E., Isaïe, DTC VIII (1924), 14-79.
TORREY, C. C., The Second Isaiah. A New Interpretation, Edinburgh, 1928.
—, The Influence of Second Isaiah in the Gospels and Acts, JBL 48 (1929) 24-36 ; Vgl. 57 (1938) 126ff.
TREMBELAS, P., Ὑπόμνημα εἰς τὴν προφήτην Ἠσαΐαν, Athen, 1968, 757 S.
VACCARI, P., I profeti, I, La sacra Bibbia VI, 1953.
VAUX, R. de, Les sacrifices des porcs en Palestine et dans l'Ancien Orient, ZAWBeih 77 (1958) 250-265.
—, Das Alte Testament und seine Lebensordnungen, I, Freiburg/Basel/Wien, 1964, 2. Aufl.
VIRET, P. : (1511-1571) : Quatre sermons français sur És 65, hsgg. von H. MEYLAN, Lausanne, Payot, 1961, 111 S.
VIRGULIN, St., Il Libano nel libro di Jesaio, RBibIt VII (1959) 343-355.
VOLZ, P., Der Geist Gottes und die verwandten Erscheinungen im AT und im anschließenden Judentum, Tübingen, 1910.
—, Jesaja II, KAT, Leipzig, 1932.
VRIEZEN, TH. C., Theologie des Alten Testaments in Grundzügen, 1956.
WADE, G. W., The Book of the Prophet Isaiah, The Westminster Commentaries, London, 1929.
WALDOW, H. E. von, Anlaß und Hintergrund der Verkündigung des Deuterojesaja, Diss. Bonn, 1953.
—, Der traditionsgeschichtliche Hintergrund der prophetischen Gerichtsreden, ZAWBeih 85 (1963).
WALLIS, G., , Die Gemeinde des Tritojesajabuches, eine traditionsgeschichtliche Untersuchung, 1957.
WEISE, M., Jesaja 57,5f, ZAW 72 (1960) 25-32.
WEISER, A., Das Buch des Propheten Jeremia, ATD 20, 1961, 4. Aufl.
—, Einleitung ins Alte Testament, Göttingen, 1966, 6. Aufl.
WEISSERT, D., Der Basilisk und das Windei in LXX – Jes 59,5. Ein textuales und ein folkloristisches Problem, ZAW 79 (1967) 315-322.
WELLHAUSEN, J., „Das babylonische Exil", New World II, 1893, 601-611.
WELLS, R. D., Jr., The Statements of Well-Being in Isaiah 60 – 62 : Implications of Form Criticism and the History of Tradition for the Interpretation of Isaiah 56 – 65, Diss. Vanderbilt, 1968 (DissAbstr. 29 (1968/69) 2353-A).
WERNBERG-MØLLER, P., A Note on זור „To Stink", VT 4 (1954) 322-325.
—, A Note an Isa XLI, 27, JSS 2 (1957) 327f.
—, Two Notes, VT 8 (1958) 305-308.
WESTERMANN, C., Struktur und Geschichte der Klage im Alten Testament, ZAW 66 (1954) 44-80.
—, Grundformen prophetischer Rede, EvThBeitr 31 (1960).
—, Die Begriffe für Fragen und Suchen im AT, KuD 6 (1960) 2-30.
—, Abriß der Bibelkunde. Altes und Neues Testament, Handbü. d. Christen in der Welt, Bd. I, Stuttgart/Gelnhausen, 1962.

—, Das Loben Gottes in den Psalmen, Göttingen, 1963, 3. Aufl.
—, Das Heilswort bei Deuterojesaja, EvTh 24 NF 19 (1964) 355-373.
—, Sprache und Struktur der Prophetie Deuterojesajas, TheolBü 24 (1964) 92-170.
—, Das Hoffen im Alten Testament. Eine Begriffsuntersuchung, TViat IV (1952-53) 19-70. Neudruck TheolBü 24 (1964) 219-265.
—, Die Mari-Briefe und die Prophetie in Israel, TheolBü 24 (1964) 171-188.
—, Das Buch Jesaja, Kap. 40 – 66, ATD 19, 1966.
—, Isaiah 40 – 66 : A Commentary, Philadelphia, 1969, Westminster, 499 S.
Widengren, G., Sakrales Königtum im AT und im Judentum, Stuttgart, 1955.
Wildberger, H., Jahwewort und prophetische Rede bei Jeremia, Theol. Diss. 2, Zürich, 1942.
—, Jahwes Eigentumsvolk, ATANT 37 (1960).
—, Jesaja, BK X, 1965, 1ff.
Wildeboer, G., De letterkunde des Ouden Verbonds, 1893, deutsch von Risch, 1895.
Winkler, H., Altorientalische Forschungen I, Leipzig, 1893.
Winter, P., Isa LXIII, 9 (GK) and the Passover Haggadah, VT 4 (1954) 439-441.
Wittenberg, M., Gotteszorn und Menschensünde in alttestamentlicher Sicht, EvLuthKiZ 15 (1961) 250-255.
Wolff, H. W., Die Begründungen der prophetischen Heils- und Unheilssprüche, ZAW 52 (1934) 1-22.
—, Das Zitat im Prophetenspruch. Eine Studie zur prophetischen Verkündigungsweise, EvThBeih 4 (1937).
—, Das Thema „Umkehr" in der alttestamentlichen Prophetie, ZThK NF 48 (1951) 129-148.
—, Hosea, BK XIV, 1961.
Wright, G. E., Isaiah, Layman's Bibl. Com. 11, 1965.
Würthwein, E., Der Ursprung der prophetischen Gerichtsrede, ZThK 49 (1952) 1-16.
Young, E. J., An Introduction to the Old Testament, Grand Rapids, 1949.
—, Studies in Isaiah, 1954.
—, Isaiah 34 and its Position in the Prophecy, WTJ 27 (1964/65) 93-114.
Zalalis, C., L'idea di Dio nel libro di Isaia. Diss. Pont. Ist. Biblico, Rom, 1956.
Ziegler, J., Untersuchungen zur Septuaginta des Buches Isaias, Atl. A. XII/3 (1934).
—, Isaias, Das Alte Testament, Echter-Bibel hsgg. von F. Nötscher, Würzburg, 1954.
Zillessen, A., Bemerkungen zur Alex. Übersetzung des Jesaja 40 – 66, ZAW 22 (1902) 238-263.
—, „Tritojesaja" und Deuterojesaja. Eine literarkritische Untersuchung zu Jes 56 – 66, ZAW 26 (1906) 231-276.
Zimmerli, W., Zur Sprache Tritojesajas, in : Festschr. für L. Köhler, SchwThU 20 (1950) 62-74. Neudruck in Theol.Bü. 19 (1963) 217-233.
—, Ich bin Jahwe, Gesch. u.A.T., Festschr. für A. Alt, Tübingen, 1953, 179-209.
—, Erkenntnis Gottes nach dem Buche Ezechiel, ATANT 27 (1954) 75 S.
—, Die Eigenart der prophetischen Rede des Ezechiel, ZAW 66 (1954) 1-26.

—, Das Wort des göttlichen Selbsterweises (Erweiswort), eine prophetische Gattung, in: Festschr. für A. Robert, Mélanges Bibliques, Paris, 1955, 154-164.

—, Ezechiel, BK XIII, 1955ff.

Zimmermann, H., Das absolute Ἐγώ εἰμι als die neutestamentliche Offenbarungsformel, BZ NF 4 (1960) 54-69, 266-276.

Zimmern, Sīmat, Sīma, Tyche, Manāt, in: Islamica 2 (1927) 574-584.

Stellenverzeichnis

Jeremia

Ezechiel

Hosea

Joel

Amos

Obadia

Jona

Micha

Habakuk

Zephania

Haggai

Sacharia

Maleachi

Psalmen

Hiob

Proverbia

Ruth

Canticum

Kohelet

Threni

Esther

Daniel

Esra

Nehemia

1 Chronik

2 Chronik

Baruch

Weisheit Salomos

Jesus Sirach

Matthaus

1 Korinther

2 Korinther

Römerbrief

Epheserbrief

Register der Hebräischen Wörter

Sachregister